주역과 동학의 만남

음양상균과 지축정립에

기초한

미래역학 연구

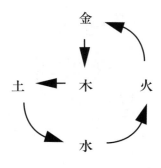

상균도(相均圖)

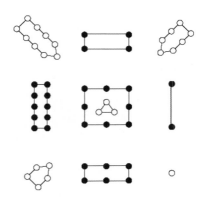

청황부(靑皇符)

주역과 동학의 만남

음양상균과 지축정립에

기초한

미래역학 연구

이찬구 지음

도서
출판 모시는사람들

머리말

『대학』은 명명덕明明德·친민親民·지어지선止於至善의 셋을 삼강령이라고 하고, 평천하平天下·치국治國·제가齊家·수신修身·정심正心·성의誠意·치지致知·격물格物의 여덟 조목을 팔조목이라 한다. 주희는 삼강령 가운데 친민의 '친親'을 '신新'으로 해석하여 친민을 신민이라 하고, 그 의미는 백성을 새롭게 하는 것이라 하였다.

삼강령·팔조목은 대학, 즉 큰 학문을 이루어 가는 과정으로서 횡적으로는 삼강령과 팔조목이 서로 독립된 항목이지만, 종적으로는 서로 밀접한 관계를 맺고 있어 한 항목이라도 빠질 수 없다. 팔조목 가운데 격물·치지·성의·정심·수신의 다섯 조목은 명덕을 밝히는 것이고, 제가·치국·평천하는 백성의 명덕을 밝혀 백성과 한마음이 되는 것이다. 또한 격물·치지를 함으로써 지선의 소재를 인식하게 되고, 성의·정심·수신·제가·치국·평천하를 함으로써 지선을 얻어 참에 머무르게 된다.

일찍이 다석 유영모 선생은 『대학』을 가르칠 때, 이 '친민親民'을 '씨알 어뵘' 즉, "백성을 어버이 모시듯 해야 한다"로 해석하였고, 이 말에 감동한 함석헌은 씨올(씨알)이라는 말을 붙들고 평생 동안 민주화운동을 전개했다. 이때 나온 『씨알의 소리』로 젊은이들이 많은 영향을 받았고, 필자도 예외는 아니었다. 지금도 귓가에 쟁쟁하다. "씨알은 생각하는 것입니다. 생각하면 씨알입니다/ 생각 못하면 쭉정이입니다."

이렇게 함석헌 사상에 심취했던 필자는 그의 친민 사상의 근원인 『대학』

에 관심을 갖게 되었고, 그래서 『대학지도大學之道』라는 이름으로 소식지를 발간하다가 다시 '친민'(씨알 어뷤)의 이상세계를 그리며 『평천하平天下』를 속간하게 되었다. 1979년 말부터 1981년 봄까지 발간한 것으로 기억된다. 그 기간은 군대를 제대(1979년 8월)하고 시골 집(논산 양촌면 거사리)에 있을 때였다. 10 · 26, 5 · 18, 계엄령 등 가히 격동의 시대였다. 어느 날 대전에 사는 남대전 고등학교 1학년생이 찾아 왔다. 그가 오늘의 안희정 충남도지사이다. 그가 근년에 쓴 회고록(『담금질(안희정의 새로운 시작)』, 나남, 2008, 44쪽)에는 당시 필자가 발행했던 『평천하』이야기가 나온다.

그랬다. 1980년 어느 날 필자는 대전의 제일서점에 『평천하』를 갖다 놓고 단골 고객에게만 나눠주라고 부탁했다. 제일서점 주인은 필자의 고향친구인 박의신이었다. 그 친구가 책방에 자주 찾아와 사회과학 서적을 즐겨 보는 안희정 학생에게 필자의 『평천하』를 주었고, 그것을 읽은 고등학교 1학년생인 안희정 학생이 필자와 편지를 주고받다가 양촌으로 찾아왔다. 그 만남에서 둘은 몇 차례 뜨겁게 세상사를 논의하였다. 불의와 권력, 양심과 행동의 문제가 화두로 되었다. 나이에 비해 자기 신념이 확고했다. 다만 학교 공부는 어떤 일이 있어도 포기하지 말라고 부탁했다. 그 뒤에도 안희정 학생은 애독자로서 『평천하』를 주변에 돌리는 역할도 마다하지 않았다. 그런데 『평천하』의 독자들과 주고 받은 편지가 시국을 비판했다 하여 문제가 되었다. 그 일로 안희정 학생은 학교를 그만 두게 되었고, 필자는 시골집을 떠나야 했다.

그 후 필자는 『평천하』 없이 벙어리처럼 살았다. 그래도 언제나 비겁하지 않으려고 다짐하며 살았지만, 『평천하』를 사랑해 주었던 김기선(석진오 스님), 권태경, 이규호 씨 등 마음의 빚을 진 주변 사람들에게 충실하지는 못했다.

필자가 이렇게 지난 일을 장황하게 늘어 놓는 까닭은 '평천하'라는 이름 때문이다. 스물다섯에 품은 필자의 꿈은 '평천하'였다. 그것은 양심의 소리이면서 양촌 국사봉 아래에서 자라고 논산천을 내다보며 키워 온 내 미래의 꿈이기도 했다. 그런데 내 마음속 깊이 아무도 몰래 오래도록 간직하고 싶었던 '평천하'의 꿈이 안희정 도지사의 회고록에 의해 그만 들통(?)나고 말았다. 『담금질』을 읽고 난 필자는 다시금 '평천하'의 의미를 되새겨보지 않을 수 없게 되었다. 한동안 까맣게 잊고 있던 청춘의 꿈이 다시 살아나는 것 같았다. 또 다른 나를 향한 담금질처럼 느껴졌다.

평천하! 그것은 지선至善을 상징한다. 지선은 곧 양심의 소리이며, 진리의 실천이다. 이 인생무대는 진리의 씨를 뿌리고 열매를 거두는 마당이다. 그 마당이 가정에서 사회로, 나라로, 그리고 동양으로, 세계로 퍼져 가는 과정이 인생의 마디들을 수놓는다. 서울에 올라온 필자는 '평천하'에서 '평천상'으로 생각이 조금씩 바뀌기 시작했다. 1983년 초, 첫 직장(부천 제일전파)에서 만난 동료(김삼규)의 아버지(아산 김병호 선생)로부터 우연히 『천부경』과 『주역』을 전수받았다. 그것이 필자의 인생을 바꿔 놓은 일대 전환점이 될 줄은 몰랐다. 얼마 후에 직장을 그만두고 부천을 떠나 중고등학교를 다녔던 대전으로 거처를 옮겼다. 부여에 계신 아산 선생을 모시고자 하였으나 뜻밖에 서거하시니 앞길이 막막했다. 1985년 가을부터 대전에서 대산 김석진 선생께 본격적으로 동양철학을 공부하였다. (이때의 과정은 『대산석과』 참조)

또 『환단고기』의 매력에 빠져 잠을 잊기도 했다. 민족의 얼을 찾고자 단군운동에도 참여하였다. 늦게서야 대학에 들어갔다. 단군정신과 옛 『평천하』를 생각하며 『홍민弘民』이라는 회보와 『홍익사회』라는 무크지를 발간하기도 했다. 근 10년 동안 이런 공부가 계속되었다. 그런 와중에도 통일 준비를 위해 백범의 한독당 재건에 참여하였고, 국회의원 선거에 입후보도 해 보았다. 그러나 능력이 너무도 부족했다. 이 세상 천하가 좋긴 좋지만, 이 세상 천하가 너무도 야속해 보여 저 천상을 더 알아보고 싶었다. 정치의 힘으로 세상 구제가 안 된다면 종교의 힘으로라도 해 보아야겠다고 마음 먹었다. 계룡산에 들어가 어육불식魚肉不食을 다짐하고(1994년) 종교 세계에 관심을 가졌는데, 동학의 민족종교인 수운교 입교(1998년)는 이렇게 이루어진 것이다. 이제 '평천하'와 '평천상' 모두를 접하게 되었다. 천하에서 천상으로, 다시 천상 천하로 필자의 사색과 모험이 넓어진 것이다.

이 책에 실린 논문들은 「정역과 지축정립」 「동학상균론과 후천통일문명」을 제외하고는 『신종교연구』 『동학학보』 『선도문화』 『종교연구』 『단군학연구』 『동인』 등에 이미 게재한 글들을 수정·보완한 것이다. 그리고 학술지에 게재는 하지 않았지만, 유독 「신지글자와 천부경」은 1994년 9월에 세종문화회관에서 발표한 글로 근 20년을 고민해 온 내용이다.

필자는 2007년 추석에 신비체험을 통해 〈상균도〉를 창안하고, 이어 음력 10월 15일 〈청황부(청황영부)〉를 완성하였다. 상균도와 청황부는 『주역』을 넘어 제3역학의 한 토대가 되었으면 더 바랄 것이 없겠다. 제3역학은 최수운 선생이 새 세상에 대한 개벽의 이론적 기초를 마련하였고, 김일부 선생이 정역팔괘도로 구체화하였으며, 강증산 선생이 천지공사의 마무리를 담당함으로써 삼인일석三人一席에 의해 한국 땅에서 개벽의 꽃이 피었다. 특히 김일부 선생은 필자의 고향에서 태어난 역성易聖이셨기에 늘 마음으로 잊지 못했고, 꿈 속에서조차 "나를 잊지마라"는 훈계를 내려주셨건만 바르게 실천하지 못했다.

그런데 이번에 낼 글들을 다시 읽어 보다가 요 몇 년 사이에 달라진 생각들이 있었기에 여기에 정리해 보고자 한다. 50세 이전의 생각들은 변하기 마련인가 보다. 생각이 변했다기보다도 이제야 좀 정립되었다면 변명일까?

첫째, 지축 정립의 문제이다. 필자의 개인적인 체험담을 소개하고자 한다. 최근 필자는 온 도시가 얼음바다로 덮인 모습을 꿈속에서 보았다. 꿈속에서 내가 살던 집(4층 빌라 높이)을 얼음 위에서 내려다보며 찾고 있었다. 얼음 속에 비친 집들이 선명하게 보였다. 이것은 장차 있을 빙하기에 대한 하늘의 경고였다. 이런 빙하기는 왜 도래하는가? 지구온난화로 남북극의 얼음이 갑자기 녹고, 갑자기 불어난 빙하물이 해수면을 타고 다니는 따뜻한 기운의 흐름을 방해하여 또 다시 '깜짝 빙하기'가 도래하는 것이다. 빙하기는 온난화가 빚은 역설逆說인 것이다. 이렇게 빙하기는 깜짝 도래하지만, 반면에 지구 양극을 짓누르고 있던 거대한 얼음 땅이 녹아 삐쭉하던 지구는 풍선처럼 둥글게 부풀어 오르며, 기울었던 지축이 바로 서게 되는 것이다. 이 순간 지구 내부에서 일어나는 충격이 얼마나 크겠는가? 그 충격은 상상할 수 없다. 회피할 수 없는 지진, 화산, 이상 기후가 빈번하게 일어나 그로 인한 재앙을 면할 길이 없을 것이다. 한마디로 '혼몽천지'가 될 것이다. 영화 「투모로우」("The Day After Tomorrow」, 2004년작)가 좋은 예시 같다.

그런데 후천을 말할 때 가장 곤혹스러웠던 것은 선천과 후천의 음양관계이다. 천지 10수를 놓고 볼 때, 선천은 3양(1, 3, 5) 〉 2음(2, 4)으로 억음존양抑陰尊陽이다. 후천도 음3(6, 8, 10) 〉 양2(7, 9)로 억양존음이다. 이 논리대로라면 선천은 양이 주관하므로 남자가 여자를 지배하며 살고, 후천은 음이 주관하므로 여자가 남자를 지배하며 살게 된다. 이것은 상극의 반복에 지나지 않는다. 만약 선천에 남자가 여자를 지배했던 것처럼 후천에 여자가 남자를 지배하며 살게 된다면 우리가 후천을 기다릴 필요가 없지 않는가? 후천은 분명히 남녀 동권同權을 이상으로 살고 있는데, 이러한 음양 불균형으로 다시 남·녀 간에 원한과 척을 짓는 역리적 모순이 발생한다면 이를 어떻게 해결할 것인가? 이에 대한 해답이 바로 지축정립地軸正立인 것이다. 23.5도 기울어져 있는 지축이 바로 서야 이 음양 불균형의 상극적 모순이 해결되어 조양율음調陽律陰, 정음정양正陰正陽이 이루어지며, 인체의 뇌 구조가 좌우 균형 있게 진화하는 것이다. 자오선이 축미선으로 지축이 바로잡히면서 3:3으로 음양도 바르게 정립된다. 동학의 궁을기는 지축정립을 상징한다. 지축정립은 하루아침에 이루어질 수도 있으나, 단계적으로 이루어질 것이다. 우선 남극과 북극의 얼음이 녹아 내려 지구는 타원형에서 원형의 궤도로 서서히 바뀔 것이고, 지축이 완전하게 바로 서기까지는 2004년으로부터 역리상 1,080년의 시간이 소요될 것이다. 특히 남녀간 성性의 주도권이 남성에서 여성으로 교체되는 관계로 남녀의 성적性的 갈등이 극도에 달할 것이다. 그래서 1,080년의 도수는 후천으로 넘어가는 '다시개벽'의 혼돈기(이것이 中天이다)가 될 것이다. 그러나 그러한 혼돈은 모든 것을 정상으로 만들기 위한 진통의 일부일 뿐이요, 우리가 거부하고 개탄할 그런 현실은 아니다. 지금부터 100년 안에 인류가 한 번 멸망해야 할 운명이지만, 뛰어난 영성靈性 지도자의 헌신으로 100년의 겁회를 무사히 벗고 새 세상으로 돌입해 주길 바랄 뿐이다. 이런 의미에서 앞으로 전개되는 중천도수 1,080년은 인류에게 주어진 최적의 생존 전략을 수립할 수 있는 절호의 기회이기도 한 것이다. 아니면 1,080년 동안 영성의 타락이 지속될 경우 속수무책으로 자멸할지도 모른다.

둘째, 『천부경』 대삼합륙大三合六의 문제이다. 『천부경』에서 6이 나오는 조합은 세 가지가 있다. 천天과 지地, 지地와 인人, 인人과 천天의 결합이 첫 번째고, 천天의 음양, 지地의 음양, 인人의 음양의 결합이 두 번째이며, 천天의 삼극, 지地의 삼극의 결합이 세 번째이다. 필자는 두 번째의 것으로 대삼합륙을 설명하였으나, 세 번째의 것으로 정정한다. 합륙의 육은 천의 삼극과 지의 삼극이 만나 6이 되고, 그 6으로부터 생칠팔구가 이루어진다고 보는 것이다.

生生이란 중요한 의미를 지닌다. 生生 이전은 천지 삼극의 합수인 6(천일, 천이, 천삼 + 지일, 지이, 지삼)을 말하고, 生生 이후는 6으로부터 나온 7, 8, 9를 말한다. 이 7, 8, 9가 바로 인人의 인일, 인이, 인삼인 것이다. 이처럼 인은 7, 8, 9로부터 나온 것이므로 그 이전인 6에서 미리 나올 수는 없다. 필자가 근거로 제시한 1·6 전자를 통해서도 그것을 입증할 수 있고, 최근 대산 김석진 선생도 『대산의 천부경』에서 그리 밝힌 바 있다. 6과 9가 『천부경』의 핵심이다.

셋째, 대문구 신시천부문양의 주체 문제이다. 1992년 3월, 필자는 홍역학회에서 발간하는 『동인同人』(20호)에 「복희씨를 위한 변백」을 발표한 바 있다. 그때 복희씨와 대문구문화와의 관계를 규명하려다가 관련 자료 부족으로 뜻을 이루지 못했다. 그때부터 그것이 20년 동안 하나의 숙제였는데, 이번에 이 글을 재정리할 수 있어 기쁘다. 내용은 아직도 부족함이 많지만, 대문구문화에서 나온 문양을 신용하 교수가 처음으로 아사달 문양으로 규정하였으나, 그것은 고조선의 아사달 문양이 아니고, 치우시대에 나온 '신시천부문양'이라고 밝힌다. 처음에 필자는 그 문양이 복희와 관련된 문양일 것으로 생각했었다. 그러다가 치우를 알게 되었다. 치우천황은 단군의 고조선 건국보다 2-3백년 전에 산동반도 일대를 중심으로 청구국을 세운 바 있다. 치우가 백두산 일대를 떠나 산동반도로 들어온 이유를 정확히는 알 수 없으나, 필자가 추측하건대, 백두산 화산 폭발과 같은 자연재해와 연관이 있는 것이 아닌가 한다. 아무튼 치우는 발해 연안인 산동반도에 새 나라를 세우면서 앞의 신시시대를 부정하지 않았다. 「신시본기」에 의하면 치우는 한웅의 신시시대를 계승하였다고 했다(承神市之餘烈). 이는 참으로 중요한 단서가 되고 있다. 결국 태백산 신시천부문양이란 것은 치우시대의 산물로 볼 수 있다. 치우가 옛 조상들의 공덕과 찬란한 문화를 기려 새긴 상징물이 '신시

천부문양'이며, 자신의 통치의 정통성을 과시했을 것으로 보는 것이다. 태백太白은 눈덮힌 산, 제사의 땅 곧 '한 빛'이다. 복희씨는 태호太皞이니 곧 '한 빛'이다. 우리 조상들은 '한 빛'을 숭상해 온 태양의 민족이다. 『천부경』의 태양앙명太陽昻明도 우연이 아니다. 이렇게 보면, 한웅-복희-치우-단군-최치원으로 한민족의 광명사상이 계승되어 왔다고 볼 수 있다.

넷째, 신지글자의 문제이다. 1994년 9월 25일 한배달이 주최한〈천부경 세미나〉에서 필자는 논문 한 편을 발표(「세 고전자(古篆字本)에 대한 비교분석」)하였다. 이 글은 지금도 인터넷 곳곳에 퍼져 있는데, 그 중에는 필자가 임의로 조적서비에 덧칠한 것이 아닌가 의심한 분들이 있었다. 그 뒤로 필자는 이 조적서비의 원문을 찾고자 모든 정력을 다 바쳤다. 그러던 중 올 봄에 마침내 이를 찾아냈다. 사실과 틀림없이 같았다. 이런 사실에 입각하여 그 글을 재정리한 것이 「신지글자와 천부경」이다. 필자가 20년 동안 한결같이 생각한 것은 우리 민족의 옛 글자를 찾아보자는 것이었다. 『천부경』과 관련한 것이면 무엇이든지 찾고자 했다. 이제 신지글자는 찾았지만, 찾는 것만으로 끝나는 것이 아니고, 이 글을 해독하는 작업이 남아 있다.

다섯째, 동학과 주역이 만나 동역학東易學이 나온다. 동역학회 이름으로 밝힌 동역학 창립 선언문은 다음과 같다.

우리는 개벽 시대를 맞이하여 우주 변화의 원리를 탐구하고 주체적 역학 연구 운동을 전개하기 위해 동역학을 창립한다. 동역학東易學은 『천부경』, 『주역』, 『정역』, 『훈민정음』, 『홍범』, 동학 등 6개 범주를 연구 범위로 한다. 동역학은 개벽을 선천先天, 중천中天, 후천後天의 3단계로 나누고 2004년을 중천의 원년으로 삼는다. 그리고 이러한 연구와 함께 독창적인 훈민정음 수련법(천지인수련)을 통해 인격 완성과 심신 통일을 도모한다. 동역학은 제3의 도서인 상균도相均圖와 청황부靑皇符를 인간 주체의 핵심으로 삼아, 지난 3천년 동안 기울어진 천도를 바로잡고(지축정립), 잃어버린 역易의 주체성을 회복하며, 3·8 목운 도래에 의한 국민화합과 민족통일과 인류의 생명문화 실현을 위해 노력한다. 우리는 생명을 살리는 하늘마음을 우리의 마음으로 삼아 모든 인간과 모든 만물을 천지처럼 공경하며 신뢰한다. (단기4342(2009).3. 21)

아무튼 전문서로는 이번이 두 번째이다. 처음에 나온 『천부경과 동학』도 그랬지만, 출간을 준비할 때는 기쁘기도 하지만, 막상 책을 내놓고 보면 부족함이 많아 부끄럽기는 어쩔 수 없나 보다. 간혹 앞뒤의 논문간에 중복된 부분이 있을 수 있겠으나, 자세히 읽다 보면 같으나 다른 것이 있다는 것을 발견할 것이다. 까다로운 한자와 그림들을 잘 다듬어 주신 〈모시는사람들〉 편집부에 감사드린다.

독자의 매서운 질정을 바라마지 않는다.
후학의 비판이라면 더욱 피하지 않을 것이다.
우주적 변역을 맞아 한국 역학의 새로운 비약을 바라며….

단기 4343년(경인) 한가위 이 찬 구 識

核心語 Key Words : Eastern Changes(東易學) Equal Yin and Yang(陰陽相均, 正陰正陽) Correction of Axis of Earth(地軸正立) Ice age(氷河期) Gaebyeok(開闢 New creation, Great beginning of all things) Post-heaven(後天) Third science of changes(第三易學) Diagram of Coordination(相均圖) Boo of Blue Emperor Ultimate(靑皇符)

차례

머리말 5

2부_ 후천을 바라보며

1부_ 선천을 돌아보며

복희씨와 신시천부문양
— 태양에 근원한 '한빛' 사상의 계승 과정

1. 삼역의 시대

1) 삼역과 복희

주공周公이 지은 것으로 전하는 『주례』에 이미 삼역三易의 이름이 보이니, 『연산역連山易』, 『귀장역歸藏易』, 『주역周易』이 그것이다. 이것을 시대별로 보면 연산역은 하대夏代요, 귀장역은 상대商(殷)代요, 주역은 주대周代의 역이라고 한 다. 또 인물별로 나누어 보면, 연산역은 신농씨시대의 역이요, 귀장역은 황 제黃帝시대의 역이요, 『주역』은 문왕시대의 역이라고 한다.

한대漢代 환담桓譚의 『신론新論』이라는 책에 "연산역連山易 팔만언八萬言, 귀장 역歸藏易 사천삼백언四千三百言"이라고 하였는데 오늘 날의 『주역』이 총 24,207 자라는 사실에 유의할 때 『연산역』과는 비교도 안 될 만큼 적다.

『연산역』과 『귀장역』은 자료가 전하지 않아 언급할 수 없지만, 우선 『주 역』을 중심으로 복희씨가 어느 곳에 자리하고 있는지 알아 보고자 한다.

『주역』의 저작자에 대하여 크게 두 가지 학설이 대립하고 있다. 즉, 팔괘八 卦와 64괘를 모두 복희씨가 창안했다는 왕필(226-249)의 설과, 팔괘는 복희씨 가 창안했고, 64괘와 괘효사는 문왕이 완성했다는 사마천(BC 145-86?)의 설(蓋益

易之八卦爲六十四卦)이다. 이 대립된 견해에 대하여 다소 절충적이라 할 수 있는 또 다른 설이 한유漢儒 이래의 통설로 자리 잡고 있다. 즉 "복희씨가 시획괘始劃卦하고, 문왕이 괘사를 맺고(繫), 주공이 효사爻辭를 맺었으며, 공자가 십익을 지었다"(易正義云, 伏羲制卦, 文王卦辭, 周公爻辭, 孔子十翼也)는 것이다.

이 글에서 필자는 복희씨에 관계되는 부문에 관해서만 중점적으로 언급하고자 한다. 복희씨가 신화라는 이름 때문에 『주역』에서 정당한 예우와 평가를 받고 있지 못하다면 그를 위한 변백辨白의 기회가 되길 바라며, 아울러 복희씨의 이름 속에 숨어 있는 '한빛' 사상을 찾아 보고, 그 '한빛' 사상이 어떻게 계승되고 있는지 살펴볼 것이다.

2) 주자의 복희관

『주역』에 "고자포희지씨지왕천하야古者包羲氏之王天下也…어시시작팔괘於是始作八卦"(繫辭下2)라 하였다. 여기서 포희씨란 곧 복희씨를 이른 것이다. 따라서 팔괘의 창시자는 복희씨라는데 이견이 없다. 그런데 팔괘를 중첩하여 64괘를 그린 사람이 누구인가에 관하여 네 가지 설이 있다. 복희설, 신농설, 하우설, 문왕설 등이다. 다만 시기적으로는 문왕 이전에 64괘가 있었다는 것이 오늘 날의 통설이다. 주자는 이처럼 서로 다른 논란에서 절충점을 찾으려는 듯 다음과 같은 논지를 견지하고 있어 주목된다.

첫째, 선천팔괘는 복희씨가 그린 역이고, 후천팔괘는 문왕이 연역演繹한 역이다. 복희의 역은 처음에는 문자가 없었고, 다만 그림만 있었다.(先天者,伏羲所劃之易也,後天者,文王所演之易也,伏羲之易,初無文字,只有一圖;周易首章, 文王八卦方位之圖)

둘째, 복희씨 이래로 단지 육획만 있었고 문자로 전하지 않았다. 문왕, 주공에 이르러 말로써 매어 놓았다.(自伏羲而上,只有此六劃而未有文字可傳,到文王周公,乃繫之以辭;同章,易說綱領)

셋째, 문왕은 복희씨가 이미 만들어 놓은 괘를 가지고 그 뜻을 유추해서 말한 것이다(文王,即伏羲已成之卦而推其義類之辭也;同章,卦變圖).

여기서 주자는 문왕이 64괘를 그린 것은 아니지만, 그 64괘에 문자로써 말을 맺은 문왕의 공로가 복희씨의 획괘畵(劃)卦에 못지않다는 뜻을 부각시키고 있다. 주자의 이러한 태도는 위의 두 번째 인용문에 잘 나타나고 있다. 즉 팔괘의 시획은 복희씨가 그린 것이 확실하지만 육획六畵, 즉 64괘는 복희씨로부터 하은夏殷의 『연산역』, 『귀장역』에도 있을 수 있다는 듯이 말하였다. 이는 복희씨의 역에 대한 공헌도를 희석시킬 우려가 있을 뿐만 아니라 자칫 복희씨를 전설상의 인물로 잘못 인식시킬 수도 있다.

주자가 이처럼 복희씨의 64괘설에 대해 다소 유보적 태도를 취하는 까닭은 무엇인가? 주자는 왜 복희씨보다 문왕을 위한 변명에 앞장서고 있을까?

3) 술이부작의 의미

예로부터 『주역』 본문을 경經과 전傳으로 분류하고, 경에는 복희씨의 획劃(64괘)과 문·주文周의 사辭(象辭, 爻辭)만을 넣었으며, 공자가 지은 십익十翼을 경에 넣지 않고 전에 넣었다(乾卦, 本義). 그런데 공자는 일찍이 『논어』에서 '술이부작述而不作'이라 말하였다. 이 말은 여러 가지로 해석할 수 있겠으나, 감히 생각컨대 문왕과 주공에 대한 공자의 지극한 예의 표현이라 할 수 있지 않을까 한다(論語;天之未喪斯文也,吾不復夢見周公).

이러한 생각이 옳다면 공자와 문·주와의 관계 못지않게 문·주와 복희씨와의 관계도 고려되어야 하지 않을까? 다시 말해 문·주의 연주역演周易이라는 것도 공자가 그랬던 것처럼 복희씨에 대한 '술이부작'으로 받아들임이 어떨까 한다. 나아가 이런 견지에서 『주역』의 구성 체계를 경經과 전傳으로 구분할 때 복희씨의 64괘도만이 '경經(이를테면 卦圖經)'이 되고, 그 외 문·주의 괘·효사卦爻辭는 공자와 같이 술이부작으로서의 '전傳' 이 되어야 할 것으로 생각해 본다. 주역 본문에 '성인' 이라는 말이 30여 차례 나오지만, 대부분 복희씨를 지칭한 것이 아닌가 한다.

그런데도 주자는 역의 유래를 말할 때마다 복희씨와 함께 문왕·주공을 동시에 거론함으로써 문왕의 위치를 상대적으로 높여 복희伏羲·문왕文王·주공周公을 같은 성인으로 대하고,『주역』의 제작 과정에서도 문·주가 복희에 못지않은 공로자임을 은근히 강조하고 있는 것이다. 주자의 이러한 태도는 소강절邵康節의 "지재至哉, 문왕지작역야文王之作易也"란 말에 영향을 받은 바가 큰 것으로 보이는데, 급기야 주자는 "문왕개역文王改易, 복희괘도지의伏羲卦圖之意"라고 말함으로써 문왕을 '개역성인改易聖人' 으로 추앙하기에 이른다.

청대淸代의 학자 완원阮元은 "하상夏商 이전에는' 인仁' 자가 없었다"(夏商無仁字說)고 주장한 바 있다. 이 주장을 근거로 주역 본문에 사용된 '인仁' 자가 얼마나 되는지 확인해 본 결과 모두 아홉 번밖에 되지 않았다. 이 숫자는『논어』에 '인' 자가 105회나 나오는 것에 비하면 너무나 적은 숫자이다. 더욱이 아홉 군데 중에 문왕이 지었다는 괘사卦(彖)辭에는 한 군데도 없으며, 주공이 지었다는 효사爻辭에 "이천하인야以天下仁也"(復卦, 六二爻辭)라는 곳에 비로소 처음 나타나고, 그 외의 여덟 군데는 공자의 십익十翼에 포함되어 있다.

최근까지의 갑골문 연구 성과에 의하면 은殷(애초 商나라가 小屯村으로 천도한 이후부터 殷이라 칭함)의 후기 무정대武丁代에 인仁 자가 쓰인 것으로 전하는데, 그로부터 2백여 년 뒤인 문·주시대에 '인仁' 자가 사용되지 않았을 리가 없는데도, 주역의 괘효사 가운데서 한 곳밖에 쓰이지 않은 점에 미루어, 이 인仁 자에는 필시 말 못할 사연이 있는 것은 아닌가 의심하게 된다.

인 자는 从이니 사람 인人이 중첩한 자이며, 음과 훈이 서로 통하여 통용될 수 있었다. 그런데 주의할 것은 인人, 인仁, 이夷의 세 글자가 고대에는 소리가 같고, 모양도 같아 서로 통가通假될 수 있었다는 것이다. 그래서 장태염은 "인ㅅ, 인ㄷ, 이夷이 옛날에는 단지 한 자가 아니었는지 의심스럽다"고 했다. 실제로 동방사람들은 스스로를 인ㅅ이라 했다. 한문을 해석할 때 사람 인ㅅ을 자기自己가 아닌 '남' 으로 해석하는 것은 중국의 서북부에서 온 주周나라 종족들에게 인방ㅅ方 사람들은 남이었기 때문이다. 『설문』에 이夷의 풍속은 어질다고 했다가, 다른 곳에서는 예의가 없다고 상반된 말을 했다. 주나라 사람들은 은상殷商 등 동방사람에 대해 어질 인ㄷ이 아닌, 오랑캐 이夷라 칭했고, 또 변발드리운 놈 즉 미尾라 비칭卑稱했다. 이는 서로의 갈등을 표현한 것이다. 이렇게 주나라 종족들과 동이족 간의 문화적 갈등은 오랫동안 지속되었다. 동이족들은 대인大人의 나라, 불사不死의 나라를 자처하며 문화적 자긍심을 높인 반면에, 주나라 사람들은 인ㄷ이라는 말 대신에 문文자를 주로 사용했다. 주나라 사람들이 몸에 문신을 많이 새긴 데서 연유한 것이다.[1] 공자는 인으로써 동이족을 높이고, 문으로써 주나라 종족을 높였던 것이다. 극기복례위인(克己復禮爲仁:몸을 이기고 예에 돌아가는 것이 인을 하는 것이다,「안연편」)이라 하기도 하고, 욱욱호문재(郁郁乎文哉:주나라 문물이 빛나도다,「팔일편」)라 하기도 했다.

2. 복희씨와 문자

1) 삼황

상고로부터 전해오는 삼황오제설은 책마다 구구하여 종잡을 수가 없다. 사마천의 『사기史記』에 '황제, 전욱, 제곡, 요, 순' 만이 언급된 관계로 후세의 사가들과 일부 유인儒人은 이에 근거하여 황제 이전의 시대를 역사로 보지 않고 전설로 보아왔다. 다만 『삼황본기三皇本紀』 보사기補史記에 태호포회씨라는 이름으로 복희씨의 신성지덕神聖之德을 말했다. 또 『여씨춘추呂氏春秋』, 『삼

〈그림 1〉 양소문화의 도문   〈그림 2〉 대문구문화의 도문

통력三通曆』에 복희伏羲가 들어갔을 뿐이며, 『주역』에서는 『삼통력』과 같이
'복희伏羲(包羲), 신농, 황제, 요, 순'을 오제五帝에 넣고 있다.(繫辭下 2) 『십팔사
략』에는 삼황으로 '복희, 신농, 황제'를 들었다.

중국의 유명한 갑골문 학자인 동작빈董作賓에 의하면 황제는 지금으로부
터 4,784년 전에 태어났으며, 신농은 5,210년 전에 태어났다고 했는데, 복희-
신농-황제의 순에 따른다면, 복희는 신농 이전의 인물일 것이다. 공교롭게
도 우리의 『환단고기』*에는 약 5,500년 전에 5대 태우의 천황天皇의 막내 아
들로 태어났다고 기록되어 있으며, 이 기록대로 계산할 경우 신농씨와는 약
300년의 시차가 있어 상당한 설득력을 갖고 있다. 그리고 복희씨의 출생지
에 관하여 『수경주水經注』에는 중국 서쪽 천수天水 지방에서 태어났다고 밝혀
주고 있으며, 『환단고기』에는 태백산 신시라고 설명하여 주목된다. 『환단고
기』에도 복희와 함께 여와를 거론하고 있다.

2) 팔괘문자
그러면 하은대夏殷代의 문자는 어떠한 것이었나를 밝힐 필요가 있으며, 주

* 환桓 자를 책명으로 적을 때는 「환단고기」로, 인명이나 나라 이름으로 쓸 때는 '한'으로 한다.

자가 누누이 말한 바대로 정말 복희
씨 시대에 문자가 없었는지 알아볼
필요가 있다. 오늘날 문자의 기원을
밝혀줄 수 있는 중국 고고발굴의 실
증자료에는 세 가지가 있다.

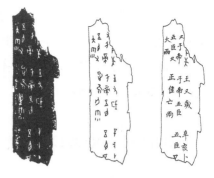

　첫째, 앙소문화. 중국 섬서성의 서
안반파에서 발굴된 신석기 시대의
도자기 각획문刻劃文(그림1)은 지금으

〈그림 3〉 갑골문(좌)과 그 해석문

로부터 약 6천여 년 전후의 문자로 측정(방사선 측정 결과)되었다.

　둘째, 대문구문화. 중국 산동성 여현 능양하에서 출토된 도존의 각획문(그림2)은 약 4,500년의 문자로 보고 있다.

　셋째, 갑골문. 중국 하남성 소둔촌(은허)에서 1899년부터 발굴된 갑골문자(그림3, 4)는 낱글자(不二檢字)로 4,600여 자에 달하는데, 약 3,200 년 전후(BC 1300 - 1100년 사이)에 사용된 것으로 확실히 밝혀진 고문자이다.

　그런데 최근 중국학계에서는 부호가 갖는 문자적 기능을 중시하여 복희 팔괘를 한자 기원 문제에 있어서 '팔괘기원설'로 설명하고 있다. 이는 팔괘를 단순한 부호로 보지 않고 문자로까지 의미부여를 했다는 뜻이다. 그렇다면 팔괘문자는 앞에서 언급한 앙소문화와 대문구문화의 사이(약 6,000년- 4,500년)에 엄존했다고 말할 수 있으며, 팔괘이외에도 앙소문자의 뒤를 이어 의미전달이 가능한 기호체계가 어느 정도 다양하게 발달했을 것으로 추측이 가능하다. 그러므로 괘를 그림으로만 보려는 주자의 견해는 수정을 요하지 않을 수 없다.

　따라서 우리는 복희가 팔괘를 시획한 것도 어느 날 갑자기 출현한 것이 아니요, 앙소문화의 원시글자에서 보듯, 태고로부터 상당한 기간 동안 인간의 기호 전달 체계가 발달해 오는 과정에서 복희씨가 팔괘와 64괘를 문자의 수단으로써 그린 것으로 이해함이 타당하지 않을까 한다.

이런 의미에서 64괘는 문자가 아니기 때문에 경문에 넣을 수 없다는 생각도 극복되어야 할 것이다.

3. 복희씨는 '한 빛' 의 의미[2]

고대 문헌 중에 등장하는 삼황三皇과 오제五帝에 대한 이해의 편의를 위해 요약해 보면 다음과 같다.

1) 태고시대와 상고시대

『십팔사략』는 태초의 역사를 천황씨天皇氏·지황씨地皇氏·인황씨人皇氏로부터 시작한다. 대개 태극이 처음 갈라져 음양이 비로소 나뉨으로부터 오행이 서로 생김에 먼저 이기理氣가 있는지라, 사람과 사물의 생김이 매우 많아졌다. 이에 성인이 먼저 출현하여 하늘의 뜻을 이어 극을 세우니, 천황씨와 지황씨와 인황씨와 유소씨有巢氏와 수인씨燧人氏가 그들이다. 이 때가 태고太古시대이다.

천황씨는 열두 개의 머리를 가졌는데, 12명의 형제가 각각 1만 8천세를 살았다고 한다. 지황씨는 열한 개의 머리를 가졌는데, 11명의 형제가 각각 1만 8천세를 살았다고 한다. 인황씨는 아홉 개의 머리를 가졌는데, 9명의 형제가 각각 아홉 고을을 다스리며 150대를 이어 4만 5천 6백년을 살았다고 한다. 유소씨는 처음으로 사람에게 집을 지어 거처하는 법을 가르쳤다고 한다.

수인씨는 처음으로 불을 사용하여 음식 만드는 법을 가르쳤다고 한다. 이렇게 천황씨로부터 수인씨까지가 태고시대이다.

다음 복희씨伏羲氏로부터 신농씨神農氏, 황제씨黃帝氏 시대를 상고上古시대라 한다.

복희씨는 팔괘를 처음으로 만들고, 결승과 그물을 만들어 어렵의 방법을 가르쳤다고 한다. 결승結繩은 새끼에 매듭을 지어 그 모양과 수로 의사를 소통하던 방법이다. 복희씨를 뱀의 몸에 사람의 머리라고 사신인수蛇身人首라 한 것은 동이족인 복희씨를 업신여기는 중국인의 사고에서 나온 것이라는 견해도 있다.

한편 신농씨는 농업을 처음으로 가르치고 의약을 처음 만들었다고 한다. 황제씨는 문자, 수레, 배 등을 만들고 도량형, 역법, 음악, 잠업 등의 제도를 정해서 문화생활을 처음 가르쳤다고 한다.

2) 복희씨와 태호

역사상 가장 신비한 인물 중의 한 분이 복희씨이다. 『한서漢書』 등에는 "상상성인上上聖人" 이라 부르기도 하지만, 호칭과 표기의 수만큼이나 복잡하다. 복희씨의 호칭은 두 가지 유형으로 나눌 수 있다.

첫째, 복희형 : 복희伏羲 · 伏犧 · 宓羲, 혁서, 포희包羲, 희황 등

둘째, 태호형 : 태호太昊 · 泰昊 · 太皞, 대호大晧 大皞 등

이상에서 볼 수 있듯이, 태호 복희씨는 천하게 주방의 육식을 의미하기도 하나, 태양신의 이름이다. 복伏이나 포包 모두 부溥와 서로 통한다. 부溥는 크다는 뜻이다. 따라서 복희는 '위대한 희羲' 라는 뜻이며, 태양신 희화羲和이기도 한 것이다. 또 「요전堯典」에 석析이라 한 것은 봄의 신으로 바로 복희를 상징한다.[3] 태양신인 복희는 우리 말 발음으로 보거나 혁서赫胥라는 뜻으로 보더라도, 복희는 본래 '밝다' 는 뜻의 우리 말 '밝'[白]이며, 희-히-해[日]의 '희'로 볼 수 있다. 아침 해[朝日]를 일본말로 '아사히' 라고 하는 것이 실례이다.

이 '밝은 해' 를 후대에 한자로 옮겨 태太와 호皞가 되었다. 이도 역시 큰 밝음, 밝은 해이니 우리 말 '한 밝' '한 빛' 과 일치한다. 중국인들은 어렵게 "대호자大昊者 대명야大明也"라고 하지만, 우리는 우리 말 속에서 이를 얼마든지 쉽게 찾아 낼 수 있는 것이다. 복희씨가 이런 면에서도 동이족임을 추론할 수 있다.

복희씨의 또 다른 이름은 포희庖犧이다. 「삼황본기」에는 태호포희太皞庖犧라 했다. 이는 사냥문화를 상징한 말이다. 희犧자 속에 양羊자가 들어 있는 것에서 태양의 양족(羊族, 陽族) 집단에 속했음을 알 수 있다.[5]

4. 팽이도문과 태백산 신시천부문양

1) 대문구문화 출토

중국 고고학계는 2차대전 종결 이전에는 중국 고문명의 기원을 대체로 황하 상류 앙소仰韶문화에서 구하여 이를 하夏의 기원적 문화 기반으로 본 반면에 산동지역의 용산龍山문화를 동이계 문화로 해석해 왔다. 그러나 1959년에 산동성 태안현에서 유적이 새로 발굴되기 시작하여 100개소 이상의 유적이 확인되고, 그간 10개 이상이 발굴되어 1961년부터 대문구大汶口문화라는 고고학적 이름이 정립되었다. 1974년과 2000년에 발굴보고서가 나왔다. 보고서는 대문구문화가 산동 용산문화에 앞서는 동이東夷계 문화라고 설명하고 있다. 학자에 따라 대문구문화를 초기(BC 4,300-BC 3,500), 중기(BC 3,500-BC 2,800), 말기(BC 2,800-BC 2,000)의 세 시기로 구분하고 있다.[6]

그러나 중국인들은 대문구문화는 앙소문화와는 별개의 동이가 만든 문화라고 해석하면서도, 그 동이가 '조선족' '고조선' 이라는 사실은 아직까지 언급하고 있지 않다. 중국인 학자 양동성은 대문구문화를 세 시기로 구분하여 초기 대문구문화는 태호太昊족, 중기 대문구문화는 소호少昊족, 후기 대문구문화는 전욱족의 문화라고 보았다. 반면에 당란은 태호의 도읍은 진陳이고, 소호의 도읍은 산동성 곡부로서, 태호와 소호가 모두 동이이지만 대문구문화는 지리적으로 볼 때 소호가 만들었다고 보았다.[7] 이에 대해 신용하는 태호는 '큰밝달족'이고, 소호는 '작은밝달족'으로서 곧 '고조선족'이라고 주장했다. 이어 호昊는 밝을 호皞이니 본래가 밝달족이라는 뜻이므로 대문구문화를 창조한 동이는 밝달족, 조선족이라는 말이라고 했다.

1950년대 이후 중국 산동성 대문구 유적지에서 나온 팽이형 토기에 새겨진 문양(이하 '팽이陶文'이라 함)을 중국의 우성오는 단旦 자 도문[8]으로 보았으나, 신용하는 고조선 아사달 문명의 상징물로 보는 새로운 해석을 제기했다.[9] 그는 산동지방에서도 고조선문명권에 속한 고조선족들이 다수의 소국들을 세워 활동하면서 독자적인 고조선 문명과 문화를 창조하였으며, 그 팽이형 토기의 제조자·사용자가 바로 아사달의 조선족이라고 처음으로 밝혀,[10] 실증사학계로부터 논란이 되고 있는 고조선(단군조선)의 건국 연대가 BC 2,800-2,000년 이전임을 간접적으로 밝혀 주었다.[11]

반면에 김인회는 고조선 시대의 팽이형 토기와 부장용 예기인 도존陶尊을 구별하고, 이 도존의 부호가 고조선 영역에서 발견된 것이 아니고, 이 도존이 무덤에서 발견된 장송용 예기이므로 제천의식과 관련해서 보면 안 된다는 이유로 "우주수宇宙樹를 타고 날아 올라가 태양을 등에 지고 하늘을 날아가는 새의 모습을 형상화한 것"[12]이라고 했고, 더 구체적으로는 "사자의 영혼을 싣고 북두칠성을 향해 날아가는 새의 모습을 표현한 것"[13]이라고 했다.

2) 아사달문양에서 신시문양으로
필자는 신용하의 훌륭한 연구 업적에도 불구하고, 이를 단군조선 건국 이

전(지금으로부터 5·6천년전) 으로 훨씬 소급할 수 있다고 생각한다. 고조선 이전이
란 『삼국유사』로 보면 한웅시대이다. 먼저 이 상징물을 이해하기 위해 한웅
桓雄이라는 말에 주목하지 않을 수 없다. 한의 원 글자가 궁亘이다. '궁' 은 또
다른 음이 '선' 이다. 이 글자는 두 이二와 날 일日의 결합이다. 이二는 상하를
의미하고, 일日은 해(태양)와 돌 회回를 의미한다. 해가 상하를 돌고 도는 모습
이다. 단군의 단壇 자 속에도 회回 자가 들어 있다. 그러니까 하늘과 땅의 상
하를 해가 광명을 비추는 모습이다. 이것이 한桓·亘의 본뜻이다. 또 웅雄에서
도 그 뜻을 알 수 있다. 우변의 추隹는 작은 새를 상징하는데, 새는 곧 해인
것이다. 해 중에서도 하늘에서 내려온 '작은 해' 를 뜻한다. 이 '작은 해' 가
곧 신神이다. 『삼국유사』에 한웅을 또 신웅神雄이라고 한 말이 이 뜻이다.

팽이도문은 조선 고유의 팽이형이라는 데 의미가 있고, 그 문양이 삼 단계
로 조합되어 있다는 것도 의미 있는 일이다. 맨 위는 둥근 태양을 상징하고,
가운데는 구름으로 하늘세계를 상징하며, 맨 밑은 산과 바다가 있는 땅을 상
징한다. 하나의 빛이 하늘과 땅을 동시에 지배하고 있는 권능을 상징한 것
이라 할 수 있다. 이 팽이도문이야말로 복희의 이름처럼 '위대한 빛' 인 것이
다. 필자는 이런 의미의 연장선상에서 팽이도문을 설명하고자 한다.

신용하는 이 팽이도문의 뜻을 아사달阿斯達로 해석을 하고 있다. 그는 이병
도의 해석[14]에 따라 아사달이란 '아침의 산' 을 의미하며, 바로 조선朝鮮이라
는 말의 뜻이라고 풀이했다.

그러나 필자는 신용하의 아사달문양 해석은 시기적으로 너무 뒤쳐진 때
이므로 그보다 앞서야 한다고 생각하며, 김인회의 하늘을 나는 새 형상론은
그 나는 새의 목적이 무엇인가를 밝혀야 한다고 생각한다. 그래서 필자는
이 팽이도문을 조선이나, 아사달보다는 그 근원인 신시神市로 보고자 한다.
그러니까 아사달은 꼭 아침의 땅으로만 볼 필요는 없다. 『삼국유사』에 있는

것처럼 『위서魏書』에 적힌 아사달은 중국 사람들이 우리말을 한자식으로 표기한 것이므로 그것에 너무 연연할 필요가 없다. 아사달을 중국말로 읽으면 '아스다' 이다. 땅은 달〉달〉다로 변하기 때문에 크게 틀리지는 않는다. 그러나 우리 식으로 해석하려면 『삼국유사』 할주에 달아 놓은 무엽산無葉山 또는 백악白岳이라는 말에 주목해야 한다. 무엽산이란 말이 무슨 뜻인지 아직 밝히지 못했다. 필자가 보기에, 산에 잎이 많으면 녹음이 가득하여 푸른 산이 되지만, 무엽산이라 하였으므로 푸른 산이 아닌 흰 산이라는 뜻이며, 그처럼 흰 산이 된 것은 눈 덮힌 산 또는 불타오르는 산이라는 의미도 유추할 수 있다. 백악이 또한 흰 바위 산이라는 뜻이니 같은 뜻의 중복어이다. '아사달' 의 '아사' 는 아침의 뜻도 부정할 수 없으나, 일본말 '아사' 에 너무 의존한 해석이므로 적당치가 않다. 아침을 아침으로만 보지 말고, 어둠을 이기고 광명을 회복한 새벽으로, 그것이 상징하고 있는 새 것, 밝고, 흰 것에 더 유의하는 것이 좋을 것이다. 우리 말 '아시' 는 애초, 처음이라는 뜻이고, 아침보다는 흰 밝음이 더 중요한 상징이라 할 수 있다. 예컨대, 카자흐스탄의 수도가 '아스타나' 이다. 아사, 아스는 '불붙은, 타오르는' 이란 뜻의 원시 알타이어 '탈라㎰' 에서 왔다고 한다.[15] 아무튼 아사달은 '불' 과 관련이 있다. 「마한세가」에는 아사달을 '삼신을 제사하는 땅' 이라고 했다.

따라서 이 팽이도문은 흰 산, 흰 땅으로서의 거룩한 땅, 신성한 산인 태백산太白山·太伯山 신시神市를 의미한다고 보는 것이다. 다시 말해 조선의 아사달 문양이 아니라, 신시의 문양인 것이다. 신지글자가 나오기 이전의 문양이므로 단군조선 시대가 아닌, 그보다 앞선 상고시대인 한웅의 신시로 추론할 수 있는 것이다. 신시神市를 '신불' 로 읽으면 신성神聖한 불이 타오르는 뜻이 되고, 또 그러한 곳이라는 신성제단의 뜻이 된다. 다시 말해, 온 하늘과 땅을 환하게 밝히는 거룩한 불이며, 빛인 것이다. 또 그런 터전, 장소, 성소聖所를 의미하는 것이다. 이를 다음과 같이 세 가지로 나누어 설명할 수 있다.

첫째, 상단의 둥근 원○은 태양太陽 또는 하늘의 밝음을 상징하고, 둘째, 중간의 구름 같고, 초승달을 뉘운 모양은 달 또는 흰 색의 빛(白光)을 상징하고, 셋째, 밑의 산 모양은 산(봉우리가 다섯)과 또는 불을 모양한 것이다.

상중하 셋이 떨어져 있지 않고 하나로 붙어 있으니 하늘과 연결된 신성한 산이며, 이는 천지 또는 천지인 합일을 상징한다. 토기가 팽이의 형상인 것은 팽이는 땅 바닥에 닿아 빙빙 돌기 때문에 곤지곤지 하며 천지감응天地感應을 상징하는 신성물이다. 결국 이 세 가지를 종합하면, 태양太陽+ 백광白光+오봉산五峰山=태백산太白山이 된다. 이능화는 산이 가장 높아 해가 먼저 비치는 신성한 형상을 취하여 태백이라 붙인 것으로 보았다.* 이 태백산에 사람(人)이 모여 신성마을을 형성한 것이 태백산太伯山 아래 신시神市 또는 신불이라 하는 것이다. 특히 가운데를 초승달로 보면, 지금 우리가 보고 있는 경복궁 근정전이나 덕수궁 중화전에 있는 일월오악도(일월오봉도)를 연상시킨다. 오봉五峰은 오방五方, 오제五帝, 오행五行과도 연계하여 해석할 수 있다. 그런데 태백산의 신시 문명인들이 태양과 그 빛을 소중히 여긴 것은 빙하기의 끝자락에 살지 않을 수 없는 자연적 조건도 무시할 수 없다.

한편 김인회가 말한 새는 태양과 땅을 연결하는 신성의 역할자라 할 수 있는데,[16] 이때 새의 대표적인 상징 인물로 등장한 분이 치우이다. 치우의 또 다른 이름이 자오지慈烏支인데, 까마귀 오烏 자가 바로 새를 상징하고 있다. 새는 봉황을 의미하고, 해를 상징한다.

최고운의 난랑비서의 난鸞은 난새이다. 난새는 봉황鳳凰의 일종인 영조靈鳥

---

* 이능화, 『조선신사지』, 동문선, 2007, 89쪽; 한편 이태진 교수는 이 문양을 외계 충격설로 설명한 바 있다.

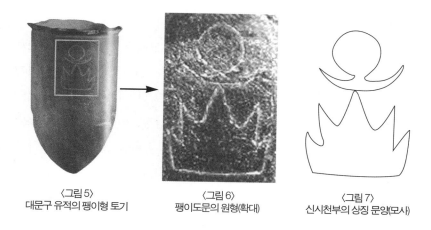

〈그림 5〉
대문구 유적의 팽이형 토기

〈그림 6〉
팽이도문의 원형(확대)

〈그림 7〉
신시천부의 상징 문양(모사)

라 한다. 이 난새는 하늘을 나는 새[鷖]인 동시에 하늘을 나는 신선을 상징한
말이기도 한 것이다. 신선神仙의 선은 본래 선僊이다. 이 선은 옮길 천遷으로
변했는데, 하늘과 땅을 새처럼 옮겨다니는 사람이 바로 선僊이었던 것이다.
신시시대의 선인들은 바로 이 선인僊人이었고, 그래서 풍류風流라 했던 것이
다. 『청학집』에 "한인은 동방 선仙맥의 조종祖宗이다. 한웅은 한인의 자子이
다"*라고 한 말은 선인을 뜻한다. 『삼국사기』에 "평양平壤은 본시 선인왕검
지택야仙人王儉之宅也"(동천왕편)라 했고, "조의자皂衣者 선인야仙人也"(잡지9)라 했다.
또 다른 예증이 『구약성서』에 남아 있는데, 바로 하늘로 날아간 선지자 엘리
야가 그런 사람이다. 이 선僊 자는 지금도 『동경대전』「포덕문」의 선약僊藥이
라는 말에 남아 있다.

　따라서 팽이도문은 인격적으로는 일월의 광명을 밝히는 하늘이 지상에
강림하여 인간세상을 이화理化하고 있다는 뜻이라 할 수 있다. 그래서 그곳
이 신시이며, 그 광명이 신불인 것이다. 일찍이 최남선은 한桓은 천상의 세계

* "桓仁爲東方仙脈之宗 桓雄天王 桓仁之子"(조여적, 『청학집』)

를 뜻하며,[17] 한桓과 '밝'은 다 광명의 뜻[18]이라고 했다. 즉 '한', '밝', '신'의 3자 관계를 어떻게 이해하느냐에 따라 우리 고대사에 대한 관점이 정해진다고 본다. 필자가 이 문제에 대하여는 이미 상술한 바 있으므로[19] 여기서는 생략하나, 그 요점을 말하면, 이 팽이도부는 하늘 '한'의 아들인 웅雄이 신神으로 지상에 강림하여 인간세상을 다스린다는 상징물이라 할 수 있는 것이다. 한웅을 『삼국유사』에 또 신웅神雄이라 한 점에 유의할 필요가 있다.

결론적으로 중국의 산동성 능양하에서 발견된, 대문구문화 말기로 추정되는 BC 2500년 전후의 유물인 이 팽이도문은 신용하의 주장처럼 한민족의 상징물이 틀림없으나, 다만 조선의 아사달 상징 문양이라기보다는 그보다 앞선 한웅의 '태백산 신시(신불) 문양'이라고 고쳐 보아야 한다는 말이다. 이와 같은 문양이 양저문화(BC 3300~2200) 유적지에서도 출토되었다. 그런데 특이한 것은 치우상과 흡사한 문양도 함께 나왔다는 것이다. 산동성은 바로 치우천황의 통치영역이었다. 치우천황은 BC 2500~2700년대 인물이다.

『태백일사』의 「신시본기」에는 복희씨와 함께 치우천황의 기록이 상세히 전하고 있다. "치우천왕이 신시의 여열(조상의 공덕)을 이어받아 백성들과 함께 경장을 도모하였다"(承神市之餘烈與民更張)고 했다. 치우는 신시의 정신을 계승하여 청구국靑丘國을 세웠다. '태백산의 신시문양'이란 결국 치우천황이 한웅천황으로부터 복희씨 시대에 꽃핀 태백太白 태호太皞 즉 '한 빛'의 계승자임을 알리는 상징물이었다고 볼 수 있다. 치우는 한웅의 뒤를 이어 청구국을 '다시 개천'한 분이다.

3) 『천부경』의 '태양앙명'과 신시천부문양

중국인들이 북방민족을 흉노라 비하했는데, 흉노의 현지 유목민 발음이 쉰누shunnu라 한다. 이는 천손족 즉 태양의 아들이라는 뜻이다.[20] 쉰누의

'쉰' 은 서양의 태양인 선sun과 흡사하다. 또 선sun은 선善과 음이 같으므로 태양족을 선善한 종족으로 분별했다는 것을 알 수 있다. 주선악主善惡의 선善이 그 뜻으로 보인다. 선善 속에 양羊 자가 있으니, 양羊은 두 뿔로 태양의 기운을 내려받는 것을 상징하는데, 이는 양陽, 양暘, 양良의 뜻을 내포하고 있다. 또 카자흐에서 흉노를 '훙드스' '궁드스' 라 하는데, 궁은 곧 궁弓, 궁宮을 연상시킨다. 태양, 불 또는 하늘의 뜻으로 볼 수 있다. '활활탄다' 는 말은 활弓을 비벼 불을 일으켰던 사실을 반영한다.

우리 말에 '임금' 이란 말이 있다. 임금은 님금이다. 님의 '니' 는 일日에서 온 말이다. 일日은 우리 말로 일, 닐로 읽고, 일본어에 일본日本을 니폰이라 한다. 한자의 닐昵, 닐曤, 니尼·닐·이가 그 흔적들이다. 강화도 마니산摩尼山도 태양의 산을 뜻한 말이다. 신라에서 왕을 니사금尼師今, 백제의 왕을 리니금理尼今이라 한 것도 같은 말이다.

또 니尼는 주검 시尸에 화살 촉 비匕를 더한 것이지만 시尸는 동이東夷의 이夷와 같이 쓰였다. 동이도 동쪽 태양족임을 알 수 있다. 한편 여기의 금今도 신神을 뜻하는 검儉과 같다.

『삼성기전』 서두에 "우리 한족桓族의 나라 세움이 가장 오래되었다"*고 했다. 한桓은 태양의 밝음을 상징으로 한 종족 이름이다. 종족의 이름이나 나라의 이름이 모두 한桓이다. 태양은 '밝음의 열매' 이며, 광명光明이 성실盛實한 것을 뜻한다. 광명은 전일全一의 뜻이다. 『설문』에도 해[日]는 곧 열매[實]라 했다. 그러니까 우리 조상들은 광명을 삼신의 참된 덕(光明爲三神之實德)으로 여겼다는 것을 한웅시대에 나온 『천부경』을 통해 확인할 수 있다. 이러한 광명 즉 빛과 합일하여 성화聖化를 입는 것이 곧 『천부경』의 '본심본 태양앙명'

---

* "吾桓建國最古"(안함로, 『삼성기전』) : 桓은 桓族, 배달족, 광명족, 한밝족이다.

이다. 그런 의미에서 '신시천부문양'이라 할 수 있다. 따라서 이 문양은 태양으로서 삼신의 신명성을 숭배한 태양신 관념의 표현이며, 조선의 아사달 문양이 아니다. '신시천부문양'은 신시의 태양문화를 상징하고 있으며, 이 것은 『천부경』의 '태양앙명'太陽昂明과 일치하는 것이다. 따라서 『천부경』은 상고시대 태양신 숭배사상의 반영이라 할 수 있다. 그것은 시기적으로 4~6천 년의 역사를 지닌 경문이라는 입증이 가능해진다. 『환단고기』에 의하면 『천부경』은 한인시대부터 구전된 글(口傳之書)이라 했는데, 이 말이야말로 『천부경』의 전수 과정이 얼마나 진실한 것인가를 밝혀 주는 단서가 된다. 또 하나 '성환오칠成環五七'에서 고리 환環 자가 구슬玉에 쓴 글자이다. 이는 옥玉 문화와도 연계할 수 있는데, 홍산의 옥 문화는 『천부경』의 배경이 될 수 있다.

그러면 신시천부문양을 한자의 어원으로 보면 어떠한가? 이 신시천부문양을 아침 단旦, 빛날 경炅, 경산炅山 등으로 보고 있다. 이학근은 산이 없는 것은 경炅으로 보고, 산이 있는 것을 경산炅山으로 보았다.

> 여기에서 보이는 炅(경)과 炅山(경산)은 가장 재미있는 부분으로, 서로 다른 지점에서 수 차례 걸쳐 발견되었다. 炅(경)자의 발음은 jiong으로 설문해자에 보이는데, 그 뜻은 '태양빛'이라는 의미인 동시에 다른 어떤 문헌에서는 熱(열) 자의 다른 필사법으로 쓰이기도 한다.[21]

필자는 이 문양과 가장 가까운 한자는 하늘 해를 상징하는 호昊[22] 자로 보고자 한다. 중국 학자 공유영도 호昊 자로 보았는데,* 호昊는 본래가 고杲 또는 호昊이며, 나중에 호暭, 호暤 또는 고皋로 쓰였던 것이다. 따라서 이 신시천부문양과 『천부경』의 '태양앙명'은 호昊 자의 의미로 계승되어 태호太昊 복희씨가 신시 태양문화의 조종이 되었다고 할 수 있으며, 태호는 곧 우리민족의 '한 빛'을 상징한다고 할 수 있다.[23] 그 원초적 표현이 한웅桓雄의 새 추推, 자오지慈烏支 치우의 까마귀 오烏에 나타나 있는 것이다. 그러므로 한민족의 광명사상은 한웅 – 복희 – 치우로 계승되어 왔다고 할 수 있고, 그 뒤를 이어 단군 – 최치원으로 계승되어 온 것이다.

---

* 우성오, 소망평, 허진웅은 아침 旦(단)으로, 공유영은 하늘 昊(호)로, 왕수명은 빛날 炅(경) 또는 烜(달)로, 당란 이학근은 경산(炅山). (이학근 저, 하영삼 옮김, 『고문자학 첫걸음』, 동문선, 1991, 93쪽)

신지글자와 『천부경』*

― 세 고전자古篆字本인 신지전神誌篆에 대한 비교 분석

1. 『천부경』에 대한 일반적 인식

『천부경』의 유래에 관한 이야기는 시대마다 조금씩 달라져 왔지만 오늘날 대개 이렇게 알려져 있다. 첫째, 『천부경』은 한인桓因 천제께서 다스리던 한국桓國에서 구전口傳한 서書이다. 그 후 한웅께서 천강하신 후 신지혁덕에게 명하여 녹도문鹿圖文으로 그것을 썼다. 훗날 최고운崔孤雲이 전고비篆古碑를 보고 갱부작첩更復作帖하여 세상에 전하였다.[1] 둘째, 단군의 전비문篆碑文이 몹시 어렵고 읽기가 힘들어서 최고운이 그것을 번역하였다.[2] 셋째, 법수교法首橋 비문碑文은 평양 법수교의 비碑에 새겨진 글월로 『훈민정음』 이전에 있었던 우리나라 고대문자로 추측된다.[3] 넷째, 단군 『천부경』은 신지神誌가 전자

* 이 글은 1994년 9월 25일 (사)한배달 주최 〈법인창립 제8주년 기념 천부경 학술대회〉(세종문화회관)에서 처음 발표한 「세 古篆字本에 대한 비교분석」을 재정리한 것이다. 현재 인터넷에서 이 글 퍼가기가 성행하고 있다. 세월이 꽤 지났지만 그때 품었던 의문에 대한 해답을 아직도 얻지 못했다. 원문은 가능한 그대로 살리되 『영변지』(1943년판) 원본과 백수현 「창성조적서비」 원본 사진을 입수하여 처음으로 공개하고, 본문에 주를 새로 넣었다. 여기서도 桓(환)은 책명으로는 「환단고기」라 쓰고, 인명과 나라를 말할 때는 '한'으로 표기한다.

篆字로 옛 비석에 쓰고, 최고운이 그 글자를 풀어 태백산에 새겼다.[4] 다섯째, 창힐이 처음 문자를 제작하였다고 중국에서 말하는데, 그는 동국東國 사람이라 하고, 그리고 단군시대의 신지의 문자가 지금도 남아 있어, 『영변지』의 상면上面에 영인하여 붙인 것도 있어서, 문자가 있고 예의를 아는 것이 단군고족檀君古族이라고 하였다.[5] 여섯째, 한말韓末 학자였던 계연수桂延壽*가 1916년 9월 9일 묘향산 깊은 계곡의 석벽에서 『천부경』임을 알고 한 벌을 탁본하여 그 이듬해 서울 단군교당으로 보냄으로써 세상에 알려지기 시작하였다.[6]

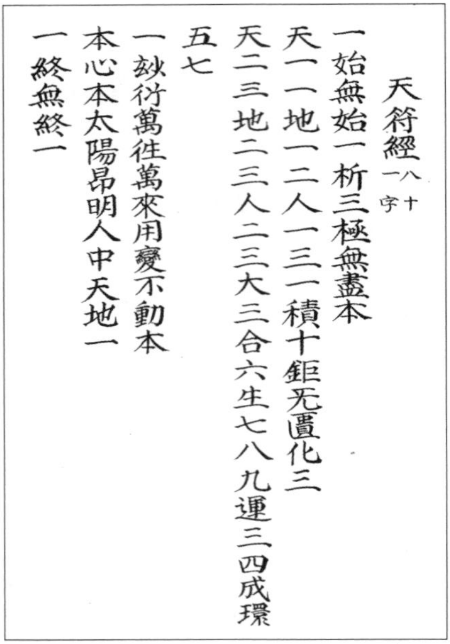
天符經 八十一字
一始無始一析三極無盡本
天一一地一二人一三一積十鉅无匱化三
天二三地二三人二三大三合六生七八九運三四成環
五七
一玅衍萬往萬來用變不動本
本心本太陽昂明人中天地一
一終無終一

〈그림 1〉 이맥의 『태백일사』에 나온 천부경 81자

이상의 여러 가지 내용을 종합하여 볼 때, 다음 몇 가지 의문을 갖게 된다. 첫째, 단군의 전고비문과 신지의 녹도문은 서로 같은 글자를 말하는가? 둘째, 최고운는 전고문을 단순 번역한 것인가, 아니면 전혀 별개의 제2 창작을 하였는가? 셋째, 현재 전해오는 신지글자(신지전)가 『천부경』의 원본과 관계가 있는가? 넷째, 『천부경』의 유래 과정에서 한인, 한웅, 치우, 단군은 어떤 역할을 하였는가? 다섯째, 계연수가 묘향산 석벽에서 『천부경』을 발견한 것

* 계연수의 생몰년대는 아직도 미확인이나, 필자는 이유립 『대배달민족사1』과 양종현의 증언 『백년의 여정』에 의해 1864년에 태어나 1920년에 서거한 것으로 밝힌다.

이 사실인가?

2. 몇 가지 전고비문의 탁본들

앞에서 지적한 몇 가지 의문점에 대하여 확실한 해답을 얻을 수 없는 현 단계에서의 한계점을 감안하여 필자는 세 번째 의문, 즉 신지글자와의 관계를 주로 해명하고자 한다.

고문古文에 상당히 권위 있는 학자로 알려져 있는 허목(1595~1682)의 대표적 문집 『기언記言』(古文편, 제6권)에는 다음과 같은 말이 전하고 있다.

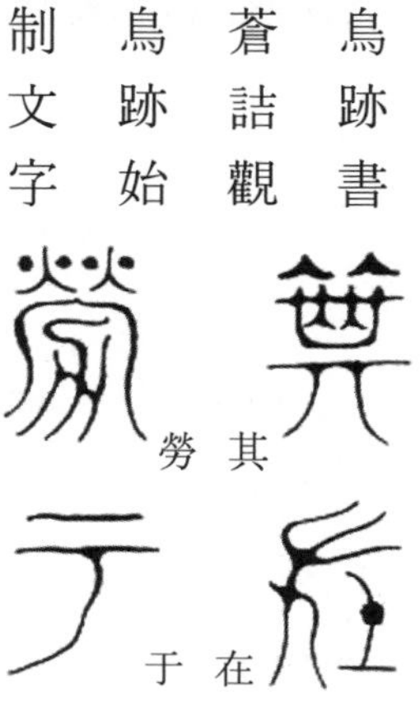

鳥 蒼 鳥 制
跡 詰 跡 文
書 觀 始 字

其 勞

于 在

〈그림 2〉 김두영 『전첩』

먼 옛날 창힐이 새의 발자국을 보고 처음으로
글자를 만들어 조적서鳥跡書를 지었고, 신농씨
는 수서穗書를, 황제씨는 운서雲書를, 전욱씨는

과두문자를, 무광은 해서를 각각 만들었다. 또 기자의 고문이 있으나 너무 오랜 것이어서 알기가 어려웠는데, 한漢의 양웅楊雄이 이것을 알아보았다.[7]

이 내용만을 참고할 때, 창힐의 조적서(새 발자국)와 신지의 녹도문(사슴 발자국)이 서로 같은 것인지 확인할 길이 없으나 발자국에서 나온 최초의 문자 기록이라는 면에서 같은 글자로 볼 수 있다. 그런데 조선 후기의 인물로 알려진 김두영金斗榮의 『전첩篆帖』[8]에 창힐의 조적서로 알려진 서체(그림 2)가 발견되고 있지만, 별 신빙성이 없다.

따라서 이 글에서는 오늘날 알려진 전고비문이 『천부경』을 처음 기록한

〈그림 3〉 안영태의 신지씨 전자

신지글자인지 알아보기 위해 그동안 세상에 공개되어 온 몇 가지 전고비문
을 발굴하여 검토해 보고자 한다.

1) 안영태安永泰, 『현대정치철학現代政治哲學』, 공동문화사, 1974년 판

안씨는 자신의 저서 속표지마다 이 글자(그림3)를 싣고 있다. 그는 이것을
"신지씨神誌氏의 전자篆字로 단군시대(4,500년 전)의 기록"이라고 밝혔다.* 신진
의 전자에 대해 연대와 인물을 기록해 놓은 것이 특징적이나 『천부경』에 관
련해서는 언급하지 않았다.

2) 송호수宋鎬洙, 『겨레얼 3대 원전元典』, 도덕성회, 단기 4316년(1983) 판,

   김붕남金鵬南, 『백두산白頭山은 우리 고향故鄉』, 평화사平和社, 4324년(1991) 판

송호수는 『천부경』과 신지글자를 세상에 알리는데 많은 공헌을 하였다.
원본은 아니지만, 세상에 많이 알려져 있기 때문에 원본에 앞서 소개한다.
이 두 책 속에는 『영변지』(1943년 발간본)에 실려 있는 유사遺事의 모사본이 똑같
이 인용되었다.* 이때는 복사가 불가능한 시기였으므로 북한에서 필사해

---

* 대전대학교 心溪 鄭周永 박사의 증언에 의하면, 안영태씨는 옛 황실재산관리소장인 尹宇
  景이 소장했던 것을 받아서 등재한 것이라고 한다.

온 것이다. 처음으로 국내에 소개하였다
는 점에 의미가 있다. 『천부경』의 이름
을 '단군천부경'이라 했고, 그 끝에 세
로쓰기로 쓰여진 16자의 신지전자가 실
려 있다. 이 1943년판 『영변지』는 1991
년에 한국인문과학원에서 『한국근대읍
지』 제62권에 전체가 영인(그림4)되었다.
이형구도 「유사」遺事를 영인해서 공개한
적이 있다.[9] 「유사」는 전병훈의 영향을
받은 것이다.

3) 『영변지』1943년 판본(舊)과 1971년
판본(新)

앞 항에서 언급한 『영변지』(평북 영변군
지)의 발간 연대는 1943년(그림4)이다. 이

<그림 4> 『구영변지』 16자 신지필적

<그림 5> 『신영변지』 16자 신지필적

보다 앞선 구지舊志로는 철종조에 편찬한 것과 고종조에 편찬한 것이 있는
데, 1943년판은 고종조에 편찬한 것을 구지舊志로 삼아 재편집한 것이다. 고
종조의 구지는 42목으로 편집된 것으로, 이것을 7개 부문으로 나누어 신편新
編하였다. 신편은 순한문체이다. 그 후 월남한 세대들에 의해 1971년(그림5)에
서울에서 이 책이 재발간되었다. 원문은 국한문 혼용이다. 구지를 번역한

* 필자는 김붕남 씨 생존시에 전화 통화를 하였는데, 이 자료는 미국에 살고 있는 전직 언론
  인인 홍흥수 씨가 1983년 묘향산을 방문하였을 때, 묘향산 역사박물관장 최형민 씨로부터
  얻었다고 하였다. 당시 소화 18년 발간이라 했으므로 서기 1943년이다.

것이 많으나 새로 추가된 기사들도 있다.[10]

필자는 1943년 판본을 『구舊영변지』(그림4)라 하고, 1971년 판본을 『신新영변지』(그림5)라 이름 붙여 본다. 『구영변지』의 「유사」遺事편 177면에는 81자 한문『천부경』과 '16자 신지전神誌篆'이 함께 실려 있다. 한문『천부경』의 원문 기록이 이 16자 신지전자라는 암시를 주고 있는 유일한 근거이다. 한편 『신영변지』에는 '신지필적神誌筆蹟'이란 이름으로 16자 전자(가로쓰기)가 맨 앞장에 실려 있다. 신구 『영변지』에 신지글자가 수록돼 있다는 것만으로도 이 책의 가치는 충분하다고 본다.

4) 이유립『대배달민족사(1)』, 고려가, 1987년 판. 법수교고비

이 분야의 권위 있는 학자였던 이유립(1907-1986)은 이 글자(그림6)를 법수교고비(法首橋古碑, 평양 소재)라고만 밝혔다.[11] 1730년 윤두수가 지은 『평양지平壤志』에는 법수교를 '법수두석교法首頭石橋'라 했으며, '현(당시 : 필자주) 복현동 3정가에 있다'고 했다(제2권 17면 교량편). 또 후에 이승재가 편집한 『평양속지』에는 이름을 그냥 법수교라 했고, 중혜동中鞋洞3가에 있으나 돌이 흙에 묻혔으며, 여도

〈그림 6〉 이유립의 16자 법수교 고비

균평興道均平이 서북쪽 석비에 있다고 했다.(평양속지 36면) 그런데 『고려사』 김위제金謂磾전의 「신지비사神誌祕詞」에 "수미균평位首尾均平位"라는 말이 나오는데,[12] '여도균평'이라는 글자의 성격으로 보아 신지비사와 어떤 연관이 있을 듯하며, 신지문자와도 무관하다고 할 수 없을 것이다. 또 『태백일사』에 "법수교에는 선인仙人이 내왕하였다. 법수法首는 선인의 이름이다"(마한세가 上)라고 하여 신빙성을 높여 주

고 있다. 『평양지』에도 "단군 때의 신지가 쓴 것이라고 하였는데, 세월이 오래 되어 없어졌다."고 했다. 이에 근거하여 법수교*가 갖는 역사적 의미를 유추해 볼 수 있겠다.

이상의 여러 가지 자료에 거의 같이 나타나고 있는 이 신지글자를 필자로서는 『천부경』의 원문(16자)이라고 아직 단정할 수는 없다. 다만 『구영변지』가 『천부경』81자의 기록문자의 근거가 되는 신지전자 16자를 제시한 것에 주목하고자 한다. 『구영변지』 유사의 제목이 '단군 81자 신지전'이다. 이는 '단군천부경 81자와 그 신지글자'라는 말인지, 아니면 '단군천부경 81자와 이를 기록한 고문자인 신지글자의 여러 글꼴들'이라는 말인지 확정할 수 없다는 말이다. 그러므로 우리에게는 여러 가지 형태로 나타나고 있는 신지글자들을 어떻게 연구하여 해독할 것인가가 중요한 과제로 대두된다. 이 신지글자가 해독된다면 『천부경』 연구는 급진전할 것이기 때문이다. 다음 항에서의 논의를 위해 전고篆古, 고전古篆, 신지전神誌篆을 '신지글자'로 통칭하고자 한다.

3. 두 개의 또 다른 신지글자의 발견

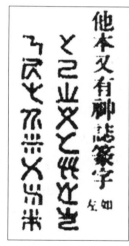

〈그림 7〉 『구영변지』에 실린 '타본'이란 말

앞에서 언급한 네 가지 모사본(16자 신지전)의 신지

---

* 이 법수교에 대하여 16세기 말에 편찬된 『평양지』에서는 "평양법수교 다리에 옛 비가 있었는데, 그 글자가 우리 글자(훈민정음)도 아니고 인도의 범자도 아니며, 중국의 전자도 아니라고 하면서 혹 말하기를 이것은 단군 때의 신지가 쓴 것이라고 하였는데, 세월이 오래 되어 없어졌다"고 했으나, 아직 이 평양지의 원문을 확인하지는 못했다.

글자는 배열 순서에서 약간의 차이가 있으나, 낱글자들을 서로 비교해 보면 똑 같은 글꼴에서 나온 판본(모두 16자씩)이라고 해도 과언이 아니다. 그러면 안영태본, 구영변지본, 신영변지본, 이유립본 등 네 가지 판본들은 어디에서 나온 것일까? 『구영변지』에는 분명히 '타본他本이 있다'(他本又有)고 하였으니 그 다른 책이란 무슨 책인가. 시기적으로 이들 판본보다 이른 판본으로는 백두용의 『해동역대명가필보』(이하 『명가필보』)[13]가 아닌가 한다. 이 『명가필보』는

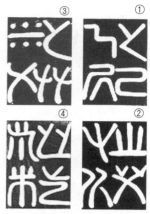

〈그림 8〉 백두용의 『명가필보』

1926년에 출판되었기 때문에 근대 문헌 중에 가장 이른 것으로 볼 수 있는 것이다. 이 『명가필보』에는 단군시대의 선인仙人인 '신지의 글씨' 라는 이름으로 4쪽에 걸쳐 실려 있는데, 이를 우右에서 좌左로 세로로 배열하면 〈그림 8〉과 같다.[14]

그런데 필자는 이 '16자 신지글자' 와는 전혀 다른 판본을 발견하였다. 그러나 서로 같은 고전자古篆字라는 면에서 일치하는 것이기 때문에 관심을 불러일으키고 있다. 항을 나누어 설명하면 다음과 같다.

1) 김규진金圭鎭, 『서법진결書法眞訣』, 고금서화진열관, 1915년 판
필자는 이 책을 대전의 어느 고서점에서 구입하였다. 해강(海岡, 김규진의 호, 1868~1933)은 영친왕의 스승을 역임할 정도로 서예의 대가였으며, 지금도 주요 사찰(필자는 가야산 해인사에서 해강의 필적을 확인)의 현판에서 그의 글씨를 발견할 수 있다.

『서법진결』은 일종의 한자 서예 입문서로서 기초에서 최고급 서체까지

다양한 내용을 담고 있는데, 고문서체로 「창힐전」, 「하우씨전」 등 7가지의 예를 들어 설명하고 있다. 문제의 서체는 바로 창힐전(그림9)이라는 이름 아래 쓰여 있는 11자의 고문이다. 이를 '11자 신지글자' 라고 통칭하고자 한다.

2) 백수현白水縣 사관촌史官村 창성묘倉聖廟의 「창성조적서비倉聖鳥跡書碑」

이 창힐의 「창성조적서비」(이하 조적서비)문은 본래 『섬서고대서법유적종술陝西古代書法遺蹟綜述(1)』(이하 서법종술)에 실려 있는 것을 『환단지桓檀誌』제10호(1993.6.6)[15]에서 재인용하여 알려지기 시작했다. 이 신지글자(그림10)는 모두 28자로서 중요한 의미를 지니고 있다. 이를 '28자 신지글자' 라고 통칭한다. 일부 독자들이 이 인용문이 필자에 의해 임의로 덧칠된 것이 아닌가 하고 의아해하는데, 필자가 덧칠한 것은 사실이나, 이는 독자에게 시각적인 편의를 제공하기 위해 바탕을 검게 칠한 것에 불과하다.[16]

〈그림 9〉
김규진 11자 창힐전

〈그림 10〉 창힐조적서비
(필자의 모사본)

〈그림 11〉 창힐조적서비(원본 사진)

필자는 이 〈그림 10〉의 「조적서비」의
실제 원문을 찾기 위해 백방으로 수소문
한 끝에 최근, 중국 서안 백수현에 있는
창힐사당 앞에 1754년에 세워진 '조적서
비문' 〈그림 11〉과 〈그림 12〉의 『순화각첩』*
을 동시에 발견할 수 있었다. 『순화각첩』
은 본래 '순화비각법첩'으로 '순화첩',
'각첩'이라고도 한다. 모두 10권으로 되
어 있는데, 제1권에 역대 제왕의 필적을
실은 것을 시작으로 제10권 왕희지의 글
씨에 이르기까지 모두 103인, 420편의 작

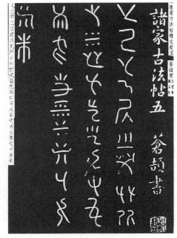

〈그림 12〉 『순화각첩』에 실린 28자
신지글자

품이 수록돼 있다. 그 가운데 제5권 첫 장에는 '창힐서'라는 이름으로 문제
의 28자 신지글자가 실려 있다. 이 각첩은 북송北宋 송태종에 의해 992년에
처음 출판되었다.

이 두 자료에 의하면 『순화각첩』에 실린 '창힐서'를 각석하여 1754년에
창힐사당 앞에 입석한 것으로 추측할 수 있다. 다만 각첩보다 사당에 각석
한 글씨가 더 정교하며, 밑에서 세 번째 글씨가 현격하게 차이가 난다.

4. 세 신지글자의 차이점 분석

필자는 앞에서 언급한 바와 같이 논의의 편의를 위하여 『천부경』 원문을
기록한 것으로 추정할 수 있는 신지글자를 세 가지로 나누어 '16자 신지글

---

* 『淳化秘閣法帖』(일명 淳化閣帖), 北京 고적출판사, 1991, 209쪽.

자'(『명가필보』본), 김규진의 '11자 신지글자'
(해강본), '28자 신지글자'(『순화각첩』본)로 통칭
하고자 한다.

우선 세 신지글자의 국내 전래 과정을 다
시 정리해 보고자 한다.

첫째, '16자 신지글자'가 세상에 알려진
것은 『구영변지』에 의해서다. 이 책에 실
린 유사의 내용을 요약하면 계연수가 1917

〈그림 13〉 세 신지글자를 합본한 것

년 묘향산에서 채약 중에 깊은 산 속 석벽에서 81자를 조사照寫하였는데, 원
문에 어긋나지 않았다고 했다. 그리고 윤효정에게 이를 전달했다는 말도 있
다.[17] 이것은 전병훈이 『정신철학통편』에서 "묘향산에서 계연수라는 도인
이 발견한 『천부경』을 노유 윤효정이 자신에게 전해 주었다"[18]라고 한 말과
일치하는 것으로 결국 『구영변지』의 유사가 전병훈의 「천부경 주해」(1920년 출
간)를 인용하여 작성했다는 사실을 입증해 준다. 그런데 전병훈은 신지글자
를 알고 있었으나 그 실물에 대하여는 일체 언급하지 않았다는 점이 『구영
변지』의 저자와 다른 점이다. 어찌 되었든 이 '16자 신지글자'는 시기적으
로 심재 백두용의 『명가필보』를 저본으로 삼았다고 말할 수 있다. 문제는 이
『명가필보』가 북송 때 나온 『순화각첩』을 보고 인용하여 편집한 것인가, 아
니면 국내에 있는 다른 자료를 보고 편집한 것인가 하는 점이다. 『순화각첩』
(또는 조적서비)을 인용하였다면 28자 신지글자 중에 백두용이 임의로 16자를
선별하여 발췌한 것이라 할 수 있고, 그렇지 않다면 국내에 또 다른 고문서
가 있었다고 볼 수 있다. 백두용이 이 16자를 『순화각첩』처럼 '창힐서'라 직
접 표기하지 않고, '신지'를 맨 앞에 서술한 것에서 그의 숨은 주체성을 엿
볼 수 있다.

둘째, 해강 김규진의 '11자 신지글자'는 특별한 의미를 갖는다. 김규진은 이 책을 1915년에 쓰고 1933년에 서거하였다. 백두용의 『명가필보』의 제자題字를 김규진이 썼다. 따라서 김규진은 이미 백두용이 인용한 16자 신지글자를 알고 있었다고 생각된다. 그런데 문제는 해강의 11자 중에는 백두용의 16자에 없는 새로운 3자가 더 있다는 사실이다. 그렇다면 이 3자는 어디서 온 것인가? 김규진의 생애를 보면, 18세(1886년)에 중국에 들어가 명승지를 둘러보고, 서화집들을 두루 열람하였다는 기록(서법진결의 序)이 있는데, 일단은 김규진도 『순화각첩』을 열람했을 것으로 추단할 수 있다. 그런데 백두용이 이를 신지神誌의 글자로 인식한 것과는 달리 김규진은 '창힐전'이라 이름 붙인 것을 보면, 『순화각첩』의 영향을 받은 것으로 볼 수 있다. 다만 그가 영친왕의 스승이었던 점에서 궁중의 각종 고서적을 탐독했을 가능성에 무게를 둘 수 있고, 당시까지만 해도 궁중에 우리 고문헌들이 상당수 있었다고 추측할 수 있다. 아무튼 다른 3자가 어디서 온 것인지 여전히 의문이다.

셋째, 필자가 그동안 가장 궁금했던 점은 창성조적비의 '28자 신지글자'의 전래 과정이다. 국내에는 김성준의 『환단지』가 세상에 알려진 유일한 근거이지만, 그가 보았다는 『서법종술』은 확인하지 못했다. 다만 『순화각첩』과 백수현 「조적서비」에 의해 그 사실 확인이 가능해졌다고 할 수 있다.[19]

아무튼 이상의 몇 가지 내용에 유의하여 세 가지 신지글자의 공통점과 상이점을 나름대로 분석해 보고자 한다. 먼저 공통점을 지적해 보겠다.

첫째, 이 세 가지 신지글자의 글꼴을 중심으로 관찰할 때, 16자 신지글자와 11자 신지글자 사이에는 같은 모양의 글자꼴이 7개 있다.

(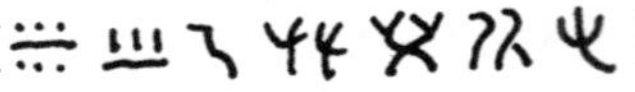)

둘째, 16자 신지글자와 28자 신지글자를 비교해 보면, 28자 신지글자 속에 16자 신지글자가 그대로 들어 있다.

셋째, 28자 신지글자와 11자 신지글자 사이에 같은 글자는 모두 8자 가 있다. 앞에서 밝힌 7글자에  글자를 추가한 것이다.

넷째, 이 세 가지 신지글자가 전혀 다른 경로에 있음에도 불구하고 어떤 일체성을 보여 주고 있다는 면에서 우리 조상의 옛글이라 생각할 수 있다.

다섯째, 이 세 가지 신지글자를 자세히 보면, 모두 세로쓰기로 되어 있다.

다음은 상이점이다.

첫째, 각각의 낱글자가 16자, 11자, 28자이다.

〈그림 14〉세 판본을 종합한 31자 신지글자

둘째, 16자 신지글자와 11자 신지글자는 국내 자료에서 발견되었으나, 28자 신지글자는 중국에서 발견된 것이다.

셋째, 16자 신지글자와는 달리 11자 신지글자와 28자 신지글자는 그 원본상의 이름을 '창힐' 로 적고 있다.

넷째, 16자 신지글자는 28자 신지글자 안에 다 들어 있으며, 11자 신지글자에는 7자가 들어 있으나 11자 신지글자에만 들어 있는 (Y ҉ Ϟ)는 28자 신지글자 안에도 들어 있지 않는 점에 유의할 때, 글자 수는 적지만 해강의 11자 신지글자의 독특함이 돋보인다. 만약 11자 신지글자가 없었더라면 16자 신지글자는 28자 신지글자의 모사본에 지나지 않는다는 오해로부터 자유로울 수 없다.

다섯째, 16자 신지글자와 11자 신지글자에 모두 없고, 오직 28자 신지글자 안에만 있는 글자는 10개(҉ ҉ ҉ ҉ ҉ ҉ 丄 ҉ ¥Χ)이다.

여섯째, 이상을 종합하면 16자 신지글자, 11자 신지글자, 28자 신지글자의 글자를 모두 합하면 55자이나 중복되지 않는 글자不二檢字는 28자 신지글자

와 11자 신지글자에만 들어 있는 3글자를 합해 모두 31자(그림 14)이다. 단 ㅊ
와 ㅊ 는 서로 같은 글자로 보았다.

5. 신지글자는 우리 민족의 고유 글자

『태백일사』의 「소도경전본훈」에는 "우리나라의 문자는 옛부터 있었나니
지금 남해현 낭하리의 암벽에 신시의 옛 조각(그림15)이 있다."＊고 말하고, 그
외에 왕문, 자부 등의 글자에 대해 언급하고 있다. 또 신시시대에 녹서鹿書(녹
도문)와 산목算木이 있었고, 치우
시대에 전목문佃目文이 있었고,
고조선 3세 가륵에 가림다문
20(그림16)이 있었다.

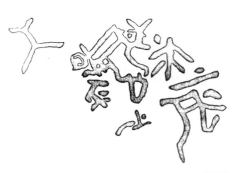

〈그림 15〉 남해석각(신시고각) : 경남기념물 제6호(남해
상주리 석각)

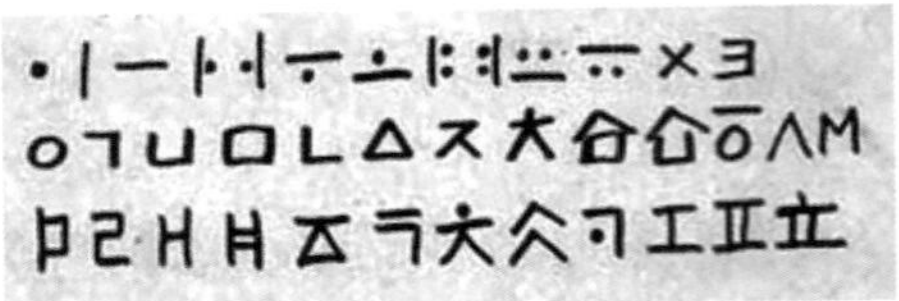

〈그림 16〉 가림다 38자

필자는 이 글에서 '16자 신
지전'을 중심으로 나머지 '11
자 신지전'과 '28자 신지전'을
소개하고 비교했다. 신지글자
에 대한 해독 문제는 숙제로 남
겨 놓았지만, 우리 조상들이 한
자나 『훈민정음』과 다른 형태
의 또 다른 옛 글자를 가지고

＊ 최근 이 석각문에 대한 해석이 나왔다. 문치웅 「고조선 고각 남해석각 해석」, 『동아시아 고
대학』 18집(2008.12) 동아시아 고대학회, 59쪽 이하. 그는 한웅이 아니라, 단군이 천제를 올
렸다고 밝혔다. 한편 이 석각을 뒤집어 보아야 한다고 주장하는 분도 있다.

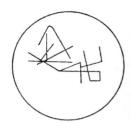  

〈그림 17〉 평양남경 유적 31호 〈그림 18〉 고조선초기 문자(윤가촌 12호) 〈그림 19〉 나진초도 유자토기

있었다는 것만은 충분히 확인할 수 있었다. 이와 함께『천부경』의 기록 연대
도 상고로 소급할 수 있는 근거가 마련되었다고 할 수 있다.

최근 북한의 류열(사회과학원 언어학연구소)은 "이 신지글자 16자는 단군 시기부
터 고조선에서 쓰인 우리 민족 고유의 글자임이 명백하다. 이 신지글자는
뜻글자가 아니라 소리글자로서 고조선 시기의 토기 밑굽(그림 17)에도 이와 같
거나 비슷한 글자가 있다"[21]고 했다. 이형구는 윤가촌 굽접시 문자(그림 18)와
특히 누운 장구(𐌾) 토기 문자(그림19)에 관해 주목하였다.[22]

그런데『구영변지』에 소개된 16자 신지글자를 최치원의 81자『천부경』과
직접 연계시키는 것은 아직은 성급하다고 생각한다. 다만『천부경』의 원문
을 표기한 신지글자의 글꼴로 유추할 수 있을 뿐이다.

아울러 민족상고사의 보고라 할 수 있는『환단고기』속에 81자 경문만 전
하고,『천부경』의 신지글자 원문이 전하지 않는 점이 못내 아쉽다.『삼국유
사』는『천부경』은 말하지 않고 천부인天符印만 말하고 있다.『천부경』을 천부
인으로 인식하였다는 것은『삼국유사』가 불교의식의 지배하에 있었기 때문
에 경전의 의미보다도 문화적인 면에 치중하였다는 것을 알 수 있다.

이 글에서 신지글자와 함께 또하나 비중 있게 다루어야 할 문제는 창힐을
어떻게 평가할 것인가 하는 점이다. 김규진과『순화각첩』은 신지글자를 창

힐의 글자로 보고 있는데, 『환단고기』에 의하면 창힐은 치우의 후예로서 부도符圖의 글자를 전수받았다(삼성기 하편)고 했다. 또 「삼황내문」의 저자인 자부 선생은 창힐의 스승(마한세가 상)이라고 밝히고 있다. 허신의 『설문說文』에 "황제의 사관史官인 창힐이 새와 짐승의 발자국으로 그 다름을 구별할 수 있음을 보고 서계를 만들었다"[23]고 명시한 이래, 창힐은 중국인들에 의해 "중국문자의 비조鼻祖"로 추앙받게 되었다. 그러나 이와는 다른 시각에서 치우시대의 창힐은 동이문자의 시원인 신지글자를 중국 중원에 전파한 동이족의 인물로 추정할 수 있을 것이다. 사마천의 『사기』에 신시 18황제 중에 치우천황이 등장한다. 중국 사서에 등장하는 유일한 동이족 황제가 치우*이다. 『사기』의 주석에 "치우는 옛 천자의 이름(蚩尤古天子之號也)"이라 하였으므로, 창힐은 황제 헌원의 사관이 아니라, 치우의 사관으로 보는 것이 더 타당할 것이다.

끝으로 앞에서 열거한 16자 신지글자를 비롯하여 11자 신지글자, 28자 신지글자 등 서로 다른 모양을 가진 여러 개의 신지글자를 서로 다른 길에서 찾았다는 것과 안영태가 이들 신지글자를 4,500년 전의 글자로 밝힌 것, 그리고 중복되지 않는 신지글자는 모두 31자라는 사실의 발견은 그나마 큰 소득이라 아니할 수 없다.

『천부경』과 신지글자와의 관계를 다음과 같이 정리할 수 있다.

첫째, 『천부경』은 오랜 세월 동안 구전되어 오다가 사슴 발자국 모양의 녹도문으로 기록되었고, 다시 신지글자를 거쳐 오늘날의 81자 한자로 보존되

---

* 중국에는 중화삼조당(中華三祖堂)이 있는데 그곳에 황제, 염제, 치우가 모셔 있다. 최근 중국은 동북공정도 모자라, 탐원공정(探源工程)을 벌이고 있다. 현재의 중국 땅에서 나온 문화는 모두 중국문명이라는 주장이다. 한국의 고조선 문명이 사라질 위기에 놓여 있다.

었다. 둘째, 치우의 청구시대(단군조선 건국보다 약 400년 앞)에 태어난 창힐은 신지글자를 중원에 전파하여 한자의 원조가 되었다고 볼 수 있는데, 이 신지글자가 『천부경』의 전수와 관계 있다. 셋째, 『천부경』이 시대마다 기록된 글자의 형태는 달랐지만, 태초부터 지금까지 소멸되지 않고 전수되어 온 것은 우리 한민족의 정신적 혈맥을 잘 간직하고 있기 때문이라고 할 수 있다.[24]

〈그림 20〉 치우천황의 서토경략 경로와 창힐의 활동지

보론 : 조적서비에 관한 참고자료

창성조적서비倉聖鳥跡書碑의 28개 글자는 무엇을 기록했나 ?

섬서성 백수현에 있는 창힐묘倉頡廟의 전전前殿은 모두 네 칸인데 금방 그 옆에 소이방小耳房 각 한 칸씩 있다. 경산硬山 형국이다. 전전前殿에는 지금 한漢 · 위魏 · 송宋 · 명明 · 청淸 등 여러 시대의 비석이 있다. 창힐倉頡에 대한 송덕비가 있고, 창힐의 문자비文字碑가 있으며, 수선해 놓은 「창힐묘비倉頡廟碑」가 있다. 또한 창힐묘倉頡廟와 관련되는 기사를 새겨 넣은 비碑 등도 있다. 이러한 비석들은 창힐묘에 관한 믿을 만한 역사 기록들이다. 그 중 「창성묘비」, 부진符秦의 「광무장군비廣武將軍碑」와 청의 「창성조적서비倉聖鳥跡書碑」, 「대송창공비大宋倉公碑」, 당의 「창공비倉公碑」, 위의 「공자제자제명비孔子弟子題名碑」 등은 모두 비석사碑石史에 있어서의 명비名碑들이다.

창힐묘에 있는 비석들은 역사적으로 보거나 서법예술로 보거나, 또 문물의 가치로 보거나 모두 창힐묘 고문화 예술의 중요한 구성 부분으로 된다. 그 것들은 여러 조대를 거쳤지만 비갈碑碣의 발전 과정을 볼 수 있을 뿐만 아니라 하나의 완벽한 창힐묘사倉頡廟史로 된다. 그 중 「창힐묘비倉頡廟碑」는 전국적으로도 가장 이른 시기의 비석으로 된다. 「광무장군비廣武將軍碑」는 비갈을 위한 유일무이한 비석으로서, 비문은 예서로 되어 있으나 예서체 속에 해서체도 있다. 향초鄕草적인 야생미가 넘칠 뿐만 아니라 송대 조명성趙明誠에서 근대 강유위康有爲 우우임于右任에 이르기까지 모두 높이 평가하고 있는 것들이다.

청나라 건륭乾隆시기의 「창성조적서비」는 백수지현白水知縣의 양선장梁善長

이, 창힐이 만들어낸 28개 문자를 모방해 만든 것이다. 사료의 기록에 따르면 창힐이 책 2권을 만들었다고 하나, 수나라 때 전란에 의해 불타 버려서 겨우 28자만 남았다고 한다.

　이 28개의 문자는 송나라 때에 "무기갑을戊己甲乙, 거수공우居首共友, 소지열세所止列世, 식기광명式氣光名, 좌호×가左互×家, 수적수존受赤水尊, 과모부불戈矛釜芾"로 밝혀졌다.(『순화각첩』에 실려 있다) 이 28개 문자 자체는 한자 구성법의 상형, 회의 등을 내포하고 있다. 이를테면 "열列, 기氣, 명名, 존尊" 등은 모두 이런 두 가지 구자법을 내포하고 있다. 또 일부 문자들은 갑골문과 같다. 이 28개 문자는 서로 상관성이 없는 것 같지만 자세히 따져보면 황제 때의 한 단락 역사를 반영하고 있다. 오행팔괘설五行八卦說의 분석에 따르면, 동東은 갑을목甲乙木이고 중앙은 무기토戊己土이다. 『사기』「오제본기」에 따르면 염제炎帝는 성덕聖德을 갖고 있어 불(火)로 그 자신을 왕이 되게 하고, 황제黃帝는 토덕土德의 단초가 있어 토土로 황색을 이룬다. 그러므로 황제라 하며 탁록涿鹿에 거하고 중앙에 자리한다. 그러므로 무기戊己는 황제를 대표하고 갑을甲乙은 염제炎帝를 대표한다. "거수공우居首共友, 소지열세所止列世, 무기광명式氣光名"이라 했을 때 이는 염황炎黃 이제二帝가 더불어 부락의 수령이 되고 그들의 일거수 일투족은 천하 여러 부락의 귀감이 된다는 뜻이다. "좌호×가左互×家, 수적수존受赤水尊, 과모부불戈矛釜芾"이라 함은 황제가 염제를 정복하고 치우 지란蚩尤之亂을 평정해 천하를 안정시키고 백성들이 즐겁게 생업에 종사하도록 하게 함을 말한다. 황제는 다시 천하 모든 부락의 수령이 되었다. 이밖에 산문山門, 전전前殿, 중전中殿, 침전寢殿에는 각각 우임佑任, 구성邱星, 사덕평謝德萍 등이 쓰고 알뜰하게 만든 변액匾額이 걸려 문조文祖 창힐성령倉頡聖靈을 받들고 있다.【2006.4.9. 編輯:余瑞冬 big5.chinanews.com.cn:89】

*주1: 원문 중국어 기사를 연변대 김호웅 교수가 우리말로 번역한 것이다. 중국역사를 중심으로 일방적으로 해석한 것이 못내 아쉽다. 창힐이 치우의 신하였다는 『환단고기』의 근거에 의하면 이 28자는 중국 황제의 공적이 아니라, 동이족 치우의 공적을 기록한 것으로도 볼 수 있다. 또 戊己甲乙, 居首共友....를 다른 문헌에 "上天作命 皇辟迭王…"라고도 했다. 또는 이를 직역하여 「一妖來始, 界轉鴉杈, 祭神靑腦, 禍小馬念, 師五除掃, 幡齋解果, 過鼠還魂」라고도 풀었다.

구길수 씨는 다음과 같이 남녀관계로부터 시작하여 밝달나라에 대해 풀었다.

비는(기도하는, 바라는) 개울과(여음, 겨집) 비는(기도하는, 바라는) 뱀(男根, 사내)을 땅 위에 세우니 얼루는도다. 빛을 향하여 둘이 열고 나아가 씨를 심고 둘이서 비니 빛과 땅과 얼루어 아기가 나오네. 열고 나가 어미 되니 새끼 낳고 씻기어 터에 세우고 곡식을 갈무리 하여 달아매니 빛 받는 밝달(배달)에 집(나라)을 세우는도다.(『새로운 천부경 연구』, 국제교류협회, 2008, 117쪽)

*주2: 신지글자 16자에 대하여는 박홍래의 『금역진리』(동신출판사, 1993, 108쪽)를 참고할 필요가 있다. 필자가 이상의 내용을 토대로 번역대조표를 만들었다. 이 번역은 『순화각첩』에 실려 있는 것을 보기 좋도록 옮긴 것이다.

*주3: 범례 : ⋮⋮는 1×2이다.

『순화각첩』에 실린 번역					세
倉聖鳥跡書碑					로
大清乾隆十九年歲次甲戌十月朔立石	白水縣知縣梁善長	受	列	戊	1
		赤	世	己	2
		水	式	甲	3
		尊	氣	乙	4
		戈	光	居	5
		矛	名	首	6
		釜	左	共	7
		苗	互	友	8
			×	所	9
			家	止	10
가 로		3	2	1	

『천부경』 6수와 9수의 우주론
— '대삼합륙大三合六'을 중심으로

1. 『천부경』 중앙 6수에 대한 문제제기

『천부경』 해석의 중요한 분기점이 되는 곳은 경문 81자 중에 바로 '대삼합륙大三合六'이다. 특히 육六은 9×9 배열 중에 정중앙에 위치하고 있을 뿐만 아니라, 다음의 생칠팔구生七八九로 이어지는 중간 역할을 하고 있다는 면에서 중요한 의미를 지니고 있다고 생각한다.

이런 차원에서 대삼합륙에 대한 기존의 주석들을 살펴보고, 그것이 지닌 의미를 찾아보고자 한다. 이런 논의에 앞서 『주역』과 『천부경』이 갖고 있는 수리 전개의 기본 원리를 비교해 보려고 한다. 『주역』이 일생이법의 음양관에 기초한 것이라면, 『천부경』은 일생삼법의 천지인天地人 삼극관에 기초하고 있다는 관점에서 출발한다. 이것은 대삼합륙의 수리론을 이해하는 데 있어서 의미 있는 비교 작업이 될 것이다.

그 다음으로 천지인의 음양陰陽 결합에 주목하고자 한다. 그 선례를 오행의 음양 결합에서 발견할 수 있는 것이다. 오행의 수화목금토가 음양과 결합함으로써 1·6수 2·7화…가 나와 10수를 이루는 것처럼 『천부경』은 천지天地가 3극으로, 또는 천지인이 음양으로 결합하여 대삼합륙의 6이 나오고, 또한 천지인이 3극으로 결합하여 9가 나온다. 그리고 6은 '일시무시일一始無始一…일종무종일一終無終一'의 1과 만나 새로운 『천부경』의 모습으로 다가온다. 여기서 1과 6의 합수合數가 지니는 의미는 무엇이며, 그것이 어떻게 1·6수水 사상과 연계되는지 살펴보고, 9×9 배열의 『천부경』에서 인간 포태수인 6수數와 천지인 완성수인 9수數의 의미를 살펴 볼 것이다.

나아가 필자는 천지인의 음양 결합과 오행의 음양 결합이 추구하는 공통적 목적을 사시성세四時成歲라는 말로 설명해 보려고 한다. 사시성세는 결국 만물의 생육과 번성에 관계된다고 보기 때문이다. 이러한 논의를 통해 『천부경』의 우주론적 의미를 재조명하는 계기로 삼고자 한다.

2. 『주역』과 『천부경』의 수리체계

1) 『주역』의 음양관과 일생이법一生二法

노자는 음양설에서 우주 창성創成을 설명하고, 장자는 음양설에 의해 만물의 생성소멸을 설명하고 있다. 음과 양은 각기 그늘과 햇빛을 표한 것인데, 히로시 아라카와荒川紘는 음양의 기원에 대해 수화水火로 추측된다고 말했다.[1] 그 근거로 『논어』에 "백성의 어짊에 있어서는 수화水火보다 심하다"[2]에서 수화가 보이고, 『맹자』에 "백성은 수화가 아니면 생활하지 못한다"[3]고 했고, 『순자』에는 "수화水火는 기氣는 있으나 생명生命이 없고, 풀과 나무는 생명은 있어도 지각능력은 없다"[4]라고 했다. 이렇듯이 수화水火는 기氣로서 자연과 인간을 낳는 음양陰陽과 동일한 역할을 하고 있었던 것이다. 그런데 이 음양설은 음양과 독립해서 생긴 역易과 융합하였다.[5]

오늘날 『주역』을 구성하는 기본 축을 음양이라고 말한다. 괘상卦象을 형성하는 기본 토대가 음陰과 양陽에 근거하고 있기 때문이다. 괘상에서의 음양은 특히 대대성對待性과 상의성相依性을 바탕으로 통일적 세계를 형성한다. 「역서易序」에서도 "역은 음양의 도이고 괘는 음양의 물건이고 효는 음양의 운동"[6]이라 하여 괘효에 기초한 역이 바로 음양임을 명시하고 있다. '역'을 음양론이라고 주장하는 사람들은 주로 「역전易傳」의 다음과 같은 구절에 주목한다.

> 한번은 음이 되고 한번은 양이 되는 것을 일러서 도(一陰一陽之謂道)라고 한다. 음과 양의 헤아릴 수 없는 작용을 일러 신(陰陽不測之謂神)이라 한다. (계사 상5)

이처럼 두 대비되는 개념인 "일음일양지위도一陰一陽之謂道"와 "음양불측지위신陰陽不測之謂神"은 이 세계가 음양으로 인식 가능한 세계가 있는 반면에 음양으로 인식할 수 없는 또 다른 세계가 있다는 점을 보여 준다. 즉 도道와 신神의 영역이 그것이다. 본래 『춘추좌전春秋左傳』에 의하면 음양은 천天의 6기氣 가운데 2기氣로 인식된다. 6기氣란 음·양·바람·비·어둠·밝음을 말한다.[7] 이처럼 음양은 기氣를 말한다. 음陰이 지나치면 한질寒疾이 나고, 양陽이 지나치면 열병熱病이 나온다는 것이다.

그런데 『주역』에서 음양론은 다시 태극관으로 귀결된다. 본래 태극은 점칠 때 사용하는 시초蓍草의 수를 가지고 말해 왔다. 위魏의 왕필은 50개의 시초 중에 사용하지 않는 최초의 하나를 태극이라 한 반면에 당唐의 최경은 50개의 시초 중에 하나를 제한 나머지 49개를 태극이라 하였다. 왕필은 불용일수不用一數를 신성시한 것이고, 최경은 미분사십구수未分四十九數를 신성시한 것이다. 여기서 신성시했다는 말은 근본으로 삼았다는 뜻이다.

> 이런 까닭으로 易에 太極이 있으니, 이것이 양의를 낳고, 양의가 사상을 낳고,

사상이 팔괘를 낳으니, 팔괘가 길하고 흉함을 정하고, 길하고 흉함이 큰 일을 낳는다.[8] (계사상11)

위 인용문은 『노자』 42장의 "도생일道生一 일생이一生二 이생삼二生三 삼생만물三生萬物"의 관점을 역易에 적용한 것이라고도 한다.[9] 이 "역유태극易有太極 시생양의是生兩儀…"에서 양의는 곧 음양을 의미하며, 태극은 이 음양의 생성적 근원이 된다. 그것은 기氣의 운동 과정을 의미한다. 그것이 태화太和의 개념과 결합하면서 태극은 기氣로서 조화의 극치를 이룬다. 장횡거는 "태허太虛의 형태가 없는 상태가 기氣의 본래의 상태이고, 그것이 모이고 흩어지는 것은 변화의 일시적인 형태일 따름이다"[10]라고 했고, 또 "귀신은 이기二氣의 양능이라"[11]했으며, "기氣에는 음양陰陽이 있다"[12]고 했다. 그러나 주회암(주자)은 이 "역유태극易有太極"에 대한 본의本義에서 태극에 대해 전혀 새로운 주장을 내놓고 있다. 역은 음양의 변하는 그 자체(易者 陰陽之變)이며, 태극은 그 변하는 리理(太極者 其理也)라는 것이다. 즉 태극太極은 리理라는 명제가 여기서 나온 것이다.

하나가 매양 둘을 낳는 것은 자연의 이치이니, 역은 음양의 변하는 것이고, 태극은 그 이치다. 양의는 처음 한 획이 나뉘어 음양이 되는 것이고, 사상은 다음 두 획이 나뉘어 태양, 태음, 소양, 소음이 되는 것이고, 팔괘는 그 다음 세 획이니 삼재의 상이 비로소 갖추어지는 것이다.[13]

이와 같이 주회암은 "역유태극"을 통해 태극의 이적理的 요소는 일매생이一每生二로 표현하였다. 필자는 여기서 태극의 일매생이를 '일생이법一生二法'이라는 말로 표현하고자 한다.[14] 그런데 "역유태극"은 이전 시기와 달리 송대宋代 성리학에 이르러 64괘를 구성하는 자연 원리로 해석되었다. 그러면 이 태극의 일생이법一生二法은 무엇으로 이루어지는가? 바로 음양陰陽이다. 그러나 음양은 서로 떨어져 있는 별개물이 아니다. 일음일양一陰一陽이란 말과 같이 음양이 결합할 때 비로소 도道가 된다는 뜻이다.[15] 이처럼 태극을 성리학에서 '이적理的'이며, '음양 양兩태극'으로 이해하기 시작한 것은 주회암으로부터 비롯된 것이며, 이로부터 성리학의 태극은 모든 것의 근원이 되는 궁극적 실체를 의미하게 되었다.

2) 『천부경』의 일석삼극과 일생삼법一生三法

우리의 전통문화에는 음양 태극太極에 기초한 양兩태극 문양 못지않게, 그 이상의 다多태극 문양이 많이 전해오고 있다.[16] 이는 우리 문화 속에 음양 양극적 사유구조가 발전해 온 반면에 그와 다른 형태의 다극적 사유 구조가 혼재해 전승되어 왔다는 것을 의미한다. 여기서 『태백일사』를 주목할 필요가 있다.

> 둥근 것은 하나이니 무극이요, 모난 것은 둘이니 반극이요, 각진 것은 셋이니 태극이로다.
>
> 圓者 一也無極 方者 二也反極 角者 三也太極 (「소도경전본훈」)

이러한 무극→반극反極→태극이라는 삼극적 구조는 음양을 태극으로 보고 있는 오늘날의 사유구조와 다른 것이다. 음적陰的인 정靜를 무극이라 하면, 그 음적陰的 정靜과 그에 반反하는 양적陽的 동動을 포함하여 반극으로 본 것인데, 우리의 눈길을 끄는 것은 태극太極을 삼三으로 본 것이다. 이미 『한서漢書』「율력지」에 "태극원기太極元氣 함삼위일函三爲一"이라는 말이 보인다.[17]

태극은 원기로서 셋을 포함하여 하나가 된다는 뜻이다. 그러니까 태극은 일찍부터 삼태극이었던 것이다. 이런 의미에서 『태백일사』의 삼태극이란 말은 태극관의 원형을 보여 준 중요한 자료인 동시에 한국 고유 사상의 근원을 찾는데도 중요한 단서가 되고 있다.

특히 이러한 삼三사상은 『삼국유사』의 단군신화에도 잘 계승되었다. 즉 "천신-신인-인신의 삼신三神 구조, 풍백·우사·운사의 삼공三公 구조, 삼위태백三危太伯, 천부삼인天符三印" 등에서 삼三이 완성을 의미하는 것은[18] 곧 삼태극과 통하는 것으로 볼 수 있다. 그 모형으로는 원-방-각圓·方·角으로 표시하기도 한다.

바로 이런 연장선상에서 우리는 『천부경』을 만나게 된다. 『천부경』의 서두는 "일시무시일一始無始一 석삼극析三極 무진본無盡本"이다. 이 '무無에서 일一이 시작되었고, 그 쪼개져 나온 삼극三極'을 『천부경』은 바로 천태극·지태극·인태극으로 상징하고 있는 것이다. 과학으로 보면 중력·전자기력·핵력이다. 우주가 폭발[빅뱅]한 것과 같다. 이 삼극 개념은 『태백일사』나 『한서』와 일치하는 것으로 음陰, 양陽, 중中의 3극으로 해석할 수 있다.[19] 이런 제3의 개념은 노자老子의 '삼생만물三生萬物'에서도 확인할 수 있다.[20] 방립천도 삼생만물三生萬物에서 "셋이란 음기陰氣, 양기陽氣, 중기中氣를 말한다"[21]고 보았다. 만물의 생성 요소에는 음양의 두 기운에 그것을 통일할 수 있는 제3의 기운(힘)이 있어야 비로소 소통·화합의 작용이 일어나 만물이 완성된다는 말이다. 반면에 윤사순은 음양을 충沖한다는 충기沖氣는 있을 수 있어도 중기中氣는 없다고 주장하였다.[22] 또 "원기元氣에 세 명칭이 있는데, 태양太陽 태음太陰 중화中和이다. 형체에 세 가지 이름이 있는데, 천지인天地人이다"[23]고 했다. 이는 천天이 양기이고, 지地가 음기이며, 인人이 중화기中和氣가 된다.[24]

그러니까 『천부경』은 '석삼극析三極'에 이어 "천일일 지일이 인일삼天一

地一二 人一三"에서 거듭 천지인 삼태극을 밝혀 주고 있다. 무無[25]에서 처음으로 쪼개져 나오는 것은 양태극이 아니고 삼극이다. 이것은 앞에서 말한 일생이 법一生二法과는 차원을 달리하는 것으로써,『천부경』은 '일생삼법'으로 우주에 새로운 통일성을 부여하고 있다. 이 통일성은 창조성 또는 창조적 진화와 같은 말이다.

『천부경』의 삼극은 경전의 내용상 천지인을 규정한다. 이때의 천지인은 그 실체이면서 관계를 의미한다. 이런 3수 관계는『삼일신고』에 이르러 9수로 발전한다. 9수란 삼진三眞(性·命·精), 삼망三妄(心·氣·身), 삼도三途(感·息·觸)로의 분화를 의미한다. 또 고유신앙에서는 삼극이라는 말이 삼신三神으로 발전해 왔다. 삼신이란 "천일天一·지일地一·태일太一*이라 하고, 조화·교화·치화를 주관한다"(『태백일사』, 「삼신오제본기」)고 했다. 그리고『삼국유사』에 나오는 단군 이야기도 무無를 중심으로 천-지-인天-地-人의 구조로 되어 있는데, 이것 역시 『천부경』의 삼극 구조와 무관한 것이 아니다. 한인을 근원으로 하고 한웅(하늘)-곰(여자, 땅)-단군(사람)이 삼원적 구조[26]를 이루고 있는 것도 삼태극 사상과 일맥상통한 것이라 할 수 있다.

3.『천부경』'대삼합륙'의 수리 분석

앞에서 살펴본 바와 같이『주역』은 일생이법一生二法이라는 생성 방식을 갖는다. 일생이법이란 태극→양의→사상→팔괘로 전개하는『주역』의 일반 법칙으로, 이를 수리화하면 1→2→4→8로 전개된다. 반면에『천부경』은 일생삼법一生三法의 창조적 생성 방식을 갖는다. 일생삼법이란 무일삼극無一三極

* 태일太一이란 말 속에는 天一, 地一이 내재한 상태를 의미한다.

으로 전개하는 『천부경』의 고유법칙으로, 이것이 『삼일신고』에 연계되어 2차적 분화(삼진, 삼망, 삼도)를 이루게 되는데, 이를 수리화하면 0→1→3→9로 전개된다. 일생이법을 2수 분화 또는 짝수의 분화라고 한다면, 일생삼법은 3수 분화 또는 홀수의 분화라고 할 수 있다.[27] 전자가 태극太極의 생성 과정에 초점을 맞춘 것이라면, 후자는 삼극三極의 실체적 관계에 초점을 맞춘 것이라 할 수 있다.

필자는 여기서 『천부경』의 '대삼합륙大三合六'에 주목하고자 한다. 왜냐하면 대삼합륙은 결국 3과 6의 문제를 거론하고 있기 때문이다. 특히 6은 일생이법이나 일생삼법 어디에도 속하지 않는 중간수中間數이다. 다시 말해 6이 일생이법과 일생삼법의 중간수라는 것은 접점을 이루는 조화수造化數로 볼 수 있기 때문이다. 즉 6을 통해 8과 9로 가는 것이다. 『천부경』을 9×9로 배열할 경우 그 정중앙正中央에 놓인 글자가 바로 6인 것도 시사하는 바 많다.

1) 『주역』에서의 오행과 음양 결합 : 10수

오행은 그 출전이 『서전書傳』 「주서편周書篇」의 홍범장이다. 홍범洪範은 한마디로 오행학이다. 기자에게 있어서 홍범은 오행이며, 오행이 홍범이다. 홍범에는 오행五行은 물론이고 오사五事, 오기五紀, 오복五福이라는 말이 나온다. 오행은 천도의 운행 이치를 말한 것이다. 생성의 관점에서 보면, 오행설은 수水를 시원으로 삼고 있다. 히로시 아라카와絋川는 수水를 시원으로 삼는 것을 노자적 오행으로 보았다.[28] 음과 양에 대응하여 수에 화가 생기고, 수화水火라는 기본적 물질에 목금토木金土가 부가된 것으로 본 것이다. 홍범에서 말하는 오행의 내용은 다음과 같다.

一五行 一曰水 二曰火 三曰木 四曰金 五曰土.

첫째는 물이요, 둘째는 불이요, 셋째는 나무요, 넷째는 쇠요, 다섯째는 흙이다.

水曰潤下 火曰炎上 木曰曲直 金曰從革 土爰稼穡.

물은 아래로 내려감이요, 불은 불꽃이 위로 오름이요, 나무는 굽으며 곧음이요, 쇠는 따르며 바꿈이요, 흙은 이에 심으며 거둠이다

潤下作鹹 炎上作苦 曲直作酸 從革作辛 稼穡作甘

윤하는 짠맛을 짓고, 염상은 쓴맛을 짓고, 곡직은 신맛을 짓고, 종혁은 매운맛을 짓고, 가색은 단맛을 짓는다. (『서전』의 「주서편」)

이를 세 가지 항으로 묶어 보면 맨 처음 일수一水 이화二火 삼목三木 사금四金 오토五土는 오행의 기본 차서를 말한 것이며, 그 다음 '윤하 염상 곡직 종혁 가색'은 오행의 성性이요, 마지막 '함 고 산 신 감'은 오행의 정情이라 할 수 있다. 이처럼 오행은 리-성-정理性情으로 존재하는데, 이 오행은 윤하潤下, 염상炎上에서 알 수 있듯이 고정된 존재가 아니라 변화하는 것들의 다양한 존재를 말해 주고 있다. 오행의 원질은 수화목금토이다. 오행의 계절적 기운으로는 목화토금수이다. 목은 생겨 나게 하는 것을 주관한다. 화는 자라는 것을 주관한다. 토는 중간적 조화調和를 주관한다. 금은 거두는 것을 주관한다. 수는 감추는 것을 주관한다.

이런 오행사상은 후에 오토五土를 중심으로 음양과 결합하여 1·6수, 2·7화, 3·8목, 4·9금으로 구체화된다. 그리하여 완성수 10수를 이루게 된다. 일찍이 한대漢代에는 9수를 중심으로 한 상수론과 10수를 중심으로 한 상수론이 활발하게 논의되던 시대였다. 후자의 10수 상수론은 「계사전」의 "천일天一 지일地二 천삼天三 지사地四 천오天五 지육地六 천칠天七 지팔地八 천구天九 지십地十 천수오天數五 지수오地數五 오위상득五位相得 이각유합而各有合 천수이십유오天數二十有五 지수삼십地數三十 범천지지수凡天地之數 오십유오五十有五 차소이성

변화此所以成變化 이행귀신야而行鬼神也"(上 9장)의 천지지수天地之數를 근거로 오행 생성生成의 수로 전개하였다. 공안국과 정현이 그 사람이다.[29] 그런데 공안국은 이 천지지수를 서수적序數的 생수生數만을 언급하고, 성수成數에 관해서는 설명하지 않았으나, 정현이 비로소 지육地六에서 지십地十까지를 성수成數라 부르면서 주역 해석상 음양과 오행이 만나 완전한 음양오행수, 즉 오늘날의 1·6수, 2·7화… 등이 나오게 된 것이다. 공영달에 의해 정현의 이 생성 10수 이론이 전해졌는데, 이는 방위 개념에 기초하여 오행이 나온 것이다.

> 정현이 「계사전」을 해석하기를 천일天一은 북에서 수水를 생생하고, 지이地二는 남에서 화火를 생하고, 천삼天三은 동에서 목木을 생하고, 지사地四는 서에서 금金을 생하고, 천오天五는 중앙에서 토土를 생한다. 만약에 양의 짝인 음이 없고, 음의 짝인 양이 없으면 서로를 이룰 수 없으므로 지육地六은 천일天一과 더불어 북北에서 수水를 성성成하고, 천칠天七은 지이地二와 더불어 남南에서 화火를 성성成하고, 지팔地八은 천삼天三과 더불어 동東에서 목木을 성成하고, 천구天九는 지사地四와 더불어 서西에서 금金을 성成하고, 지십地十은 천오天五와 더불어 중앙中央에서 토土를 성成한다.[30]

이처럼 본래의 천지지수는 천일, 지일, 천삼, 지사 … 천구, 지십 등 음양으로만 있었으나, 여기에 오행의 수가 더해짐으로써 음양과 오행, 오행과 음양이 완전하게 결합하였다. 그러면 왜 생수에서 성수가 나오는데 5를 더해야 하는가? 정현은 자신의 오행십수五行十數를 하도河圖에서 구하지 않았다. 하도에서 오행십수를 구하는 것은 송대에 이르러 확정된 것이다. 정현은 오행십수를 양무우陽無耦 음무배陰無配의 이치에서 찾고 있다. 즉 쉽게 말하면 오행의 수에도 양에는 음, 음에는 양의 배우자配偶者가 있어야 한다는 뜻이다.

기자가 말한 초생初生의 미숙한 수화목금토가 성숙하여 배우자와 결합된 것과 같다. 그래서 생수生數오행과 성수成數오행이 만나 1·6수, 2·7화, 3·8목, 4·9금, 5·10토가 나온다. 이렇게 오행 10수가 완성됨으로써 수화목금토 오행은 상생과 상극의 무궁한 작용이 가능해진 것이다. 그 또 다른 예가 바로 갑을甲乙, 병정丙丁, 무기戊己, 경신庚辛, 임계壬癸의 천간天干10수이다. 오행에 천간이 만나는 다음과 같은 생성법이 나왔다. 수목토水木土는 양생음성陽生陰成, 화금火金은 음생양성陰生陽成으로 이루어진다.

天一生壬水 地六癸成之
하늘이 1로써 임수를 낳으니 땅이 6으로써 계수를 이루고
地二生丁火 天七丙成之
땅이 2로써 정화를 낳으니 하늘이 7로써 병화를 이루고
天三生甲木 地八乙成之
하늘이 3으로써 갑목을 낳으니 땅이 8로써 을목을 이루고
地四生辛金 天九庚成之
땅이 4로써 신금을 낳으니 하늘이 9로써 경금을 이루고
天五生戊土 地十己成之
하늘이 5로써 무토를 낳으니 땅이 10으로써 기토를 이룬다.

다음으로 오행 관계에서 중요한 것은 상생과 상극이다. 오행은 동시에 생겼으나, 일단 생겨나면 자기의 생아자生我者를 떠나 자기가 주체가 되어 다른 오행들과 새로운 관계를 맺는다. 먼저 알 수 있는 것은 상생 관계이다. 상생은 금생수, 수생목, 목생화, 화생토, 토생금의 순서로 진행된다. 다음은 오행의 상극관계이다. 오행은 상생하며 순환하지만, 서로 간에 조절작용을 하며

상극을 이룬다. 금극목, 목극토, 토극수, 수극화, 화극금으로 진행된다. 단, 오행의 상생상극 원리와 선후천의 상생상극 원리는 구별할 필요가 있다.

2) 『주역』에서의 천지인 삼재와 음양 결합 : 6수

오행五行이 음양과 결합하여 10수를 이루었듯이 삼재三才도 음양과 결합하여 6수를 이루게 된다. 그 과정을 다시 반복해 보면, 그 근본적 원리는 이미 『주역』에 배태되어 있었다.

「계사전」에 '육효지동六爻之動 삼극지도야三極之道也'(상2)란 말이 나온다. 또 「설괘전」에 '겸삼재이양지兼三才而兩之'(2장)라는 말이 나온다. 『주역』에서는 삼극이나 삼재가 다 같이 천지인을 의미하는 것으로 해석하고 있다. 주자는 3극을 해석하여, "삼극은 하늘과 땅과 및 사람의 지극한 이치이고, 삼재는 각각 하나의 태극"[31]이라고 했다. 삼재를 하나의 태극이라 말할 수 있는 것은 삼재를 갈라 보면 그 안에 음양이 들어 있고, 음양이 들어 있다는 것은 그 자체가 이미 태극이라는 뜻이다. 그런데 여기서 유의할 것은 '양지兩之'라는 말이다.

음양의 두 기운은 우주 전체 속에서 인온絪縕의 상태로 있으면서, 만물 속에서 녹고 응결한다. 그러나 상호 괴리나 상호 적대가 없는 관계에 있기 때문에 양陽만 있고 음陰이 없거나, 음만 있고 양이 없는 경우는 없으며, 지地만 있고 천天은 없거나, 천만 있고 지는 없는 경우는 없다. 그러므로 『주역』은 건곤乾坤을 함께 세워 여러 괘의 통일적 뿌리로 삼았으니, 서로 고립되어 있는 것이 아니다. 그러나 양陽은 독자적으로 운행하는 자유의 활동성을 갖고 있으며, 음陰은 자립의 실체성을 가진다. 천天은 지地 가운데 들어가고, 지는 천의 변화를 내포하면서 자기 자신의 공능功能을 발휘한다.[32]

이렇게 양지兩之는 두 가지 뜻을 동시에 내포한다. 음양은 독자성과 자립성을 갖는다는 측면과 서로 상의적相依的이라는 측면을 동시에 갖는다는 말이다. 전자는 이분二分과 같고, 후자는 이접二接과 같다. '본래本來의 천天' 이 있는 반면에 '천입지중天入地中의 천天' 이 있는 것은 이접二接이 일어났기 때문이다.

> 하늘의 도를 세우니 이르길 陰과 陽이요, 땅의 도를 세우니 이르길 柔와 剛이요, 사람의 도를 세우니 이르길 仁과 義니, 三才를 겸해서 두 번 했기 때문에 易이 여섯 획으로 괘를 이루고, 陰으로 나누고 陽으로 나누며, 柔와 剛을 차례로 썼기 때문에 易이 여섯 자리로 문채를 이룬다.[33]

여기서 유의할 것은 삼재三才가 분음분양分陰分陽하여 육획六畫과 육위六位를 이룬다는 사실이다. 이를 다시 말하면 삼재마다 본래성本來性인 태극성太極性이 내재해 있다는 말이다. 따라서 삼재가 음양과 결합하는 것은 하나의 천리일 뿐이다. 특히 겸삼재이양지라는 말에서 알 수 있는 것은 음양보다 삼재가 주체로 선다는 점이다. 그래서 삼재에서 여섯이 나오는 것이지, 음양이 삼재로 발전하는 것은 아니라는 점이다. 이렇게 나온 여섯은 "육효발휘六爻發揮 방통정야旁通情也"(乾文)라 한 것처럼 여섯의 발휘로 천지 사이에 두루 뜻이 통하는 것이다. 그러므로 육은 곧 "강건剛健 중정中正 순수純粹"(乾文)의 여섯 가지 성질을 갖게 되는데, 강건은 하늘의 성질이요, 중정은 사람의 성질이요, 순수는 땅의 성질이라 설명할 수 있고, 결국 이 여섯 가지가 다같이 정精에 이를 때, 정전程傳의 표현처럼 '정극精極'(정미로움이 지극한 것)이라 할 수 있을 것이다. 다시 말하면 삼재가 음양 결합하여 육이 나오고, 그 육이 다 함께 강건 중정 순수의 정극精極에 이르렀을 때, 이 육을 비로소 황극皇極이라 말할 수 있는 것이다. 뒤에서 설명하겠지만, 육이 황극의 지위를 얻어 비로소 생칠팔구生七八九가 나오는 것은, 생칠팔구의 근원자가 육황극이기 때문이다.

그러면 왜 오五가 아니고 육六인가? 앞에서 말한 오행과 음양과의 결합을 강력하게 추동한 것은 바로 오황극이었다. 홍범구주의 제5가 바로 황극이다. 9주의 가운데가 5이므로 앞의 1 - 2 - 3 - 4는 홍범의 본체라 하고, 뒤의 6 - 7 - 8 - 9는 「홍범」의 공용이 되는데, 이 5에 의해 생육칠팔구生六七八九가 나오는 것이다.

> 五皇極 皇 建其有極 斂時五福 用敷錫厥庶民 惟時厥庶民 于汝極錫汝保極
> 다섯 번째로 황극은 임금이 극을 세우심이니, 오복을 거두어서 백성에게 주면, 백성이 너의 극에 네 극을 보존해 주리라
> 曰皇極之敷言 是彝是訓 于帝其訓(44자)
> 말하기를 왕이 극으로 편 말이 떳떳한 말이며 가르침의 말이니, 상제께서 펴신 것도 그 훈계이시다. (『서전』의 「주서편」)

「홍범」의 황극은 대개 대중大中의 뜻이나, 주자는 극을 지극至極의 뜻과 표준標準의 이름이라 새겼고, 육상산은 극極을 중中으로 보았다.[34] 「홍범」의 황극에 대해 철학적 의미가 부여된 것이 어디서 유래된 것인가에 대하여는 대개 낙서의 5중中과 연계시키는데 이론異論이 없는 것 같다. 물론 낙서의 5중中도 실은 하도의 중심 5, 10에서 온 것이다. 이정호는 『주역』의 삼극지도三極之道를 "10무극, 5황극, 1태극"[35]으로 풀이한 바 있고, 한장경은 삼극이란 "천의 태극太極, 지의 무극無極, 인의 황극皇極"이라고 구체적으로 말하고, 아래와 같이 적극적으로 삼극론을 피력하고 있다.

삼극의 도를 物의 生生으로써 보면 태극은 陽體의 상이오, 무극은 陰體의 상이오, 황극은 태극과 무극이 相交하여 사람을 생하는 位의 상이니, 천지가 상교하여 사람을 생하는 것이 곧 成象成形하는 변화이므로 6효가 동하여 변화를 생하고, 사람이 삼재의 位에 있는 상象에 삼극의 도를 말한 것이오, 삼극의 도는 곧 사람의 생生하는 도이다.[36]

이와 같이 황극을 태극과 무극이 상교相交하는 상象으로 본 것은 황극 스스로 생성의 뿌리 역할을 하고 있다는 의미로도 볼 수 있다. 그래서 「홍범」의 오황극과 『천부경』의 육황극은 공共히 황극으로써 생生의 위位를 갖는 것이다. 그러면 오황극과 육황극은 어떤 차이가 있는가?

선천의 셈[先天數]은 하나로 비롯하여 다섯으로 중간이 되고 아홉으로 끝마치며 [始一中 五終九], 후천의 셈[後天數]은 둘에서 비롯하여 여섯으로 중간이 되고 열에 끝마치나니[始二中六終十], 그러므로 하나 다섯 아홉은 세 홀수[三奇]라 이르고, 둘 여섯 열은 세 짝수[三耦]라 한다.[37]

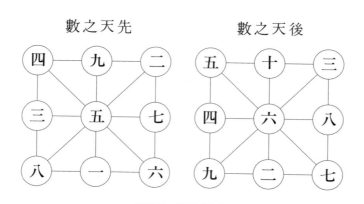

〈그림 1〉 서일의 선후천수

이처럼 대종교 경전인 서일의 『회삼경』에는 오五와 육六의 차이를 분명히 보여 주고 있다. 이를 설명하기 위해 『회삼경』은 선천과 후천이라는 개념을 도입하고 있다. 선천수는 1, 5, 9가 각기 시-중-종始·中·終을 이루고, 후천수는 2, 6, 10이 각기 시 - 중 - 종을 이룬다.[38] 전자는 양무십陽無十이요, 후자는 음무일陰無一이다. 따라서 선천수의 중中은 양중陽中이므로 5요, 후천수의 중中은 음중陰中이므로 6이 된다. 『천부경』은 바로 이 음중陰中 6을 용수用數로 삼고, 시일始一을 본체수本體數로 한 경전이다.

4. 『천부경』 대삼합륙에 대한 재해석

이런 관점에 기초하여 필자는 대삼합륙이 새롭게 해석되어야 한다고 본다. 대삼합륙은 그 전후 문맥이 천이삼天二三 지이삼地二三 인이삼人二三 대삼합륙大三合六, 생칠팔구生七八九 이다. 이 구절에 대하여는 많은 주석들이 제각각의 해석을 내놓고 있다. 그 중에 몇 가지만 선택적으로 분석해 보고자 한다.[39]

1) 일암 김형탁

김형탁은 『단군철학석의』에서 이 구절에 대한 현토를 "천이天二도 삼三이며 지이地二도 삼三이며 인이人二도 삼三이라 대삼大三이 합륙合六하야 생칠팔구生七八九하야 운삼運三이라"라고 붙였다. 이를 직역하면 "천天의 이二도 삼三이며, 지地의 이二도 삼三이며 인人의 이二도 삼三이라. 대삼大三이 육六에 합合하여 칠七과 팔八과 구九를 생生하여 삼三을 운運한다"는 뜻이다. 김형탁은 이二를 거듭 재再로 해석하고, 이는 천지인天地人이 거듭 이룬 것(再成)으로 보았다. 따라서 천이삼이란 천이天二도 역시 천지인삼天地人三이요, 지이地二도 역시 지천인삼地天人三이요, 인이人二도 역시 인천지삼人天地三이란 뜻이다. 다시 말해 천일天一 지일地一 인일人一은 일一이 석이분釋而分하여 처음 천지인이 나온 것을 말하고, 천이 지이 인이는 일一이 적이화積而化하여 천지인을 이룬 것(成)을 말한다. 그래서 성즉대成則大라 하고, 대삼大三이라 말한다는 것이다. 이렇게 천지인이 두 번의 단계를 거쳐 완성된다고 본다. 그렇기 때문에 천일天一은 제1이요, 지일地一은 제2요, 인일人一은 제3이요, 천이天二은 제4요, 지이地二은 제5요, 인이人二는 제6이 된다. 이어 천지인天地人이 6에 합하여 마치게 되니 천칠天七, 지팔地八, 인구人九가 되며, 결과적으로 1, 4, 7은 천수天數(합은 12)요, 2, 5, 8은 지수地數(합은 15)요, 3, 6, 9는 인수人數(합은 18)가 된다. 이는 천지인天地人을 초-성-종으로 설명한 것으로 1 - 3 - 9를 잘 보여주고 있다.

2) 서우 전병훈

전병훈은 그의 『정신철학통편』에서 『천부경』 주해를 「단군천부경」*이란 이름으로 비중 있게 다루고 있다. 먼저 천일일 지일이 인일삼天一一 地一二 人一三을 천일天一을 1수水로, 지이地二를 2화火로, 인삼人三을 수화水火에 의해 사람이 나와 삼재三才가 정립되는 시초개벽始初開闢의 이치로 설명한다. 전병훈은 "천이삼天二三 지이삼地二三 인이삼人二三"의 이삼二三은 음양교구陰陽交媾의 이치를 들어 말한 것으로 해석하였다. 다시 말해 이삼二三은 이음삼양二陰三陽으로 『주역』에서 말하는 삼천양지參天兩地(「설괘전」; 천수는 3, 지수는 2)와 같다, 천天에도 음양이 있고, 지地에도 음양이 있으며, 인人에도 음양이 있다는 말이다. 대개 이삼二三을 이二는 음양으로, 삼三은 삼극으로 보는 것과 다른 점이다. 그러니

---

* 「단군천부경」이란 이름은 단군교(정훈모)에 의해 의도적으로 붙여진 이름을 그대로 답습한 것으로 무의미하다고 본다.

까 '대삼합륙' 이란 사람과 더불어 천지는 곧 삼재三才가 한가지라는 뜻이며, 이를 수리적으로 풀이하면 삼양三陽이 육음六陰과 교합交合함을 이른 것이다. 여기서 삼양은 삼재를 의미하고, 육음六陰은 감육坎六을 의미하며, 이 감육으로부터 수생목, 목생화, 화생토, 토생금을 생生하는 이치에 의해 7화火, 8목木, 9금金이 나오는 것이다. 이렇게 전병훈은 삼재 생성의 이치적 측면에서 대삼합륙을 해석하고 있다.

3) 노주 김영의

김영의는 그의 『천부경 주해』에서 "천일일天－－ 지일이地－二 인일삼人－三"을 삼극으로 규정하고, 하늘은 일一을 얻어 첫 번째가 되고, 땅도 일一을 얻어 두 번째가 되고, 사람도 일一을 얻어 세 번째가 되니, 이렇게 도는 하나이로되, 하늘에 있으면 천도天道가 되고 땅에 있으면 지도地道가 되고, 사람에 있으면 인도人道가 된다면서, 나누면 삼극三極이 되고 합하면 일본一本이라 했다. 이어 김영의는 "천이삼天二三 지이삼地二三 인이삼人二三"에서 일一을 나누어 이二가 됨은 지연自然의 이치라 하고, 「역전」(설괘2)의 음양陰陽, 강유剛柔, 인의仁義에 의해 6획의 괘가 나오는 이치로 비유하였다. 그러니까 '대삼합륙' 이란 천지인天地人이 각기 이二를 얻어 합해 6이 나오고, 이 6에 1, 2, 3을 더해 7, 8, 9가 나온다는 것이다. 이것을 낙서 9수로 비유하였다.

4) 종합적 검토

이와 같이 김형탁은 천1, 지2, 인3/천4, 지5, 인6/천7, 지8, 인9로 이어지는 초 - 성 - 종初-成-終의 3단계로 설명하고 있으며, 이 중에서 제2 성成의 단계를 중요시 하고 있다. 이 성成의 단계에서 천지인이 대삼大三이 되며, 또 그 중에서도 인육人六의 육에서 합合이 이루어져 비로소 생生칠팔구가 나온다는 것이다. 반면에 전병훈은 개벽의 시초에 천일天―을 1수水로, 지이地二를 2화火로, 인삼人三을 수화水火에 의해 사람이 나와 삼재三才가 정립되고, 이어 천이天二에서 6수水가 나옴으로써 7화火, 8목木, 9금金이 차례로 나왔다는 것이다. 그리고 김영의는 천지인이 각기 이二를 얻어 합合해 육이 나온 것은, 역학적 관점에서 볼 때, 육은 역易의 육효가 나온 이치와 같다는 것이다.

그런데 필자는 다른 각도에서 대삼합륙을 검토하려고 한다. 우선 천지인 삼극의 변화에 주목하지 않을 수 없다. 대삼합륙에서 대삼大三은 큰 셋인 천지인 삼재를 의미한다고 할 수 있다. 합륙은 합하여 육이 된다는 말이다. 삼재의 삼이 육으로 합하는 데는 두 가지 길이 있다.

하나는 삼재가 서로 둘씩 접接(二接)하는 것과 둘로 나뉘는 것(二分)이다. 이접이란 천지인이 각기 이웃한 천지인끼리 교접하는 것이다. 예컨대, 천天은 천지天地 · 천인天人으로, 지地는 지천地天 · 지인地人으로, 인人은 인천人天 · 인지人地로 만나 육합을 이룬다. 그 다음으로 삼재가 이분二分한다는 것은 천天이 음양으로, 지地가 음양으로, 인人이 음양으로 나뉘는 것을 말한다. 그래서 천天은 양천陽天 · 음천陰天으로, 지地는 양지陽地 · 음지陰地으로, 인人은 양인陽人 · 음인陰人으로 나뉘어 6합을 이룬다.

　　三才의 二接 : 天地, 天人, 地天, 地人, 人天, 人地 - 6合
　　三才의 二分 : 陽天, 陰天, 陽地, 陰地, 陽人, 陰人 - 6合

그러면 이런 삼재의 이접二接과 이분二分은 왜 나타나는가? 아무리 삼재가 이접과 이분을 하여 6합이 된다고 하더라도 그 근본은 항상 삼재일 뿐이다. 그럼에도 왜 삼재는 가만 있지 못하고 이접과 이분을 하는가? 이접이든 이분이든 그것은 결국 새로운 것과의 결합을 의미한다. 만약 천지인天地人이 각기 홀로 있으면 그것은 독양獨陽이거나 독음獨陰일 뿐이다. 둘로 결합할 때 비로소 생성작용이 가능해진다. 이렇게 천지인이 이접이든 이분이든 둘로 만나는 것을 천지인의 '음양 결합陰陽結合'이라고 통칭하고자 한다. 이는 전병훈이 말한 음양교구陰陽交媾와 유사한 개념이나, 음양교구가 평상적 행위라면, 음양 결합이라는 말 속에는 창조적 목적행위가 강조된 것이다. 한편 최재충은 천지인을 공간, 물질, 시간의 개념으로 설명하고, 다시 이 육을 원형 3진과 상대형 3진으로 설명하고 있는데, 육을 육생수六生數 또는 육진수六進數라 칭한 것도 유의할만하다.[40] 또 박용숙은 인체 구조적 측면에서 합合을 세 개의 축이 서로 작용하는 것으로 보았다.[41]

그런데 대삼합륙은 삼재의 완성을 의미하는 것이 아니다. 삼재의 완성은 생칠팔구에서 이루어진다고 보아야 한다. 『주역』은 생성된 이후의 삼재의 음양론을 서술한 것이므로 6수를 중심에 놓을 수 있으나, 『천부경』은 삼재의 생성적 삼극론이므로 9수를 중심에 놓아야 한다. 생칠팔구의 생生은 인간과 만물의 생육을 의미하는 것이므로, 생칠팔구 이전에는 천지만 있고, 만물은 있지 않은 상태를 의미한다. 그러므로 대삼합륙은 인삼人三 이전의 천삼天三과 지삼地三의 결합을 의미하는 것이다. 합생이전合生以前은 천지합일로 인간을 포태한 상태이고, 합생이후合生以後에야 비로소 인이 천지와 합일이 가능해진다. 천지와 인간은 수평적이면서도 수직적이다.

5. 대삼합륙의 우주론적 의미

1) 천지부모인 대삼과 사시성세

여기서 한 가지 간과할 수 없는 것은 신지글자에 관한 것이다. 고운孤雲 사적에 의하면, 최고운이 '단군전비檀君篆碑'를 보고 81자로 번역하였다고 하는데,[42] 이 전고비문은 16자로 대개 신지神誌의 전자篆字로 불리고 있고, 이유립은 이를 평양 법수교 고비문古碑文이라고 불렀다.[43] 1943년판본 『영변지』

〈그림2〉 신지 16자 중의 1·6전자   1·6전자

에는 이를 『천부경』의 원본을 기록한 신지전자로 적고 있는데, 이 원본은 송호수와 이형구에 의해 소개된 바 있다.[44] 최근 북한의 류열은 이 신지글자는 『포박자』에 나오는 삼황내문 글자라고 주장했다.[45] 이 16자 신지글자를 중국 자료에서 확인할 수 있는 것은 『순화각첩』이라는 책과 서안西安의 백수현 창힐사당에 세워져 있는 '창성조적서비' 이다. 이 신지글자가 원문 그대로 『천부경』의 본문은 아니다. 『천부경』은 숫자로 이치를 밝힌 것인데, 이 신지글자에 숫자를 연상시키는 글자는 몇 개 되지 않는다.

필자는 이 16자 신지글자 중에 상단 우측 두 번째 글자에 주목하고자 한다. 이 글자가 일一과 점 6개를 상징하고 있다는 면에서 '1·6전자篆字' 라 부르려고 한다. 이 1·6전자篆字는 중앙에 일자형이 있고, 그 상하로 점 3개가 짝을 이루고 있다. 필자는 이것이 "천이삼天二三 지이삼地二三 인이삼人二三 대삼합륙大三合六" 중에서 바로 "대삼합륙"을 연상시킨다. 이 글자가 갑골문의 쌀米와 유사하지만, 글자의 구조가 시사하는 바가 많다. 우선 6이 나오기까지는 두 가지로 설명할 수 있다. 천이天二+지이地二+인이人二=6이든가 아니면 천삼天三+지삼地三=6이 그것이다.[46]

그러니까 6은 천지인 삼재가 상하上下(陰陽)로 두 점씩 결합한 데서 나왔다고 보면, 즉 삼이지교三二之爻인 것이다. 이러한 6 개념은 기존의 오행 관념에서 1+5=6으로 이해하는 것과 다른 것이다. 다시 말해 6을 오행에 기초하여 하도낙서의 도상圖上으로 설명하려는 것은 무리라는 것이다. 왜냐하면 6은

오행의 순환수(1+5)에서 나온 것이 아니기 때문이다. 다른 하나는 삼재三才중에 천지天地의 수數, 즉 3+3에서 나왔다고 볼 수 있는 것이다. 즉 상단 세 점은 하늘의 3이고, 하단의 세 점은 땅의 3이 합해 6이 되고, 이 6은 바로 천지의 교합을 의미하는 것이다. 그러므로 그 가운데 한 일一자는 천지를 교합시키는 일태극一太極이거나 천지가 배태한 '사람'이라고 볼 수 있다. 따라서 『천부경』의 본 뜻은 천3+지3=6이라 할 수 있다.*

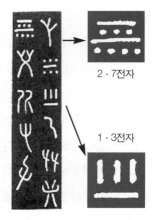

〈그림3〉 신지 11자 중의 두 전자

그러면 생칠팔구生七八九는 어떻게 나왔는가? 문제는 7이 2+5=7이 아니라는 것이다. 필자는 이 문제에 대한 해답을 구하기 위해 영친왕의 사부였던 김규진의 『서법진결』을 참고하였다. 여기에는 앞의 '1·6전자篆字'는 물론이고, 이와 유사한 또 다른 글자가 나오기 때문이다. 이 그림의 좌측 상단에 나오는 이 글자를 필자는 '2·7전자篆字'라 이름하고, 우측 중간에 나오는 글자를 '1·3전자篆字'라 이름해 보는 것이다.

이 '2·7전자'의 글 꼴에서 보듯이 7은 역시 2+5=7이라는 오행도식에서 나오지 않고, 앞에 나온 6점點에 1을 더해 6+1=7이 나왔다는 것을 일러 주고 있다. 이 7은 앞의 '1·6전자'의 합수이기도 한 것이다. 이처럼 육생칠六生七에서 7이 나왔다면 이것은 6에 다시 1, 2, 3(人一, 人二, 人三)을 더해 칠팔구가 나온 것으로 유추할 수 있다.[47] 그러니까 9는 천天3과 지地3이 만나 인人3이 완성된다는 뜻이다. 이렇게 생칠팔구生七八九는 6이 중심적인 순환수가 되어 나

* 필자는 천2+지2+인2=6이라는 종전의 주장을 바꾸어 천3+지3=6이라고 주장한다.

왔다고 할 수 있고, 그 6의 근원은 3극의 3이라는 것을 1·6전자篆字에서 확인할 수 있다. 이 1·6전자篆字는 '일석삼극一析三極'을 의미하는 것으로 볼 수 있고, 또 천지인 마다 각각 삼극의 요소를 내재하고 있다는 뜻으로 이해할 수 있다. 이런 의미에서 『천부경』의 우주관[48]은 6수와 천지인이 완성된 9수에서 찾아야 한다고 밝히는 것이다. 6에서 천삼天三, 지삼地三이 완성되고, 9수에서 인삼人三이 각기 완성됨으로써 종전의 천지 중심의 우주관과 다른 '천지인' 중심의 새로운 '9수 우주'를 확인할 수 있다. 특히 "천지에 일월이 없으면 빈 껍데기요, 일월에 지인至人이 없으면 빈 그림자"[49]라는 말과 맥을 같이 하는 것으로서, 대삼합류의 핵심은 인중천지일人中天地一에서 사람의 존재가 규명되듯이 천삼天三, 지삼地三의 대삼大三을 천지부모로 하여 인삼人三, 즉 인간이 태어난다는 것이다.[50]

그러면 『천부경』의 육이 지닌 우주적 의미는 구체적으로 무엇인가? 필자는 이에 대해 이미 그 상관성을 밝힌 바 있다. 먼저 '운삼사 성환오칠運三四成環五七'[51]에 대한 논의를 더 깊이 있게 전개하기 위해 잠시 주목할 것은 주렴계의 「태극도설」이다. 「태극도설」을 결론적으로 말하면, "무극 - 태극 - 동정 - 음양 - 오행 - 사시"이다. 도설에 의하면, "오행은 하나의 음양이며, 음양도 하나의 태극"(五行一陰陽, 陰陽一太極也)이라는 것인데, 태극-음양-오행의 궁극적 목적은 결국 사시성세四時成歲에 있다는 것이다. 이 사시성세는 『춘추좌씨전』에도 언급한 것처럼 음양오행으로 대표되는 기氣운동의 궁극점이다.[52] 이런 사시 성립을 언급한 『천부경』의 구절이 바로 '운삼사 성환오칠'[53]이다. 이는 '운행은 삼三, 사四를 이루며, 고리는 오五와 칠七이다'로 해석할 수 있다. '사성四成'을 사시성세四時成歲로 해석할 경우 『천부경』의 우주적 시간 의미가 더욱 확실해진다. 이처럼 사시성세는 '운삼사성運三四成'처럼 삼三개월씩 사계절이 운행하는 것을 법칙으로 한다. 그것을 더 세부적으로 들어가면

1년은 오五일씩 최소절후(初候, 次候, 末候)[54]를 단위로 삼아 돌아가고, 칠七일씩 고리를 만든다. 7은 '일월수화목금토'의 일주일과도 같은데, 북두칠성과 4 대 칠성(28宿)*의 운행으로도 설명할 수 있다는 것이다. 이런 의미에서 5와 7 은 시간 개념이 아닌 공간 개념으로 볼 수도 있다.

   2) 1 · 6과 1 · 6수水

   그런데 필자는『천부경』이 내포하고 있는 일시一始, 일종一終의 1과 합륙合 六의 6이 결합한 1 · 6과 오행에서 말하는 1 · 6수水의 관계를 밝혀보지 않을 수 없다. 왜냐하면 그것이 우주 생성의 근본 문제이기 때문이다.『천부경』의 1 · 6을 하도의 오행수와 연계시키는 것은 아무래도 무리가 따른다. 그러나 1 · 6이 삼재(一太極과 天地合六)의 기본수라는 인식이 훗날 오행에서 말하는 1 · 6 수水 형성에 어떤 영향을 준 것이 아닌가 생각한다.

   필자가 보기에 1 · 6전자篆字를 세워서 보면, 물 수水자의 갑골서체와 같은

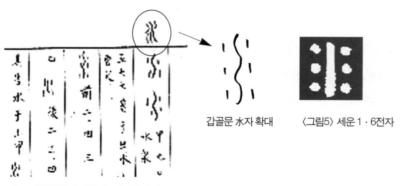

갑골문 水자 확대   〈그림5〉 세운 1 · 6전자

〈그림4〉 갑골문 물 수자(출전 : 갑골문편 권 11)

* 동방청룡7수 ; 각항저방심미기, 북방현무7수 ; 두우여허위실벽, 서방백호7수 ; 규루위묘필 자삼, 남방주작7수 ; 정귀류성장익진.(五七에서 五는 수성, 금성, 화성, 목성, 토성[지구])

꼴이 된다는 점을 간과할 수 없다. 이러한 유사성 내지는 동일성을 어떻게 이해할 것인가? 필자는 "합육생칠팔구合六生七八九"에서 알 수 있듯이 6을 생生의 계기로 본 의식이 『천부경』에서 배태되었고, 훗날 생生의 근원을 물로 설명하는 의식이 형성된 것이 아닌가 한다. 다시 말해 『천부경』이 음양과 수數로써 만물의 생성적 계기*를 설명한 것이라면, 「홍범」의 오행사상은 물질 또는 기氣로써 설명하고 있다는 것이다.

그러면 수數와 기氣는 어떻게 결합하는가? 『여씨춘추』에 "사물은 음양 변화의 결과"[55]라 한 것을 보면, 이것은 음양이 천지를 대신하여 만물을 낳는다는 의식을 반영한 것인데, 『천부경』은 이런 의식 이전의 원초적 의식인 천지인과 음양이 완전히 결합된 상태에서만 기氣가 운행하여 만물을 낳는다고 본 것으로 이해할 수 있다. 예컨대, 『노자』에 "천하만물天下萬物 생어유生於有 유생어무有生於無"(40장)라 했고, 또 『노자』에 "삼생만물三生萬物"(42장)이라 했지만, 『천부경』은 석삼극론析三極論을 중시하면서도 천지에 합일이 이루어진 6에 의해 비로소 '육생만물六生萬物'의 단계가 열린 것으로 보고 있는 것이다. 그러니까 『노자』의 '유생만물有生萬物'의 유有를 『천부경』에서는 3이 아니라, 6으로 볼 수 있다. 『노자』의 무無가 절대적 영靈을 의미하고, 유有가 상대적 물질을 의미한다면,[56] 무無와 유有는 '무극이태극無極而太極'인 것처럼 비록 선후先後관계는 있지만 동격同格이라 할 수 있다.

그런데 이런 유有와 무無의 이원적 개념을 통괄하고 주재하는 궁극적인 조화 개념으로 등장한 말이 바로 태일太一이다.[57] 이 말은 『장자』의 「천하편」에

---

* 계기라는 말은 화이트헤드가 즐겨 쓴 말이다. 화이트헤드는 '현실적 계기'(actual occasion) 라는 말에서 '계기'는 시공적 위치를 함의하며, 神은 이 현실적 계기의 영역 밖에 있다고 보았다. 반면에 필자가 말하는 '생성적 계기'는 무형에서 유형의 세계로 진입하는 生의 단계를 의미하며, 神의 영역에서 現實的 존재의 영역으로 들어오는 변화의 계기를 의미한다.

등장하는 것으로 전국시대(BC 475~221) 말기로 여겨지는데, 이 태일은 『노자』의 술어인 도道와 또 다른 술어인 대大와 일一을 조합한 새로운 개념의 표현이다.[58] 대략 BC 342~282년 사이로 추정되고 있는 곽점초묘에서 출토된 「태일생수太一生水」에 의하면, "태일이 수水를 낳고 수水가 도리어 태일을 도와서 하늘을 이룬다(太一生水 水反輔太一 是以成天)"[59] 고 했고, 나아가 "태일이 물 속에 감춰져 있다(太一藏於水)"고까지 한 것은 태일과 물의 관계가 대단히 긴밀함을 의미하고 있다. 이런 눈높이로 『천부경』의 1과 6이 서로 결합적 관계를 이룬 것이 유무有無를 결합시킨 노자의 도道나 장자의 태일太一과 흡사하다고 볼 수 있다. 특히 1·6이 생성적 계기를 이룬다는 면에서 태일처럼 이미 물이 갖고 있는 것과 같이 생성적 계기를 잠재하고 있다고 할 수 있다. 다만 현격한 차이점은 생성적 계기를 1과 6이라는 - 물이나 도道가 아닌 - 수리數理로써 표현하고 있다는 것이다. 이렇게 보면 1은 태일수太一水이고, 6은 수水가 낳은 천지의 합수가 된다.

최해월도 "물이 하늘을 낳고, 하늘이 도리어 물을 낳아서 서로 변하고 화하여 조화가 무궁하다"[60]고 했다. 따라서 1·6의 유무형적 관계를 물질적 기로 환원하여 설명하면 바로 수水와 같은 것이다. 그러니까 수생천水生天하여 천반생수天反生水할 수 있는 수水는 모든 물질에 대해 유有의 지위에서 생성적 계기를 가질 수 있고, 오행의 으뜸이라고 보는 것이다. 다시 말해 수水는 나머지 오행인 화목금토와 동격의 물질이 아니다. 수水가 노자에서 유有의 지위를 갖는다는 것은, 화목금토火木金土는 수水에서 나온 물질로 보기 때문에 오행 중에 수水가 상위개념이라는 말이다. 따라서 대삼합류의 결과물을 '물物'이라 할 때, 이 물物을 낳는 물질적 기의 운행은 물水로부터 비롯되는 것이기 때문에,[61] 이처럼 '생성적 계기'를 만든다는 측면에서 『천부경』1·6 수數 사상이 우주생성론의 성격을 갖게 되었고, 훗날 1·6수水 사상 형성의 근원이 되었다고 볼 수도 있는 것이다. 만약 최고운이 옛 신지글자를 보고 오늘날의 한문 『천부경』을 지었다면 이 1 · 6전자를 보고 깨우친 것인지도 모른다. 다만 같은 1과 6이지만, 그 수리적 구성 원리는 서로 판이하게 다른 것이다.* 그러면 앞에서 말한 사시성세와 1 · 6수水는 어떤 관계가 있는가? 노자는 물에 관해 '동선시動善時' (8장)라 했다. 물은 사계절에 따라 움직인다는 말이다. 물의 변화는 계절의 변화를 수반한다. 특히 물이 생성적 계기를 갖게 될 때, 물은 시간 속으로 진입하고, 시간과 동행한다는 의미에서 물이 곧 시간이라고 할 수 있다.

또 『논어』에 "하늘이 무슨 말을 하느냐? 사시가 자연히 행하고 백물이 자연히 생성하니 하늘이 무슨 말을 하겠느냐?"[62]라고 한 것처럼 사시의 운행이 만물을 생육하는 데 목적이 있으므로, 동시에 건괘에 나오는 "구름이 행하여 비가 베푼다(雲行雨施)"를 수반하게 된다. 이것이 사시의 기氣가 유행流行한다는 것인데, 오행 중에 물이 대표하는 것이다. 그러므로 하늘이 처음 열리는데, 사시는 수기水氣의 유행에 따라 운행하며 백물을 생륙하는 것이다. 이것이 천개어자天開於子이며, 여기서 말하는 자子가 곧 북극일륙수北極一六水를 의미하는 것이다.

6. 인간의 포태지수 6, 삼재의 완성지수 9

『천부경』 연구의 목적은 하늘, 땅, 사람이라는 삼재의 관계를 규명하려는 것이다. 삼재가 삼재로서만 독립돼 있다면 하늘도 독천獨天이 되고, 땅도 독지獨地가 되고, 사람도 독인獨人이 되어 제 구실을 다할 수 없게 된다. 이런 삼

* 『천부경』의 1 · 6은 3才에서 나온 것인 반면 오행의 1 · 6水는 5에서 나온 것이기 때문이다.

재에 유기적인 생명 관계를 맺어주는 것이 '음양 결합'이라 할 수 있다. 그리하여 『천부경』의 대삼大三은 천지天地의 3극수가 음양으로 결합한 것을 의미하고, '대삼합륙'의 육은 인간 생성의 바탕 원리가 되어 그로부터 칠팔구가 나오는 것이다. 여기서 『천부경』81자의 정중앙正中央에 있는 육은 천지 음양 그 자체를 의미하는 것이 아니라, 인간을 포태하고 있는 천지합일의 포태지수胞胎之數인 것이다. 이로부터 나오는 칠팔구가 차례로 나와 인일人一, 인이人二, 인삼人三으로 인간이 완성되어 비로소 삼재三才의 완성 단계를 설명한 것이라 할 수 있다. 이는 "사람은 하늘의 아래, 땅의 위에 있다. 그러므로 천지의 기氣가 교합되는 곳에 있다"[63]는 『황제내경』의 말에서 기교지중氣交之中이 바로 육이요, 소강절도 "음양지중陰陽之中에 각기 천지인天地人이 있고, 천지인 중에 각기 음양이 있다"[64]고 했던 것은 육속에 구가 있고, 구속에 육이 있다는 뜻이기도 한 것이다. 육은 우주의 천지합수요, 구는 천지인의 합수이다. 또 육이 천지인을 음양론으로 해석한 것이라면, 구는 천지인을 삼극론으로 해석한 것이라 할 수 있다. 육이 천지의 인간 포태지수라면, 구는 인간이 3극의 요소를 모두 갖춘, 즉 인간 완성지수人間完成之數이다. 이때 인간을 포태한 천지는 인간의 부모가 된다. 천지부모란 여기서 나온 말이다.

특히 필자는 대삼합륙에서 생칠팔구가 어떻게 나왔는가 하는 문제를 규명하기 위해 아직은 난해난 신지글자에 주목하였다. 필자의 결론은 6은 오행수(5+1)에서 나온 것이 아니고, 삼재수(3+3)에서 나왔다는 것이며, 7도 2+5=7이 아니고, 3+3+1=7 또는 3+4=7에서 나왔다는 것이다. 그러니까 6에 다시 1, 2, 3이 더해져 7, 8, 9가 나온 것이지, 하도상의 오행수(2·7화, 3·8목…)와는 무관하다는 점이다. 이런 의미에서 6은 오행의 6(1+5)이 나오기 이전의 원초적 천지의식이 반영된 것이라 할 수 있고, 또 생칠팔구生七八九는 천지인 중심의 새로운 '우주관'을 함의한 것이라 할 수 있다. 이런 우주적 의미는 여기서 그치지 않고 사시성세四時成歲에까지 닿는다. 이런 사시 성립을 언급한 『천부경』의 구절이 바로 '운삼사성환오칠運三四成環五七'이다. 이를 삼사三四의 시간적 의미와 오칠五七의 공간적 의미로 나눌 수 있지만,[65] 사시성세로 해석할 경우, 사시성세는 '운삼運三 사성四成'처럼 3개월씩 사계절이 운행하는 법칙을 의미하게 된다.

그리고 『천부경』의 1·6수數는 일시무시일一始無始一과 일종무종일一終無終一의 일一과 대삼합류大三合六의 육六과의 상호관계를 무無와 유有의 관계로 볼 수 있다. 『천부경』의 1은 무적 불변성을, 6은 유적 변화성을 갖고 있다는 의미에서 1·6은 우주의 수로써 모든 '생성적 계기'의 근원이 된다고 할 수 있다. 그런데 오행에서 수水가 상위에 있으면서 나머지 오행에 대해 생성적 계기를 부여한다는 의식이 형성되면서 천天과 수水를 동일시하기 시작한 것으로 볼 수 있다. 특히 1과 6은 1·6水의 원리를 잠재하고 있다고 보는 것이다. 오행에서 물은 사계절에 따라 움직이는 시간이라고 할 수 있다. 물을 시간에 연관지을 수 있는 것은 물의 작용이 우주의 창생에 직접적인 관계가 있기 때문이다. 즉 천개어자天開於子 지벽어축地闢於丑이 천지의 개벽을 의미한다고 볼 때, 자子를 북극일륙수北極一六水로 인식한 것은 역시 천天과 수水를 동일시했다는 의미이며, 이런 차원에서 『천부경』의 1·6 수數 사상이 지니고 있는 원초적인 우주생성론은 훗날 1·6水 사상과 무리없이 연계되어 인생어인人生於寅 이전의 우주의 창생 내지는 개벽을 상징한 것으로 재해석되었다고 할 수 있다. 나아가 9수數는 『천부경』9×9의 배열 원리에서 나타나듯이 우주 창생 이후 인간의 존재 원리를 규명하는 과정에서 등장한 천지인 3재의 완성수였다고 본다. 따라서 6수는 인간을 배태한 천지의 포태지수이며, 9수는 인간이 포함된 천지인 합수이고, 또 우주의 천지인 완성지수라고 할 수 있다. 10이 아닌 9를 완성수라고 하는 것은 이 9는 이미 일시一始-일종一終의

1를 내포하고 있기 때문이다. 10수는 우주본체수*이다. 따라서 『천부경』은 이 6수와 9수를 동시에 강조한 경전이다. 그 중에 『천부경』은 중앙 6을 중심으로 삼아 전40 : 후40으로 정음정양을 이룬다.

대삼합륙과 생칠팔구가 만나 합생合生이라는 새로운 말이 나타난다. 합은 천지가 서로 결합하는 것이요, 생은 인간의 출현**을 의미한다. 일석삼극이 천지인의 수평적 생명관계를 설명한 것이라면, 합생은 천지와 인간의 수직적 부자父子 관계를 말한 것이다. 인간은 천지와 평등하면서도 천지가 인간의 부모라는 이중적 특성을 갖는다.

특히 『천부경』의 원문을 정사각형의 9×9형으로 재배열하면 대각선으로

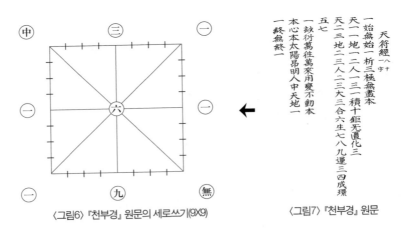

〈그림6〉 『천부경』 원문의 세로쓰기(9×9)   〈그림7〉 『천부경』 원문

* 생칠팔구로서 인간은 얼굴에 7구멍, 생식기1, 항문 1 등 모두 9구멍이다. 남자에 비해 여자는 자궁이 더 있으니 10구멍이다. 따라서 남자는 태극체(삼태극)라면 여자는 무극체이다. 이처럼 우주는 태극체와 무극체가 공존하는데, 『천부경』의 일一과 무無가 그것이다. 일시一始와 무시無始, 일적一積과 무궤無匱처럼 일一과 무無는 서로 긴밀하게 공존하며, 서로를 높인다.

** 大三合六에서 태어났으므로 生七八九이다. 인간은 합생合生에서 태어난 것이다. 그래서 인생人生이다. 인생이 태어나기까지 『천부경』은 일시一始, 일석一析, 일적一積의 단계를 거쳐 왔다.

1-6-1형이 되고, 정중앙에도 3-6-9형이 된다. 정사각형『천부경』은 우주의 정립상正立像을 가르쳐 주고 있다. 따라서 지구와 해와 달은 모두 1-6-1 대각형에서 3-6-9로 정립하는 것이다.

　끝으로『천부경』의 1·6수數사상은 소우주인 인간에도 그대로 적용되고 있다는 면에서 유의할 필요가 있다. 인체 구조에서 삼극의 점을 찾아낸다면 상단전, 중단전, 하단전이라 할 수 있다. 이 삼단전은 인체의 전면부를 지칭한 것이다. 이 삼단전을 대삼합륙의 이치로 재해석하면, 음양과 결합한다는 것을 의미하는데, 이는 인체의 전후면前後面에서 서로 연결점을 찾을 수 있다는 것으로, 이는 수행에서도 중요한 의미를 지닌다고 볼 수 있다. 인간과 1·6사상과는 뗄 수 없기 때문이다.[66]

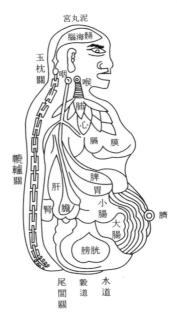

〈그림8〉『동의보감』 신형장부도

『천부경』 6수와 9수의 우주론

'웅녀신화'의 재해석
— '무-천지인無-天地人'의『천부경』원리를 중심으로

1. '환단고사'에 나타난 웅녀의 존재에 대한 부각

필자는 13세기에 일연이 쓴『삼국유사』의「고조선조」를 '환단고사桓檀古事'라 칭한 바 있다.* 고조선조라는 말이 비록 단군의 고조선 건국에 초점을 맞추고 있다고 하더라도 전체적 문맥으로는 한웅에 대한 기사가 중심을 이루고 있기 때문이다. 그래서 필자는 사상적 관점에서 단군뿐만 아니라, 한인, 한웅이 동시에 강조되어야한다는 의미에서 이를 '한桓-단檀'의 기록으로 보고자 했던 것이다.[1] 그런데 본래『고기古記』에 실려 있는 한인 한웅 단군의 기록이라는 의미에서 '환단고기'라는 말이 가장 적당하지만, 이미『환단고기』라는 책명이 있으므로 부득이 '환단고사'라 칭한 것이다.

그러나 '환단고사'라는 이름에도 불구하고 한 가지 간과할 수 없는 것이 바로 '일웅일호一熊一虎'의 웅녀熊女의 문제이다. 일찍이 최남선이 웅녀를 곰 토테미즘[2]으로 설명한 이래, 이병도 역시 고마족, 즉 곰토템의 여성이라 했

---

*이찬구,「東學과 桓檀思想」,『단군학연구』제13호, 단군학회, 2005.12, 355쪽. 桓(환)의 우리말 표기는 '한'으로 하되, 인용문의 경우는 원저자의 표기에 따라 환(桓)으로 쓴 곳도 있다.

다.[3] 그러나 류동식은 곰이 상징하는 것은 수렵민의 토템이라는 시각에 반대하고, 신적神的 존재인 '지모신地母神'의 표현이라는 주장했다.[4] 나아가 박종천은 '웅녀신화'를 민중적 삶의 고정된 '원형'으로서가 아니라, 민중의 중단 없는 자기변혁적 삶의 열려진 '미래형'으로 역사화시켜야 한다고 말하고, 웅녀에 대한 여성신학적, 민중신학적 해석을 성령론적으로 확대하여 웅녀가 갖고 있는 창조적 끈기와 기독교 마리아의 해방적 몸부림을 유비시켜 관심을 끌기도 했다.[5]

그러나 그동안 웅녀는 종교적 삼신론, 예컨대 『삼일신고』의 삼일三一의 논리나 『회삼경』의 한인 - 한웅 - 단군이라는 부父-사師-왕王[6]의 남성 중심 논리에 매몰되어 자기의 설 자리를 찾지 못했다. 필자는 웅녀의 존재를 새롭게 이해하는 데 있어서 『천부경』이 제시하는 천지인 조화라는 원초적 원리에 입각하여 살펴보아야 한다고 생각한다. 종교적 삼신론이나 『천부경』이나 다 같이 천지인天地人을 기본 원리로 하고 있으나, 『천부경』이 삼신론과 다른 점은 무無를 바탕으로 한 천지인, 즉 '무-천지인無-天地人'이라는 새로운 각도에서 단군신화를 보아야 웅녀를 바로 이해할 수 있다. 이런 차원에서 단군신화상의 곰과 웅녀의 이야기를 '웅녀신화'로 독립시켜 보아야 한다는 것이다.

그러면 지금 '웅녀신화'가 재조명되어야 하는 이유는 무엇인가? 웅녀는 짐승이 사람으로 된 것이라는 문자적 해석으로 인해 우리는 많은 정신적 억압을 받고 있다. 거기다 여성이라는 천대뿐만 아니라 짐승이라는 비하까지 겹쳐 이중적 억압을 받지 않을 수 없었다. 불과 100년 전만 하더라도 여성은 이 지구상에서 동물적 대접밖에 받지 못했던 것이다. 여성의 역할은 모성에 의해 재평가를 받아야 하고 생명의 어머니라는 관점에서 재평가받아야 한다는 이유에서 필자는 여성상의 원초적 형태인 '웅녀신화'를 재조명하려는 것이다. 다시 말해 웅녀는 동물이 사람으로 된 것이 아니라, 신神(본래 곰은 熊神)이 사람으로 된 것으로 보려는 것이다. 그럼으로써 한웅-웅녀가 대등한 조화 관계를 이루게 되고, 다시 그 아들 단군이 등장하고, 그 단군의 등장으로 한인은 격절신으로서 무無의 자리로 돌아가 한웅-웅녀-단군이라는 음양의 균형 잡힌 삼신관계가 형성될 수 있다고 본다. 이런 과정을 통해 무無의 철학인 『천부경』의 삼극원리와 단군신화의 삼신원리가 어떤 관계에 있는지도 밝혀질 것이다.

2. 웅녀에 대한 신화 해석의 기존 입장

『삼국유사』에 전하는 단군신화의 전문은 다음과 같다.

『삼국유사』古朝鮮條 (王儉朝鮮)

魏書云 乃往二千載有壇君王儉 立都阿斯達 (經云無葉山 亦云白岳 在白州地 或云在開城東 今白岳宮是) 開國號朝鮮 與高(堯)同時

古記云 昔有桓因(謂帝釋也) 庶子桓雄 數意天下 貪求人世 父知子意 下視三危太白 可以弘益人間 乃授天符印三箇 遣往理之 雄率徒三千 降於太伯山頂 (卽太伯今妙香山) 神壇樹下 謂之神市 是謂桓雄天皇也. 將風伯雨師雲師 而主穀主命主病主刑主善惡. 凡主人間三百六十餘事 在世理化

時有一熊一虎 同穴而居 常祈于神雄 願化爲人 時神遺靈艾一炷 蒜二十枚曰 爾輩食之 不見日光百日 便得人形 熊虎得而食之 忌三七日 熊得女身 虎不能忌 而不得人身 熊女者無與爲婚. 故每於壇樹下 呪願有孕 雄乃假化而婚之 孕生子 號曰檀君王儉 以唐高(堯)卽位五十年庚寅 (唐高卽位元年戊辰 則五十年丁巳 非庚寅也 疑其未實) 都平壤城 (今西京) 始稱朝鮮 又移都於白岳山阿斯達 又名弓

(一作方)忽山 又今彌達 御國一千五百年 周虎王卽位己卯 封箕子於朝鮮 檀君乃
移於藏唐京 後還隱於阿斯達 爲山神 壽一千九百八歲

위서魏書에 이르기를 '지금부터 2000년 전에 단군왕검이 있어 아사달에 도읍을
정하고 나라를 세워 조선이라 하였으니 요堯와 같은 때였다' 라고 하였다.

고기古記에 이런 말이 있다. '옛날에 한인桓因이 서자 한웅桓雄이 있었는데, 하늘
아래에 뜻을 두어 인간 세상을 탐하였다. 아버지는 아들의 뜻을 알고 삼위 태백
을 내려보니 인간을 널리 이롭게 할 만한지라 이에 천부인 세 개를 주고 가서
다스리게 하였다. 한웅이 무리 3천명을 이끌고 태백산 신단神檀樹;神壇樹 아래에
내려와 그곳을 신시(神市;신불)라고 하니 한웅천왕이다.

풍백과 우사, 운사를 거느리고 곡식, 목숨, 질병, 형벌, 선악 등 인간의 360여 일
들을 주관하면서 세상을 다스리고 교화하였다.

이때 곰 한마리와 ~ 이라 하였다. (이하 다음의 '웅녀신화' 본문과 동일함)

중국의 요堯임금이 왕위에 오른 지 50년인 경인庚寅년에 평양성에 도읍을 정하
고 처음으로 조선朝鮮이라고 하였다.

단군왕검은 1500년 동안 나라를 다스렸고 후에 기자가 조선에 봉해지자 단군
은 장당경으로 옮겼다가 뒤에 아사달 산에 숨어 신神이 되었으니 수명은 1908
세였다.'

唐裴矩傳云 高麗本孤竹國 (今海州) 周以封箕子 爲朝鮮 漢分置三郡 謂玄兎 樂
浪 帶方 (北帶方) 通典 亦同此說 (漢書則眞臨樂玄四郡 今云三郡 名又不同 何耶)
당나라 배구전에는 이렇게 전한다. (이하 생략)

단군신화의 내용을 단락별로 구별해 정리해 보면 다음과 같다.

첫째, 하늘의 제왕인 한인의 서자 한웅이 하늘 아래의 인간 세상을 다스리
고자 하여 인간을 널리 이롭게 할 만한 땅을 골라 천부인 세 개를 주어 내려

가 다스리게 하였다.

둘째, 한웅이 바람의 신 풍백風伯과 비의 신 우사雨師 그리고 구름의 신 운사雲師를 거느리고 태백산 신단수 아래 내려와 곡식, 수명, 질병, 형벌, 선, 악 등 인간의 360여 가지 일을 맡아서 주관하였다.

셋째, 그때 곰과 호랑이가 사람이 되기를 원하여 한웅에게 빌자, 한웅은 쑥과 마늘을 주고 굴에서 100일간 기도하라고 한다. 호랑이는 견디지 못하였으나 곰은 21일간을 기도하자 여인의 몸을 받고 웅녀가 되어 한웅과 혼인하여 단군왕검檀君王儉을 낳았다.(이 부분이 '웅녀신화'의 줄거리이다.)

넷째, 단군은 아사달에 도읍을 정하고 조선朝鮮을 개국하였다. 단군왕검은 후에 아사달에 숨어 신神[7]이 되었다. 산신山神이 되었다는 말이 아니다.

필자가 『삼국유사』가 전하는 단군신화 중에서 문제로 제기하려는 부분은 셋째 구절이다. '웅녀가 단군을 낳았다'는 설화는 단군신화에 있어서 중요한 의미를 지닌다. 동시대인인 이승휴는 일연과 달리 『제왕운기』에서 이 부분이 얼마나 미심쩍었던지 아예 고치기까지 하였다. 이승휴는 "손녀孫女로 하여금 약을 먹고 인신人身이 되어 단수신檀樹神과 혼인하여 단군을 낳았다"[8]고 바꾼 것이다. 웅녀가 손녀로 되고, 신웅의 이름도 단군의 단성檀姓을 취해 단수신으로 고쳐진 것이다. 구월산 삼성각에 한웅을 단웅천왕檀雄天王이라고 신당을 모신 것도 이와 같다. 이렇게 고치는 것이 당시 고려인들에게는 웅녀의 몸에서 단군이 낳았다는 것보다는 다소 합리적이라고 생각했을 것이다.[9]

오늘날도 이 대목을 이해하지 못함에 따라 갖가지 논의가 벌어지고 있는 것은 마찬가지이다. 따라서 필자는 아래 단락을 '웅녀신화'를 구성하는 본문으로 삼아 새로운 해석을 시도해 보고자 한다.

〈웅녀 신화〉의 본문

이때 곰 한 마리와 호랑이 한 마리가 같은 굴에서 살았는데 신웅(한웅)에게 사람이 되게 해 달라고 빌었다. 그러자 한웅은 신령스러운 쑥 한 심지와 마늘 스무 개를 주면서 말하기를, "너희들이 이것을 먹고 백일 간 햇빛을 보지 않는다면 사람이 되리라"라고 하였다. 곰과 호랑이는 그것을 받아서 먹었는데, 곰은 그대로 지켜 21일 만에 여자의 몸을 얻었으나 호랑이는 지키지 못하여 사람이 되지 못했다. 웅녀는 혼인할 짝이 없어 신단수 밑에서 아이를 낳기를 기도하였다. 웅이 이에 잠깐 변해 혼인하여 마침내 아들을 낳자 이름을 단군왕검檀君王儉이라 하였다.

時有一熊一虎 同穴而居 常祈于神雄 願化爲人 時神遺 靈艾一炷 蒜二十枚日 爾輩食之 不見日光百日 便得人身 熊虎得而食之 忌三七日 熊得女身 虎不能忌 而不得人身 熊女者無與爲婚 故每於壇樹下 呪願有孕 雄乃假化而婚之 孕生子 號日壇君王儉 (삼국유사 기이 권1 고조선;)

1) 최남선의 토테미즘

근대 단군학의 개창자라 할 수 있는 최남선은 단군신화의 이 부분을 다음과 같이 번역하였다. 원문 그대로 인용하고자 한다.

그때에 웅熊 하나와 호虎 하나가 한 굴에서 같이 살면서 항상 신웅께 빌되, 원컨대 화化하여 사람이 되어지이다 하거늘 한번은 신神이 영애 한 자래와 쑥과 마늘 스무 톨을 주고 이르사대, 너희들이 이것을 먹고 일광日光을 보지 않기 100일이면 곧 인신人身을 얻으리라 하신대, 웅과 호가 이것을 받아서 먹고 기忌하기 삼칠일 만에 웅은 여신女身을 얻고 호는 능히 기하지 못하여 인신을 얻지 못하였다. 웅(으로 화해진)녀라 하여 결혼하여 주는 이가 없는지라, 그러므로 항상 단수壇樹 아래서 축원하되, 아이를 배어지이다 하거늘, 환웅이 이에 가화하여 웅녀와 결혼하여서 아이 배어 아들을 낳은지라, 이름하기를 단군왕검이라고 하였다.[10]

최남선은 특히 '웅호熊虎를 무엇이라고 해석하여야 옳을는지는 앞으로도 꽤 말썽스러운 문제'라 지적하고, 토템은 인류학 또는 사회학상의 보통명사로 쓰이고 있다고 전제하면서, "무릇 곰을 두려워하며 제사하고 그의 피와 살을 의식적으로 공양하며 또 그를 증거자로 하는 일을 중대시함 등은 대체로 토템의 유풍으로 볼 수 있는 일이다. 한웅신화에 나오는 곰, 호랑이 운운의 일단은 이러한 원시문화의 반영으로서 얻는 그 의의가 이해될 것이다"[11]라고 밝혔다. 최남선은 이러한 토템의 풍속은 동식물 숭배와 조령祖靈 숭배가 서로 결합된 것으로 이해하고, 어느 동식물을 혈통관계의 의미로 숭배하는 원시종교, 특히 부족적 종교에 나타나는 전형이라는 입장이다.

미개한 시대 혹은 부족에는 자기 종족의 조선祖先을 대개 무슨 동물에 두는 버릇이 있어 왔다. 그래서 그 동물을 숭상하고, 또 그 동물로부터 보호를 받는다고 믿어 왔다. 뿐만 아니라, 그 동물을 성수聖獸로 여겨 죽이거나 해치지 않는 터부도 따랐다. 최남선은 한웅이 하늘에서 내려와 웅熊 토템, 호虎 토템의 두 이족異族으로 더불어 접촉하였을 때에 "웅씨熊氏하고는 완전한 융화 내지 화합이 성립하여 그 결과로 조선, 조선인, 조선국을 건설하게 되었다"[12]는 것이 단군신화가 전하려는 사실이라고 보았다.

같은 입장에서 김정학은 태양 숭배와 곰 숭배의 결합을 제시하고 있다. 그 문화적 이유로는 우리 민족은 옛 시베리아족과 새 시베리아족의 두 계통의 부족이 정복·혼혈 과정을 거쳐 하나의 민족이 되었다고 전제하고, 여기서 곰 숭배는 옛 시베리아족의 구습이며, 태양 숭배는 새 시베리아족의 구습이라고 보았다. 그래서 단군신화가 이 두 가지 계통의 신화가 혼합되어 있는 까닭이라는 것이다. 즉 하나는 천제(태양신) 한인이 아들을 높은 산-태백산에 내려보내고, 그의 아들 단군이 나라를 세운 것은 북방 아시아의 태양신화의 전형이며, 곰의 몸에서 난 단군이 나라를 세웠다는 토테미즘의 신화가 이 태양신화와 혼합된 것이 바로 단군신화라는 주장이다.[13] 또 김정학은 우리 민족에 있어서 선사시대에 부족에 따라 곰 토템 부족과 범 토템 부족이 있었다고 보고,『삼국지』「예전濊傳」에 범을 산신으로 제사지냈다는 것은 예부족이 범 토템의 부족이었던 것이며, "단군신화에 있어서는 곰 토템 부족에서 '검' 즉 '님금'이 났다는 것은 곰 토템 부족이 범 토템 부족보다 우세하였음을 말하는 것"[14]이라고 지적했다. 이는 고대에 우리나라에서 웅신熊神 숭배 무리와 호신虎神 숭배 무리가 지역적 분포를 달리 했다는 뜻이다.

 2) 강인숙의 씨족명과 곰신화
    평양의 강인숙은 단군의 출생 신화는 선행한 원시신화인 '곰신화'를 모체로 만들어진 것이라고 주장했다. 다시 말해 곰신화의 원형을 먼저 알고, 그후에 단군신화로 꾸며지면서 변형된 내용을 알 필요가 있다는 말이다. 곰신화는 단군신화로 꾸며지면서 본래의 모습보다 상당하게 변한 것이다. 그러니까 곰신화의 원형은 곰이 어떤 계기를 통하여 '스스로 사람으로 되었다'는 정도의 것이지만, 이것이 단군신화로 꾸며지면서 '하늘신의 도움을 받아 사람이 되었다'는 것으로 변형되었다는 뜻이다.[15]
    이러한 토대 위에서 강인숙은 곰과 범을 씨족명으로 보았다. 그래서 그는 당시 종족 내에서 곰씨족의 세력이 범씨족의 세력보다 더 우세하였다는 사실을 곰신화가 반영하고 있다고 보았으며, 결코 곰신화는 단순히 신화 구성상 범을 제거하기 위해 꾸민 것은 아니라고 주장했다.[16] 강인숙은 웅녀에 대해 '곰신화'라는 말을 강조하였다. 그는 "이 때에 곰 한마리와 … 사람으로 되지 못하였다"까지만 곰신화로 인정하였으나, 필자는 "웅녀는 혼인할 …단군왕검이라 하였다"까지를 '웅녀신화'의 기사에 넣어야 한다고 생각한다.

한편 같은 평양의 리상호도 웅과 호는 고조선 부족을 구성한 일부 씨족들의 명칭이라고 말하고, 고조선의 경우에 "태고 이래의 씨족 조직은 그 정치적 기능이 일정한 정도로 거세되었을 뿐, 관습적 기능과 조직 형태만은 완강히 보유하고 있었다는 것을 전제한다"[17]고 지적했다.

3) 윤성범의 신모론神母論과 '웅녀신화'

1963년, 기독교 신학자 윤성범이 단군신화를 연구한 끝에 발표한 문제의 논문 제목이 「환인 환웅 환검은 곧 하나님이다」이라서 종교계에 큰 파문을 일으킨 적이 있었다.[18] 그는 논문에서 기독교의 유일신관은 삼위일체적 유일신관이며, 숫자적인 유일신관이 아니라고 말하고, 기독교의 삼위일체론적 신관이 단군신화의 삼신일체론적인 것과 근사하다고 해서 직접 동일시할 수 없다는 전제하에서 다음과 같이 주장했다.

> 환인 환웅 환검, 이 세 분의 질서秩序의 문제이다. 삼신일체의 교리로 본다면, 한桓은 한의 표음이라면 이 삼자三者는 '한'으로 통일된 셈이다. 다시 말하면 '하나님'이라는 말이다.[19]

이어서 윤성범은 기독교의 삼위일체론의 부父-자子-영靈이 남성적이듯이, "환인은 아버지 하나님, 환웅은 성령되시는 하나님, 환검(단군)은 아들되시는 하나님에 각각 대응된다"고 보았다. 이렇게 보면 삼위일체론이나 삼신일체론이 근사한 점이 많은 것도 사실이다. 문제는 이 근사함이 어디서 왔느냐

는 것이다. 윤성범은 단군신화는 4세기를 전후하여 기독교 사상(동방교회)의
영향 아래에서 이루어진 설화라고 추론한 것이다.

그러나 이 추론은 너무나 의도적인 상상이다. 『삼국유사』에 실린 고조선
조의 내용을 면밀히 분석해 보면, 환웅과 웅녀의 신화가 주종을 이루고 있
다. 이것은 이 신화가 단군시대 초기에 쓰여졌다는 증거가 되는 것이다. 여
기서 주목할 것은 웅녀이다. 그런데 윤성범은 '웅녀신화'를 기독교적 관점
에서 마리아의 처녀 수태와 연계함으로써 접근성을 찾고자 시도한다. 그러
나 그 결과는 너무도 기대에 못 미치는 것이다.

> 웅녀와 마리아는 다 같이 하느님의 능력으로 지음을 받은 단순한 피조물에 불
> 과한 것이다. 곰을 웅녀로 변하게 한 것도 역시 신神의 능력이다.[20]

이러한 윤성범의 기독교적 시각은 후기에 다소 변화를 겪는다. 윤성범은
웅녀를 곰토템의 잔해로 해석한 것을 비판하고, 기독교의 성모 마리아에 유
비하여 곰녀는 감녀, 검녀와 같은 신녀神女의 의미이므로 웅녀는 신모요, 성
모라고 주장했다.[21] 그런데 기독교계의 일반적인 시각은 김인서, 윤성범 이
래 박종천의 경우처럼 "성서의 하느님이 우리 민족의 잊혀진 하느님이었다
는 전제와 입증"[22]을 통해 기독교의 신론은 한국적인 면모를 갖추게 될 것이
라고 했다. 그러나 기독교 신학자들의 오류는 자기 민족의 하느님은 고유한
역사와 문화 속에서 출현하는 것임에도 불구하고, 성서의 하느님이 곧 우리
민족의 옛 하느님이라는 착각을 서슴없이 하는 데 있다. 한국의 하느님과
기독교의 하느님은 그 개념상 현격한 차이가 있다. 한국의 하느님은 창조와
피조라는 이원적 구별을 하지 않으며, 절대絶對를 자처하지 않는다.

4) 류동식의 지모신론地母神論

단군신화를 한국 종교의 관점에서 천신, 지신, 인신의 삼신격三神格으로 분석한 경우에는 천신과 지신의 결합에 의한 인신(단군)의 존재가 뚜렷이 나타난다. 이러한 분석과 관련하여 대표적인 연구로서 류동식[23]과 이은봉을 들 수 있다.

먼저 류동식은 단군신화의 구성요소를 첫째, 하느님과 그의 강림신앙. 둘째, 지모신地母神에 대한 신앙과 종교적 이니시에이션initiation의 표현. 셋째, 천지의 융합과 창조신앙으로 분석한다. 여기서 주목할 것은 지모신 웅녀에 관한 내용이다. 지모신은 대모지신(Mother Goddess)으로 인간의 탄생과 안녕과 풍요를 주재하는 신을 의미한다.

> 지모신을 상징하는 웅녀는 햇빛을 못 본 채 동굴 속에 삼칠일을 머문 끝에 인간으로 재생했다. 빛은 생명을 뜻하는 보편적인 종교적 상징이다. 그러므로 빛없는 동굴 속에 있다가 다시 빛을 보게 되었다는 것은 일단 죽어서 창조 이전의 모태로 들어갔다가 다시 창조되어 재생한다는 곡신의 신비에 대한 표현이다. 그리고 곰에서 여인으로 변했다는 것은 새로운 존재로 질적 변화를 가져온 종교적 체험을 상징한 것이요, 종교적 이니시에이션initiation을 표현한 이야기다. 흔히 유목민들의 종교적 이니시에이션은 몸의 해체에서 죽음을 체험한다는 상징을 사용한다.[24]

또 류동식은 단군신화를 창조신화라고 하였다. 그런데 그의 해석에 있어서 우리가 특히 주목할 점은 창조의 주체는 단군이며, 창조는 바로 단군의 성화聖化에 의해서 이루어진다고 언명한 것이다. 즉 창조는 단순히 신의 강림에 의해서 일방적으로 이루어지는 것이 아니라 인간의 자기완성의 과정인 성화를 거쳐야 비로소 이루어진다는 것이다. 최일범은 유동식에 이르러서 단군이 강조된 것은 인간의 의미가 비로소 드러나기 시작한 것이라고 주장했다.[25]

5) 이은봉의 천지인 삼신론

이은봉은 한국 고대 종교 현상을 천부신天父神과 지모신地母神 그리고 시조신始祖神의 삼신三神 사상으로 해석한다. 이어 그는 한국 고대인의 정신을 이해하는 데 있어서 하늘과 땅과 인간을 세 가지 축이라고 전제한다. 이 세 가지 축은 서로 뗄 수 없는 관계를 이룬다. 그래서 천天이 없는 지신地神을 생각할 수 없고, 지신의 협력이 없이 천신의 초월적 능력이 발휘될 수 없으며, 천지天地의 협력 없이 인신人神(시조신)이 존재하는 것이 아니라고 한다.[26]

그리고 이은봉은 곰과 호랑이는 산신山神 자체의 구현자나 대리자 혹은 사자使者로서 나타났다고 본다. 그 예를 『삼국유사』의 대성효大城孝 이세부모二世父母, 즉 대성이 두 부모에 효도하는 이야기에서 이은봉은 곰은 산신이었다고 주장한다. 내용인즉 천신의 섭리로 환생한 대성大城이 토함산에 올라가서 곰을 잡아 죽였는데, 그날 꿈속에서 곰이 귀신으로 변하여 꾸짖었다는 것이다.[27] 여기서 중요한 것은 변신의 모티브이다. 이은봉은 엘리아데의 표현을 빌려 동물이 인간으로 변하고, 인간이 동물로 변할 수 있다는 관념은 이미 수렵생활을 하고 있던 구석기시대의 말기에 등장하는 관념으로 보고, 다만 동물이 인간이 되기 위해 쑥이나 마늘을 먹고 금기해야 한다는 이니시에이션은 신석기 이후, 즉 농경의 발달로 전제한 것으로 본다.[28] 이렇게 보면, 동혈이거同穴而居의 격리隔離나 쑥과 마늘은 변신의 과정에서 필요했을 것이다. 곰이 인류의 조상이 된다는 모티브는 수렵인들의 세계관이 반영된 것이나, 마늘이나 쑥은 후대의 관념을 반영한 것임을 알 수 있다.

3. '웅녀신화'에 대한 재해석의 필요성

1) 웅녀의 실체에 대한 재조명

지금까지 단군신화의 연구는 웅녀의 실체에까지 접근하는 데 미흡한 것 같다.

이은봉이 단군신화를 삼위일체의 구조로 파악한 것은 기본적으로 단군신화를 내면화하기 위한 의도로 보인다. 그것은 아들인 한웅 안에 아버지 한인의 뜻이 표명되고, 한웅이 세운 신시 안에 단군의 치화가 계속되는 면에서도 짐작할 수 있다. 이렇게 한인, 한웅, 단군을 내면화할 때 비로소 이들이 상호 침투하는 구조를 이해할 수 있다.[29] 이처럼 한인, 한웅, 단군이 셋이면서 하나라고 파악한 역사적 실례는 『삼일신고』의 『신리대전』에서 발견할 수 있다. '한인, 한웅, 단군의 삼三이 곧 일一'이라고 표현하고, 그 삼三과 일一에 관해 『신리대전』은 다음과 같이 말하고 있다.

> 한검의 이치는 셋과 하나일 뿐이다. 大倧之理 三一而已
> 하나만 있고, 셋이 없으면 이것은 그 쓰임이 없을지오, 셋만 있고 하나가 없으면 이것은 그 몸이 없을지라. 그러므로 하나는 셋의 몸이 되고, 셋은 하나의 쓰임이 된다. 有一無三 是無其用 有三無一 是無其體 故 一爲三體 三爲一用 〈신리대전-신교〉

이은봉은 이런 일一과 삼三의 관계는 결국 체體와 용用의 관계로 추상화시켜 표현한 것이며, 현상계에 나타나는 모든 것은 결국 체體의 자기현현自己顯現이 아닌 것이 없다는 것이다.[30] 그런데 『삼일신고』는 삼三을 조造·교敎·치治로 파악하고, 한인을 조화주로, 한웅을 교화주로, 단군을 치화주로 설명하면서 이 셋은 결국 하나로 돌아간다는 삼진귀일三眞歸一을 말한다.*

　그러나 한인·한웅·단군 중심의 삼위일체론은 웅녀의 설 자리를 박탈하는 기능을 한다. 웅녀는 하늘 본체의 자기현현하는 과정에서 빗겨나 있기 때문이다. 한인의 뜻이 한웅으로 내면화하고, 한웅의 뜻이 단군으로 내면화하는 과정에서 웅녀는 제외될 수밖에 없다. 왜냐하면 웅녀는 한웅처럼 부지자의(父知子意;아버지가 아들의 뜻을 아는 것)의 단계를 거치지 않고 자기만의 뜻을 실현하기 때문이다. 다시 말해 하늘 뜻(天意; 父意)이 전달되는 수직선상에 웅녀는 있지 않기 때문이다. 한웅은 하늘의 뜻을 받드는 입장에 있지만, 웅녀는 하늘의 뜻이 아니라, 자기의 뜻을 주장하는 것이다. 여기서 자기의 뜻이란 사람이 되겠다는 의지를 말한다. 웅녀는 하늘의 뜻과는 무관하게 독자적으로 한웅에게 사람이 되게 해달라고 빈다. 그리고 한웅이 준 쑥과 마늘을 먹고 자기 수련의 과정을 거친다. 이렇게 웅녀는 차근차근하게 자기의 뜻을 관철시켜 나간다.

　그런데 다른 시각에서 보면, 웅녀가 한웅에게 빌었다는 말이나 한웅이 쑥과 마늘을 주었다는 말은 한웅의 신성神聖을 강조하기 위해 후대에 첨가된 말인지도 모른다. 역설적으로 웅녀 이야기의 원형은 스스로 쑥과 마늘을 먹고, 스스로 사람이 되었다는 것으로 볼 수 있을 것이다. 이런 의미에서 웅녀는 하늘본체의 자기현현의 다른 선상에 서 있는, 그만의 독자적인 자기현현의 존재라 할 수 있는 것이다. 이것을 필자는 '웅녀의 자기본체'라 한다.

　이처럼 웅녀를 제외한 한인, 한웅, 단군 중심의 삼위일체론은 삼三이면서 일一이요, 일一이면서 삼三이라는 논리에 충실한 것인데, 이런 논리를 제공하고 있는 『삼일신고』의 사유와는 달리 1→3이라는 새로운 구조를 제시하는

---

* "三眞會歸 所以卽一也"(신리대전, 67쪽)

것이 『천부경』이다. 전체적으로 보면, 1→3→1인 것이다.

2) 『천부경』의 무-천지인無-天地人의 삼극사상

『천부경』에 "석삼극析三極 무진본無盡本"이란 구절이 나온다.

　析三極 無盡本

　쪼개져 세 극이 나온다. 없음(無)이 극진히 다하여 만물(有)의 뿌리가 된다.

　이 중에서도 간과할 수 없는 것은 석析이다. 『천부경』의 종시원리는 음양론이 아니고 삼극론으로 발전한다. 삼극으로 나가는 기폭제가 바로 밤송이가 터져 나오는 것 같은 쪼갬의 석析이다. 이 쪼갬의 석에서 『천부경』의 우주관에는 조물주조차 자신의 창조의지를 없음(無)으로 돌린다는 것을 알 수 있다. 석析은 우주 폭발의 순간이다. 이는 자발적이고, 자생적인 창조적 운동을 함축하고 있다.[31] 천지天地가 있은 후에 사람의 인극人極이 나와 비로소 삼극三極이 되었다는 말이지만, 그렇다고 하여 인극人極을 천지의 하위개념으로 두는 것은 아니다. 그런 오해를 불식하기 위해 삼극이 쪼개져 같이 나왔다고 설명하는 것이다. 고문자에서 석析 자와 신新 자가 그 모양이 비슷하여 같이 쓸 수 있다. 신新 자로 보면 새로운 변화와 탄생을 의미한다. 그런데 그 삼극三極은 일一에서 나온 것이다. 시始가 어머니 탯(胎)줄의 개념에서 나온 말이다.

　一始無始一 析三極

　하나에서 비롯한다. 없음에서 비롯된 하나이다. 쪼개져 세 극이 나온다.

다시 말해 석삼극析三極은 '일석삼극一析三極'의 일一에서 나온 삼극의 생성적 단계를 균등하게 설명하고 있는 것이다. 그런데 그 일一은 본래 무無에서 온 것이다. 무無의 옛 글자는 화살촉 세 개가 들어 있는 형상이다. 화살은 광명의 불을 상징한다. 과학적으로는 세 힘의 결합과 최고열 상태를 의미한다. 그래서 '무석삼극無析三極'이 된다. 이렇게 일一과 무無에 대한 인식이 충돌없이 공존하는 것은 즉 일一은 하느님(神)이고, 무無는 하늘바탕이라는 상호의존적 관계에서 나온 것이다.[32] '무석삼극無析三極'이라 할 때는 무와 천지인의 비인격적인 면이 강조된 것이고, '일석삼극一析三極'이라 할 때는 천지인 삼신三神의 인격성이 강조된 것이다. 『천부경』의 전체적 문맥은 둘을 같이 보고 있다.

天 一 一 地 一 二 人 一 三
하늘이 하나를 받아 처음이 되고, 땅이 하나를 받아 두 번째가 되고, 사람이 하나를 받아 세 번째가 된다

여기서 일一은 일시一始의 일一이며, 일여一如의 일一이며, 무여일일無如一一의 일一이다. 천지인에 그 일一이 각각 내재해 있다. 무無를 『주역』의 무극無極이라 말하고, 일一을 태극太極이라 말한다면, 천일天一·지일地一·인일人一은 천의 태극, 지의 태극, 인의 태극이 된다. 만물을 천지인으로 대표하여 설명하면서 동시에 천지인은 모두 태극성太極性을 함유한 동등한 존재임을 일러 주고 있다. 그런데 다 같이 일一을 내재한 산물이지만 그 차례가 다르다. 그래서 천일天一의 일一, 지일地一의 이二, 인일人一의 삼三이다.

『천부경』이 말해 주는 생명의 탄생 과정은 하늘, 땅, 사람의 순이다. 하늘, 땅, 사람이 일一을 얻어 차례로 태어난다. 처음에 하늘이 태어나고, 다음에

땅이 태어나고, 마지막에 사람이 태어난다. 그러나 『천부경』은 특히 사람의 태어나는 것을 대삼합륙과 생칠팔구에 의한 천지합일에 두고 있다. 천지인이 석삼극으로서는 동등하지만, 인생人生의 관점에서는 천지를 부모로 인식하는 것이다.

> 태고의 맨 처음에 혼돈이 개벽하게 되어 먼저 하늘이 생기고, 뒤에 땅이 생겼으니, 이미 천지가 있은 즉 기(氣)가 화(化)하여 사람이 생겼다.
> 邃古之初 混沌旣開 先有天而後有地 旣有天地則氣化而人生焉[33]

여기서 중요한 것은 유천지즉有天地則이다. 이는 『주역』에서 말하는 "유천지연후有天地然後 유만물有萬物 유만물연후有萬物然後 유남녀有男女"(「서괘 下」)와는 구별된다. 즉則이지 연후然後가 아니라는 말이다. 사람은 유천지즉기생有天地則氣生이다. 이는 『주역』에서 말한 "천지감이만물화생天地感而萬物化生(함괘)"과 같고, 동학의 "천지상응天地相應 음양상균陰陽相均 만물화생萬物化出"(논학문1장)과 같은 의미이다. 음양상균의 우주적 작용이 곧 천지의 기화이다. 따라서 인간은 천지간 기氣의 자화自化에 의해 생겨 나는 것이다. 다시 말해 하늘과 땅에 의해 사람이 각기 상의적相依的으로 태어난다는 말이다.

『신리대전』의 삼일三一이 나누면 셋이요, 합하면 하나라는 의미를 갖고 있는데,[34] 이때의 삼三은 바로 삼신三神을 말한 것이다. 삼신이란 『신리대전』에서 조화주, 교화주, 치화주를 가리킨다. 그래서 삼신을 주체로는 일一이요, 작용으로는 삼三이라 말한다. 태백일사도 "삼신이란 천일天一 · 지일地一 · 태일太一이라 하고, 조화 · 교화 · 치화를 주관한다"(「삼신오제본기」)고 하여 역시 이를 뒷받침해 주고 있다. 이런 삼신관은 역사적으로도 확인되고 있다. 『세종실록』(세종10년)에 의하면 구월산의 삼성사에는 한인, 한웅, 단군의 세 분 신당이 모셔져 있다고 했다.

　하지만, 『천부경』의 일삼一三은 일一에서 삼三이 나왔다는 뜻이다. 그 일一은 다시 대허大虛의 무無로 소급해 올라간다. 그러나 『천부경』의 삼극에서 일一과 무無는 각각의 천지인天地人에 일一은 바깥에, 무無는 안에 숨어서 나타나지 않는다. 일은 활동하는 신이되, 무는 숨어 있는 신과 같다. 그러나 일은 자기 일을 마치면 무로 돌아간다.

　필자는 이미 단군신화는 '무-천·지·인'의 구조로 되어 있다고 보았다.[35] 엘리아데(M.Eliade)가 말한 Deus Otiosus[36] 즉 '격절신'(隔絶神; 이은봉의 해석) 또는 인간이 체험할 수 있는 거리를 넘어 저 높이 있는 '멀리 있는 신'(윤이흠의 해석)*을 의미한다. 다시 말해 인간과 관계를 맺는 것은 하급신인 한웅이 하고, 하느님인 한인은 무의 배후에 숨어 버린, 즉 배후로 후퇴한 신이기 때문에 한인은 인간 세상을 하시下視만 하는 '감추어진 신'과 같다.** 따라서 한인을 근원으로 하되 한웅이 하늘 자리에 올라감으로써, 한웅(하늘)-웅녀(땅)-단군(사람)이 삼원적 구조를 이루게 된다. 이처럼 웅녀의 등장은 『천부경』의 무-천지인無-天地人의 삼극 구조에서 가능한 것이다. 바꾸어 말하면 한인, 한웅, 단군의 삼신 구조는 사실 『천부경』의 논리와는 배치되고 있다.

　한국 고대인들의 신관에 있어서 모든 신은 고정적 존재가 아니요 다양한 문화적 성격과 인간 조건이 요망하는 사정에 따라 여러 기능을 가지는 역동적인 존재이며, 궁극적으로 이러한 한국인의 삼신은 셋이면서 하나라는 삼三·일一(=삼위일체적) 구조를 갖지만, 반대로 일一·삼三의 구조도 갖는다. 이은

---

*윤이흠, 「한국종교사의 이해」, 『종교와 문화』, 서울대종교문제연구소, 2004, 162쪽. 한인을 지고신, 간접경험신, 멀리 있는, 숨은 신으로 표현했다.
**칼피트, 이창희, 『21세기의 신과 과학 그리고 인간』, 두레, 2002, 62쪽; 우주라는 말속에는 이미 신이 감추어져 있다고 했다. 그래서 필자는 '감추어진 신'이라는 말을 쓴다.

봉은 단군신화의 이와 같은 구조가 곧 천지인신의 삼위일체적 구조이며, 이러한 구조는 초월신을 표현하기 위한 인간지성의 내적 구조와 긴밀히 관련되어 있다고 본다.[37] 그러나 필자는 진정한 의미의 천지인天地人 삼위일체는 한인, 한웅, 단군이라는 남성 중심적(純陽無陰) 삼신에게서만 찾아서는 안 된다고 주장한다. 『천부경』의 천지인 구조는 천은 양이요, 지는 음이며, 인은 인중천지일人中天地一의 중中이므로 결국 양-음-중陽-陰-中의 원리에 기초한 것이기 때문에 양만 많고 음이 없다거나, 음만 많고 양이 없다면(純陰無陽) 그것은 균형 잡힌 천지인의 조화 원리가 될 수 없기 때문이다.

이런 의미에서 『천부경』과 단군신화의 연결고리를 재조명하지 않을 수 없는 이유가 명백해진다. 즉 무無-천지인天地人이라는 『천부경』 본래의 구조 아래에서 비로소 한인-한웅 · 웅녀 · 단군이라는 단군신화 본연의 삼신 관계를 올바로 규명할 수 있기 때문이다. 왜냐하면 단군신화가 "기원起源을 묻지 않는 대전적大全的 세계관"[38]을 내포하고 있다는 말은 그 기원 자체가 『천부경』의 무無와 상통한다는 것이다.

따라서 필자는 "일시무無시일 석삼극 무無진본"에서 무無를 삼극의 근원적 뿌리로 본다. 삼극이란 물론 천지인을 의미한다. 이 천지인이 무無의 극진한 결과로 각기 뿌리가 되어 나왔기 때문에 천天은 무無의 하늘뿌리바탕이며, 지地는 무無의 땅뿌리바탕이며, 인人은 무無의 사람뿌리바탕이 된다. 하늘뿌리, 땅뿌리, 사람뿌리가 삼극성三極性을 지니므로 하늘본체, 땅본체, 사람본체가 된다. 그런데 여기서 우리가 주목할 것은 이 삼본체三本體는 무無에서 나왔지만, 무無로부터 독립된 자성自性을 갖는다는 점이다. 이런 의미에서 한인을 무無로 돌아가게 하고, 한웅 · 웅녀 · 단군은 각각 자기본체가 된다는 면에서 한웅은 하늘 본체가 되고, 웅녀는 땅의 본체가 되고, 단군은 사람의 본체가 될 수 있다. 따라서 단군신화의 진정한 삼신관계는 한웅-웅녀-단군

'웅녀신화'의 재해석

이라는 새로운 음양중陰陽中 합일적 삼신관에서 파악되어야 한다는 말이다.

4. '웅녀신화'에 대한 새로운 해석

1) 웅녀는 동물이 아닌 신녀神女(감녀)

한웅과 웅녀가 만나는 신화 구조는 그 후 '단군+하백녀=부루(태자)'의 신화구조를 보여 주고, 고구려에 이르러 '천제+하백녀=추모'의 신화 구조로 계승된다. 이런 의미에서 '한웅+웅녀=단군'의 신화 구조는 한국신화의 고형古型이라 할 수 있다. 여기서 웅녀와 하백녀河伯女와의 관계를 살펴보는 것도 의미 있는 일이 될 것이다.[39]

먼저 '감'과 '밝'의 어원을 중심으로 살펴보고자 한다. 어원상 웅녀熊女는 곰녀이며, 굼녀이다. 우리 말 검(곰)은 신神 또는 왕王의 뜻이다. 굼〉검〉감〉곰〉금으로 변해 온 것이 그것이다. 한웅을 또 다른 말로 신웅神雄이라 하듯이, 웅녀는 윤성범의 지적처럼 곧 신녀神女가 된다. 곰신화가 보편적인 토템신앙이라면 곰에서 감神이 나왔다고도 할 수 있지만,[40] 굼은 차라리 신神의 고어로 봄이 나을 것이다.[41] 우리 신화상 최초의 신남신녀神男神女는 바로 한웅과 웅녀인 것이다.

그런데 이 웅녀의 자리에 단군대에 이르러 하백녀河伯女가 들어온 것이 하나의 변화로 주목된다. 그런 변화의 요인은 무엇인가? 이홍직은 하백은 중국의 수신水神이나 주몽 설화에는 수신의 뜻을 찾아 볼 수 없고, 음가音價를 따라 해밝(태양의 광명), 태양신으로 추측하였고,[42] 이종익도 고구려 신대왕의 이름인 백고伯固가 '밝고' 이듯이 하백河伯의 백伯을 '밝'으로 보았다.[43] 이처럼 '감'이나 '밝'은 일찍이 김경탁이 우리나라 종교학상 신칭의 변화를 굼신-둙신-붉신-ㅎᄂ님시대로 설명한 것에서도 알 수 있듯이[44] 웅녀나 하백녀는 다 같이 신칭으로서의 '감녀', '밝녀' 라 할 수 있는 것이다.

이런 감녀神女로서의 웅녀였기 때문에 '스스로' 쑥과 마늘을 먹고, '스스로' 수련하여 사람이 될 수 있었던 것이다. 이는 웅녀는 동물로서의 곰이 아니라는 말이다. 지금까지 우리는 곰이 사람이 되었다는 변신의 모티브에 나름대로 중요한 의미를 부여해 온 것이 사실이다. 그러나 웅녀는 곰이 사람으로 변신한 것이 아니다. 만약 곰이 동물로 있다가 사람이 되었다고 한다면, 앞에서 말한 자기본체를 가질 수 없는 것이다. 웅녀가 당당하게 한웅에 맞설 수 있는 자기본체를 지녔다는 것은 웅녀가 동물이 아니라는 말이다. 또 웅녀가 여자가 되기 이전에 범과 함께 한 굴에서 살면서 한웅을 만났다는 것이야말로 웅熊이 동물이 아니고 신이라는 것을 반증하는 것이다. 웅이 신이 아니라면 어떻게 한웅을 만날 수 있겠는가? 이런 의미에서 곰과 범은 다 같이 신神이었다. 그러므로 지금까지 우리가 선입견으로 알고 있는 "단군은 신神을 부계父系로 하고, 동물을 모계母系로 하는 순수 인간"[45]이라는 식의 신수神獸교합론은 더 이상 설득력을 얻을 수 없게 되었다.

그렇다면 곰과 범은 어디에서 온 신인가? 한웅이 하늘에서 인간 세상을 탐내어 삼천 신단神團을 거느리고 오기 전에 땅은 어떤 세상이었을까? 이 삼천신단 중에는 풍백·우사·운사와 같은 유명한 신들도 있었으나, 신으로서의 웅신·호신은 이와 다른 계열의 신들이었다고 볼 수 있다. 풍백·우사·운사가 하늘에 사는 신이었다면, 곰과 범은 굴(穴)이라는 말에서 땅에 관계되는 신이었다고 할 수 있다. 그러니까 단군신화에서 풍백 우사 운사에 대비되는 땅에 사는 신으로서의 웅신熊神 호신虎神이라고 보려는 것이다. 최남선의 지적처럼 원시사회의 군장은 바람·구름·비에 중대한 책임이 있고, 이것이 농경의 절대적 조건이 되므로 이를 다스릴 주술사적 역할이 요구되었기 때문에 풍백·우사·운사가 필요했을 것이다. 그러나 웅신이나 호신은 이와 구별된다는 점에서 농경에의 기여도 낮은 신이었을 것이다.

또 둘이 혼인함에 있어서 한웅이 웅녀를 찾은 것이 아니라, 웅녀가 한웅을 도리어 적극적으로 찾았다. 웅녀가 신단수(神壇樹;神檀樹) 아래에서 아이를 배게 해달라고 기도한 것이 그것이다. 신단神壇과 신수神樹의 합성어가 신단수이다. 신단수神壇樹라 하면 신령한 제단의 나무라는 뜻이고, 신단수神檀樹라 하면 신령스럽고 밝은 광명의 나무라는 뜻이다.

나무는 자연성 속에서 삶의 통일성을 느끼게 하고, 또 나무는 불멸성과 건강성이라는 종교적 상징성을 갖게 하며,[46] 하늘의 신성한 기운이 지상으로 강림하고, 지상의 뜻이 하늘로 전달되는 사다리와 같은 역할을 한다. 그래서 웅녀는 신단수 아래에서 기도의 과정을 거치며 성화聖化와 소원을 동시에 성취하게 된다. 엘리아데도 "성스러운 기둥은 우주론적 역할과 구원론적 역할을 병행한다"[47]고 보았다.

결국 웅녀는 한웅을 만난다. 그러나 한웅이 웅녀를 만나 정혼正婚을 하지 않고 가화假化를 한다. 정혼은 인간끼리 하는 것이고, 가화는 신끼리 하는 것이므로 웅녀가 동물이 아니라는 말이다. 한웅과 웅녀가 신남신녀神男神女였기 때문에 서로 가화가 가능했던 것이다. 가화假化라 하는 것은 여기서 신인神人들이 성적 관계를 갖기 위해 잠시 육화肉化하는 것을 의미하는데, 예컨대, 도리천의 신인들은 서로 껴안기(相抱)만 해도 임신이 되고, 야마천의 신인들은 손만 잡아도(執手) 임신이 되고, 도솔천 신인들은 돌아보고 웃기만 해도(顧笑) 임신이 되는 것과 같다.

웅녀는 혼인할 짝이 없어 신단수 밑에서 아이를 낳기를 기도하였다. 웅이 이에 잠깐 변해 혼인하여(假化) 마침내 아들을 낳자 이름을 단군왕검檀君王儉이라 하였다.

그런데 문제는 원동중의 『삼성기』에 가화위한假化爲桓[48]이라는 말이 나오는 것이다. 문맥상으로는 웅녀 스스로 잠깐 변하여 '한'이 되어 혼인했다고 했는데, 황혜숙은 이에 대해 웅녀의 동정童貞임신으로 설명하고 있다.[49] 그러나 그것이 마고신화의 전통이라 하더라도 필자는 본래 신이었던 웅녀가 쑥과 마늘을 먹고 사람이 되었다가, 한웅과 혼인하기 위해 잠시 자신의 신성神性을 회복한 것을 의미한다고 본다. 그 신성이 바로 한桓이었던 것이다. 이런 의미에서 보더라도 웅녀는 본래 신녀神女였다고 할 수 있다.

2) 웅녀는 지모신地母神이자 인모人母

이렇게 웅녀가 스스로 쑥과 마늘을 먹고, 스스로 사람이 되었다는 말은 웅녀가 동물로서의 곰이 아니라는 말이다. 곰을 북방 민족 토템의 표현으로 이해하는 것에 대해 류동식은 한인桓因이 하느님의 한자 역어譯語이듯이, 웅熊은 곰의 한자 역어로서 신령神靈이나 높은 어른을 '곰' 또는 '검'이라 불렀다는 것이다.[50] 그러므로 곰이 상징하는 뜻은 수렵민의 토템이라기보다는 단순히 신적神的 존재인 지모신(地母神;땅어머니 신)의 표현으로 보아야 한다는 진일보한 주장을 제기한다. 예컨대 농경신農耕神으로 나타난 풍백, 우사, 운사 등이 그러하듯이 곰도 생산에 관련된 신령들에 대한 신앙으로서 지모신 신앙의 연장이라는 것이 류동식 주장의 핵심이다.[51] 이은봉도 천신天神의 배우자가 되는 지신地神으로 지모신과 용신龍神의 둘을 제시하고 있다.[52] 특히 웅녀는 농경의 수호신이며, 여신이고 산신이다. 엘리아데는 "여성은 대지나 달과 같은 우주적 풍요의 중심에 결합되어 있었기 때문에 풍요와 다산성에 영향을 미친다"[53]고 했다.

그러나 웅신이나 호신은 풍백, 우사, 운사처럼 인간 360여사에 직접적인 관여는 하지 않은 것 같다. 웅신이나 호신은 한웅의 삼천신단三千神團이 지상으로 내려오기 전에 이미 지상을 다스리고 있던 땅의 신이었다. 대지의 여신인 태모신太母神, 지모신이란 이를 두고 하는 말이다. 임승국도 웅녀는 땅의 신을 금님이라 불렀으니 지신족地神族의 여인을 뜻한다고 했다.[54] 서양 신화에서 바빌론의 남성신 마르둑Marduk은 여성신인 티아맛Tiamat을 죽였지만, 한웅은 그런 적대적 관계까지는 갖지 않는다. 왜냐하면 만약 웅과 호가 신神의 자리에 영원히 있고자 했다면 서양 신화처럼 한웅과 싸움을 했을 것이다. 그러나 웅신과 호신은 지금 삼천신단에게 지상의 권세를 내어주고 굴에 들어가 변신을 시도한다. 가치의 중심이 신에서 인간으로 옮겨가고 있는 것을 의미한다.

> 단군신화에 원류를 두고 있는 주몽신화에서도 웅신연의 여인은 동실중에 유폐되어 있었다. 즉 유폐가 신자 출탄의 전제조건이 되고 있는 듯이 보인다. 일웅일호가 동혈이거하는 것은 매우 원시적인 관념이 반영된 것이기도 하지만 일상과의 격리를 통해 변신을 이루기 위한 이니시에션의 과정으로 사용되기도 했음을 알 수 있다.[55]

웅이 산이 아니라 굴(穴)에 들어갔다는 것은 사람 되기를 열망하는 변신의 모티브이며, 이는 이후 웅녀가 여자가 될 수 있는 조건을 마련하는 토대가 된다. 굴은 땅의 자궁이며, 지모地母를 상징한다.*

또한 류동식은 이런 지모신 신앙을 토대로 천지의 융합을 강조한다. 천신

---

*장덕순, 「단군신화의 문학적 시고」, 『단군신화연구』, 1986, 242쪽. 장덕순은 굴이 地母를 상징한다는 것을 제주도의 삼성혈로써 예증하였다. 한편 굴을 빙하기에 유일한 생존 공간으로도 볼 수 있다.

한웅과 지모신 웅녀와의 혼인으로 단군왕검이 태어나 새로운 문화 질서인 고조선이 창건되었다는 것이다.

> 말하자면 이것은 혼돈으로부터 질서를 창조한 것이요, 이러한 의미에서 건국 신화는 창조신화이다. 창조는 하늘의 신과 땅의 인간의 융합에서 이루어졌다. 그런데 이러한 융합을 위하여는 먼저 하느님이 강림했어야만 했고, 인간은 자기부정을 매개로 성화聖化되지 않으면 안 되었다.[56]

그러나 필자는 류동식의 천지융합론에는 더 정교한 해석이 필요하다고 본다. 그가 융합의 조건으로 제시한 두 가지, 즉 하느님 강림과 자기부정을 통한 성화는 사실 웅녀와는 무관한 것이다. 웅녀는 하느님 강림이나 성화를 요청하지 않는다. 특히 웅녀는 한웅과의 혼인을 위해 성화를 한 것이 아니기 때문이다. 웅녀의 1차 목적은 신이 사람의 몸을 얻는 것이다. 말하자면 신변위인神變爲人이요 변득인신便得人身이다. 웅熊이 남자가 될지 여자가 될지 아직은 아무도 모르는 것이다. 단지 100일 중에 21일 만에 스스로 금기를 잘 지키며 수련하여 여자가 된 것이다. 만약 100일 다 채웠다면 곰은 남자도 될 수 있었을 지도 모른다. 그러나 곰은 스스로 모진 수련을 견뎌냈다. 21일 만에 여자가 되기를 원했고 그래서 여자가 된 것이다. 여자가 되기를 원치 않았다면, 남자가 되려고 기도를 더 했을지도 모른다. 하지만 곰은 여자가 되는 것에 자기만족을 하였고, 스스로 아이 배기를 원했다. 지모신地母神에서 인모人母(始祖神)로의 위대한 변신이다. 이와 같은 일련의 행동에서 웅녀가 대단히 주체적이며, 독립적이며, 능동적이며, 역동적인 마음의 소유자라는 것을 알 수 있다.[57]

그러면 왜 곰과 범은 신으로 살지 않고 사람으로 살고자 원했을까? 곰이 신을 포기하고 쑥과 마늘을 먹고 사람이 되려 한 이유는 어디에 있을까? 삼천신단의 지도자격인 풍백, 우사, 운사가 오늘날까지 인간이 되지 않고 신으로 살고 있는 것과는 대조적으로 웅신과 호신은 왜 사람의 길을 택하려고 했을까? 둘 중에 호신은 사람의 길을 피하고 그대로 신으로 남아 오늘날의 산신山神이 되었다. 반면에 웅신은 오늘날 인간을 낳은 최초의 어머니가 되었다. 바로 모든 인간의 어머니가 웅녀이다. 그런데 우리는 호신이 산신이 된 것은 이해하면서도, 웅신이 인간의 어머니가 된 것은 이해하려고 하지 않는다. 그것은 곰을 이름 그대로 동물로만 알고 있었기 때문이다. 그러나 웅신은 바로 땅의 신령이었다. 곰의 신령이 사람으로 변신하는데 성공하였다는 것이 단군신화의 중요한 모티브이다.

> 풍백과 우사, 운사를 거느리고 곡식, 목숨, 질병, 형벌, 선악 등 인간의 360여 일들을 주관하면서 세상을 다스리고 교화하였다.

한웅이 거느리고 내려온 삼천신단 중에 그 이름을 알 수 있는 것은 풍백, 우사, 운사밖에 없다. 그리고 그들의 임무를 분석해 보면 크게 곡식, 목숨, 질병, 형벌, 선악 등 5가지 조목(主穀 主命 主病 主刑 主善惡)이었음을 알 수 있다.

그러나 웅과 호가 굴에 들어가 같이 살았다는 것은 한웅의 지상 주재권 밖에 있었다는 뜻으로 볼 수 있다. 그들이 사람이 되게 해 달라고 한웅에게 빌었다는 말은 한웅과의 화친을 요구하는 것으로 이해할 수 있다. 이때 한웅은 그들의 신계神界를 인정하고, 그 증표로 쑥과 마늘을 주어 인간으로의 재탄생을 숙제로 남겨 놓는 것이다. 쑥 한 묶음과 마늘 스무 개를 먹는 것은 신이 신의 옷을 벗고 인간의 옷을 입기 위한 통과의례이다. 이제까지 이 쑥과 마늘을 동물이 인간으로 되는 명약으로 이해하였으나, 신이 인간으로 탈

바꿈하는 영약으로 보아야 한다고 본다.

이때 곰 한 마리와 호랑이 한 마리가 같은 굴에서 살았는데 신웅(한웅)에게 사람이 되게 해 달라고 빌었다. 그러자 한웅은 신령스러운 쑥 한 심지와 마늘 스무 개를 주면서 말하기를, "너희들이 이것을 먹고 백일 간 햇빛을 보지 않는다면 사람이 되리라." 하였다.

3) 웅녀의 최종 목적은 상생적 생명의 잉태

기독교적 시각에서 보면, 웅녀는 무가치한 존재이다. 웅녀의 웅녀됨은 아들을 낳는 것이 아니라, 웅녀가 신의 명령에 순종하였다는 점밖에 없다. 곰을 웅녀로 변하게 한 것도 역시 신의 능력이고 보면, 다만 신의 명령을 받은 수용성受容性 이외에는 다른 존재가치가 없다는 말이다.[58]

그러나 웅녀의 울부짖음의 기도는 최종적으로 아이를 배는 것이었다. 그래서 웅녀는 사람이 되길 바랐고, 나아가 쑥과 마늘을 먹고 여인의 몸을 얻었다. 그런 다음 한웅과 만나 아이를 가졌다. 이것이 웅녀신화의 주된 내용이다. 만약 웅녀가 사람 중에 여자가 되는 것으로 최종적인 만족을 했다면, 단군의 어머니, 아니 한국인의 어머니가 될 수 없었다. 웅녀가 아들을 낳아 어머니가 됨으로써 우주적 생명의 어머니가 될 수 있었던 것이다.

사실 단군환검이 탄생한 것은 웅녀가 신단수 아래에서 잉태하기를 빌었기 때문에 가능했으며, 이렇듯이 지모신의 생명에 대한 간절한 보살핌이 없었다면 제아무리 천신이 강림했다 하더라도 생명의 창출은 가능하지 않았을 것이다.[59]

웅녀는 생명을 낳기 위해 주변의 모든 것으로부터 협조를 얻어냈다. 한웅도 웅녀에 협조하였고, 심지어 범조차도 초기에는 웅녀의 생명 잉태의 대열에 동참하였다. 이런 상생적相生的 태도가 생명을 잉태하는 조건이 된다. 웅녀는 그 누구보다도 적극적으로 생명 탄생의 중심에 서게 된다. 그 길이 한웅과 범을 동시에 살리는 길이기 때문이다. 기독교의 마리아처럼 어떤 초능력에 의지하여 수태하지 않는다.* 기독교적 시각이라면 웅녀는 하나의 비천한 피조물을 상징하는 것에 지나지 않는다고 할 것이지만, 웅녀가 외친 기도의 주제는 주체적인 생명의 잉태였다. 바로 주원유잉呪願有孕이다. 그래서 한웅을 당당히 만난다. 한웅과 만나되, 한웅조차 가화假化를 하지 않을 수 없다. 웅녀와 한웅의 가화는 신과의 관계성을 단절하지는 않되, 신의 직접적인 간섭을 배제한다는 의미를 내포하고 있다. 그러나 기본적으로 웅녀의 역할은 한웅으로 대표되는 신계神界와 단군으로 대표되는 인간계 사이에서 훌륭한 매개자의 역할을 하고 있다는 점이다. 웅녀는 지금 신계와 인간계의 경계를 허물고 있다. 경계를 허물었다는 말은 ‘생명 중심의 한(온) 세계’가 되었다는 말이다. 이는 이남영이 표현한 ‘대전大全세계’(the World of Totality)[60]와 같은 뜻이라 할 수 있다. 신계와 인간계의 경계가 허물어진 온(한) 세계에서 생명 잉태는 신계와 인간계의 공통의 과제이며 목표임을 암시하고 있는 것이다. 반면에 한웅은 그 사명을 다하고 뒤로 물러선다. 한웅은 결코 신 또는 남성 우위를 고집하지 않는다. 그러나 웅녀는 그 사명을 다하고 뒤로 물러서지 않는다. 웅녀는 마지막까지 그 자리를 지킨다. 그러므로 생명은 천지상하와 천지인신이 회통하는 주체이며, 그 생명의 어머니는 신神-인人통합의 어머니

---

*천사가 일러 가로되, 마리아여 무서워 말라. 네가 하나님께 은혜를 얻었느니라. 보라 네가 수태하여 아들을 낳으리니 그 이름을 예수라 하라.(「누가복음」 1장 30-31)

로서의 웅녀이다.

모든 생명은 어머니이면서 또 아들이다. 그러므로 아들은 한 가족의 일만이 아니라, 생명의 일이며, 우주의 일이다. 모든 아들은 어머니에 의한 잉태과정을 거친다. 그래서 어머니는 모태를 수단으로 삼지 않고, 모태 그 자체이며 생명의 근원이 된다. 웅녀신화가 우리에게 일러 주는 또 하나의 의도는 생명의 탄생 과정이다. 인간의 탄생 과정을 통해 우주 생명계의 탄생 과정을 드러내 주는 것이다. 어머니가 갖고 있는 이런 주원유잉을 우리는 달리 지고至高의 모성애라 부를 수 있다. 이 지고의 모성애에 의해 생명계는 존속성을 갖는 것이다. 불멸성을 획득하는 것이다. 웅녀가 처음부터 마지막까지 줄기차게 외쳐 온 것은 바로 원화위인願化爲人, 변득여신便得女身, 주원유잉呪願有孕이었다. 이는 웅녀의 위대한 혼이 끊임없는 "자기 변혁적 삶의 열려진 미래형"61으로 자기를 역사화 시켜가는 과정이다. "사람→여자→아이→어머니"로의 변화는 자기의 불멸성을 단계적으로 상승시켜 가는 역과정逆過程과 같다.

5. 웅녀는 『천부경』의 삼태극적 존재

한국 고대인들의 신관에 있어서 모든 신은 고정적 존재가 아니요, 여러 기능을 가지는 역동적인 존재이다. 그리고 궁극적으로 이러한 한국인의 삼신은 셋이면서 하나라는 삼三·일一(=삼위일체적) 구조를 갖지만, 그러나 그 근원에 있어서는 일一·삼三의 구조를 갖는다. 단군신화의 진정한 구조는 한인-한웅-단군이라는 남성적 삼위일체 구조가 아니라, 무無-천지인天地人이라는 『천부경』의 구조와 원리에 따라야 한다고 주장한다.

기독교신학자 윤성범은 "단군신화가 내포하고 있는 종교적 의미가 기독

〈그림1〉 5천년 전의 여신상(우하량 돌무덤 출토)　　〈그림2〉 임부상(대릉하 유역 요령성 출토)

교의 빛 아래서 천명하게 드러나게 될 때에만 우리 민족은 정신적으로 소생할 수 있다"[62]고 주장했다. 그러나 단군신화는 겉으로 보면 기독교식 부-자-영父-子-靈의 삼위일체론과 비슷한 것 같으나 그렇지 않다. 그런데 류동식은 여기에 약간의 의문을 가진 것 같다. 처음에 류동식은 천신 한웅과 지모신 웅녀가 혼인하여 단군왕검이 태어난 것을 '천지 융합과 창조신앙'으로 설명했다가, 후기에는 '삼태극으로 표현되는 천지인 삼재의 창조적 원융사상'[63] 또는 '하늘과 땅과 인간의 유기적 원융관계'[64]라고 수정했다. 이는 진일보한 느낌을 갖게 하지만, 끝내 하느님 한인의 문제를 해결하지 못하였다.

　　따라서 단군신화의 진정한 모습은 『천부경』의 원리에 따라 격절신deus otiosus인 하느님 부父를 비시원적非始原的인 무無로 돌려야 한다는 것이다. 그래서 하느님은 천공天工이면서 무공無功의 존재가 된다. 『천부경』의 '일시무시일'에서 일一은 하느님이고, 무無는 비인격적 하늘 바탕이지만, '무-천지인'이라는 『천부경』의 원리는 일一은 무無에 들어가 안식하고, 무는 다시 셋으로써 일一을 현현하며 끊임없이 유무有無가 조화관계를 형성한다. 따라서 한인의 일一조차도 무無의 자리로 돌리고, 다시 한웅(천)-웅녀(지)-단군(인)이라는 새로운 천지인 삼신의 음양 관계로 일一을 이해해야 한다는 것이다. 최근 기독교신학자 허호익이 서양의 이원론과 시원론을 극복할 수 있는 대안으로 단군신화의 천지인 조화의 삼태극 사상을 강조한 것은 뜻깊은 일이다.[65]

그러나 종전까지 무無에 대한 이해의 부족으로『천부경』(無-天地人)에 의한 단군신화의 구조적 이해를 밝히지는 못했다. 이런 의미에서 그동안 서로 전혀 별개로만 알았던『천부경』과 단군신화를 구조적으로 연계하여 이해하는 일은 한국사상의 뿌리를 밝히는 데 있어서 참으로 중요한 의의를 지닌다고 할 수 있다. 결국 한국사상의 뿌리 구조는 기존의 '천지인天地人' 삼극론에서 한 걸음 나아가 바로 '무無-천지인天地人'의 삼태극 조화론인 것이다. 무無가 강조되었다는 의미에서 천지인 삼극의 무궁조화론이라고도 할 수 있다. 이 것이 자발적 창조(spontaneous creation) 과정이다.[66] 이 자발적 창조는 창조성의 자기 본체로서 바로 무와 일의 조화관계*를 의미한다.

이렇게 새로운 삼극론을 거론하는 이유는 웅녀의 문제를 당당하게 해결하기 위한 것이다. 그동안 웅녀는 신화에서 가장 미천한 동물로 비하되었고, 단군을 낳은 어머니이면서도 출산의 기능만이 강조되었을 뿐, 우주적 생명의 어머니로까지 주목받지 못했다. 이제 웅녀가 삼태극의 하나로 복원되기 위해서는 탄생과 풍요의 수동적 지모신에서 생명의 어머니로서의 대모지신으로 '웅녀신화'에 대한 인식이 바뀌어야 한다. 웅녀는 본래 곰이라는 동물이 사람으로 변신한 것이 아니라, 신녀 또는 웅신熊神의 신神에서 인간으로 변신[자기부정]하여 한웅과 만났다는 것이다. 한웅과 웅녀가 만나기 위해서는

---

*무無 : 沖漠無朕 萬象無色 꽉차 요동치며 광막한 기운 아무런 조짐이 없으니 만상은 갖추었으되 아직 색깔이 없고

일一 : 動靜一端 萬物一態 동하고 정함이 처음 실마리가 되니 만물이 하나씩 꿈적거리네(자작)

두 사람이 똑같이 신神으로 있으면 아니 되므로 신神인 한웅은 하늘이 되고, 웅녀는 신의 자리에서 내려와 인간으로서 땅의 자리에 앉음으로써 천지합일과 신인합일을 이루게 되었다는 것이다. 이렇게 천지인天地人이 제각기 본래의 자리를 획득했다는 의미에서 종전의 남성 중심의 순양무음純陽無陰의 기우뚱한 삼극(한인-한인-단군)이 아닌, 비로소 천지와 남녀가 정음정양正陰正陽으로 균형잡힌 삼태극(한웅-웅녀-단군)을 이뤘다고 할 수 있다. 여기에 삼태극 중에 한 태극을 당당하게 차지한 '웅녀신화'의 의의가 있다 할 것이다.

2부_ 후천을 바라보며

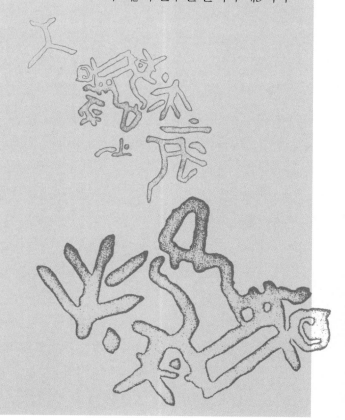

우주의 시간과 3단계 개벽
— 선천의 종결과 중천 개벽 1,080년의 도래

1. 『황극경세』의 우주 생성과 나라 세우기

소강절(1011~1077)이 지은 유명한 책에 『황극경세皇極經世』(이하 경세서)가 있다. 『서경』 「홍범」에 '오직 황皇이 극極을 세운다' 는 것에서 '황극'이라 했고, 『주역』 둔괘에 '군자가 본받아서 경륜經綸한다' 의 '경'과 대과괘의 '홀로 서도 두려워하지 않으며, 세상을 멀리 해도 번민하지 않는다' 에서 '세'를 따서 경영한다는 뜻을 밝혔다.

『경세서』는 우주의 1년 시간을 129,600년으로 정하였다. 우주의 시간을 정한다는 것은 인류 정신사에 있어서 대단히 경이로운 일이다. 그것도 129,600년을 상당히 체계적인 시간구분법으로 마디를 이루었다는데 뜻이 있다. 사람과 만물은 이 우주의 시간 원리, 즉 우주 시간에 의한 지배와 질서의 원리에 의해 생존한다. 그런 의미에서 보면 이 시간의 원리는 그 자체가 천도라 할 수 있다.

소강절은 1년 129,600년을 64괘의 머리가 되는 건곤감리乾-坤-坎-離의 4윤괘로 32,400년씩 배정하였다. 크게 4마디로 나눈 것은 4계절의 변화에 비유될 수 있다. 다시 29,600년을 자 - 축 - 인… 술 - 해의 12회로 배정하여 1회가

10,800년이 나온다. 이는 인간 세상이 1년 열두 달인 것에 비유될 수 있다.

소강절은 "천개우자天開于子, 지벽우축地闢于丑, 인생우인人生于寅"[1]이라 했다. 또 이를 "천개어자, 지벽어축, 인생어인"이라 했다.[2] 자子에서 하늘이 열렸다는 선언은 우주가 처음 시작된 자회 10,800년을 의미하는 것이다. 그러면 자子는 어디에서 열렸는가? 전해前亥의 끝에서 열린 것이다. 여기서 우주의 순환을 알 수 있다. 우주의 태초가 열린 첫 시간은 갑자년 갑자월 갑자일 갑자시일 것이다. 경세서는 우주의 태초인 일원一元의 시작을 자회子會 - 복괘復卦 - 곤운坤運 - 복세復世라 한다. 여기서 원회운세元 - 會 - 運 - 世라는 말이 나온다. 그래서 복괘에서 시작하여 다시 복괘로 돌아오므로 하늘 땅의 마음을 복괘에서 볼 수 있다고 한다.

그러면 우주의 처음인 천개어자의 자회子會 10,800년 동안에 어떤 일이 일어나는가 하는 문제가 궁금하지 않을 수 없다. 이때의 전반기 5,400년 동안에는 혼돈한 기운이 성대히 퍼지다가(混沌龐鴻), 후반기 5,400년 동안에 미미한 양이 발동(微陽發動)하여 어둠속에서 밝게 빛이 나고(終則光明), 원기가 쪼개져(元氣剖判) 가볍고 맑은 것은 위로 올라가(輕淸上騰) 일월日月 성신星辰의 네 형상을 이루어 하늘을 만들었다고 한다.[3]

1원	내 용	129,600년
4윤괘	離(자축인) - 乾(묘진사) - 坎(오미신) -坤(유술해)	129,600÷4=32,400년씩
12회	자회-축회-인회-묘회-진회-사회-오회-미회-신회-유회-술회-해회	129,600÷12=10,800년씩
24절후	동지-소한-대한…-하지-소서…	129,600÷24=5,400년씩
60괘(본괘)	復-…-姤-大過-鼎-恒-巽-…-觀-比-剝	129,600÷60=2,160년씩
360운(1차변괘)	坤-臨-明夷…-夬-咸-困-井-恒-…-晋-觀-坤	129,600÷360=360년씩
2160세(2차변괘)		129,600÷2,160=60년씩
12960(3차변괘)		129,600÷12,960=10년씩

〈표1〉 원회운세의 기본이치

그 다음 지벽어축地闢於丑의 축회 10,800년 동안에는 우주에 어떤 일이 있었나? 전반기 5,400년 동안에는 하나의 기운이 안팎에서 움직이니, 안에서 엉키어 모이는 것은 무겁고 탁해서 아래로 떨어져(重濁墜下) 땅이 된다. 땅은 비록 엉겨 붙으나 아직 굳고 단단하지 않았다. 후반기 5,400년 동안에는 기운 덩어리가 쌓여 흙과 돌이 되고, 습하고 미끄러운 것은 물이 되고, 건조하고 뜨거운 것은 불 등 네 가지(水火土石)가 된다.[4]

그 다음 인생어인人生於寅의 인회 10,800년은 참으로 중요하다. 전반기 5,400년 동안에는 기운으로만 변화한 것이 번성한다. 봄기운이 오기 시작한 것이다. 형체가 나타나기 이전이다. 따라서 이때에는 하늘이 열리고 땅이 열린 처음이라 사람이 없기 때문에, 모든 생겨남이 기운으로 (其生氣化) 변화해서 이루어지니, 길짐승은 태로 낳지 않았고, 날짐승은 알로 낳지 않았고, 나무는 씨로 낳지 않았고, 풀은 열매로 낳지 않았으니 모두 기운으로만 변화한 것이다. 후반기 5,400년 동안에 비로소 형체가 나타나기 시작하니 개물성무開物成務라 한다. 건도가 남성을 이루고, 곤도가 여성을 이루어서 사람과 물건이 있게 된다. 생겨나는 것은 모두 형체로 생겨서(其生形化) 길짐승은 태로 낳고, 날짐승은 알로 낳고, 나무는 씨로 낳고, 풀은 열매로 낳게 되니 모두 형체가 변화되어 가는 것이다. 이처럼 형체로 변화되는 것은 날로 성해지고(形化日盛), 기로 화하는 점차 줄어진다.(氣化漸小) 사람과 물건이 이미 생겨나게 되면 형체가 기를 빼앗기 때문에 기로는 적은 것을 변화시킬 수 있으나 큰 것은 변화시킬 수가 없어서, 오직 형체로써 형체를 만들어 내며(形以化形), 변화하고 변화해서 끝이 없는 것이다. 사람이 나와 비로소 삼재가 자리 잡고, 오행五行이 순하게 퍼져 사시四時가 운행하게 된다.[5]

그 다음 묘卯회에는 사농공상이 생기고 임금이 백성을 교화한다. 그 다음 진辰회에는 교역이 이루어지고, 예법을 익히며, 의약이 나온다. 그 다음 사巳

회에는 마침내 나라가 선다. 『경세서』에는 "『죽서기년』에 요堯 임금의 등극 원년은 병자년이라 했고, 장행성은 갑진년에 요가 태어나 무진년에 당후가 되었으며, 병자년에 제위에 올랐다고 했으나, 소강절은 갑진년을 등극원년 으로 했고, 주회암도 이 설을 따랐다"고 했다. 앞에서 살펴본 것처럼 요의 갑진년 등극설은 『경세서』에까지 영향을 미쳤다. 갑진년은 BC 2357년이고 황극기원으로는 64,661년이다. 우주의 1년 129,600년 중에 거의 절반에 이르러서 나라가 세워진 것이다. 이 갑진년은 중국역사 서술과 해석의 기준이 된다.[6] 요가 등극했다는 BC 2357년은 사巳회 - 쾌夬괘 - 건乾운 - 소축 세에 해당한다. 소축세는 60년을 단위로 한 것이므로 소축의 초효로부터 변효가 생겨 손 - 가인 - 중부 - 건 - 대축 - 수로 각각 10년씩 배당된다. 따라서 BC 2357은 소축세 중에 5효가 동한 대축에 해당하는 것이다. 소축이 나온 것은 건의 구사효가 변한 것이다.

그러면 단군 등극년은 『경세서』상에 어디인가? 무진년 등극은 BC 2333년 이다. 이는 건운 - 대유세 - 정鼎에 해당된다. 이는 황극기원 64,685년이다. 건의 九五효가 동動한 것이다. 건의 구오에 "비룡飛龍 재천在天 이견利見 대인大人"이라고 했다. 소강절이 단군 무진년을 알지 못했을 것이나, 이 때는 시운이 대인이 대업을 이루는 때이다. 또 대유지정大有之鼎이니 정鼎 단전에 "성인이 삶아서 상제께 제를 올린다"고 했다. 여합부절이다. 반면에 단군의 무진보다 억지로 연수를 앞당겨 날조한 갑진의 운세는 건 구사九四의 '혹약재연'에 그치고 마는 것이다.

또 한웅의 신시(신불) 나라 개천은 이보다 앞선 BC 3897년 갑자년이다. 이는 사巳회 - 쾌夬괘 - 혁革운 - 수隨세에 해당하고, 황극기원 63,121년이다.

2. 『경세서』의 선천과 후천

『경세서』상의 최대 쟁점은 선천과 후천의 교역이다. 어디서 어떻게 바뀌는가? 단순논리로 보면, 자 - 사까지가 6회이고, 오 - 해까지가 역시 6회이므로 오회로부터 후천이 시작되는 것이다. 연수로는 129,600년이 1원이므로 그 절반은 선천이 64,800년이 되고, 후천도 역시 64,800년이 된다. 그래서 이 오회의 첫해인 황극기원 64,801년부터는 음이 생겨나기 시작하고(陰息之初), 그 앞인 사巳회의 말기인 황극기원 64,800년까지는 양이 극성했던 것이다.(陽升之極) 이렇게 음양의 소장消長으로 보면 이와 같은 선후천의 '단순 교역'도 맞는 말이다. 그러면 오회의 첫 해인 황극기원 64,801년은 언제인가? BC 2217년 갑자년이다. 경세표로는 '오회 - 구괘 - 건운'이다. 지금으로부터 약 4500여년 전이다. 이때부터 후천이 시작되었다는 것이다. 단군이 나라를 세운 지 116년째이다. 이처럼 선후천의 단순교역으로 보면 단군은 선천을 종결 짓고, 후천의 개시를 준비한 것과 같다.

그러나 소강절은 선후천의 '심층 교역'은 뒤로 미루고 있다. 음이 시작되었다고 하여 완전한 후천으로는 볼 수 없고, 완전한 후천은 양의 완전한 퇴장에 있다는 것이다. 양의 남은 기운이 완전히 소진하여 완전한 음의 시대가 오기까지는 5,400년을 더 기다려야 하는 것이다. 이때가 우주의 1년 계절 중에 하지가 끝나고, 소서가 시작되는 것이다. 오회 10,800년 중에 그 전반인 5,400년이 우주의 하지이고, 그 후반인 5,400년이 소서인 것이다.

이것을 『경세서』에서는 "양이 내려와서 사그라지고, 음이 불어나 커져서, 사람과 세상이 모두 날로 옛 것을 변경해서 새 것을 따른다"[7]고 후천의 새 세상을 명백히 천명하고 있다. 『경세서』상의 진정한 선후천 교역은 바로 "변구종신變舊從新" 이것이다. 선천 자회에 일어났던 개벽이 다시 일어나 모두가 새 것을 따른다. 최수운의 표현대로 후천 오회에 '다시개벽'이 일어난다. 이처럼 선후천이 심층교역深層交易하는 때는 '오회-대과괘'를 지나 '오회-정괘-미제운'에서 마치고, '오회-정괘-고운'로 넘어서 교역하는 때이다. AD 3183년에서 선천을 종결짓고, AD 3184년에 후천이 개시되는 것이다. 이것이 소강절『경세서』의 핵심이다. 소강절이 정한 AD 3184년은 황극기원 70,201년이다. 앞으로 1,180년을 더 기다려야 한다.

坎																												
午會																												
하지															소서													
卦	姤 ≡≡						大過 ≡≡						鼎 ≡≡						恒 ≡≡						巽 ≡≡			
運360년씩	乾	돈	송	손	정	대과	夬	咸	困	井	恒	姤	大有	旅	未濟	蠱	姤	恒	대장	소과	해	승	대과	정	소축	점	환	구
개시	BC 2217	–	–	–	–	–	BC 57	AD 304	AD 664	AD 1024	AD 1384	AD 1744	AD 2014	AD 2464	AD 2824	AD 3184	AD 3544	AD 3904	AD 4264	–	–	–	–	–	–	–	–	–
종료	–	–	–	–	–	BC 58	AD 303	AD 663	AD 1023	AD 1383	AD 1743	AD 2013	AD 2463	AD 2823	AD 3183	AD 3543	AD 3903	AD 4623	–	–	–	–	–	–	–	–	–	–

〈표2〉 오회와 선후천의 분기점

오회午會란 4윤괘 중에 감坎윤괘에 배정되었으며, 자-축-인-묘-진-사-[오]-미-신-유-술-해의 12회 중 정중正中에 해당한다. 이 정중正中의 오회에는 다시 구- 대과 - 정 항 - 손姤-大過-鼎-恒-損의 5본괘가 배정되어 있다. 이 5본괘 마다 6괘씩 운괘를 넣었다. 1회會는 모두 30운괘가 있고, 1운 마다 360년씩이므로 모두 10,800년이 된다. 그 중에 정괘-미제운까지가 전반기 5,400년이요, 정괘-고蠱운부터 후반기 5,400년이 된다.

3.『주역』의 대과와 최수운의 탈겁

앞에서 살펴본 바와 같이 오회는 5본괘로 되어 있다. 한 괘마다 2,160년을 주관한다. 구 - 대과 - 정 - 항 - 손이 그것이다. 오회가 그 운으로는 구姤괘부터 후천에 들어가지만은 실질적으로는 정鼎괘 1/2부터이다. 그러니까 구-대과-정 1/2까지는 오회 안에서도 선천에 속하고, 정1/2 - 항 - 손까지는 후천에 속한다. 그런데 오회 안에서 선후천의 교역이 일어나는데, 그 교역기 중에서 대과괘의 시기가 참으로 위험하다고 보는 것이다. 시기적으로는 대과괘 2,160년 중에 구姤운에 있는 AD 1,744년부터 AD 2,103년까지 360년이다. 이 360년 중에 260년이 지나 왔다. 이 기간 중에 우리는 나라를 잃을 뻔했다. 외세 열강의 등살에 근 150년을 신음하며 살았다. 지금도 분단이라는 전무후무한 비극이 계속되고 있다. 이제 100년이 남았다. 도대체 대과는 어떤 괘운이기에 이토록 고통스러운가?

대과大過란 『주역』 경문에 28번째 나오는 택풍 대과의 괘명이다. 이는 『주역』 「상경」 30괘중에 감리괘를 제외하면 실질적으로 상경 마지막 괘이다. 『주역』 64괘 경문을 상, 하경으로 나눌 때 상경30괘는 선천에, 하경34괘는 후천에 비유되는 것이다. 대과大過는 말 그대로 크게 지나감이다. 그 단에 동요棟橈라 하였으니 이는 기둥이 흔들린다는 뜻이며, 이를 상으로 보면 택멸목澤滅木이다. 연못이 나무를 멸망시키는 형상이며, 큰 연못이 나무를 침몰시키는 것과 같다. 만물 중에 나무는 사람을 상징하기도 한다. 그래서 대과는 곧잘 사람에게 '큰 허물' 을 입히는 것을 상징하는 말이 되었다. 군자는 이 때를 당하여 세상에 은둔한다. 『주역』의 대과괘를 알아보고자 한다.

大過, 棟撓, 利有攸往, 亨.
대과는 기둥이 흔들리니, 가는 바를 둠이 이로와서 형통하다.
象曰, "大過", 大者過也, "棟撓", 本末弱也. 剛過而中. 巽而說行,
利有攸往, 乃亨. "大過"之時大矣哉

단에 말하기를 대과는 큰 것이 지나친 것이고, 기둥이 흔들린다는 것은 뿌리와 끝이 약한 것이다. 강한 것이 지나쳤으나 가운데 하였고, 공손하고 기쁨으로 행하기 때문에 가는 바를 둠이 이로와서 형통하게 되니 대과의 때가 참으로 크도다.

象曰, 澤滅木, 大過, 君子以獨立不懼, 遯世无悶.

상에 말하기를 못이 나무를 멸함이 대과니 군자가 본받아서 홀로 서도 두려워하지 않으며 세상을 멀리해도 번민하지 않는다.

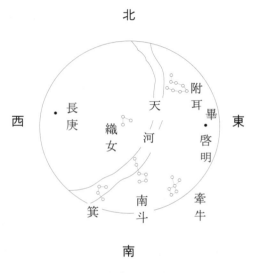

〈그림1〉『대동성상도』의 우주관

최수운은 『동경대전』에서 "남진원만북하회南辰圓滿北河回 대도여천탈겁회大道如天脫劫灰"(우음)라 하였다. 이 말은 어려워서 이해할 수 없는 말이다. 『천도교경전』은 "남쪽 별이 둥글게 차고, 북쪽 하수가 돌아오면 대도가 한울같이 겁회를 벗으리라"[8]고 풀이했다. 이를 다시 풀어보면, "남쪽에 별이 둥글게 차고 북쪽에 은하수가 돌면 대도가 하늘이 변하는 것처럼 겁회를 벗으리라"

는 말이다. 천체의 중심은 북극인데, 28수는 이 북극을 중심으로 하늘에 벌려 있다. 16수는 북극에 모여 있는 반면에 12수는 남극에 배열되어 있다.[9] 그래서 북극이 기울어져 있다. 이제 남과 북에 28수가 고루게 배열되면, 기두箕斗가 밝아지고 천도가 선천의 묵은 겁회를 벗게 된다. 또 여기에는 남북극의 지축정립이 암시되어 있다. 이는 지금부터 150년 전에 처음으로 동학의 지축정립을 예시한 것이다. 최수운은 천도의 탈겁(탈겁회, 즉 큰 재앙을 벗는 것)을 예로 들며, 동학의 무극대도가 지금은 재앙(조정의 탄압)을 당하고 있으나, 천도가 탈겁하여 새 운수를 맞이할 때가 올 터이니 걱정하지 말라고 제자들에게 당부하고 있는 것이다. 천도의 탈겁이란 현상적으로는 남극과 북극이 제자리로 회복한다는 뜻이다. 이치적으로는 기우뚱한 천도가 겁회, 겁운을 벗어 버리는 것이다. 선천의 하늘에는 비색한 겁운이 있기 때문이다. 남북극의 빙하는 녹지만, 지구의 1/3은 사막으로 변해 가고 있다. 지축은 기울어져 있고, 수기水氣는 막혀 있다. 빙하기는 언제 올지 모른다. 지축이 바로 서서 천겁을 벗는 것, 즉 천도탈겁이 후천개벽이다. 공자도 일찍이 "가아수년加我數年 오십이학역五十以學易 가이무대과의可以無大過矣"라 하여 무대과無大過시대를 예시한 바 있다. 『주역』 대과의 겁회를 동학의 천도관으로 탈겁하는 법을 찾는 것도 이와 같은 것이다.

오회										
대과(2,160)									정鼎	본과
운(360년씩)	곤	정	항	구운(360)					(대유)	1차변과
세(60년씩)	-	-	-	건 (구지초변)	돈 (구지이변)	송 (구지삼변)	손 (구지사변)	정 (구지오변)	대과 (구지상변)	-	2차변과
개시	-	-	-	AD1744	AD1804	AD1864	AD1924	AD1984	AD2044	-	-
종료	-	-	-	AD1803	AD1863	AD1923	AD1983	AD2043	AD2103	-	-

〈표3〉 오회 - 대과괘의 6단계 변화

홍역학洪易學을 제창한 바 있는 이야산(李也山; 1889-1958)은 민족 앞에 닥쳐오는 재앙을 최소화하기 위해 고군분투하였다. 그는 「선후천고정설先后天考定說」10에서 서기 1941년을 오회 - 대과괘 - 구운 - 손세午會-大過卦-姤運-巽世로 보았다. 이에 따라 다시 살펴보면, 이야산이 설정한 서기 1941년은 신사년이다. 정확히 말하면 손세巽世 18년째(손세가 1924년에 시작하므로)이다. 이것은 1944년 갑신에 경갑변도(庚甲變度: 갑신년을 경신년으로 바꾸는)하기 위해서다. 즉 1944년 갑신년을 1980년의 경신으로 바꿔 놓으면, 천도가 바뀌어 1944년 경신, 1945년 신유, 1946년 임술, 1947년 계해, 1948년 갑자년이 되는 것이다.

그러니까 1947년 정해년을 계해년으로 바꿔 선천을 종결 짓고, 1948년 무자년을 갑자년으로 돌려 놓아 새 하늘을 열겠다는 것이다. 이것이 36년(1984년이 1948년에 당겨 왔으므로) 허도수론虛度數論이다. 결과적으로 AD 1947년을 선천의 종終으로 고정시킨 것이 된다. 그러면 애초에 소강절이 선천의 종년終年으로 설정했던 AD 3183년보다 무려 1,236년을 앞당겨 놓는 것이 된다. 그러면 1,236년은 역사에서 완전히 없어지는가? 아니다. 필자는 1,236년을 후천으로 가는 중간에 다리를 놓아 중천中天으로 보고 살자는 것이다. 그러니까 "선천 - 중천 - 후천"의 삼천이 되는 것이다. 중천은 선천으로 살아갈 1,236년보다는 천도의 변혁이 지극히 완화된 1,236년이 된다고 본 것이다. 마치 한여름에 삼복더위가 왔을 때 우리가 엎드려 더위를 피하는(伏) 것과 같다. 이 1,236년은 뒷장에서 1080년으로 바뀐다.

4. 오회대과괘午會大過卦의 나머지 100년 탈겁

그런데 1947년에 선천을 종결 짓고, 1948년에 후천 진입을 위한 중천의 문을 열었으나, 전혀 예기치 않았던 남북 분단을 가져왔다. 그러나 이 남북 분단을 몰랐던 것은 아니다. 무극에서 태극으로, 태극에서 양의로의 분화 법칙에 의해 남북의 분단은 예상될 수 있는 것이었다. 비록 있어서는 안 되는 일이지만, 태극의 분화로 국토가 분단이 되더라도 그것은 더 큰 발전을 위한 분단으로 한정이 되어야 하고, 다시 음양이 통일되어 본래의 태극으로, 무극으로 회복되는 것이 천리이다. 분단에서 통일로의 회복은 후천 낙서의 합수 (1-9)에 따라 45년 안에 이루어져야 한다. 1948년부터 계산하면 최종 시한은 1993년이다. 계유년이다. 그 이후부터는 통일의 지연에 해당된다. 통일의 지연도 무한정 갈 수 있는 것이 아니다. 기본수인 하도수(1-10)의 합수에 따라 55년 안에 이루어야 하는 것이 최대의 상한선이다. 즉 2003년이다.

필자는 서기 2001년 신사년에 통일 지연에 따른 책임으로 대과탈겁大過脫劫, 즉 천공天坐도수를 다시 보게 되었다. 민족통일 지연에 따른 대과(책임, 허물)로 대과괘가 다시 기승을 부릴 것이기 때문이다. 대과괘 운運도수 2,160년(BC 57-AD2103)에 살고 있는 우리에게 AD 2103년까지 남은 100여 년이 중대한 문제로 대두되는 것이다.

2001년辛巳은 오회 - 대과괘 - 구운 - 정세에 해당하며, 이를 정확히 말하면 정세鼎世 18년째(정세가 1984년에 시작하므로)이다. 다시 말해 2001년은 1984년과

대과大過(BC57~AD2103)											본괘
구운姤運(AD1744~2103)											1차변괘
정세鼎世 (AD1984 ~AD2043)											2차변괘
괘당10년	-	대유	여			미제	고	구	항	-	3차변괘
	개시	1984	1994			2004	2014	2024	2034		
	종료	1993	2003			2013	2023	2033	2043		
괘당1.66년	-	-	리	정	진	간	돈	소과	-	-	-	4차변괘
	-	-	1.6	1.6	1.6	1.6	1.6	1.6	-	-	-	

〈표4〉 대과 - 구운과 2001년 현재 시점

2043년 사이의 정세噬嗑에 해당하고, 또 정세는 구운에 해당하고, 구운은 대과괘에 해당하고, 대과괘는 오회에 해당함을 알 수 있다. 그런데 2001년은 정세 18년째에 해당하므로 더 정확히 하기 위해 정세의 3차 변괘와 4차 변괘를 구하여야 한다.

따라서 본문에서 기준으로 삼고자 하는 서기 2001년(신사)을 3차 변괘로 표시하면 '오회-대과괘-구운-정세-려'에 해당하며, 이를 또 다른 표현으로 '오회-대과괘-구운-정지려'로 표시하기도 한다. 정지려噬嗑之旅란 "정지이효변噬嗑之二爻變한 려旅괘"라는 뜻이다. 4차 변괘는 매 괘당 1.66년씩(10년÷6=1·66, 120개월÷6=20개월) 배정된다.

결국 서기 2001년은 "오회-대과괘-구운-정세-려지돈"이라 부른다. 려지돈旅之遯(2000.9-2002.4)은 려旅괘의 5효가 변한 천산天山 돈遯괘를 뜻하는 것이다. 돈은 말 그대로 숨는 괘이다. 구오의 가돈嘉遯은 아름답게 도망감이다.

그런데 2001년을 기준으로 볼 때, 대과가 끝나는 2103년까지는 앞으로 103년이 남았다. 이 대과의 재앙 기간인 103년 동안에 어떤 일들이 우리 앞에 전개될까? 우리가 이 103년을 견뎌낼 수 있을까? 지금은 풍전등화이며, 백척간두이며, 존망지추이다. 방법은 두 가지밖에 없다. 이 위기를 이겨낼 힘을 기르는 것과, 대과 103년을 없애는 것이다. 그러면 어떻게 하여야 할까? 위기를 극복할 힘을 기르며 동시에 103년을 탈겁, 천공하는 것이다. 대과괘 운도수(BC 57-AD 2103)의 남은 100여 년을 천공화하지 않을 수 없는 것이다. 즉 2001년부터 2103년까지 이어질 나머지 대과운을 천도에서 공空으로 비워 탈겁하는 것이다.

여기서 필자는 금화교역金火交易의 원리를 적용한다. 또 낙서의 화금교역을 『정역』의 이치에 따라 하도의 금화교역으로 회복하는 것과 같다. 먼저 2001년 신사년의 의미를 새겨 본다. 신사辛巳의 신辛은 신新과 같고, 사사巳는 사事와 같다. 새 일을 꾸미는 신사辛巳년을 오행으로 보면 신辛은 음陰의 금金이고, 사巳는 양陽의 화火이다. 신사辛巳의 화火를 금金으로 바꾸는 것이 금화교역이다. 이 금화교역에 의하면 화를 금으로 바꿀 수 있는 60갑자의 지지는 신申, 유酉가 있는데, 신辛의 천간은 선갑先甲3일(=辛), 후갑後甲3일(=丁)의 원리를 적용받아야 하므로 바꿀 수 없다. 천간 신辛에 부칠 수 있는 지지는 신신辛申이거나 신유辛酉이지만, 신신辛申이란 간지는 없으므로 신유辛酉를 쓰게 된다.

이제부터는 필자가 밝힌 동역학東易學*의 원리에 따라 최수운의 연호를 기준으로 하여 설명한다. 최수운에 관련한 동학의 연호에는 천도교의 포덕布德연호(수운의 得道日인 1860.4.5.기준), 수운교의 수강水降연호(수운의 降生日인 1822.4.15 기준), 상제교의 제세주濟世主연호(수운의 탄생일인 1824.10.28. 기준) 등이 있으나, 여기서는 수운교의 수강연호를 차용한다.

기준 시점인 단기 4334년은 서기 2001년이고, 수강 180년 신사년이다. 180년이란 수운이 이 땅에 탄강한 지 180년째라는 말로 상원갑 60년, 중원갑 60년, 하원갑 60년의 3합수이다. 181년부터는 새 운도수가 시작된다는 의미에서도 수강180년은 종결의 의미를 내포하고 있다.

대과 백년의 탈겁회는 다음과 같이 3단계를 거쳐 일시에 완결된다.

『주역』고蠱괘에 "선갑삼일先甲三日 후갑삼일後甲三日"(괘사)이라고 했다. 이에 따라 천간의 경우 선갑은 신辛으로부터 시작하여 갑甲에 끝나고, 후갑은 갑甲에서 시작하여 정丁에 끝난다.

[신辛]-[임壬]-[계癸]-[갑甲]-[을乙]-[병丙]-[정丁]

-3   -2   -1   0   +1   +2   +3

*처음에 동역학은 '동학의 관점에서 역학을 재조명한다'는 취지였다.

따라서 신사년이 신유년으로 이섭대천利涉大川(40+60, 100갑자를 크게 건너뜀)하여 7일 만에 회복한다. 신유년에 대과의 천공화天空化가 시작되는 것이다.

그러면 언제 신사년이 신유년으로 금화교역하여 이섭대천하는가? 그 기준일은 신사년 계사월 신축일 을미시이다. 수강 180년 신사년 음력 윤4월 16일 미시未時이며, 『경세서』상으로 황극 69,018년이다. 서기 2001년 6월 7일 오후1시이다. 신사년의 윤달은 사월에 있으므로 이른바 일사양두월一蛇兩頭月이다. 뱀의 해에 사월의 뱀달이 두 번 들어 있기 때문에 양두월이다. 이 양두월인 윤사월은 덧붙인 달이므로 공제할 수 있기 때문에 이 달을 택하고, 후천 미회未會를 상징하여 미시未時를 택하며, 금화의 금金이 땅에 뿌리박기 위하여 소가 쟁기질하는 신축辛丑일을 택하여 대과 100년을 천공하고, 이를

금화교역에 의한 대과 백년 천공화				탈겁 종시 3단계		
수강180 황극69,018 서기2001	신사	신유	수강280 서기2101	수강280 황극69,118 서기2101	신유	대과탈겁 개시
181(2002)	임오	임술	281(2102)	281(2102)	임술	대과탈겁 중간
182(2003)	계미	계해	282(2103)	282(2103)	계해	대과탈겁 종결
183(2004)	갑신	갑자	283(2104)	283(2104)	갑자	중천 개시
184(2005)	을유	을축	284(2105)	284(2105)	을축	
185(2006)	병술	병인	285(2106)	285(2106)	병인	
186(2007) 황극69,024	정해	정묘	286(2107)	286(2107) 황극69,124	정묘	중천기운 안착

〈표5〉 100년 천공과 탈겁

하늘과 땅에 제천祭天하여 심고心告하였다.

그리하여 수강180년(2001) 신사년 계사월 신축일 을미시를 수강280년(2101) 신유년 계사월 신축일 을미시로 바꾸었다. 100년을 앞당겨 그 운을 붙였다고 할 수도 있고, 대과를 건너 100년 후로 넘어 갔다고도 할 수 있다. 앞으로 남은 대과 103년을 천도에서 공제 소멸시키기 위해 선갑삼일의 이치에 따라 갑신보다 3년 앞선 신사년에 100년을 앞당겨 공제함으로써 다시 갑신보다 3년 후인 정해년(2007=2107)에 대과 100년의 재앙은 자연 소멸된다. 하지만 대과의 묶은 하늘이 끝나고, 새 도수가 개시되는 것은 갑자년(2004=2104)부터이다. 선천의 종終인 동시에 신천지의 시작이다. 또 새 하늘의 기운이 지상에 안착하는 때는 정묘년(2007=2107)이다.

5. 선천-중천-후천의 3단계 개벽

이처럼 남은 대과 100년에 대한 탈겁 공사는 마무리되었다. 하지만 아직도 서방 양이洋夷로부터의 택멸목의 위기가 계속되고 있으므로 직접적인 괘변공사에 들어갔다. 대과의 구오효와 상륙효를 변효시켜 화풍정괘로 바꾸는 것이다.(2003.3.2.) 곧바로 오회 - 정괘 시대로 돌입하게 된다. 다시 말해 오회-정괘의 천지도수의 운수를 지금부터 쓰는 것이다. 정괘는 대과의 허물이 물러간 새 시대이다. 못 속에 빠졌던 대과의 나무[澤滅木]를 정괘에서 건져 장작나무로 삼아 밥을 짓고 하날님께 제향을 올릴 수 있게 된 것이다. 정鼎은 팽임기烹飪器이며, 삼족양이三足兩耳이다. 발은 셋이요, 귀는 둘이다. 소강절이 본디 설정한 것은 선천과 후천의 두 하늘이지만, 실제 운용에 있어서는 정괘의 이치에 따라 한 하늘을 더 세웠다. 이를 중천中天이라 한다. 이러한 3천의 우주관은 선후천 교역기의 진통이 너무 극심하므로 이를 완화하기 위해서다. 「잡괘전」에 정괘은 새로운 것을 취하는 것取新이라고 했다. 또 정괘 단전에 "득중"得中이라고 했다. 중천을 취하여 선천과 후천을 잇는다. 그리하여 선천과 중천과 후천으로 천도天道의 삼원三元을 삼는다. 이것이 3단계 개벽론이다. 소강절은 천도의 1원을 선천 - 중천 - 후천으로 나누지 않았으나 "선천은 중천지선中天之先"이라는 말은 보인다.[11]

황극경세 1원129,600년의 3天					
선천개벽 69,120년		중천개벽 1,080년		후천개벽 59,400년	
自	至	自	至	自	至
황극1년	69,120년	69,121년	70,200년	70,201년	129,600년
–	서기 2103년	서기 2104년	서기 3183년	서기 3184년	–

〈표6〉 삼천의 종시점

오회에는 60괘 중에 5괘가 각기 2,160년을 담당하여 10,800년을 이룬다. 이 10,800년 중에 바로 소강절이 설정한 선후천 교역점이 있다. 후천의 개시점은 AD 3,184년이다. 그 점이 오회의 반(午會之半)이다. 따라서 오회를 전후기로 나누면, 각각 5,400년 씩이다. 문제가 되는 것은 5괘 중에 가운데에 있는 정괘 2,160년이다. 오히지반과 후천 AD 3,184년에 의해 정괘가 반으로 나뉘게 된다. 정괘의 고-구-항의 3운運은 『경세서』의 설정에 따라 후천의 1,080년에 배속되고, 앞의 대유-여-미제의 3운運은 『경세서』에 선천의 범주에 넣었으나, 동역학에서는 이를 "중천 1,080년"이라 하고, 천지도수에 고정考定하는 것이다. 중천 이후 후천은 원리적으로는 59,400년이나, 인사적으로 사람이 쓸 수 없는 시간대인 마지막 해회(10,800년)의 반을 감하면 결국 54,000년이된다. 그래서 후천 5만년 대운이라고 한다. 그런데 후천의 진정한 시작은 『경세서』의 천지도수에 의해 자동적으로 열리는 것이 아니라, 우주 대변혁과 함께 열린다. 우주 대변혁의 실체를 필자는 지축정립으로 본다. 그러니까

坎																		
午會																		
하지														소서				
卦(60괘)	大過 2160						鼎 2160						恒 2160					
運 360년씩	夬	咸	困	井	恒	姤	大有	旅	未濟	蠱	姤	恒	대장	소과	해	승	대과	정
개시	BC 57	AD 304	AD 664	AD 1024	AD 1384	AD 1744	AD 2104	AD 2464	AD 2824	AD 3184	AD 3544	AD 3904	AD 4264	-	-	-	-	-
종료	AD 303	AD 663	AD 1023	AD 1383	AD 1743	AD 2103	AD 2463	AD 2823	AD 3183	AD 3543	AD 3903	AD 4263	-	-	-	-	-	AD 6423
	~ 선천 마지막 2160년						중천 1080년			후천1 1080년			후천2 2160년					

〈표7〉 중천1080년과 후천의 단계별 괘운

지축정립이 되기 전까지가 중천이다. 서기 2004년부터 지축정립이 이루어
질 때까지를 중천 도수(1,080년)로 예측하는 것이다. 이정호는 『정역』을 토대
로 선천이 종결되는 시점을 AD 2041년으로 보았다.[12]

선천은 이야산의 1236년 천지도수 공사에 의해 1947년에 종결되었으나,
남북 분단과 전쟁으로 후천의 문이 땅에서 완전히 열리지 않았다. 1948년부
터 2003년까지를 선천의 여진기餘震期라 부른다. 2004년에 갑신년이 갑자년
으로 바뀌면서 동시에 100년을 탈겁한다. 이 100년 탈겁은 웅녀의 100일 기
도에 비유될 수 있다.

그리하여 중천개벽 1,080년의 운運도수를 앞당기기 위해 서기 2004년에
2104년의 운을 붙이는 것이다. 따라서 2004년이 중천의 원년이 된다. 즉
2004년 갑자년, 윤2월, 26일 갑자일, 0시 갑자시이다. 이 시각이 중천의 기준
시점이다. 윤2월은 그 평월이 정묘丁卯이므로 같은 정묘로 보나, 윤월의 월건
은 본래 공空하므로 임의로 갑자월이라 붙여 본다. 이는 속언에 "물어보나마
나 갑자생" "병신이 육갑한다"란 말에서 취한 것이다. 바로 단기4337년(2004
년) 윤2월 26일 0시(陰曆)이다. 갑자년 갑자월 갑자일 갑자시이다. 필자가 말하
는 동역학東易學의 기준시간표이다.

이처럼 후천의 새 시간표가 확정되면, 새 시간표에 의해 많은 변화가 거센 파도처럼 밀려올 것이다. 아무도 그것을 막을 수가 없다. 우선 한반도와 미 대륙에서 큰 변화가 일어날 것이다. 그 변화가 세계 각지에 퍼질 것이다. 세계가 "동동動動"할 것이다.[13] 사회적으로 초구初九(민중들), 구이九二(지식인들) 효爻에 부는 변화의 바람이 셀 것이다. 그리하여 정치적으로 구사九四(大臣의 자리), 구오九五(君主의 자리)효에 자리바꿈들이 일어날 것이다.

또 종교적으로 중천개벽은 부처의 자리바꿈으로 나타날 것이다. 석가의 불위佛位를 미륵불이 승계하는 것이다. 1,080년 중천 도수 안에 정치와 종교는 통합되고, 이어 후천개벽의 기초가 열릴 것이다. 그러나 중천개벽 1,080년은 순탄한 것만은 아니다. 선천의 종결과 함께 선천 5만의 억압된 기운이 서서히 풀림에 따라 현실은 더 혼란스럽고, 더 부패할 것이다. 특히 남성과 여성의 주도권 교체로 남녀간 성적性的 갈등이 극도에 달할 것이다. 소남이 소녀와 만나지 못하고 중녀, 장녀와 만나는 과도기적 혼돈(非陰非陽)이 상당 기간 계속될 것이다. 또 1,080년 동안 인류는 물질이냐 정신이냐, 영靈이냐 육肉이냐로 극심한 고통을 당할 것이다. 왜냐하면 '새로운 정신'이 싹트지 않을 수 없기 때문이다.

6. 2004년부터 열리는 1,080년 중천개벽中天開闢

지금 몇 시입니까? 라고 상대에게 묻는 순간, 내가 생각한 '지금'과 상대가 시계를 바라보고 대답해 주는 '지금'은 차이가 있다. 지금이라고 말하는 순간에 있어서, 지금이 몇 시인가를 정확히 알려주는 시계는 없다. 어느 시계에도 지금의 시간이 적혀 있지는 않다. 다만 흘러가는 시계바늘만이 보일 뿐이다. 그 시계바늘을 보는 순간마다, 지금은 그 바늘과 함께 흘러가고 있다.

시계에 '지금'이라는 구체적인 시각이 나타나 있지 않은 것처럼, 어느 달력에도 지금의 시간이 적혀 있지는 않다. 다만 몇 월 몇 일이라는 시간적 의미의 표시는 돼 있지만, 그 표시된 몇 월 몇 일이 바로 지금의 시간은 아니다.

3월 1일은 2월 28일에서는 미래이나, 3월 2일에서는 과거이다. 그러므로 달력에서 말하는 미래나 과거라는 시간은 달력에서 얻은 한정된 정보에 지나지 않는다. 3월 1일을 살고 있는 우리가 3월 2일의 날씨에 대한 정보를 알 수 있는가? 아무 것도 알 수 없다. 더구나 달력을 보고 우리가 이튿날 또는 3일 후에 자신에게 일어날 일을 알 수 있는가? 전혀 알 수 없다. 그럼에도 우리는 달력을 보며 미래를 알고 있는 것처럼 말하고 있다. 이것은 분명한 착각이다.

그러나 달력이 전혀 쓸모 없다는 말은 아니다. 달력은 우리에게 많은 정보를 제공해 준다. 그것은 경험적 정보의 성격을 갖는다. 다시 말해 달력이 사실적 정보를 제공해 주는 것이 아니라는 말이다.

지금 3월 1일에 미래의 4월 6일의 달력을 본다고 하자. 그날은 한식날이라고 적혀 있다. 한식에 조상묘소에 성묘를 간다거나, 날씨가 약간 찬 기운이 있다거나 하는 말들은 경험적 정보일 뿐이다. 그날이 어떤 날이 될지는 아무도 모른다. 성묘를 갈지 안 갈지 모른다. 비가 올지 눈이 올지 아무도 모른다. 달력에 적혀 있는 미래의 어느 시간으로서의 4월 6일이 있을 뿐, 그 4월 6일이 반드시 온다는 보장도 없다. 본래 우주의 시간에는 4월 6일이 없다. 아니 3월 1일이라는 오늘의 시간도 없다.

중국의 학자 소강절은 지금으로부터 약 1천년 전 사람이다. 소강절은 만물을 관찰하였다. 또 사람도 관찰하였다. 나아가 천지도 관찰하였다. 그런데 그는 이러한 관찰을 시간 속에서 관찰하였다는 특징을 갖는다. 하지만 그 시간은 늘 변하고 있었다. 어느 순간에도 멈춤이 없었다. 잡을 수가 없었다. 그래서 그는 '시간의 극極' 을 세우고자 하였다. 항상 오늘인 것 같고, 항상 어제인 것 같은 시간의 도상에서 표준되는 어떤 극을 붙잡고자 한 것이다. 그러나 그러한 작업은 불가능한 일이다. 사람이 그런 일을 할 수 없다. 사람 자신이 그 시간 속에 붙잡혀 가고 있는데, 자기로부터 떨어진 시간을 볼 수 있다는 말인가? 그럴 수는 없다. 그래서 소강절은 사람의 시간을 우주의 시간에 붙여놓고자 시도하였다. 사람이 살고 있는 과거 현재 미래를 우주의 시간에 붙잡아 매어 놓고자 한 것이다.

『경세서』의 핵심은 129,600년이라는 우주시간표, 즉 우주의 1년 달력이다. 이 우주시간표에 소강절이 세운 극은 단순한 수치상의 중간점이 아니

〈그림2〉 통일을 향한 태극동의 형상화

다. 즉 64,800년이 아니라는 말이다. 소강절은 황극기원 70,201년(서기 3,184년)을 선후천이 교역하는, 즉 후천이 개시되는 극점으로 고정한 것이다. 그러나 그 70,201년이라는 극점極點에서 무슨 일이 일어날 것이라는 사실적 정보는 아무 것도 없다.

필자는 경험적 정보에 의해 얻은 서기 2004년을 모든 시간 논의의 극점으로 정하였다. 이 2004년을 갑신녀에서 갑자년으로 바꾸어 시간의 석초石礎라고 불러 본다. 기둥 밑에 괴는 돌을 주춧돌이라고 한다. 이 주춧돌을 초석이라고도 하지만, 여기서는 더욱 강조하기 위해 석초라 했다. 그래서 2004년의 석초에 서기 2104년을 붙잡아 매어 놓은 것이다. 뽕나무에 붙들어 매는 것과 같다. 2104년부터 개시되는 중천개벽 1,080년의 천지도수를 100년을 앞당겨 2004년의 석초에 매어 놓았다는 말이다. 그러한 석초 공사는 은밀한 가운데 진행되고 있다.[14] 서기 2004년부터 무슨 일이 어떻게 일어날지 모르지만 지축정립이라는 우주 대변혁이 터지는 순간에 중천도수(1,080년)는 끝나고, 바야흐로 인류와 우주가 대망해 온 후천 5만년의 새 역사는 시작될 것이다.*

끝으로 2004년(갑신=갑자)에 관한 「궁을가」(경북대본)의 한 구절을 적어 보고자 한다.

> 甲子정월 초1일에 후천9복 12회라
> 21년 갑신春에 주성회두 태양이라
> 태양태음 미정하니 外各國이 분분이라(「궁을가」)

*필자는 처음에 365일이 364일로 바뀌는 시간개벽에 대해 언급한 바 있다(「한국 역학사상의 개관」, 『신종교연구』 5집, 2001, 63쪽). 365일이 364일로 바뀌는 것은 예컨대, 지축정립 1단계에 해당할 것이다. 지축의 변동은 몇단계의 과정을 거칠 것 같다. 현재의 23.5도가 점점 줄어들어 기울기가 최종적으로 10° 또는 6° ~ 13° 사이에서 정립할 것이다.

여기서 주성主星이 태양으로 머리를 돌린다는 말은 갑신년(2004) 봄에 우주 달력의 새로운 시간이 개시된다는 뜻이다. 예컨대, 태양계 안에 있는 별 중에 금성은 지구 안 쪽에서 돌고 있다. 금성은 대부분의 행성들과는 달리 반대로 자전을 한다. 즉 지구의 북극에서 바라볼 때, 시계방향으로 자전을 하는 것이다. 또 금성은 다른 행성과 달리 서에서 떠서 동으로 진다. 이렇게 지구와 가장 가까이 있고, 지구의 안쪽에 있는 금성은 지구와 반대의 성질을 갖고 있다. 이런 금성이 태양을 13차례 공전하는 동안에 8년 마다 지구와 만나는데, 모두 5차례 만나게 된다. 태양계 안에서 지구와 금성이 마주 보는 때는 8년마다 벌어지는데, 바로 그 때가 변화의 해인 2004년이다. 그 다음은 2012년이고, 차례로 2020년, 2028년, 2036년 등이다. 그 다음 2044년은 다시 2004년 자리에서 만나는데, 40년 마다 같은 자리에서 반복해서 만나게 된다. 금극목金克木의 원리에 따라 8년, 또는 40년마다 지구는 금성으로부터 외계 충격을 심하게 받게 된다.

동학 상균론과 후천통일문명
— 한반도의 상생적 균형발전과 통일전략

1. 왜 이 시대에 동학이 필요한가?

필자는 조소앙의 삼균주의의 '삼균三均'이라는 말을 대할 때마다 동학에서 말하는 상균相均을 생각해 왔다.[1] 주지하는 바와 같이 1920년대 후반에 창안된 조소앙의 삼균주의는 김구[2] 등이 주축이 되어 창당했던 한국독립당의 정치이념으로 채택·수용되었다.

> 본 당은 혁명적 수단으로써 구적 일본의 온갖 침략 세력을 박멸하고 국토와 주권을 완전히 광복하여 정치 경제 교육의 균등均等을 기초로 하는 신민주국가를 건설하고 이로써 안으로는 국민 각개의 균등 생활을 확보하여 민족과 민족, 국가와 국가 간의 평등을 실현하고 나아가서 세계일가의 진로로 나아간다.[3]

그래서 삼균주의는 독립운동의 한 이념으로 자리 잡게 되었고, 그것은 1941년에 제정·공포된 대한민국 건국 강령의 기본 골격이 됨으로써 한국 독립운동이 지향할 민족국가 건설의 이념으로 귀결되었다. 그러나 해방 후 좌우 대치 정국하에서 그만 설 자리를 잃고 말았다. 혹자는 삼균주의를 손문의 삼민주의三民主義와 비교해 보기도 하지만,[4] 그 시기 안창호의 대공주의大公主義나 신숙申肅의 삼본주의三本主義보다는 한층 발전된 이론 체계를 갖추고 있었고, 나아가 새 나라 건국의 강령이었기 때문에 그 좌절은 너무도 안타까운 것이었다.

삼균주의의 좌절에 대하여는 다각적인 분석이 가능할 것이다. 우선 필자가 보기에 그것이 비록 민족적 자생 이념이었다고 하지만 민중으로부터 유리된 이념이 겪게 되는 비극적 한계임을 지적하지 않을 수 없다. 아울러 자생 이념에 근거하지 않은 그 어떤 국가의 건설도 그것은 자주국가가 되지 못한다는 교훈을 오늘의 우리에게 역설적으로 일깨우고 있다.

새 이념의 성공적 확산은 그 시대 민중이 그것에 대해 '자기 것'이라는 인식 내지는 '자기동일성'을 발견하고 지키게 될 때 가능할 수 있다.

우리 민족은 여러 종교를 통치적 이념으로 경험하였다는 특징을 갖는다. 불교도 해 보았고, 유교도 해 보았다. 고려시대에는 불교가 유일 이념이었고, 조선시대에는 유교가 지배 이념이 되었으나, 자기 것과 맞지 않았기 때문에 그것을 버릴 수도 있었다. 이러한 이념적 혼돈기에 동학이 성립되었다.

1860년 수운 최제우(이하 최수운)는 "유도儒道 불도佛道 누천년에 운이 역시 다했던가"(교훈가 4장)라고 선언하였다. 이 말은 자기 것이 아닌 것은 지키려 해도 지킬 수 없고, 그 운이 다해 사라진다는 뜻이라고 해석해 볼 수 있다. 이런 의미에서 최수운은 오직 민중에게 참다운 주체성, 즉 '자기 것'을 주고자 했다. 그것이 동학의 새로운 천도天道이며, 이후 일어난 동학혁명은 자기가 받은 천도 질서天道秩序[5]를 스스로 지키려는 몸부림이었다고 해도 과언이 아니다. 자기 것, 즉 자기 것다운 천도 질서는 지킬 필요가 있지만, 자기답지 않은 천도 질서는 오래 지킬 수 없다는 것을 민중은 역사적 경험을 통해 알게 되었다. 그러나 지금 이 시점에서 삼균주의가 좌절을 겪고 사라진 것이나, 동학이 한번 일어났다가 맥없이 주저앉은 것이나 무엇이 다른가? 삼균주의는 민중이 애석하게도 자기체험을 할 시간적 여유를 갖지 못하고 사라졌지만, 동학은 민중들 스스로 자기체험을 한두 번 크게 하였고, 그것이 의식 또는 무의식* 속에 고스란히 남아 있다는 면에서 현격한 차이를 갖고 있다고 말할 수 있다.

> 동학은 조선후기 민중의 삶과 세계 속에서 탄생하였다. 그렇기 때문에 동학에는 19세기 중반 이후 조선사회가 직면하였던 대내적 대외적 모순과 위기를 극복하고 새로운 이상세계를 건설하겠다는 의지가 담겨 있었다. 따라서 수많은 민중들은 인간다운 삶과 세계를 제시하는 동학을 추구하였던 것이다.[6]
> 동학농민군은 연합전선을 형성했으나 황해도, 강원도 지역의 사례에서 보이는 것처럼 분산성을 면치 못했다.… 사실 농민군이 전국적인 지휘 체계, 또는 통일된 조직을 갖기란 당시의 정황으로 보아 불가능했다.… 패배한 농민군은 산속으로 들어가고, 섬으로 도망가 목숨을 부지하면서 무기를 땅에 묻고 골방에 감추었다가 의병 항쟁에 참여했다.[7]

필자가 오늘 평등 사회와 외세 배격을 이루고자 일어난 미완의 혁명이요 전쟁이었던 동학을 다시 찾는 이유가 여기에 있다. 동학은 19세기 한국 민중들이 광범위하게 체험한 집단 경험이 되었고, 21세기에 그것은 간접체험을 통한 간접의식이나 미체험의 집단적 무의식無意識으로 전승되어 왔다.[8] 2002

---

*C.G. 융, 설영환, 『C.G. 융 무의식 분석』, 선영사, 1986, 94-95쪽; 융은 무의식을 개인적 무의식과 집합적 무의식으로 나누었다. 또 인간 개개인의 마음속에는 개인의 기억 말고도 거대한 原像이 있다고 한다. 인류에 넓게 퍼져 있는 것이며, 最古의 보편적 표상이다. 만약 의식과 무의식을 선후천으로 나누면 선천은 의식이 담당하고 후천시대에는 무의식이 담당한다.

년 월드컵 거리응원 역시 하루아침에 나타난 것이 아니라, 이런 한국적 집단 무의식의 집체적 발현으로 이해할 수 있는 것이다.

그리하여 필자가 삼균주의의 한계성에도 불구하고, 삼균주의를 본고에서 논의의 출발점으로 삼는 것은 삼균주의의 사유방식을 동학사상에 접목하여 삼균주의의 극복과 함께 민족통일을 앞두고 새로운 자생自生 이념을 모색해 보려는 데에 있다. 이런 자생 이념의 추구는 과거에도 있었고, 앞으로도 있을 것이다. 김구는 "우리 국성國性, 민도民度에 맞는 주의 제도를 연구 실시"[9] 할 것을 주장한 바 있다. 요컨대, 삼균주의의 요체는 "인여인人與人, 족여족族與族, 국여국國與國의 평등均等 실현"이라 할 수 있다. 이것은 피압박 민족이 사람과 사람, 민족과 민족, 국가와 국가의 평등 실현을 추구한 이상이요 염원이다. 그런데 필자는 이런 둘의 상관相關 관계를 동학의 생성론을 가리키는 "음양상균陰陽相均 만물화출萬物化出"(논학문1장)이라는 구절에서 "상균론相均論"을 정립해 보고, 아울러 상균론의 현실적 적응 기능으로 나라의 균형 발전, 통일 및 세계 문제 등에 대해 논의를 전개하고자 한다. 이 상균론에 관하여는 필자가 이미 상론한 바 있으므로 여기서는 그 요점만을 밝히고,[10] 현실 적응의 문제에 더 많은 지면을 할애하고자 한다.

2. 삼균주의와 동학의 상대성

1) 삼균주의와 균등 이념

삼균주의의 기본 이념은 균등均等이다. 조소앙은 "수미균평위首尾均平位하여 흥방보태평興邦保泰平함이 홍익인간弘益人間하고 이화세계理化世界하는 최고공리最高公理"[11]라는 말에 근거하여 균등均等의 이상적 기초를 제시하였다. 이 가운데 홍익인간 이화세계는 물론 단군신화가 전하는 바와 같이 조선 건국의 이념적 기초였으며, 앞의 '수미균평위 홍방보태평'이라는 말은 고려 때 문헌인 「신지비사」에 나오는 구절로, 위에서부터 아래에 이르기까지 국민 모두가 고르게 잘 살면 나라를 다시 일으켜 국권을 되찾을 수 있다는 뜻을 담고 있다.

삼균주의의 이론적 구조는 '삼균三均'에 있다. 먼저 사람과 사람 사이의 균등, 민족과 민족 사이의 균등, 나라와 나라 사이의 균등을 주장하고, 이어 사람과 사람 사이가 균등하기 위해서는 정치적으로 균권均權, 경제적으로 균부均富, 교육적으로 균학均學하여야 한다고 말한다. 다시 말해 인간 사회에서 일어나는 모든 분쟁은 불평등에서 기인하는 것이고, 인류의 평화와 행복을 위한 중심 사상은 균등[12]이라는 것이다. 이처럼 삼균주의의 균등 이론은 민족내부와 인류 사회의 불평등 요소를 제거함으로써 균등한 생활이 실현된다고 주장한다.

따라서 삼균주의를 요약하면, "모든 분쟁은 불평등에 있고, 모든 행복은 균등에 있다"는 말이 된다. 이를 도식화하면 불평등→불평→분쟁의 순서로 진행된다는 말이다.[13] 한완상은 불평등 구조가 강제력에 의해 지탱되고 있는 사회에서는 "불평등이 곧 사회정의의 부재를 뜻한다"[14]고 보았다. 균등한 사회는 정의로운 사회이고, 불평등한 사회는 불의한 사회가 된다.

여기서 필자가 주목할 것은 균등의 관계 구조인 "인여인, 족여족, 국여국"이라는 구절이다. 즉 사람과 사람, 민족과 민족, 국가와 국가의 상대적 관계에서 균등을 실현하고자 한 것이 삼균주의라는 것이다. 이런 상대적 관계 구조를 우주 철학적으로 잘 설명하기로는 동학이 단연 돋보인다.

2) 동학에서의 천지天地 상대성

동학을 창도한 최수운은 자신의 대도大道를 천도天道와 지리地理로 나누어 설명한다. 하늘과 땅은 상대적인 관계를 이루며 일정한 질서를 유지한다. 그 둘의 상응적相應的 질서가 또 하나의 도道를 형성한다. 그 새로운 도가 바로 이 글에서 말하고자 하는 천도이다. 따라서 동학의 천도는 독립된 천도와 지리의 상대적 관계맺음에서 나온 것이다. 관계맺음 이전의 독립적인 천도와 지리를 필자는 시간과 공간의 문제로 대입하여 이해하려고 한다.

> 무릇 천도天道란 것은 형상이 없는 것 같으나 자취가 있고, 지리地理란 것은 넓고 큰 것 같으나 방위가 있다. 그러므로 하늘에는 九星이 있어서 九州(땅)에 응하고, 땅에는 八方이 있어서 八卦(하늘)에 응한다.〈「논학문」1〉
>
> 夫天道者 如無形而有迹 地理者 如廣大而有方者也 故 天有九星 以應九州 地有 八方 以應八卦

무릇 만물은 시공時空을 떠나 존재할 수 없다. 다시 말해 시공의 범주 안에서 변화하며, 존재하는 것이다. 그런데 이 시공에 있어서 시간은 능동적能動的인 반면에 공간은 정적靜的이라는 특성을 갖는다. 그래서 시간이 공간에 대해 우선한다. 이것을 천도天道와 지리地理와의 관계로 보면, 천도는 시간이 가지고 있는 성격과 같고, 지리는 공간이 가지고 있는 성격과 같다고 말할 수 있다. 일찍이 공자가 말한 바와 같이 사시의 운행 질서에서 우리는 지리를 볼 수 있는 것이 아니라, 천도를 볼 수 있다는 말이다.[15] 그러나 천도와 지리는 서로 뗄 수 없는 관계를 이룬다. 그것이 바로 하늘에 구성九星이 있어서 구주(九州; 땅)에 응하고, 땅에는 팔방八方이 있어서 팔괘(八卦; 하늘)에 응한다는 말이다. 다시 말해 천중유지天中有地, 지중유천地中有天인 것이다. 그러므로 동학은 천도와 지리의 상응적 관계맺음에서 진정한 의미의 천도를 발견한다. 사시의 운행 질서로서의 천도에서 시공時空질서의 천도로 재인식하는 과정을 거치게 되는 것이다.

3. 음양 상균과 창조성

1) 음양상균과 만물생성

일찍이 정명도程明道는 "하늘의 목적은 곧 낳음[生]에 있다"고 언명하였다.[16] 그런데, 최수운은 이 생生을 "음양상균陰陽相均"으로 설명하고 있다.

> … 차고 비는 것이 서로 갈아드는 수는 있으되, 동하고 정하는 것이 변역하는 이치는 없다. 음과 양이 서로 고루어 비록 백천만물이 그 속에서 화해 나오지마는 오직 사람만이 가장 신령한 존재이다.〈「논학문」1〉
>
> 有盈虛迭代之數 無動靜變易之理 陰陽相均 雖百千萬物 化出於其中 獨惟人最靈者也

이처럼 동학에서 만물화출의 근원자는 음양陰陽이다. 음양은 상대적 개념이다. 음양이 상대적이라는 말은 대립이 아니라, 서로 의지적이므로 상의적相依的, 상생적相生的 관계를 이룬다는 말이다. 이것이 동학의 음양생성론이다. 동학은 성리학의 태극을 말하지 않는다. 음양으로부터 만물의 근원을 설명한다는 특징을 갖는다. 최수운은 음양을 본유本有로 삼고, 태극의 빈자리에 지기至氣를 세워 놓았다. 태극의 유사한 개념인 지기는 음양상균의 최적의 상태이다. 최수운의 음양에는 두 가지 이치가 들어 있다. 이 두 이치에 의해 동학의 생성론이 성립된다. 하나는 유영허질대지수有盈虛迭代之數이고, 다른 하나는 무동정변역지리無動靜變易之理이다. 전자는 달이 차고 기우는 것이나, 사계절이 순환하는 것과 같은 '반복 순환의 운수'가 있다는 것이요,

후자는 '동정動靜의 원리'가 있다는 것이다. 음양은 이 반복 순환의 운수와 동정의 원리에 의해 상균相均을 이룬다는 말이다. 최수운은 이를 다른 말로 "일성일패一盛一敗, 일동일정一動一靜"(포덕문 3장)이라 불렀다. 반복 순환의 운수는 곧 일성일패의 수를 의미하며, 동정의 원리는 곧 일동일정을 의미한다. 여기서 동정의 원리는 태극에서 음양으로 발전한다는 주렴계의 『태극도설』과 다른 내용이다. 동학에서 말하는 동정의 원리는 음양이 상균하는 원리를 의미한다. 음양이 상균하기 위해 일동일정을 하는 것이다.

그래서 왕선산은 "동정動靜은 곧 음양의 동정"*이라고 하였다. 이는 음양 이외에 따로 태극을 둘 필요가 없다는 뜻이며, 음양의 두 가지 기능의 유행을 도道로 생각한 것이다.[17] 그렇다고 하여 음陰은 정靜이고, 양陽은 동動이라는 고정관념을 가질 필요는 없다. 주야晝夜가 늘 운동 속에 있듯이, 일동일정은 끊임없이 반복되는 운동성을 상징한다. 다만 음은 정성靜性이 아니라 정상靜像을 하고, 양은 동성動性이 아니라 동상動像을 할 뿐이다.[18] 동정이 일동일정을 하며, 호근互根을 이루듯이 음양도 서로 뿌리를 이룬다. 이 호근원리에 의해 음양은 균형을 유지하게 된다. 그래서 "동정은 끝이 없고(動靜無端), 동시에 음양은 시작이 없다(陰陽無始)"**고 할 수 있다.

2) 상대성 원리와 창조성

음양은 일기一氣이나 그 형상은 두 가지 상대적 모습을 띤다. 혼원渾元한 가운데, 하늘과 땅 사이에서 운행하는 중에 어느 쪽에 근본하느냐, 즉 어느 쪽에 중심을 두느냐에 따라 천기天氣와 지기地氣로 나뉜다. 마치 사람이 같은 사

---

* "動靜者 卽 此陰陽之動靜也 動則陰變於陽 靜則陽凝於陰"(장자, 권1 태화, 세계서국, 8쪽.)
** "動靜無端 陰陽無始 非知道者 孰能識之"(『近思錄』제1권, 정이천)

람이지만, 그 모습에 따라 남자와 여자로 구별되는 것과 같다. 비록 본질에서는 동성동기同性同氣이나 현상에서는 이형이상異形異像을 갖는 것이다. 이처럼 음양은 잠시 자기 본질을 떠나, 현상적으로 분화分化된다. 오히려 천지는 이렇게 분화된 음양으로 인해 무궁한 상탕相盪, 상마相摩작용을 일으키며, 혼원중에 대립과 교감을 통한 상극相克, 상생相生 작용으로 나아가 상대적 관계 맺음을 하는 것이다. 다시 음양의 상대성은 시간적 상대성과 공간적 상대성을 갖는다. 주야晝夜·영허盈虛는 일월이 갖는 시간적 상대성이며, 고저高低·청탁淸濁은 천지가 갖는 공간적 상대성이다.

화이트헤드(Whitehead A.N)가 말한 유기체 철학을 한마디로 표현하면, 상호 내재성과 보편적 상대성[19]이라 할 수 있다. 그래서 그의 유기체 철학은 바로 상대성 원리이며 존재란 그 본성에 있어 모든 생성을 위한 가능태를 말한다.*

여기서 상대성 원리는 "생성의 가능성"을 전제하고 있는 말이다. 이는 동학의 음양상균이 만물을 화출化出하는 것과 같은 이치이다. 필자는 이런 "생성의 가능성" 또는 "만물의 화출 능력" 등을 생성 과정의 상대성이 갖고 있는 음양상균의 '창조성' 이라고 부르고자 한다.* 음양상균이 최적에 이를 때, 창조성은 극대화된다. 존재의 상대성은 창조성을 본질로 한다는 뜻이다. 창조성은 상대성으로부터 나온다. 상대성이 창조성을 갖지 못한다면, 그것은 상대성이 아니고 대립이며 대결이다. 흔히 절대성에서 창조성이 나온다고 오해하기 쉽다. 그러나 상대적 관계에서만이 비로소 창조성을 영원히 담보할 수 있다. 이런 의미에서 동학의 창조성은 호근互根에 바탕한 음양의 '공동 창조성' Co-Creativity이라 할 수 있다. 이 공동 창조성에 특별한 의미를

---

*존재란 '경험의 여건' 이며, 생성이란 '경험하는 주체의 과정' 이다.

부여하고 있는 로저 에임즈Roser Ames는 "창조성은 항상 '공동 창조성' 이다. 창조성은 언제나 상호 교섭하고 과정적이며, 협동적 노력을 의미하는 것"[20] 이라고 했다. 이것은 동학의 생성관과 일치하는 것이다.

그런데 화이트헤드는 창조성Creativity을 "보편자들의 보편자로서 새로움 novelty의 원리가 된다"[21]고 했고, 또 다자多者를 일자一者로 변형시키고 통일하는 것이 "최상의 임무"[22]라고 했지만, 필자는 음양상균의 '창조성' 을 "새로움을 낳는 상대성의 본질적 가능성" 의 개념으로 사용하고자 한다. 창조성을 말하면 절대자나 무無를 연상할 우려가 없지 않다. 하지만 필자는 그런 우려에도 불구하고 동학이 갖는 음양 생성관의 무궁성을 강조하기 위해 '창조성' 또는 '공동 창조성' 이라는 말을 쓴다.

서복관徐復觀은 유가사상이 갖고 있는 원리적 의미의 천도天道에 대해 노자의 도는 "우주만물을 창조생성[創生]하는 기본 추진력" 이라고 규정한 바 있다.[23] 추진력이란 노자의 도 자체가 정태적 존재가 아니라, 창조·생성하는 능력을 스스로 갖고 있다는 것을 의미한다. 이러 차원에서 보면, 이 창조성은 곧 창생의 추진력이라 할 수 있다.

동학에서 말하는 음양의 만물화출이란 음양이 상균에 이른 때를 말한다. 음양의 창조성은 이 상균으로부터 나온다. 음양은 이기二氣의 기화氣化작용이다. 기는 음양 이기인데, 동학은 특별히 지기至氣를 말하고 있다. 이 지기를 주렴계의 「태극도설」로 설명하면, "무극의 진眞과 음양오행의 정精이 묘합妙슴하여 응한 상태"로써 곧 혼원일기渾元一氣를 의미한다. 그러나 이 지기가 혼원일기로만 있으면 창조성을 발휘하지 못한다.

그러므로 「태극도설」에서는 건도乾道와 곤도坤道로 나뉜다고 보는 것이다. 그리하여 지기가 건健과 순順의 음양이기陰陽二氣로 고루게 분합分슴작용하여 이기교감二氣交感, 화생만물化生萬物을 이루게 된다. 즉 음양의 균분均分과 균합

均合이 중요한 생성의 단계별 작용이지만, 음양상균이란 주로 이기의 균합에 중점을 둔 말이다.

4. 상균론의 철학적 접근

1) 신령神靈과 기화氣化의 결합체

『주역』은 우주의 상반된 두 성질, 즉 천지·음양은 서로 대립하면서도 교감함으로써 만물을 생성한다고 말한다.* 그래서 『주역』에서는 절대음絶對陰이나 절대양絶對陽은 존재하지 않는다. 또한 독음獨陰 독양獨陽도 존재할 수 없다. 그래서 만물에게는 상대가 있고, 그 상대를 기다리는 만물에는 마음도 있다는 것을 알 수 있다.[24] 한편 노자는 "삼생만물三生萬物"(42장)을 주장하였고, 장자는 "음양陰陽의 교통성화交通成和"(「전자방」)를 주장하였다. 음양의 상호 작용을 설명하는 것으로는 유儒·도道가 공통점을 갖는다.[25] 다만 노자는 음양 이기二氣 개념에서 제3의 기인 화기和氣를 제시하고 있는 것이 특색이다.

> 도는 하나를 낳고, 하나는 둘을 낳고, 둘은 셋을 낳고, 셋이 만물을 낳는다. 만물은 음을 업고 있으면서, 양을 안고 있는데, 충기로서 화하게 된다.**

* 천지가 사귀어 만물이 통한다(天地交而萬物通也;泰彖); 또는 천지가 느껴 만물이 화생한다 (天地感而 萬物化生;咸彖)고 한다.
** "道生一 一生二 二生三 三生萬物 萬物負陰而抱陽 沖氣以爲和"(노자 제42장) ; 여기서 예민한 곳은 沖氣以爲和이다. 이에 대한 해석으로 필자는 대만 여배림 교수의 해석을 참고하고자 한다. "…만물은 음을 등지고 양을 껴안아 기를 격동시켜 和氣를 이룬다." 沖을 격렬히 요동친다로 보았다.

방립천方立天은 이 인용문에 대한 문제의 충기이위화冲氣以爲和에서 충冲은 비어 있다는 뜻으로써 충冲을 중中으로 보아 '중기中氣로 조화롭게 된다' 고 해석하고, 삼三을 음기陰氣, 양기陽氣, 중기中氣로 말하였다. 이른바 중기로 조화롭게 된다는 말은 중기가 음기와 양기를 화합하고 있음을 설명한다. 그런 의미에서 중기中氣는 곧 화기和氣이다. 음양이기는 중간의 연결고리인 중기가 있어야 비로소 통일될 수 있으며, 구체적인 사물을 생성할 수 있다고 보았다.[26] 만물의 생성 요소에는 음양의 두 기운에 그것을 통일할 수 있는 제3의 기운(힘)이 있어야 비로소 소통, 화합의 작용이 일어나 만물이 완성된다는 말이다. 다시 말하면 일一은 기氣이고, 이二는 음양陰陽이고, 삼三은 삼기三氣인 것이다. 한대漢代의 황로도黃老道의 경전으로 일컫는 『태평경太平經』도 이를 뒷받침해 주고 있다. 즉 "원기元氣에 세 명칭이 있는데, 태양太陽 태음太陰 중화中和이다. 형체에 세 가지 이름이 있는데, 천지인天地人이다"*라고 했다. 이는 천天이 양기陽氣이고, 지地가 음기陰氣이며, 인人이 중화기中和氣가 된다는 말이기도 하다. 이율곡도 『순언醇言』 1장에서 이 42장에 토를 달아 "도생일道生一하고 일생이一生二 하고 이생삼二生三 하고 삼생만물三生萬物 하니 … 만물萬物이 부음이포양負陰而抱陽하고 충기이위화冲氣以爲和이니라"(1장)라 밝혔는데, 특히 이율곡은 삼생만물에 대해 음양을 체로 보고, 충기를 용用으로 보아, 이 음양지화陰陽之和인 삼三에서 만물이 생생生生한다고 설명하였다.[27] 그런데 배종호는 삼三을 기형질氣形質로 보았다.[28] 이는 기氣와는 다른 것과의 어떤 결합으로 이해한 것이다.

최수운은 "음양상균陰陽相均…만물화출어기중萬物化出於其中"이라 한 다음에

---

* "元氣有三名 太陽太陰中和 形體有三名 天地人…"(太平經合校, 삼화기여제왕법, 대만 정문출판사)

사람의 문제를 거론하고 있는 것이다. 바로 "독유인최령자야獨惟人最靈者也"이다. 여기서 중요한 것은 바로 영靈이다. 만물 생성을 말할 때는 영靈을 언급하지 않았다가 사람을 말할 때 이 영靈을 언급하고 있다는데 주목할 필요가있다. 사람을 최령자라 한 것은, 사람 이외의 만물은 저령低靈하다는 뜻을 전제한다. 동학은 "내유신령內有神靈 외유기화外有氣化"(논학문13장)라는 말처럼 영靈과 기氣를 구분하고 있다. 지기자至氣者 허령창창虛靈蒼蒼이라 했는데, 허령이란 태허유령太虛有靈의 뜻이다. 여기서도 지기와 영의 관계를 알 수 있다. 이에 근거하여 생명을 내외內外 영기靈氣의 합일체라고 볼 수 있다. 다만 기氣에영靈이 결합하는 것은 언제 어떻게 이루어지는가에 대하여 최수운은 생략한채 언급하지 않았다. 이 생략된 부분을 다른 곳에서 찾는다면, "하날님의 은혜라 할지라도 오히려 보이지 않는 일이며, 조화의 자취라 할지라도 또한 형상하기 어려운 말이라. 어찌하여 그러한가. 예로부터 지금까지 그 가운데 기필하지 못한 것이 있기 때문이다"(「논학문」 3장)[29]라는 구절이라고 본다. 다시말해 "기중미필야其中未必也"라는 말은 무엇인가를 암시하는 듯하다. 사시 운행의 조화나 만물 생성에 있어서 우리가 기필하지 못할 것은 바로 영靈의 문제, 즉 기氣와 영靈의 결합 문제라 보는 것이다. 기와 영의 결합에 의해 만물이 비로소 생명성을 획득하게 되는 것이다. 최초에 기와 영의 결합을 동학에서는 다른 말로 모신다(侍)고 하는 것이다. 최해월의 다음 말에 유의하고자한다.

諸君은 侍字의 義를 여하히 해석하는가. 人의 포태(胞胎)의 時에 此時를 즉 시자 (侍字)의 의로 해함이 가하랴. 낙지(落地) 이후에 처음으로 侍字의 義가 생할까. 又 대신사 포덕강령의 日에 侍字의 의가 생하였을까.[30]

최해월은 동학경전 중에서 가장 난해한 시侍 자字 해석에 중요한 화두를 제자들에게 던졌다. 그 화두는 스승인 최수운으로부터 받은 것으로 보인다. 모심의 순간은 언제부터 시작되는가? 어머니 배 속에 포태할 때인가, 아니면 갓 태어날 때인가 하는 질문이다. 이에 대해 최해월은 다른 곳에서 이렇게 자답自答하였다.

> 안에 신령이 있다는 것은 처음 세상에 태어날 때 갓난아기의 마음이요, 밖에 기화가 있다는 것은 포태할 때에 이치와 기운이 바탕에 응하여 체를 이룬 것이다. 內有神靈者는 落地初 赤子之心也요, 外有氣化者는 胞胎時 理氣應質而成體也니라.[31]

이를 유추하여 요약하면, 신령은 처음 세상에 태어날 때의 갓난아기의 첫 마음에 내재하며, 기화는 포태 시 질(바탕)에 응할 때부터 시작된다는 뜻이다. 부모가 포태하는 배후에는 천지가 있다. 기화는 부모로부터 시작되고, 신령은 하늘로부터 시작되는 것으로도 이해할 수 있다.

이를 순서대로 열거해 보면, 생명의 완성은 질質-기氣-영靈의 3요소의 결합에 의한다는 것을 알 수 있다. 이理 기氣 질質의 리理가 영靈으로 대체된 것이다. 특별히 지적할 것은 갓난아기의 첫 울음과 함께 마음에 내재하는 그 영靈에 관한 문제이다. 그 영은 어디로부터 왔는가? 그것을 동학에서는 천령天靈이라 하고, 그것을 모시는 것을 '천주天主를 모셨다'고 한다. 천령은 곧 천주지령天主之靈이 된다. 그래서 "일세지인一世之人 각지불이자各知不移者"란 하늘로부터 사람마다 받은 천령을 자기 마음대로 이리저리 옮길 수 없다는 뜻이다. 그래서 이것을 사람마다 마음에 꼭 정定해 놓아야 한다는 말이다. 천주를 "네 몸에 모셨다"(「교훈가」 11장)는 말에서 '몸'이란 완성된 몸이라는 뜻이다. 몸은 영의 그릇이다. 어머니 태 중에서 열달 동안 몸이 완성되어 세상에 나온 후에야 천령을 모실 수 있다는 뜻이 된다. 그러므로 사람은 태어나면서부터 받은 천령이 내 몸에서 떠나지 않도록 잘 모셔야 한다. 영은 몸에서 떠날 수도 없고, 옮길 수도 없다. 영과 몸(氣)은 본래 하나이다. 천령天靈과 접하는 이때의 몸은 지극한 기화작용을 하므로 지기至氣라 한다. 천령과 지기가 내외일체가 된다. 천령과 지기가 사람마다 내재하여 신령과 기화가 된다. 신령과 기화도 내외일체를 이룬다. 이것을 깨닫는 것이 각지覺知이다. 각지란 결국 개개인이 하날임 영[天靈]으로부터 받은 각령各靈을 철저히 지각知覺하고 하날님 영을 모시는 일이다. 하날님 영이 내 몸, 우리 물질 속에 와 있는 것을 얼[各靈]이라 한다. 얼은 유한 속에 와 있는 무한이며, 시간 속에 와 있는 영원이다.*

결국 각지覺知란 내 몸의 얼을 각령覺靈한다는 말과 같다. 이 때 얼이 들었다, 얼이 차렸다고 한다. 각령覺靈의 대상이 자아自我의 영靈이라면, 천령은 부모와 같은 하날님 영이다. 천령은 단순히 신령한 영靈만을 말하는 것은 아니다. 그것은 사람마다 부모와 같이 모실 자아의 본령本靈이며, 한얼이다. 따라서 사람은 모심으로써 유한을 깨고 무한에 이르며, 시간을 벗어나 영원에 이를 수 있다. 그런 다음에 사람은 조화정造化定을 체험하게 된다. 먹고 잠자고 자라고 생각하는 것이 다 무위이화無爲而化이다. 내가 억지로 꾸민 것은 하나도 없다. 무위이화가 빈틈 없이 진행될 때, 이것을 '합기덕정기심合其德定其心'

---

*하늘은 한얼입니다. 하늘에서 와서 우리 속에 있는 것이 얼(을)입니다. 생각하는 것이 얼이요, 얼을 생각하는 것입니다. 얼이 들어야 합니다. 생각을 자꾸 좁혀 넣어야 얼이 듭니다. 얼은 물질 속에 와 있는 정신입니다. 유한 속에 와 있는 무한입니다. 시간 속에 와 있는 영원입니다. 그렇기 때문에 얼이 들면 삽니다.(함석헌, 「생각하는 씨알이라야 산다」, 『씨알의 소리』, 1972.11, 3쪽)

이라 한다. 김범부는 기덕其德은 천덕이며, 기심其心은 아심我心으로, 즉 아심이 천덕天德에 합하여 조화가 정하여지는데, 천덕이 아덕我德이며 아심이 천심天心이 되고, 천덕과 아심이 하나되어 비로소 조화정이 된다는 뜻이다.[32] 합기덕合其德이란 신령과 기화가 자아自我에서 균형을 이루며, 그 덕을 합하여 내외일체가 된 것을 의미한다. 다시 말하면 몸에 신령이 안착한 것이다. 몸이 영에게 덕을 베풀고, 영이 몸에게 덕을 베풀어, 천주의 덕으로 하나 되면 마침내 사람으로서 기심其心을 바르게 정定하게 된다. 사람이 세상에 태어나 정심定心에 이르기까지는 최소한 15년의 세월을 필요로 한다. 만약 그 세월 동안에 틈이 생기면 병病이 된다. 병이란 신령과 기화가 균형을 잃은 것이다. 따라서 천령과 지기의 만남을 위한 생명의 탄생, 그리고 신령[靈]과 기화[氣]의 균형 있는 작용에 의한 삶의 존재, 영기靈氣에 의한 자아의 형성, 이것을 동학의 생명관이라 이해해도 무방할 것이다.*

2) 상생적 균화均和와 통일성

만물 생성에 있어서 천지의 교감은 가장 중요한 기능을 수행한다. 이 교감이 없이는 생성은 불가능한 것이다. 송인창은 감感과 통通을 구별하여, 감은 땅적인 세계와의 관계 맺는 일이고, 통은 하늘적인 세계와의 관계 맺음으로 보았다.[33] 『주역』은 "하늘에 근본한 자는 위에 친하고, 땅에 근본한 자는 아래에 친한다"**고 했다. 이는 음양은 본래 일기一氣이나, 그 근본을 어디에 두었느냐에 따라 다르다는 암시를 주고 있다. 이 일기一氣가 하늘에 근본하

---

*필자가 보건대, 다만 質-氣-靈의 3요소가 靈-氣가 합일을 이루면 質-靈氣의 2요소로 바뀌게 된다. 이처럼 영-기의 오묘한 작용으로 인해 靈을 태극 또는 궁궁이라 하는 것이다.
**"本乎天者親上 本乎地者親下"(乾, 문언95)

면 천기天氣 즉 양기陽氣가 되고, 땅에 근본하면 지기地氣 즉 음기陰氣가 된다는 의미로 해석할 수 있겠다. 이때의 하늘과 땅을 서양식으로 천당과 지옥 같은 것으로 간주해서는 안 된다. 주회암도 음양은 유행적流行的 측면에서는 하나로 볼 수도 있고, 대대적對待的 측면에서는 둘로도 볼 수 있다고 지적한 바 있다. 일동일정의 소장消長으로 보면 일기一氣이고, 양의兩儀 정립定立으로 보면 둘인 것이다.[34] 공영달은 『주역정의』에서 이것으로 동물과 식물을 나누는 근거로 삼았지만, 그 근본에 들어가면, 음양은 본래 최수운이 지적한 것처럼 "혼원지일기渾元之一氣"(「논학문」 12장)이며, 영靈과의 결합을 기다리고 있다는 의미에서 지기至氣인 것이다. 결국 음양의 일기一氣는 혼원渾元하지만, 하늘과 땅 사이에서 운행하는 중에 어느 쪽에 치우치느냐에 따라 음양 관계로 분화分化되고, 혼원 중에 대립과 교감을 통해 대대적對待的 관계 맺음을 하는 것이다. 이런 관계 맺음이 가능한 것은 음양이 본래 생명성을 내재하고 있기 때문이다. 음양을 일호일흡一呼一吸의 굴신屈伸이라 하는 것이나 남녀의 생식기로 비유함도 다 생명성에 바탕한 것이다.

동학에서 음양의 생명성과 상대성을 하나로 표현한 것이 "음양상균陰陽相均, 만물화출萬物化出"(「논학문」 1장)이다. 오랜 우주적 작용을 통해 최종 단계에서 이룩된 음양의 상균相均 관계를 필자는 '상생적相生的 균화均和'라는 말로 새겨 보는 것이다. 이 상생적 균화를 단계적으로 표현하면, '함께'-'같음'-'어울림'-'낳음'이다. 상생은 우선 음양이 '함께'하는 것이다. 분리된 음양으로는 아무 것도 하지 못한다. 함께 한 음양이 비로소 '낳음'에 이른다. 상相은 '함께'요, 생生은 '낳음'이다. 마지막 목적은 '낳음'이다. 이 '낳음'이 '새로움의 탄생'이다. 그 다음 균화라는 말은 두 기운이 균등하거나 균형만을 유지한 채 홀로 독립돼 있는 것이 아니라, 서로 소통하고 같아지며, 응應하고 화和하여 생성生成의 단계에까지 이르는 것을 의미한다. 균均은 '같음'이며, 화和

는 '어울림'이다. 이는 노자의 충화沖和나 장자의 성화成和에 대비된다. 로저 에임즈는 균형(中)을 역동적 조화(和)의 산물로 보았다.[35] 필자는 화和의 어원을 최수운의 "심화기화氣心和和 이대춘화以待春和"(제서)에서 찾아보았다. 이 화和는 응應을 수반하는 것이다. 즉 "천유구성天有九星 이응구주以應九州"(「논학문」 1장)의 상응相應이 그 뜻이다. 상대와 같아지지 않고, 상대의 응應이 없이는 균화均和가 일어나지 않는다.

『주역』은 음양의 관계맺음을 "일음일양지위도一陰一陽之謂道"(「계사 상」5)라 했다. 이는 음양이 이기二氣가 아니고 일기一氣로써 각기 양지兩之 작용을 하며 도를 이룬다는 뜻이다. 이광지는 일음일양은 대립對立과 질운迭運의 두 가지 의미를 겸하고 있다고 보았다.[36] 이는 '대립적 구조'와 '변화의 운행'을 기본 축으로 하고 있다는 말이다. 여기서 우리가 직시할 것은 바로 변화와 발전을 위한 운행의 측면이다. 왜냐하면 도에도 때가 있기 때문이다. 음양이 중中을 얻어야 비로소 도라 일컬을 수 있다. 득중得中했다는 말은 음양의 어느 한 쪽에 치우침이 없는 균형성을 의미한다. 이 균형성의 획득은 자율조정적이며, 비통제적非統制的이다.[37]

상생적 균화는 역학적 일음일양一陰一陽을 중화적 관계로 바꾸어준다. 비유컨대, 일음일양이 자연적 존재이며, 미자각적未自覺的 존재 관계라면, 중음중양은 상대방의 존재를 발견하고 자기의 존재를 자각적 관계로 파악한 새로운 존재 관계를 말한다. 자연을 구성하는 궁극적 단위 존재는 일음一陰 또는 일양一陽이다. 그러나 그 일음, 일양은 고정적인 존재가 아니다. 음은 양으로 변하고 있고, 양은 음으로 변하고 있다. 모든 존재는 변화의 과정에 사로잡혀 있다. 그 사이에 중中이 있다. 그 중中은 지묘至妙의 사이間다. 일음이 음이면서 양으로 넘어가는 그 사이의 음양 동시성을 중양中陽(속에 있는 양)이라 규정한다. 또 일양이 양이면서 음으로 넘어가는 그 사이의 음양 동시성을 중음中陰(속에 있는 음)이라 규정한다. 일음은 중양에 이르러 상대성을 자각한다. 또 일양은 중음에 이르러 상대성을 자각한다. 이렇게 지묘한 변화의 음양을 필자는 중음중양中陰中陽이라 한다. 이 중음중양이 끊임없이 변화의 계기를 이룬다. 일양은 중음에 이르러 음양의 상대성을 자각하고 일음으로 변하며, 일양은 중음에 이르러 음양의 상대성을 자각하고 일음으로 변한다. 일음이 중음으로 나아가거나 또 일양이 중양으로 나아가는 것은, 각기 자기동일성을 상실함이 없이 또 다른 자기 형성을 위해 다양한 역할을 수행한다. 반면에 일음이 중음에서 이미 넘어가는 것은, 또 일양이 중양에서 이미 넘어가는 것은, 각기 자기동일성을 소멸해 가며 상대적 존재에게 이미 대상화되는 단계이다. 일음이 중음에서 넘어가서(기우뚱한 것) '새로운 일양'이 되거나,* 또 일양이 중양에서 넘어가서 '새로운 일음'이 되는 것은, 일음일양이 상대에게서 새로움을 찾는 자기창조성 때문이다. 또 일음일양이 자기동일성을 확충하며 득중得中을 하는 것은 자기 안에서 새로움을 찾는 자기창조성 때문이다. 이처럼 자기창조성은 자기 안과 밖에서 연속적으로 이루어진다. 자기동일성의 확충 운동을 동動이라 하고, 자기동일성의 소멸 운동을 정靜이라 한다. 이것이 일동일정一動一靜, 동정유상動靜有常이다. 자기동일성은 확충되기도 하고 소멸되기도 하지만, '자기창조성'만은 변하지 않는다. 이것이 도道이다.[38] 도道가 창조의 본체라는 말이다.

*화이트헤드는 새로움을 '현실적 존재'로 말했다. 이 세상의 모든 현실적 존재는 씨와 같다. 씨는 하나이지 둘이 아니다. 하나밖에 없는 씨이지만, 씨는 많은 열매를 맺는다. 열매가 곧 씨는 아니다. 많은 열매가 씨가 되기 위해서는 처음의 씨가 소멸해야한다. 그러므로 현실적 존재는 자기동일성을 소멸함으로써 자기창조성을 발휘할 수 있다. 현실적 존재는 자기동일성을 소멸하는 것에서 '또 다른 자기'를 화출化出할 수 있다. 다른 자기는 다시 자기동일성을 확충함으로써 현실적 존재가 된다.

또한 우리가 존재의 운동 과정을 추적해 보면, 자기동일성을 확충할 때가 있는가 하면 자기동일성을 소멸할 때가 있다. 이 확충할 때의 성격을 강剛이라 하고, 소멸할 때의 성격을 유柔라 한다. 강유는 항상 서로가 서로를 밀고 당긴다. 이것이 역易에서 말하는 강유상추剛柔相推이다. 강유상추를 통해 변화와 창조성이 지속적으로 발휘된다.*

균화는 생명적 기氣의 '어울림'에 이른다. 기의 '어울림'에는 수평적 균형과 기우뚱한 균형의 두 가지가 있을 수 있다.[39] 기우뚱한 균형은 수평적 균형을 향해 늘 '어울림'을 지향한다. 그런데 "어울림Eoullim에는 반드시 새로움의 요소가 있어야 한다"[40]는 것이다. 우리말 '한'은 크다(大), 하나(一), 가운데(中), 많다(多)라는 뜻을 갖는다. 필자는 상생적 균화를 '함께하는 가운데에서의 큰 어울림'의 뜻으로 '한어울림'이라고 표기한다. 이 한어울림은 기의 어울림에서 아주 짧은 시간, 잠시 잠깐에 전개되는 미세한 상황이다. 또 다른 말로 하면, 이때에 기가 통일성을 갖는 것이다. 통일성은 이쪽 기우뚱에서 저쪽 기우뚱으로 넘어가는, 그 중음중양에서 순간의 극치를 이룬다. 중음中陰이란 양陽에 들어 있는 음이고, 중양中陽은 음陰에 들어 있는 양이다. 중음중양은 음양 변화의 지묘지간至妙之間으로서, 음양의 통일성을 유지하는 매개자이다. 다시 말해 중음중양이 통일성을 갖는다는 것은 음중양과 양중음이 창조성에 놓여 있다는 말과 같다.

이와 같이 동학의 '상균론'이란 만물 생성의 원리가 되는 '음양상균'을 통해 일반 사물이 상대적 원리를 바탕으로 '창조성'과 '통일성'을 발현하는 과정을 의미한다. 예컨대, 상균론을 현실에 적용할 때, 사람과 사람이 서로

---

*이렇게 동정을 오가는 자기창조성을 强名한다면 太極이라 한다. 이 본래부터 있는 자기창조성을 우리는 無極이라 한다.

만나기이며, 서로 돕기이며, '함께' 골고루 '같음'으로 살자는 이론의 기초가 된다. 단순한 수평적 균형이 아니라, 서로가 '어울림'으로 상대방의 근거가 되어 새로움을 '낳음'에 이르는 것이다. 그래서 서로 돕고 함께 살 때 '한 어울림'을 이루어 창조성과 통일성을 같이 주고받는다. 창조성은 통일성에 기초하고, 통일성은 창조성에 기초한다. 우주의 운동 구조가 창조성과 통일성에 있기 때문이다. 이런 우주 안의 너와 내가 함께 할 때, 우리를 발견하여 우주 속에 자기생명을 투입한다. 삶이란 자기동일성을 우주 속에 확충하는 일이다. 죽음이란 자기동일성을 소멸하는 일이다. 삶과 죽음은 자기창조성의 본래적 활동이므로 끝없이 순환한다.

3) 창조성과 천지인 삼재

음양동정이 상대적 기준을 정하면 처음에는 기우뚱한 채로 변화가 시작되다가, 상생적 균화를 이루고, 하늘 땅과 같이 무궁한 창조성을 발휘하여 사회와 세계를 변화시킨다. 변화는 증폭을 수반한다. 이 증폭하는 능력이 창조성이다. 그 변화의 증폭은 소변화, 중변화, 대변화의 단계를 거친다. 마지막 대변화에서 천지인이 우주적 동귀일체同歸一體를 이루는 것을 '개벽'이라고 말할 수 있다. 하늘이 변화하고, 땅이 변화하고, 사람이 변화하되 그것이 동시적으로 하나의 일체점一體点을 향해 통일적으로 전개된다. 『주역』도 "천하의 동함은 무릇 하나에 바르게 돌아간다"[41]고 했던 것이다. 우주적 대변혁기에도 천지인 삼재가 유기적 통일성을 갖는다. 그래서 지축地軸이 바로 서면 천축天軸이 바로 서고, 천축이 바로 서면 인축이 바로 선다. 인축人軸이란 사람 뇌가 좌우 균형을 회복하여 그 중간에서 새로운 뇌(간뇌:송과체)가 활성화되는 것이다. 이것이 창조성과 통일성의 원리이다. 그 중에 중요한 것은 바로 창조성이다. 음양은 만물화출이라는 그 창조성에 기인하여 존재하며 활동한다. 동학은 음양이 갖고 있는 창조성의 마지막 자리에 인간을 놓고 있다. 「논학문」 2장은 이렇게 이어진다.

> 오직 사람만이 가장 신령한 존재이다. 고로 삼재三才의 이치가 정하여졌고, 오행五行의 수를 내었으니 오행이란 무엇인가. 하늘은 오행의 벼리가 되고, 땅은 오행의 바탕이 되며, 사람은 오행의 기운이 되었으니, 천지인 삼재三才의 수를 여기서 가히 볼 수 있다. 〈「논학문」1-2〉
>
> 獨惟人最靈者也 故 定三才之理 出五行之數 五行者 何也 天爲五行之綱 地爲五行之質 人爲五行之氣 天地人三才之數 於斯可見矣

이렇게 최수운은 최령자 사람이 정삼재定三才와 출오행出五行에서 주체적 관계를 갖게 된다는 것을 보여 주고 있다. 정삼재란 천지인이라는 우주적 틀 안에서의 인간의 주체적 역할과 지위를 설명한 말이라면, 출오행은 수화목금토라는 자연의 틀 안에서 인간의 주체성을 언급한 말로 이해할 수 있다. 그러면 오행과 천지인의 관계는 무엇인가? 특별히 주목할 것은 "인위오행지기人爲五行之氣"이다. 다른 판본(천진교)에는 "인위오행지기人爲五行之紀"[42]라고도 했으나, 필자는 전자에 따르고자 한다. 최해월은 인위오행지기人爲五行之氣라는 말 대신에 "인위오행지수기人爲五行之秀氣"[43]라는 말을 했다. 이 말 뜻은 하늘이 음양오행으로써 만민을 화생하고, 오곡을 장양長養한즉, 오곡에 깃든 오행의 원기를 사람이 먹고 자라니, 사람이 오행의 수기秀氣라는 것이다. 천지의 오행은 결국 사람의 기를 수기로 만들기 위한 것이니, 천지가 사람 하나를 으뜸 기운의 생명으로 키우기 위해 수고하고 있는 것이다. 이는 마치 어머니가 포태 기간 동안 먹는 음식이 태아에게 영양분이 되는 것과 같다.

생명은 포태로써 탄생하고, 사람은 다시 우주적 이중포태二重胞胎로써 완성된다. 최해월이 말한 "부모의 포태가 곧 천지의 포태"라는 말이 이 뜻이 아닐까.* 사람이 어머니 태반에서 출산하면, 천지가 그 사람을 다시 포태한다. 부모의 포태는 사람의 몸을 10개월 동안 완성시키는 것이 목적이다. 이 완성된 몸을 받아 천지가 다시 포태하는 것이다. 천지의 태반에서는 영육을 동시에 성숙시키는 것이 목적이다. 사람이 오행의 기氣가 된다는 의미는 사람이 오행의 수기秀氣로 태어나 천지인 삼재에 참여하는 것을 말한다. 영육이 완성된 수기의 사람은 천지인 삼재의 중심이 된다. 사람이 삼재의 중심으로 이동하는 것이다. 김지하는 실로 선천先天 오만년 이래 일관해 온 기존 삼재관을 뒤엎는 일이라고 했지만,[44] 이것은 그 정도가 아니라, 아예 사람이 우주의 중심으로 진입하는 것이다. 우주 개벽이다. 지금 천지가 사람을 위해 개벽을 하고 있는 것이다. 그 이유는 무엇인가? 사람이 천지를 포태하기 위해서이다. 부모가 아기를 포태하지만, 훗날 그 아기가 그 부모를 양육하는 이치가 숨어 있는 것과 같다. 그리고 사람이 어머니 태반에 있을 때는 무아無我로 있다가, 태어나면 자아自我를 갖게 된다. 그러나 다시 그 자아가 천지의 태반에 포태되었다는 것을 알면 무아로 돌아갈 것이다. 최수운은 천령을 다시 "천령天靈"(「논학문」 8장)과 "지령地靈"(「용담가」 1장)으로 구분해 말한 것을 보면, 천지의 태반은 이 안에 있다고 할 것이다.

5. 상균론의 관점에서 본 남북 관계

1) 주체사상과 사람의 문제

남북 문제를 언급하기 전에 주체사상에 대해 알아볼 필요가 있다. 동학이

---

*최해월이 "父母之胞胎 即 天地之胞胎"라 했다 (『천도교경전』, 249쪽.)

생각하고 있는 인간의 창조성과 주체성의 문제를 북한의 주체사상에서도 언급하고 있는 것은 좋은 일이나, 혼란도 없지 않다. 동학이 우주적 관계 속에서 인간의 창조성과 주체성의 문제를 부각하고 있다면, 주체사상은 세계속에 있는 인간의 관계문제를 집중적으로 부각시키고 있는 점이 다르다. 북한에서 주체사상이라는 말이 공식화된 것은 1970년 노동당 규약 및 1972년 사회주의 헌법 제4조에서다. 즉 "조선민주주의 인민공화국은 맑스-레인주의를 우리나라의 현실에 창조적으로 적용한 조선로동당의 주체사상을 자기 활동의 지도적 지침으로 삼는다"[45]고 규정함으로써 이데올로기로서 명문화되었다.

주체사상이란 한마디로 말하여 혁명과 건설의 주인은 인민대중이며, 혁명과 건설을 추동하는 힘도 인민대중에 있다는 사상입니다. 다시 말하면 자기 운명의 주인은 자기 자신이며, 자기 운명을 개척하는 힘도 자기 자신에 있다는 사상입니다. (김일성, 1972)[46]

주체철학은 세계에서 사람이 차지하는 지위와 역할 문제를 철학의 근본문제로 제기하고, 사람이 모든 것의 주인이며 모든 것을 결정한다는 철학적 원리를 밝혔습니다. (김정일, 1974)[47]

주체사상은 사람 중심의 새로운 철학사상입니다. … 주체사상은 사람이 모든 것의 주인이며, 모든 것을 결정한다는 철학적 원리에 기초하고 있읍니다.(김정일, 1982)[48]

이어 주체철학, 즉 주체사상은 세계 내에 있는 사람의 사회적 특성을 자주성·창조성·의식성으로 설명하고, 그 중 의식성에 의해 자주성과 창조성이 담보된다고 주장한다. 하지만 동학은 사람의 의식성보다 영성靈性을 강조한다. 의식성이란 사람의 본래성이 아니라 이미 타인과 교섭된 의식 상태를 말한다면, 영성은 순일무잡純一無雜한 것이다. 의식성은 자칫 사람의 생각을 작게 만들 수 있다. "인류의 불행은 인식의 협소화와 관련이 있다"[49]는 윤노빈의 주장은 설득력이 있다. 그러면 주체사상에서 "모든 것의 주인이며 모든 것을 결정한다"는 그 사람은 과연 어떠한 사람인가? 자연인인가 아니면 인민대중인가.

주체사상은 사람을 중심으로 하여 세계를 보는 까닭을 '사람이 가장 발달된 물질적 존재'[50]이기 때문이라고 설명한다. 그러나 동학에서는 사람을 최령자最靈者라고 한다. 인간은 이 영성에 기초하여 천지에 대해 주체적으로, 천지와 함께 최령자로서 우주에 참여하여 돕는다(參贊). 그리고 사람이 신령하므로 하늘, 땅, 사람이 하나로 통전通全할 수 있다.[51] 그래서 동학 주문에 '만사지萬事知'라 한 것이다. 이는 사람이 만사, 만물을 다 알 수 있다는 뜻이다. 모든 것을 알 수 있다는 말은 사람이 완전하게 하늘, 땅과 하나 된다는 뜻이다. 천지인 합일속에서 사람에게 주체성이 부여되었다는 것을 의미한다.

종전에 마르크스의 유물론 철학 체계에서 불변의 원리는 물질과 의식과의 관계에서 물질이 1차적이며, 의식은 2차적이라는 것이다. 그런데 동학은 인간의 존재에 관해 "내유신령內有神靈, 외유기화外有氣化"(논학문 13장)라는 말에서 알 수 있듯이 영靈과 기氣의 관계로써 설명하고 있다. 여기서 기氣는 물질物質과 유사하며, 영靈은 의식意識과 유사하지만, 영과 기는 인간에게 갇히기 이전의 상태, 서로 분리할 수 없는 내외관계라는 것이 유물론과 다른 점이다.

이와 같이 우주에서 인간이 어떤 존재이며, 그의 지위가 어떤 것인지를 명확히 알지 못하는 사상은 세계 안에 갇힌 인간에 관하여만 언급할 수밖에 없는 한계를 가진다.[52] 따라서 우주에서 인간의 지위가 확고히 정립되기 전까지는 사람을 위한 올바른 철학이 나올 수 없다. 세계 밖을 모르면서 '세계의 주인'을 규정하는 것은 자칫 오류에 빠질 수 있다. 이런 의미에서 사람을 위한 올바른 철학은 사람이 우주를 자각하면서 정립된다고 할 수 있다.

2) 남북의 상균관계

현하 남북관계는 해방 이후 줄곧 적대적 관계를 이루어왔으나, 2000년 이후부터 교류 협력 관계쪽으로 급변하였다고 할 수 있다.

제2차 세계대전 이후 조성된 양극적 냉전체제는 남북에 각기 다른 정부를 들어서게 하였고, 적대적 긴장 속에서 체제 경쟁 관계를 이루어 왔다. 그러나 긴장 완화와 냉전 체제의 해체는 국제정치를 화해 체제로 바꾸어 놓았다. 양극 체제에서 화해 체제로 바뀌면, 이데올로기의 이질성이 중요시되지 않을 뿐만 아니라, 우방국과 적대국의 구별도 약화된다. 특히 1990년대에 들어와 새로운 국제정치 체제는 '단극체제하의 다극체제' Uni-multipolar system로 변화하고 있다.[53]

과거 양극 체제를 지탱하던 힘은 미소 간의 핵核균형이었다. 이 핵균형에 의해 국제적 질서는 유지되어 왔다. 그러나 소련의 군사력 포기는 전세계의 세력 판도를 미국 중심의 단극單極체제로 바꾸어 놓았다. 만약 미소가 동등하고 동시적으로 군사적 대결을 포기하고 적대관계를 청산하였다면, 세계는 상균적 화해 체제로 지각변동을 일으켰을 것이다. 한나라(一國) 중심으로 운영되는 세계 질서는 선악을 판별할 수 없는 불행한 시대를 상징한다.

이런 국제정치의 역학적 변화에 따라 지금까지 제시된 남북의 통일 방안도 여러 형태로 달려져 왔다. 그 제의 내용들을 성격별로 분류해 보면 영세중립화 통일론, 국가연합론, 연방제 통일론, 장기공존론 및 단계적 교류협력론, 흡수통일론 등이 있다.

통일에 앞서 남북한이 할 수 있는 최선의 정책은 상호 교류이다. 남북한이 까다로운 정치문제를 제외하고, 경제·사회·문화공동체를 이룩해 나가기 위해서는 먼저 교류 협력을 활성화하는 것이 필요하다. 1991년 9월에 남북은 UN에 동시가입을 하였고, 그 해 12월 13일에는 남북의 두 총리가 "불가침 및 교류협력 합의서"(기본합의서)에 서명하였다. 이어 1992년 1월에는 "한반도비핵화공동선언"이 나오고, 5월에는 남북경제공동위원회가 구성되었다. 그 뒤에 개시된 금강산관광은 남북간 우호 시대의 백미를 이루었다.

그러나 북핵문제로 어려움을 겪고 있을 때에, 남북 교류 협력에 일대 전환을 이루게 한 것은 아무래도 김대중정부의 햇볕정책Sunshine Policy이 낳은 「6·15공동선언」(이하 6·15선언)이라 할 수 있다. 선언은 서두에서 "조국의 평화적 통일을 염원하는 온 겨레의 숭고한 뜻에 따라 대한민국 김대중 대통령과 조선민주주의인민공화국 김정일 국방위원장은 2000년 6월 13일부터 6월 15일까지 평양에서 역사적인 상봉을 하였으며 정상회담을 가졌다"고 밝히고 있다. 이 말은 참으로 중요한 의미를 지닌다. 왜냐하면 종전까지 북한은 남한 정부를 주권정부로 인정하지 않고, 미국의 꼭두각시나 정당사회단체 중의 한 단체로 간주해 왔기 때문이다. 1991년 기본합의서에 이르러서야 남과 북은 나라와 나라 사이가 아닌, "잠정적 특수관계"하에서 "서로 상대방의 체제를 인정하고 존중한다(제1조)고 언급했다. 이것은 종전의 '적대관계'를 청산하고 상대적 기준을 정해 '우호관계'로 변화시키는 일대 전기가 되었다고 평가할 수 있다. 그리고 이 「6·15선언」으로 남과 북, 북과 남은 상대적 기준에서 '함께' 할 수 있는 토대를 마련하는 큰 진전을 이루게 되었다.

이러한 「6·15공동선언」에서 필자가 유념하고자 하는 항목은 제4항 "남북 민족경제의 균형 발전"이라는 말이다. 선언문 중 제4항은 다음과 같다.

남과 북은 경제협력을 통하여 민족경제를 균형적으로 발전시키고 사회, 문화, 체육, 보건, 환경 등 제반 분야의 협력과 교류를 활성화하여 서로의 신뢰를 다져 나가기로 하였다.

여기서 '균형 발전'이라는 말이 우연인지 필연인지 알 수 없으나, 상균론 관점에서 볼 때 참으로 많은 것을 생각하게 한다. 먼저 「6·15공동선언」은 남북관계를 잠정적 특수관계하에서의 '우호관계'를 상대적 '상균相均관계'로 바꾸는 결정적 시발점이 되고 있다. 이 상균관계란 남북의 공존관계를 "적대적 공존, 중립적 공존, 협동적 공존"[54]의 3형태로 나눈 것 중에 협동적 공존에 해당할 것이다.

그렇다고 하여 남북관계가 이상적 상균관계에 이르렀다는 말은 아니다. 그 이유는 남북의 불신과 경제적 격차 때문이다. 최소한 남북이 경제적 빈부 격차를 해소하지 않는 한, 또 현재와 같은 불신과 경제적 불균형이 지속되는 한, 진정한 상균관계를 이루는 것은 요원하며, 다만 「6·15공동선언」당시는 '적대관계'를 지나 '우호관계'에서 그 다음 단계인 '상균관계'에 들어가는 준비에 들어갔다고 평가할 수 있다.

따라서 '적대관계'로 되돌아 간 오늘의 남북관계를 질 높은 '상대적 상균관계'로 심화시키기 위해서는 제4항처럼 남북은 서로 민족경제의 균형 발전을 위해 더 많이 노력한다는 전제조건의 충족이 요구된다. 상균이란 총체적으로는 남북이 정치적·군사적·경제적으로 균형을 이루는 것을 의미하지만, 지금의 현실은 경제문제 하나만을 놓고 볼 때, 그 불균형은 이루 말할 수 없다. 불균형을 극복하고 균형을 이루기 위해서는 어느 한 쪽이 용단을 내려야 한다. 이제까지 남북 사이에 있었던 불균형은 냉전 논리의 결과물이었다. 그러므로 우리는 생색내기 선심용 퍼주기가 아닌, 상대편을 지속적으로 강하게 성장시키기 위해 진정한 평등호조平等互助를 하여야 한다. 이처럼 불균형을 극복하기 위해 상균의 문제를 어떻게 해결할 것인가를 놓고 남은 남대로, 북은 북대로 진지하게 고민하여야 한다.

3) 상균적 사회구조

지금 한국 사회는 망각의 역사가 계속되고 있다. 가장 관심 있고, 가장 잘 아는 것 같지만, 까맣게 잊고 사는 것이 있다. 바로 음양의 원리이다. 음양은 쉽게 말하면 남녀관계이다. 오늘날의 한국 사회를 음양으로 말하면, 두 가지로 꼬집어서 말할 수 있다.

하나는 음양이 뒤섞여 있다는 것이다. 이것은 남녀관계가 극히 문란해졌다는 뜻이다. 어느 시대인들 음양이 문란하지 않은 때가 있었겠는가마는 지금 그것이 최악이라는 증거는 이혼율의 급증 현상에서 알 수 있다. 이혼율의 급증은 가히 세계적이며, 이혼 사유가 또한 음양 문란이라는 데 심각성이 있다. 이것은 한국사 5천년에 없었던 전대미문의 사건이다.

다른 하나는 음양을 기피하고 있다는 것이다. 오히려 역설적인 표현이 아닐 수 없다. 음양상교를 하면서도, 그것을 육체적으로 즐기기만 할 뿐, 산고産苦는 겪지 않겠다는 것이다. 기피는 생산 활동을 거부하는 일과 같다. 그 단적인 예가 인구 감소이다. 인구 감소는 여러 가지 이유가 있을 수 있다. 그런데 현재의 인구 감소는 전쟁이나 질병, 자연재해 등으로 인해 생기는 것이 아니고, 사람들이 출산을 고의적으로 기피하는 데서 나타나는 현상이라는 점에 문제의 심각성이 있는 것이다.

음양의 불균형 현상은 우주적 차원에서 먼저 나타나고, 그 다음 인간의 남녀관계에서 나타난다. 한국 사회는 지금 돌이킬 수 없는 음양의 불균형에 빠져 들고 있다. 음양 질서의 붕괴는 이미 남녀관계의 파탄으로 이어졌다.

우리는 비음비양非陰非陽의 혼돈시대에 살고 있다. 음양이 어지러워지면 사회혼란이 일어난다. 자칫 음양의 혼돈에 의한 재앙을 겪게 될지 모른다. 그러므로 비음비양을 정음정양正陰正陽으로 바꾸어야 한다. 소남은 소녀를 만나야 하고, 장남은 장녀를 만나야한다. "정음정양正陰正陽"[55]은 "정음정양淨陰淨陽"[56]이다. 그런데 비음비양의 문제는 인간 스스로 해결하기가 대단히 어렵다는 한계가 있다. 음양의 혼란은 그릇된 음, 그릇된 양이 만든 기우뚱한 지축에서 나온 것이다. 지축이 기울면 생각도 기울고, 생각이 기울면 뇌 구조도 불균형에 빠져 인간을 불행하게 만든다. 역으로 뇌 구조의 진화는 우주의 지축정립으로부터 일어날 것이다. 지축정립을 우주적으로는 음양상균이라 하고, 인간적으로는 정음정양이라고 할 수 있다. 둘 다 후천의 상생 원리이다. 여기서 말하는 상생이란 오행의 상생이 아니라, 음양의 균형에 의한 상생관계를 말한 것이다.

80년대 초에 한완상은 민족분단이 우리시대의 구조적 불균형을 초래한다고 지적한 바 있다. 그는 "분단의 객관적 현실이 불균형 구조를 직접 촉발시키거나 악화시키는 것이 아니라, 냉전 논리라고 하는 매개변수를 통해서 간접으로 불균형 구조를 배태시키고 악화시킨다"[57]고 주장했다. 물론 이런 주장은 분단 현실이 가져다주는 우리 내부의 구조적 불균형을 지적한 것이다.

예컨대, 국토균형발전론國土均衡發展論[58]이 나온 배경이 되는 수도권 과밀화 현상도 사실은 분단체제하의 고도성장정책이 지방화보다는 수도권 집중화를 추구하는 과정에서 가져온 어쩔 수 없는 결과이다. 2002년도 현재 수도권 인구는 전체 국민의 46.6%에 달하며, 지역총생산액도 전체의 48%에 달하고 있다. 설상가상으로 문제가 되고 있는 공공기관은 276개소 가운데 수도권에 85%가 집중되어 있는 실정이다.

이런 의미에서 북한의 경제적 낙후를 분단의 상처로 볼 때, 국토균형발전론의 범주도 북한까지 확대하여 명실공히 '한반도균형발전론'으로 진화되어야 할 것이다. 이것은 '전체성으로서의 균형'이라 할 수 있으며,[59] 진정한 의미에서의 "남북 단위의 반半민족주의가 아닌, 반도 민족 전체를 생각하는 대大민족주의"[60]라 할 수 있다. 따라서 이제는 분단의 후과後果를 극복하는 자세로 나가야 할 것이다.[61]

그런데 남북이 이 시점에서 공히 상균의 원리로 나아가기 위해서는 각기 내적으로 '한어울림'의 창조성에 이르도록 상균의 원리를 실천해야 할 것이다. 남한은 남한대로, 북한은 북한대로 내부의 사회 구조를 상균의 원리로 개조해야 한다는 말이다. 상균적相均的 사회 구조는 불균형과 불평등으로부터 벗어나 균형 있고, 평등하며, 상생적 균화를 지향하는 개혁적 사회 구조를 의미한다. 예컨대, 힘의 균형balance of power에서 경제적 이익균형balance of interest으로,[62] 경제적 이익균형에서 행복균형balance of happiness으로 단계별로 상대성을 발견하며, 상대의 가치를 상승시켜 주는 사회 구조가 상균사회相均社會이다. 지금은 경제적 이익균형의 단계에서 사회가 고통을 겪고 있다. 극소수가 경제이익을 독점하거나, 투자가 군수산업에 몰리면 사회 전체를 불균형으로 빠뜨릴 위험이 있다. 경제적 이익을 전체의 개개인에게 고루고루 확장하는 정책이 절실히 필요한 시점이다. 그런 다음에 행복균형의 단계로 넘어 갈 수 있다. 행복의 근원은 쾌락에 있는 것이 아니라, 창조성의 발휘에 있다. 상균사회의 밑바탕에는 사회정의가 정착되고, 개개인의 창발적 창조성이 활성화되는 동시에 사회 전체의 창조성을 증가시키는 사회 구조를 의미한다. 이는 생명의 원리와 일치하는 것이다.

그리고 남북이 상균의 원리로 나아가기 용이한 것은 비록 2국가로 존재하지만, 민족은 1민족이라는 점이다. 한스콘은 "민족은 역사의 생동하는 힘의 소산이다. 민족은 대개 다른 민족과는 구별되는 일정한 객관적 요소, 이를테면 같은 혈통, 언어, 영토, 정치적 실체, 관습과 전통 내지 종교를 가지고 있다"[63]고 했다. 남북은 1민족이지만, 다른 민족과 구별되는 객관적 요소들이 얼마나 동질성을 함유하고 있느냐가 또 다른 문제로 대두된다. 상균론의 관점에서 2국가 1민족이라는 특수상황에 놓여 있는 남북한은 1민족으로 거듭 태어나기 위해서 관습, 전통, 종교 등에서 서로를 향해 동질화로 나아가야 할 것이다. 이런 면에서 남북의 언어학자들이 "겨레말 큰 사전"의 편찬사업을 공동으로 전개하고 있는 것은 고무적인 예이다.[64] 뮈르달은 "민족주의란 것은 기본적으로 한 집단이 사람들에 대하여 가지는 일체감"[65]이라고 했다. 남북의 일체감은 겨레얼의 마지막 보루인 언어로써 회복하는 것이 가장 바람직하며, 갖가지 이질감도 이 언어를 통해 동질화의 길로 들어설 수 있을 것이다.

그런데 동질화로 나아가는 상대적 기준의 일례로, 동학의 문화 전통을 들 수 있을 것이다. 예컨대 동학의 내세울 수 있는 문화 전통으로는 상대성의 가치 인정, 천지인과 유불선의 합일을 통한 조화 추구, 선천에서 후천으로의 다시개벽, 사람을 하늘처럼 공경하기, 사람의 신분 평등, 외세 간섭 배제, 부패 척결, 사해동포주의 등이라 할 수 있다.

6. 통일과 상균론의 향후 과제

1) 평화통일과 자주문명

조소앙의 삼균주의는 오늘의 우리 모두에게 과제와 교훈을 남겨 놓고 있다. 당시 서구 민주주의, 공산주의, 무정부주의라는 사상적 분파 활동으로 극심한 대결 구도를 이루고 있던 독립운동 전선은 새로운 정치 이데올로기를 고대하고 있었다. 여기에 조소앙의 민족주의 정신(대종교)과 혁명가적 기질이 부합되어 남의 사상을 극복 해결할 수 있는 이념으로 삼균주의가 정립되었고, 당시 공산주의와는 쌍벽을 이루었으나, 해방 후에는 서구 민주주의라는 새로운 외세의 물결 앞에 밀려나고 말았다. 삼균주의의 정치적 균등론은 프롤레타리아 독재를 반대하는 것이었고, 경제적 균등론은 자본가의 독점을 반대한 것이었기 때문에, 충분히 제3의 노선으로 채택될 수 있었으나 국내 기반이 취약하여 유의미한 파장을 형성하지 못하고 말았다. 또한 삼균주의 이념에는 균등사회 실현에 있어서 인간의 다양한 개성을 무시하고 규격화를 시도한다는 지적이 없지 않았다.[66]

사실 해방의 혼란정국에서 제3의 길은 외로운 가시밭길이었다. 국론은 분열되었고, 민심도 흩어졌다. 위기를 느낀 민중들은 외세만큼 튼튼한 보호막이 없다고 생각하였다. 자생이념에의 기대는 바람 앞의 등불처럼 위험한 것이었다. 당시 천도교 청우당도 인내천의 종지와 사인여천의 윤리강령을 내세웠지만, 한독당의 몰락과 유사한 길을 걷고 말았다.[67]

허경일은 동학의 평화통일 이념으로 "사인여천事人如天, 상응相應, 원형이정元亨利貞"[68]의 셋을 제시한 바 있다. 필자도 같은 평화통일의 이념으로 상균론을 주장한다. 남북분단은 미·소의 분할정책에서 나온 것임이 훗날 밝혀졌다.* 그러므로 통일은 남북 당사자가 주체가 되어야 한다. 필자의 상균론相均論은 원형이정의 천도天道 안에서 남북쌍방을 주체로 삼는다. 천도와 '함께with'하는 상균노선이 지향하는 1차적 사명은 쌍방에게 자기 것을 포기하고 제3의 길로 들어오라는 것보다는 쌍방의 독립성을 인정하고, 그 쌍방이 스

---

*한반도 분단은 해방 후 좌우익의 대결과 갈등으로 인해 갑자기 확정된 것이 아니라, 1945년 7월 25일 포츠담회담시 미국 번스 국무장관의 지시에 의해, 미·소가 비밀리에 사전 합의한 분할정책에 의해 이루어졌다. 그러므로 분단의 해결은 미·소에 의탁하는데 있는 것이 아니라, 우리 민족 내부의 주체성에 달려 있는 것이다.

스로 불균형을 시정하여 통합의 길을 걷도록 지속적인 영향을 주고, 상생할 수 있는 자체 역량을 강화시켜 주는 데에 있다.

그리하여 남북 쌍방은 분단 그 자체가 외세에 의해 강요된 모든 불균형의 근원임을 자각하고, 상균相均의 단계로 발전시키도록 민족적 주체성을 가지고 노력해야 한다. 다만 일시적 긴장 조성에도 불구하고 교류 협력이 지속적으로 유지되면 그것이 평화 정착과 통일로 귀결될 것이다. 민족통일은 민족적 무궁한 창조성을 세계무대에 유감없이 발휘할 수 있는 토대를 구축하는 일이다. 통일은 최고의 민족 자존심 회복[69]이며, 궁극적으로 민족적 삶의 완성일 것이다.[70] 나아가 통일은 이분화二分化된 한국 문화가 비로소 하나의 통일성을 갖게 되어 '한국 문명'의 새 출발점이 될 것이다. 신시와 고조선시대로부터 지속되어 온 한국 문명이 삼국시대의 부분통합을 극복한 '한어울림'의 재통합을 맞이하는 것이다.

토인비는 "문명에는 영靈이 있다"[71]고 했다. 한국 통일이 한국 문명의 미래 영을 결정할 것이다. 참으로 중요한 순간이다. 조선시대는 일부가 중국 문명에 편입당한 문명이었지만, 향후 후천개벽기 한국 통일은 한국 문명의 독립선언을 의미한다. 고려 말 최영 장군이 "삼한을 다시 지음이 이 한번에 있소三韓再造在此一擧"라는 말과 같이 남북 재통합의 기회를 맞이하고 있다. 세계 문명사에 한국이 독립된 문명의 영으로, 독립된 자주의 문명으로 진입하는 것이다.

2) 중심사상의 출현

해방정국의 연장선상에 있는 오늘날 우리에게 요구되는 과제는 중심 사상의 출현이다. 여기서 중심사상이란 좌우를 단순히 이어주는 다리 역할보다는, 좌우를 포용하고 수렴하여 좌우의 날개가 올바로 날 수 있도록 도와주

통일 이전의 남북관계			통일한국의 세계관계		우주적 관계
적대관계	우호관계	(남북)상균관계	동북아상균관계	동서양 상균관계	천인상균관계
통일 이전의 3단계			통일 이후의 3단계		

는 중추적 사상을 의미한다. 지금은 좌우의 날개는 있으나, 그 중심의 머리는 없는 것과 같다. 그런 중심의 머리 역할을 할 수 있는 중추적 중심사상이 나와야 좌우의 날개가 올바로 날개를 펼 수 있다. 좌는 중中을 향해 한 걸음 나가고, 우도 중中을 향해 한 걸음 나간다. 그리하여 좌와 우가 서로 가깝게 마주보며, 비좌비우非左非右의 중中을 본다. 그동안 이 중中을 보지 못하게 가로막아 온 것이 친일잔재와 6·25의 상흔이며, 강대국의 저질 군사문화이다.

그런데 무엇보다도 시급한 과제는 이 좌우의 가운데에서 민족적 발전의 불균형을 악화시키고 있는 분단 철조망을 걷어치워야 한다는 것이다. 그러면 어느 누가 이 일을 할 것인가? 오늘의 현실이 증명하는 바와 같이, 한민족이라는 특수조건에서는 계급성이 민족주의를 뛰어넘지 못한다는 한계를 가진다. 이런 의미에서 우리가 주목할 것은 민주적 시민 세력과 중립적 해외 동포 세력, 그리고 영적靈的으로 깬 사람들이 일어나야 한다는 것이다. 이들이 남북한에서 '균형자' 역할을 할 수 있기 때문이다. 균형자 역할[72]이란 균형을 깨뜨리려는 외부 세력을 차단하고, 언제 어떻게 기우뚱할지 모를 남북관계의 중심을 잘 잡아 균형 발전을 지속적으로 유지하는 일이다. 이것은 북한만을 위한 것도, 남한만을 위한 것도 아니다. 한반도 전체를 살리는 길이다.

그러면 왜 남북관계에서 균형 발전이 중요한가? 이유는 상생相生이다. 절대음絕對陰, 절대양絕對陽은 결코 거룩한 존재가 아니다. 독음獨陰 독양獨陽은 우주의 고아일 뿐이다. 상생만이 평화를 낳는다. 수도권과 지방, 동과 서, 남과 북이 함께 상생의 전략을 과감히 추구해야 한다는 것이다. 이리하여 남북이 상균 즉 '상생적 균화'을 이루고 일정한 과도기를 지날 때, 비로소 남북은 새로운 단계, 즉 완전한 민족통일의 길로 진입할 수 있다. 여기서 잠시 상균 관계의 발전 단계에 대해 언급할 필요가 있다. 우리의 통일 목표가 여기에 있기 때문이다. 여기서 통일 이전과 이후의 관계에 대해 부연설명을 하면, 통일 이후에는 동북아에서 한-중-일이 상균관계를 이루고, 그 다음 동서양에서는 한-미가 세계적 상균관계를 이루며, 마지막에 이르러 인류는 우주적 상균관계에 돌입한다. 즉 천인의 상균관계에 이르러 비로소 동학의 궁극적 단계인 "조화정造化定의 단계"로 들어서는 것이다. 그것이 바로 상대성이 갖고 있는 일관된 창조성의 원리이다.

조용일이 조화정을 "인간의 창조적 참여"로 보고, 조화 자체를 "유무有無의 상호 전환相互轉換"으로 이해한 것은 되새겨 볼 만하다.[73] 이처럼 조화정이란 통일의 조화造化가 집단 간 갈등 없이 무위이화無爲而化로 정해지는 창조성의 단계를 말하며, 이를 구체적으로 표현하면 세계정부를 의미한다고 할 수 있다. 여기서 물론 '상균 단계'와 '조화정 단계'가 확연히 구별되는 단계는 아니다. 이 조화정의 단계에서는 원시반본하는 이치에 따라 남성적 원리 대 여성적 원리가 주된 긴장관계를 이루거나,[74] 아트만Atman;진정한 자아과 브라만Brahman;우주의 진정한 본성의 관계처럼[75] 인간의 에로스와 우주의 에로스가 서로 긴장관계를 이룰 것이다. 화이트헤드는 "에로스는 이상적인 완전성을 실현하려는 충동"이라고 했다.[76]

아무튼 우리에게 중요한 것은 통일이다. 바야흐로 한국 통일은 한민족사에서 가장 위대한 사건이며, 남과 북이 함께 하는 혁명적 역사 창조가 될 것이다. 통일은 과거 남북을 분단으로 옭아맸던 이념, 사상, 체제를 송두리째 일소할 것이다. 나아가 선천 5만년을 지배해 온 모든 관념을 쓸어 버리는 것으로부터 출발할 것이다.[77] 과거 신라의 삼국통일을 "일통삼한一統三韓"[78]이라 하지만 후에 후삼국後三國으로 분립되는 비극을 맛보았던 전철을 밟을 수 없다. 앞으로의 통일은 인류 세계가 동참하는 일대 파노라마가 되어야 할 것이다. 이런 거대한 통일의 힘은 외세에의 의존을 벗어나 남북한의 상균관계로부터 나온다는 것이 상균론相均論의 통일 원리인 것이다. 다시 말해 남북이 현재의 불균형을 그대로 유지한 채 통일이 되거나, 아니면 상대를 무력화시켜 놓고 일방적 흡수통일을 한다면, 그 어느 것도 상균이 아니다. 상균의 목적은 강제나 파괴에 있는 것이 아니라, 상균의 핵심은 일방과 일방이 '함께'로부터 '한어울림'의 창조성에 이르는 것이다. 한국 통일은 인류 역사에 새로움을 하나 증가시키는 세계적 과정이며, 나아가 우주적 운기運氣를 상극에서 상생으로 교체하는 '신들림'의 표본이 될 것이다.

3) '동북아 벨트' 형성

일찍이 이종일은 "청국, 일본, 우리나라는 마치 솥발과 같아서 한나라도 떨어지면 솥이 기울듯이 균형을 잃는다"고 말한 바 있다.* 한국, 중국, 일본이 큰 의미의 '동북아 벨트'라면, 작은 의미의 '동북아 벨트'도 가능할 것이다. 남과 북, 북과 남은 조화와 균형 있는 발전을 위해 '동북아 벨트'를 형성해야 한다. 이 동북아 벨트는 처음에 경제 벨트로부터, 다음에 정치 벨트로, 마지막에 문화 벨트를 형성하는 것이다. 특히 낙후된 북한이 빠른 속도로 발전하기 위해서는 신의주경제특구, 100만평 부지의 개성공단, 금강산관광특구 등 북한 내 시장뿐만 아니라, 동북아 경제 벨트라는 새로운 시장 개척을 통해 쌍방교역이 이루어져야 한다. 북한은 '고난의 행군' '사회주의 강행

---

*이 말은 1900.2.9, 『제국신문』에 실린 독립운동가 이종일의 글이다. 당시까지만 해도 한·중·일은 서양에 대항하는 동양3국으로서의 공동의식이 강하였다.

군 '개건과 개선'의 조치를 무사히 넘기고 2002년 7.1조치(새로운 경제관리 개선 조치) 이후 시장은 합법화하고, 시장을 통한 유통이 강화되었다. 2003년도 북한의 대외 교역량은 30억 달러인데, 그 중에 남북한 간의 교역량은 7억달러가 넘어 전체 교역량의 1/4에 육박하고 있다.[79] 2009년 북한의 수출액은 11억 3천만 달러, 수입은 26억 9천만 달러로 전체 무역 규모는 38억 달러이다. 중국에 대한 무역 의존도가 무려 73%에 이른 실정이다. 2008년도 남북 교역량은 반입 9억 3천만 달러, 반출 8억 8천만 달러 등 모두 18억 2천만 달러이다. 향후 남은 북이 일정 기간 동안 고도성장을 이룰 수 있도록 식량 지원, 전력 공급, 철도 도로의 사회간접투자 등에서 적극적인 후원자가 되어야 할 것이다. 만약 중국이나 일본이 그 후원자 역할을 대신한다면 통일 이후 문제는 더 복잡해질 수 있다.

1990년 중국 장춘에서는 "동북아지역의 경제 발전을 위한 국제협력"이라는 주제하의 국제학술 세미나가 열린 바 있다. 여기서 중국 측은 두만강 유역, 중국·러시아·북한 3국의 접경지역에 경제특구를 건설하여 한국과 일본의 자본과 기술제공하에 천연자원을 개발하고 소비재를 생산하는 방안을 제시하였다. 이보다 앞서 중국은 동북경제구를 설정하고, 동북아 경제권 개발을 구체화하고 있다.[80] 북한도 1991년 말 나진-선봉을 '자유경제무역지대'로 지정하고 청진항을 자유무역항으로 지정한 바 있고, 현재 '나진 선봉 경제특구'로 이름을 바꾸고 새로운 전망을 위해 재기를 모색하고 있으나, 중국 기업 150개가 거의 독점하고 있는 실정이다.

지난 1992년 이래 UNDP(국제연합 계발계획)의 주도로 각광을 받았던 두만강 하구 삼각주 개발사업은 국제자유무역지대 설립을 위한 동북아지역 협력 프로젝트이다.[81] 이 지역은 한반도의 머리인 백두산 일대를 포함하는 과거 고구려와 발해의 땅으로 선맥仙脈 문명의 요람지였으며, 대일항쟁기에는 독립운동의 최대 거점이었다. 지금 이 사업은 무산되었지만, 장차 동북아 경제 협력이라는 원대한 구상을 실현함에 있어 우리가 얼마나 주도적 역할을 하느냐에 따라 이 지역의 경제지도가 달라질 것이다.

동북아 경제권은 지리적으로 옛 만주땅인 중국의 동북3성(요령성, 길림성, 흑룡 강성)과 내몽골 자치구, 양자강 삼각지구까지 포함하는 중국의 동해안, 러시아의 시베리아 일부 및 극동 지역, 몽고, 그리고 한반도의 남북한과 일본열도를 말한다. 이들 국가들은 경제 발전, 산업구조, 천연자원, 노동력 등의 정도에 따라 상호 보완적인 상대관계를 지니고 있기 때문에 앞으로 이 지역의 경제성장, 교역 증대, 고용 창출에 크게 기여할 것이다. 이 백두산-두만강 유역을 중심으로 한 반경 1000㎞에 달하는 경제권에 동북아와 한민족의 미래가 달려 있다.

과거 노무현 정부는 한국의 균형자 역할을 국제적으로 확대하기 위해 "동북아균형자론東北亞均衡者論"을 제시한 바 있다.[82] 지금 동북아 정세는 탈냉전 이후 지난 10여 년간 불안정한 상태에서 벗어나지 못하고 있다. 경제·문화적으로는 유기적이며 상호의존적 관계를 만들어 가고 있으나, 외교·안보 분야에서는 평화 구조가 정착되지 않고 있기 때문이다. 불안정한 동북아 정세를 안정과 평화의 질서로 만들어 가는 중장기적인 과정에서 한국이 적극적인 역할을 수행하겠다는 것이 그 목적이었으나 소기의 성과를 거두지는 못했다.

그러나 필자는 이 균형자론에 일정한 의미를 두고 싶다. 이 동북아 균형자론은 지금은 시기상조일 수 있으나, 민족통일 이후에 일본의 군사적 도발을 막고, 나아가 우리 한민족이 아시아의 번영을 위해 일조할 수 있는 길이 될 것이다. 아시아의 평화와 번영 없이 '통일한국'[83]의 번영도 불가능하다. 19세기 말과 같은 불안한 국제정세가 도래하고 있는 지금이다.

일찍이 충무공 이순신은 동북아에서 균형자 역할이란 무엇인가에 대해 선례를 보여 준 적이 있다. 그때 조일전쟁(임진왜란)은 명明의 참전으로 조-중-일의 동북아 삼국전쟁의 형태로 전개되었다. 그 당시 명나라 도사都司인 담종인譚宗仁이 웅천에 와서 왜적과 강화를 의논하고, 충무공에게 왜군을 치지 말라고 명령했다. 소위 금토패문禁討牌文이라는 것이다. 내용은 다음과 같다.

> 일본 장수들이 마음을 돌려 귀화하지 않는 자 없고, 모두 병기를 거두어 저희 나라(일본)로 돌아가려고 하니, 너희들(조선군) 모든 병선들은 속히 각각 제 고장으로 돌아가고, 일본 진영에 가까이 하여 트집을 일으키지 말도록 하라.[84]

이에 대해 충무공은 감연히 항거하였다. 아무리 황제 나라의 군사 명령이라 하더라도 시비를 분명히 가렸다. 1594년 3월 6일자 치욕적인 금토패문에 대해 그 이튿날 아래와 같이 답변서를 보냈다.

> 왜인들이 거제 웅천 김해 동래 등지에 진을 치고 있는 바, 거기가 모두 우리 조선 땅이거늘 일본 진영에 가까이 가지 말라 함은 무슨 말씀이며, 또 우리더러 속히 제 고장으로 돌아가라 하니 제 고장이란 또한 어데 있는 것인지 알 길이 없습니다.[85]

충무공은 논리정연하게 자주적인 반론을 폈고, 한편으로 1594년 3월 10일, 조정에 이 금토패문과 관련하여 장계를 올렸다.[86] 명과 일본의 강화 조치가 조선의 의지에 반하는 조치라는 부당성을 주장하고, 명과 일본이 어떻게 하여야 한다는 것을 주체적인 관점에서 명시해 주고 있다. 먼저 일본 진陣이 있는 거제 웅천 등은 일본 땅이 아니고 우리 땅이며, 따라서 제 고장으로 돌아가야 할 사람은 일본이지 우리가 아니라는 것이다. 왜적은 간사하여 신의를 안 지키는데 명나라는 왜 그들과 강화를 맺으려 하느냐, 강화란 속임이며 거짓이다, 그러므로 왜적들에게 역천逆天과 순천順天이 무엇인지를 알게 하라는 것이다.[87] 그 후 충무공은 명나라 진린 도독과 조명朝明 연합함대를 편성(1598.7)하여 일본을 무찌를 때에도 항상 주체성과 균형을 잃지 않고 명-일明-日 사이에서 조선의 국권을 바르게 지켰다.

과거 조일전쟁 때도 그러하였지만, 현하 한중일 삼국의 문제는 종국적으로 한국의 몫으로 남게 될 것이다. 이런 의미에서 필자는 이 '동북아균형자론'을 '동북아 상균관계'라는 말로 바꾸어 이해하려고 한다. 통일 이후 동북아시아는 새로운 균형시대를 맞이하게 될 것이다. 통일한국이 중, 일과 상균관계를 이루어 동북아에서 완전한 평화세계가 건설된다는 것은 삼균주의가 표방했던 인여인人與人, 족여족族與族, 국여국國與國의 균등사회가 동북아에서 실현되는 것과 같다. 반국半國에서 일국一國으로, 일국에서 다국多國 속으로 들어가는 것이다. 그런 다음에 세계사적 위치에서 통일한국이 미국과 마지막 대결을 하게 될 것이다. 통일한국의 발전의 원동력은 첨단 과학 분야와 문화 산업에서 나올 것이다.

4) 자주국가와 사회악 청산

아시아에서 우리의 민족적 책무를 다하기 위해서 우리는 통일민족국가를 자주적으로 건설하여야 하며, 그러기 위해 먼저 사회악惡을 청산하여야 한다. 우리 세대의 최우선적 과제는 남북 분단을 완전히 청산하고 "자주적 통일민족국가"를 건설하는 것이다. 새 나라를 자주적으로 건설한다는 말은 평화적이며, 상생적이며, 주체적이라는 것을 의미한다. 다시 말해 어떠한 경우도 우리는 이 상생적 균화, 정치적으로 말하면 '평화적 상생'을 포기할 수 없다. 만약 평화적 상생을 포기하고, 대결을 부추긴다면 우리는 함께 날지 못하고 추락한다. 설상가상으로 우리 주위를 휘감고 있는 열강들이 우리를 가만두지 않을 것이다. 그런데 아직도 국내외에는 한쪽 날개만으로도 날 수 있다고 맹신하는 무모한 극단 세력들이 있다는 것이 문제이다. 이런 잘못된 믿음이 한반도 정세를 오판에 빠뜨리거나 서로에게 충돌을 유발하게 될 때, 자칫 민족 전체를 무너뜨릴 수도 있는 것이다.

그런데 지금 "자주적 통일민족국가"의 건설로 나아가야 하는 우리에게는 당면하게 해결해야 할 과제가 놓여 있다. 이 과제를 시급히 해결하지 못하면 우리는 민족적 깊은 상처를 안고, 세계의 무대에서 낙후될 것이다. 바로, 우리 내부에 독버섯처럼 돋아 있는 "사회악"과 '사대주의'를 청산하는 일이다. 오늘 우리 사회에 만연해 있는 사회악은 그 부패상에 의해 그대로 드러나고 있다. 남은 남대로 북은 북대로, 온갖 부정부패가 사회의 구석구석에서 가치관의 혼돈을 부채질 하고 있고, 인간을 이기적 동물로 변질시키고 있다. 그리고 국민의 10%에 지나지 않는 극소수가 국부國富를 독점한 채, 자기들만의 절대가치를 지키기 위해 우리 사회를 약육강식과 이전투구의 수렁으로 몰고 있다. 사대주의는 그들로부터 나온 것이다. 그렇다면 이 깊은 수렁으로 빠져가는 우리 사회를 어떻게 상균사회相均社會로 만들 것인가?

오늘날 자본주의도 공산주의도, 어느 이념도 사회악을 청산할 능력을 잃어가고 있다. 모두가 거대한 사회악에 중독된 채 오히려 기생하고 있기 때문이다. 따라서 우리에게 시급히 필요한 것은 사회악의 고리를 과감히 끊을 수 있는 가치관의 혁명이다. 한반도에서 자본주의와 공산주의의 이념적 갈등보다 더 중요한 것은 바로 삶과 사람에 대한 통일적 가치관을 정립하는 일이다. 삶과 사람이 분리되어 있는 가치관으로부터 통일적 가치관으로의 긴박한 변화가 요청된다.

110여년 전, 이 땅에 일어난 동학혁명도 처음에 사회의 부정부패를 척결하기 위해 일어났던 것처럼 오늘 우리도 혁명적 결단을 하지 않으면 안 된다. 사회의 공동선을 재건하기 위해 다시금 동학의 문화 전통이 절실한 때이다. 남북한 사회의 최대 단점은 상대방의 창조적 가치를 부인하고 타인을 타도 대상으로 삼아 자기만의 독선적·유일적 가치만을 주장하며,[88] 모든 인간관계를 화폐로 계산하는 황금에의 맹신과 사상성의 무장에 대한 오류가 우리 사회에 온갖 악을 확대 재생산하고 있다는 데에 있다.[89]

그러므로 우리는 이 사회악을 그대로 가지고 통일의 고개로 넘어갈 수 없다. 사회악은 우리 사회의 창조성을 파괴하는 원흉이다. 약자 착취와 강자 독식이라는 구시대의 이분법적 유물을 버리고, 물질적으로 서로 베풀어 화합하며 정신적으로 상생을 실천하는 인식의 대전환이 내부로부터 일어날 때, 너와 나, 남자와 여자, 남과 북이 함께 사는 상균주의적 개벽세상을 열어갈 수 있을 것으로 기대한다.

7. 후천 문명과 역사의 영성

남북통일 이후 한국 문명의 영靈을 무엇으로 결정할 것인가는 참으로 중요하다. 강기철은 동북아의 제1대 문명을 동이東夷문명이라 이름하고, 이 동이문명은 고조선과 주周왕조에 의해 주도되었으며, 지금은 제2 사이클로 접어들었다고 보았다. 아울러 이형구는 단군시대에 산동반도와 요녕, 요동지방 그리고 한반도는 발해 연안을 중심으로 '발해 연안 문명'을 일으켰다고 지적했는데, 이는 미래에도 유효한 역할을 할 것이다.[90] 최근 중국 황하문명과 전혀 다른 제5의 문명인 요하문명이 집중적으로 발굴되고 있다. 우실하는 요하문명을 '동북아의 시원문명'*이라고 보았다. 그 문명의 주인이 누구냐는 문제보다 더 중요한 것은 그 문명의 깊이를 이해하는 일이다. 그 요하문명속에 동북아 문화의 진액이 녹아 있기 때문이다.

이은봉은 한국인들이 가지고 있는 (인격적) 하느님 신앙은 훌륭한 신앙 요소를 가지고 있으면서도 그 신을 중심으로 한 고등종교의 성립을 보지 못했을 뿐만 아니라, 1500년간이나 남의 종교에 지배당하며 민간에 방치되어 왔다고 지적했고,[91] 최동희는 우리 민족 신앙의 최고 대상이었던 한인桓因이, 19세기 후반에 동학에 새로운 모습으로 나타났다고 밝혔다.[92] 김범부는 동학을 신도神道의 기적적 부활이고, 국풍國風의 재생[93]이라고 높이 평가했다. 이러한 의미에서 동학은 제2 동이문명의 중흥에 기여할 수 있는 충분한 조건을 갖추었다고 할 수 있다.

필자가 보건대, 한국 문명사의 일대 특징은 역사에서 절대성의 유입을 반대한 것과 역사의 영성화靈性化를 추구해 왔다는 점이다. 천신을 숭배해 왔으면서도 하나만의 절대성을 용납하지 않았다는 것은 천지인 합일 정신으로 대대적 포용주의를 문명의 특징으로 삼았다는 뜻이다. 또 하나는 지나친 세속화를 거부하고 늘 영성화를 추구해 왔다는 것이다. 이런 차원에서도 동학은 앞으로 새 문명의 탄생에 결정적인 기여를 할 수 있을 것이다. 상극적인 서세동점西勢東漸이 아니라, 이제 상생적인 동세서점東勢西漸의 길이 열린 것이다.[94] 최근 류승국은 한국이 세계를 위해 내 놓을 수 있는 이념이 있다면 그것은 "인간생명주의"라고 주장했다.[95] 하늘을 공경하면서도 절대자神에게 매몰되지 않는 인간에 대한 보편적인 생명 사랑이 중요한 가치로 부각되고 있다는 말이다. 함석헌도 세계적 사명을 가지고 세계 무대에 나서는 우리 민족에게 "영원의 풀무간에 가서 일곱 번 단련한 정금보다 더 순수한 진리

* 우실하, 「요하문명은 중국, 한국 누구의 것도 아니다」, 『한겨레신문』, 2010.2.11.

의 검을 사라"고 외쳤다. 남과 북을 갈라 온 이념과 체제를 고열의 용광로 속에 넣어 민족의 참얼로 영성靈性을 정금精金하자는 말이다. 따라서 상균주의가 밝히고 있는 '함께'–'같음'–'어울림'–'낳음'의 4단계 변화는 인간 영성의 진보에 따른 역사의 영성화를 더욱 강화시켜 줄 것이다.

첨언하면, 역사는 자주성의 확보과정이다. 자주성自主性*이란 타인에 대한 자주성, 국가권력에 대한 자주성, 우주적 도전에 대한 자주성 등 세 종류가 있다. 이 세 가지 자주성을 온전하게 확보할 수 있을 때 비로소 자주인自主人이라 말할 수 있다. 사람의 자주성은 자기영성自己靈性의 진보와 하늘성天之性의 자각을 통해 획득되고 축적된다. 자주인의 자주성이 갖는 궁극적 목적은 천지인天地人 합일의 성취에 의한 우주완성에 있다.

특히 자주화의 과정에서 우주적 도전에 대한 응전은 새로운 문명을 모색하는 전환점이 되어 왔다. 우주적 도전은 요즘 외계 충격설**이라는 말로도 설명하는데, 태양의 흑점, 태양풍, 소행성 충돌, 혜성의 출현, 극이동, 자기장 역전, 유성(운석)충돌 등 외계의 갑작스런 충격에 대해 인류는 상당기간 불안과 공포 속에 살게 된다. 그러나 창조적 영성의 출현과 보편적 지성의 자각을 통한 '새로운 경험'의 축적으로 인간은 스스로의 자주성을 과감하게 발현하며 전진하고 있다.

*계연수는 『환단고기』 서문 범례에서 '자아·인간의 주성(主性)발견'이라는 표현을 한 바 있다.
** 외계 충격설에 관한 연구 단체로는 www.sis-group.org.uk 가 있다.

동학의 관점에서 본 우주변화
─ 洛書 相克의 한계와 후천의 새 상균도

1. 낙서에 대한 문제제기

「역전서」 서두에 "역易은 변하여 바뀌는 것이니, 때를 따라[隨時] 변하여 바꿈으로써 도를 따르는 것[從道]"[1]이라고 했다. 변역變易의 단서는 수시隨時와 종도從道이다. 때에 따르지 않고 먼저 바꾸거나 늦게 바꾸면 도를 따를 수 없게 된다는 말이다.

천생 신물인 하도河圖와 낙서洛書는 이 수시종도隨時從道의 대표적인 예라 할 수 있다. 공안국 이래, 하도는 복희씨가 다스릴 때에 나온 용마의 무늬를 보고 팔괘를 그렸고, 낙서는 우임금이 홍수를 다스릴 때에 신구가 지고 나온 무늬를 보고 홍범을 내놓았다고 한다. 대개 하도는 5천년, 낙서는 4천년의 정신사를 갖고 있다고 보지만, 그것의 진위나 정확한 연대를 상고할 수 있는 것이 아니다. 다만 하도와 낙서를 통해 이룩된 우주 변화의 천도와 인사에 대한 학문적 성과를 검토하고 평가하는 태도는 부정될 수 없다고 본다.[2]

그런데 19세기 초에 최수운과 동시대에 태어난 김일부金一夫는 자신의 『정역』 서문에서 "복희가 간략히 긋고, 문왕이 공교히 하였으니, 천지가 경위한 지 2,800년일세"*라고 밝힌 바 있다. 이 말은 문왕팔괘도에서 천지건곤天地乾

坤이 서북[건乾]과 서남방[곤坤]에 기울어진 지 2,800년 만에 김일부가 비로소 우주 변화의 원리를 깨닫고 천지의 위치를 자로 잡아 정역正易 팔괘를 그리게 되었다는 말이다. 이 말을 바꾸어 말하면 문왕팔괘도가 처음에는 수시 종도하여 나왔지만, 세월이 지나면서 종도를 다하지 못해 김일부가 스스로 바로잡지 않을 수 없었다는 뜻이기도 하다. 본래 문왕팔괘도는 낙서의 가운데 수를 채운 것이 홍범이라면, 가운데 수를 비운 것이 문왕역이 되어 팔괘도가 나온 것인데,[3] 이렇게 김일부의 주장처럼 문왕팔괘도가 바로잡혀야 한다면, 그 수리적 근거가 된 낙서는 어떤 문제가 있는가?

하도가 상생의 원리를 표현해 주고 있다면, 낙서는 상극의 원리를 표현해 주고 있다. 문왕팔괘도에서 건곤이 변방에 기울어 있는 것이 문제라면, 낙서는 선후천 교역기에 들어가 음陰인 금金이 태과太過함에 따라 택멸목澤滅木에 이르게 되어 동방의 목木과 중앙토土에 문제가 된다는 점이다. 본래 낙서는 하도의 금金과 화火가 교역하여 오행의 상극 순환을 밝혀 준 것이고, 여기에 팔괘의 차서대로 배열되어 문왕팔괘가 된 것이다. 이러한 낙서의 문제점을 더 심도 있게 다루기 위해 필자는 동학의 개벽사상에 의지하려고 한다. 개벽관에는 여러 유형이 있지만, 필자는 선후천 개벽관에 기초하여 밀물·썰물이라는 새로운 관점에서 현행 하도와 낙서를 선천으로 보고, 후천에는 후천에 맞는 하도와 낙서가 나와야 한다는 관점에서 하락河洛을 고찰할 것이다. 그런 다음에 동학의 상균론에 기초하여 오행의 균형적 순환 문제를 '상균도相均圖'라는 새로운 후천의 낙서 수리로 설명하여 낙서의 오행론이 갖고 있는 문제점과 한계를 극복할 수 있는 대안을 제시하고자 한다.

* "伏羲粗畫 文王巧 天地傾危二千八百年"(『正易』 「大易序」)

2. 낙서의 오행질서와 그 한계

1) 하도와 낙서의 기본 원리

공자는 『논어』와 「공자세가」에서 말한 바와 같이 하도낙서가 나오지 않는 것을 애통해 하였다.* 하도와 같은 상서로운 부명符命으로는 『여씨춘추』에 단서丹書(「응동편」)가 나오고, 『회남자』에 녹도綠圖(「숙진훈편」)가 나온다. 『주역』 본문에서 하락河洛을 언급한 곳은 한 곳밖에 없다. 「계사전」(상전 11장)에 "천생신물天生神物 성인칙지聖人則之 천지 변화天地變化 성인효지聖人效之 천수상현 길흉天垂象見吉凶 성인상지聖人象之 하출도河出圖 낙출서洛出書 성인칙지聖人則之"라 하였다. 『주역』은 천지 변화를 괘획의 상으로 나타내고, 그 괘의 다양한 변화를 통해 인간이 길흉을 판단한다. 그런데 『주역』은 이렇게 나온 64괘상 변화의 원형을 하도와 낙서라고 본다. 특히 복희라는 인물과 가탁되면서 하도낙서의 경전상 위상은 절대적 지위를 얻게 되었다.

하도는 10수로서 10은 시방十方(상하와 8방)을 상징하므로 우주 삼라만상이 이 10수 안에 있다고 한다. 10이란 1에서 10까지이나 하도는 왕순往順하여 10에서 1로 간다. 반면에 낙서는 9수로서 다만 10은 형이상적으로만 존재하기 때문에 실재하는 것은 1~9이다. 낙서는 내역來逆하여 1에서 10(9)으로 거슬러 간다.

하도는 우주의 운행을 흰 점 25개와 검은 점 30개로 표현하고 있다. 합수 55로서 만물 생성의 이치를 설명하고 있는 것이다. 도상에는 하下1, 상上2, 자左3, 우右4, 중中5의 수가 안에 있고, 이어 하6, 상7, 좌8, 우9, 중10이 수의 밖을

---

* "子曰 鳳凰不至 河不出圖 吾已矣夫"(논어 자한편); "河不出圖 洛不出書 吾已矣夫"(『史記』「공자세가」)

둘러싸고 있다. 1·2·3·4·5는 만물을 낳는다고 하여 생수生數라 하고, 6·7·8·9·10은 만물의 형체를 이룬다고 하여 성수成數라 한다.

반면에 하도와는 달리 낙서는 거북이의 몸에 비유하여 설명한다. 거북 등의 한가운데를 5라 하고, 꼬리1과 머리9, 좌3과 우7, 어깨의 좌4와 우2, 발의 좌8과 우6이 마주보며 총 45개의 점이 구궁을 이룬다. 정방正方에 1·3·7·9가 자리하고, 간방間方에 2·4·6·8이 자리하여 중앙 5를 둘러싸고 있다.

그런데 이 하락의 순역順逆에서 중요한 위치를 점하는 것이 곧 5황극이다. 주자는 삼천양지參天兩地의 이치에 따라 5가 가운데 자리한다고 했다. 이를 3극관계로 보면, 하도에서는 "10무극→5황극→1태극"으로, 낙서에서는 "1태극→5황극→10무극"으로 가는데 이 5황극이 낙서에 와서야 체體가 된다. 왜냐하면 하도에서는 중궁中宮에 5·10이 함께하여 10이 체가 되고 5가 용用이 되는 반면에, 낙서에서는 중궁의 5토±가 10으로부터 독립하여 체가 되고, 나머지 수화목금水火木金을 용으로 하기 때문이다. 낙서에서는 하도의 10은 실재하지 않으나 다만 대대對待하는 수의 합(1+9, 2+8, 3+7, 4+6)으로 내재되어 있다.

그리고 『주역』에서 하락河洛을 성인이 본받았다고 한 뜻을 주자는 「역본의도易本義圖」에서 5와 10을 중심으로 설명한다. 즉 하도의 5와 10을 비운 것은 태극이고, 홀수 20과 짝수 20은 양의이며, 1·2·3·4와 6·7·8·9는 사상이고, 사정방의 합을 쪼개 '건곤리감'을 만들고, 네 모서리의 빈 곳을 채워서 '태진손감'을 만든 것이 팔괘라는 것이다. 이와 같은 이치로 낙서의 가운데 5를 비우면 태극이 되고, 역시 건곤리감, 태진손간의 팔괘가 나오는 것이다. 그런데 『정역』에서는 『주역』을 선천이라 하고 『정역』 자신을 후천이라 한다. 『주역』에서는 하도를 선천이라 하고, 낙서를 후천이라 하지만, 『정역』에서는 그와 반대이다. 선후천관이 뒤바뀐 것이다. 팔괘로 보면, 복희선천괘는 갓 나온 애기 모습으로 하도 실현의 수단이 될 수 없고, 문왕후천괘는 금화교역으로 천지가 기울어져 상극상을 노정할 뿐, 온전한 하도의 실현이 될 수 없어 금화를 다시 복구하여 본하도本河圖가 될 때, 천지가 정위하고 산택山澤이 통기하여 하도의 완전한 실현이 이루어진다고 보는 것이다.[4]

2) 천지지수天地之數와 오행의 상생상극

「계사전」에 "천일天一 지이地二 천삼天三 지사地四 천오天五 지육地六 천칠天七 지팔地八 천구天九 지십地十 천수오天數五 지수오地水五 오위상득五位相得 이각유합而各有合 천수이십유오天數二十有五 지수삼십地數三十 범천지지수凡天地之數 오십유오五十有五 차소이성변화此所以成變化 이행귀신야而行鬼神也"(上9장)라 하여 이 천지지수天地之數 10수를 오행 생성의 수로 설명하고 있다. 본래의 천지지수는 음양으로 있었으나, 여기에 오행의 수가 더해짐으로써 음양과 오행, 오행과 음양이 완전하게 결합하였다. 그래서 생수生數 오행과 성수成數 오행이 나와 1·6수, 2·7화, 3·8목, 4·9금, 5·10토가 나온다. 이런 천지생성지수의 결합은 『예기』(월령)에 대한 정현의 주註[5]에 보이나, 『여씨춘추』(12紀)나 『관자』(유관), 동중서의 『춘추번로』에 보면 이미 그 완성을 보게 되었다는 것을 알 수 있다.[6]

오행의 원기는 수화목금토이다. 처음에 태극의 기가 움직이기 시작하면 양이 생기고, 고요해지면 음이 생긴다. 이렇게 태극의 동정에 의해 최초로 나오는 기의 형질이 수水이다. 그래서 수는 만물의 근원이 된다. 이 근원적인 수水가 가만 있지 아니하고 극한 작용을 하면 수水와는 정반대의 화火가 나온다. 본질에 있어서 물은 양기陽氣이지만 그 속에는 이미 음기陰氣를 품고 있기 때문이다. 이렇게 양중음陽中陰, 음중양陰中陽의 역리易理에 의해 오행의 차서가 정해진다. 일왈수一曰水, 이왈화二曰火, 삼왈목三曰木, 사왈금四曰金, 오왈토五曰

土의 차례는 여기서 나오는 것이다.

오행의 계절적 기운으로는 목화토금수이다. 목木은 생겨나게 하는 것을 주관한다. 화火는 자라는 것을 주관한다. 토土는 중간적 조화調和를 주관한다. 금金은 거두는 것을 주관한다. 수水는 감추는 것을 주관한다. 그런데 오행과 방위, 그리고 오행과 계절과의 배합은 많은 변화를 겪게 된다. 처음에 토土는 『여씨춘추』에서 계절이 배당되지 않은 채 계하월季夏月(6월)의 말미에 부속되다가(12기),『회남자』에 이르러 계하월에 배당되고(「시칙훈」), 이것이 중앙의 의미에 부합되지 않는다고 하여 계하季夏와 맹추孟秋 사이에 독립시켜(『예기』「월령」) 중앙토中央土의 의미가 부각되기 시작했다. 한동석의 경우 이 토土의 중中을 만물을 생하는 중中과 만물을 통일하는 중中으로 나누고, 각기 5와 10을 부여하여 5 · 10토의 중화작용을 강조하였다.[7] 이러한 중화적이며 중성적인 힘을 필요로 하게 된 것은 음양이 가지고 있는 본질적인 팽창발산작용과 응축수렴작용을 조절하고 융합할 수 있는 제3의 힘이 요청되었기 때문이다.

『주역』에서 하도낙서는 상생상극의 원리로서 작용한다. 하도는 선천先天이요, 낙서는 후천後天이라 하는 것은 하도는 상생相生이고, 낙서는 상극相克이기 때문이다. 특히 이론상 하도의 금화金火가 교역交易함으로써 상생이 상극으로 바뀌는 낙서가 나중에 나왔다고 할 수 있다.

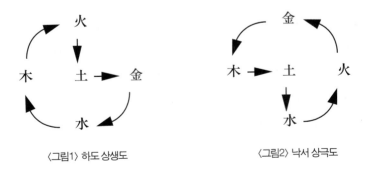

〈그림1〉 하도 상생도   〈그림2〉 낙서 상극도

이처럼 하도에서 낙서로 자리가 바뀌게 된 것은 두 가지 이유가 있다. 첫째로 생극生克의 관계로 논한다면 남방의 화火와 서방의 금金은 금화金火가 서로 극하는 관계인데, 화가 금을 거극去克하여 화가 금의 자리로 다가오는 고로 2·7이 서남으로 이동하고, 4·9가 동남으로 옮기게 된 것이다.* 또 강유剛柔로 논하면 금金과 화火는 매우 강剛하며 중화된 기氣의 상을 얻지 못하였다. 금의 성질은 본래 강한 것인데, 오히려 서방에 금이 강한 자리에 위치하니 강한데 또 강한 것이 된다. 화火의 성질은 본래 조燥한데 오히려 남방의 조燥한 자리에 위치하니 조燥가 더욱 조燥하다.** 그래서 금화가 자리를 바꾼 것이다.

오행은 동시에 생겼으나, 일단 생겨나면 자기의 생아자生我者를 떠나 자기가 각각 주체가 되어 다른 오행들과 새로운 관계를 맺는다. 먼저 알 수 있는 것은 오행의 상생관계이다. 상생相生은 수생목→목생화→화생토→토생금→금생수의 순서로 진행된다. 상생도는 수→목으로 시작하여 둥근 원을 그리지 않고, 화→토→금의 순서와 같이 땅속으로 한번 꺾여 들어갔다가 나온다. 계절적으로 동남의 목화木火는 팽창발산작용을 하고, 서북의 금수金水는 응축수렴작용을 한다. 그래서 서남간이 공空으로 남는다.

다음은 오행의 상극관계이다. 오행은 상생하며 순환하지만, 서로 간에 조절작용을 하며 상극을 이룬다. 상생이 상계相繼라면, 상극은 상치相治이다. 수극화→화극금→금극목→목극토→토극수의 순서로 진행된다. 그래서 동방목에서 한번 꺾이므로 동북간이 공空으로 남는다. 『주역』에 서남득붕西南得朋,

---

* "洛書之位者有二焉 以生克而論者 南火西金 金火相克 南方二七火 去克西方四九金 火逼金行 故二七移於西南 四九遷於東南也"(『明道易經』)

** "剛柔而論者 金火太剛 水木太柔 不得中和氣象 金性本剛反位於西金剛地 剛而又剛 火性本燥 反位於南火燥地 燥而又燥"(『明道易經』)

동북상붕東北喪朋이라는 말이 나온다. 득상得喪의 주체는 화와 금이다. 상생도에서는 화와 금이 중앙의 토를 매개로 하여 득붕의 관계를 유지한다. 그러나 상극도에서는 화와 금은 곧바로 극剋을 이루어 상붕의 관계에 빠진다. 따라서 상생도에 서남을 비워 놓는 것은 토로써 득붕을 하기 위해서이지만, 상극도에서 서남을 채우고 그 대신에 동북을 비워 놓는 것은 화와 금의 상붕을 피할 수 없기 때문이다.

하도의 자리는 홀수자리가 5이고, 짝수자리가 5로 서로 자리가 고르나(位均), 홀수의 합은 25이고 짝수의 합은 30으로 실제에서는 짝수가 더 많다. 반면에 낙서의 자리는 홀수자리가 5이고 짝수자리가 4이므로 홀수자리가 더 많고, 실제로 홀수의 합은 25이고 짝수의 합은 20으로 홀수의 합이 더 많다. 다만 주자에 의하면, 하도가 전체를 주장主宰하므로 10에서 끝나고, 낙서는 변함을 주장主變하므로 9에서 끝나며, 반드시 가운데 숫자를 비운 후에야 음양의 합이 각기 20이 되어 균형(數均)을 유지하게 된다고 보았다.[8]

3) 낙서 상극과 선후천 교역기의 한계

수화목금토의 오행은 그 생성적 차서次序 원리에 의하면 수목토는 양이고, 화금은 음이다. 오전인 선천은 양이 주관(양 주관)하고, 오후인 후천은 음이 주관(음 주관)한다. 양陽이 주관하는 선천의 상생도는 하도이고, 선천의 상극도는 낙서이라고 보는 것이 현재의 하도 선천, 낙서 후천이라는 관점과 다른 것이다. 선천 양 주관하에 있기 때문에 낙서 상극도는 음인 화금火金이 하도에서 자리바꿈을 한다. 이른바 선천의 금화교역이었다. 그러면 왜 금화교역이 일어나는가? 그것은 하도상에서는 수水가 화火를 극하려 해도 중앙의 토土에 막혀 순환작용하지 못하기 때문에 자리바꿈이 일어나는 것이다. 그런데 선천의 하도는 양 주관하에 있으므로 음인 화火나 금金이 자리를 옮길 수밖에 없다. 그래서 우선右旋하며 수극화, 화극금이 일어난다. 이때 음인 화火와 금金이 밖에 있고, 양인 수목토는 공空을 이루는데, 이렇게 공을 이루는 것은 중앙의 토土를 보호하기 위해서이며, 결국 화와 금이 토를 보호하고 있는 형상이 낙서의 상극도이다. 그런데 낙서의 상극도는 선천 양陽 주관 시대에 맞게 배열된 오행이기 때문에 후천 음陰 주관 시대로 넘어오면 오행 질서에 문제가 일어나게 된다. 낙서에서 취약한 곳은 금金과 화火로부터 극을 당하고 있는 목木이다. 강한 금이 유柔한 목木을 치고 있는 것이다. 낙서상의 오행을 강유剛柔로 말하면 "목의 성질은 본래 유한데 오히려 동방목이 유한 곳에 있으니 유가 더욱 유하고, 수水의 성질은 본래 한寒한데 오히려 북방 한한 곳에 있으니 더욱 한寒"[9]한 것이다. 이처럼 목木과 수水가 유약柔弱하지만, 양陽의 주관하에 있으므로 같은 양인 목과 수가 견뎌낼 수 있었으나 선후천이 교역되면 다시 음양의 균형이 깨질 수밖에 없는 것이다. 문제가 되는 것은 강한 금이 더욱 왕旺해져서 거극去克당하고 있는 목木은 더 유약해질 수밖에 없다는 것이다. 특히 음인 금은 극克을 당하는 상대방 목의 생명력을 감소시키는 본능이 있다.[10]

『주역』에서 말하는 택멸목(澤滅木;연못이 나무를 멸한다는 뜻)이 이 뜻인데, 낙서상극이 안고 있는 문제점을 잘 지적한 곳이다.

> 상에 가로되, 못이 나무를 멸함이 대과니, 군자가 본받아서 홀로 서도 두렵지 않으며, 세상을 멀리 해도 번민하지 않는다.
> 象曰 澤滅木이 大過니 君子以하야 獨立不懼하며 遯世无悶하나니라.
>
> (大過 大象)

그런데 이 택멸목은 두 가지 뜻으로 해석할 수 있다. 택澤을 연못의 택澤으로 보는 경우와 서방西方의 금태金兌로 보는 경우가 그것이다. 김병호[亞山]는 나무가 못[澤]에 잠겨 수생목水生木의 상생相生작용을 하지 못하는 것으로 풀었고,[11] 김석진[大山]은 태금兌金이 손목巽木을 금극목金克木하는 것으로 보았다.[12] 필자는 한걸음 나아가 이를 낙서상洛書上의 오행 상극 관계로 파악하려고 한다. 수생목의 관점보다 금극목金克木의 관점에서 보려는 것이다. 목木과 금화金火의 상극관계에서 볼 때, 목이 멸목滅木의 지경에 이르렀다는 뜻이다. 강강剛한 금金에 의해 목木이 죽게 되는 것이다. 그래서 괘명도 택澤과 풍風이 만나 대과大過이다. 대과大過 구삼九三에 '동요흉棟橈凶'이라 하였으니, 『정전程傳』은 이를 두고 '위화중違中和'이라 했다. 중화中和가 어그러지면 무너지는 것이다. 목木은 오행중에 살아 있는 생명을 대표한다. 낙서가 안고 있는 한계점이 바로 오행 중에 목이 멸목滅木되어 사목死木에 이른 점이다. 예컨대 지구 생태학적으로는 나무로 대표되는 생물체가 멸종당하고 있다는 뜻이기도 하다.

그러면 이러한 멸목 과정은 언제까지 계속될 것인가? 만약 이 과정이 지속된다면 목木은 죽고, 오행의 순환은 멈추고 말 것이다. 그러나 석과불식碩果不食(剝괘)이라 하였으니, 어찌 목이 금에게 완전히 먹히겠는가? 정자程子는 변즉생變則生[13]이라 하였다. 생生이란 복생復生의 이치를 의미한다. 그러니까 기혈현황其血玄黃(坤괘)의 단계를 거쳐 칠일래복七日來復(復괘)에 이르는데, 지뢰복地雷復의 주체는 뇌재지중雷在地中이라 하였으므로 땅속에서 솟아나는 것은 오직 진뢰震雷인 것이다. 진뢰는 양목陽木을 의미한다. 혹한의 동지冬至에 일양一陽이 시생始生하듯이 양목이 땅을 뚫고 나와 천도를 회복한다. 이때의 땅은 5·10토 중에 숨어 있던 10토이며, 여기에 숨어 있던 10토가 도리어 '뇌재지중雷在地中'으로 '양陽 시복지시始復之時'를 잉태하여 3목木을 회복한다. 그래서 7일이다. 마치 마른 버들이 꽃을 피우는 것(枯楊生華;대과) 같고, 노부老婦가

젊은 사부士夫를 얻는 격이다. 마른 버들은 낙서의 늙은 목(老木)을 상징한다. 노부老婦는 10토, 사부士夫는 3목을 상징한다. 그러나 이 둘 사이가 어찌 오래 가겠는가?[14] 10토의 노부가 3목의 젊은 사부에게 중앙의 자리를 양보하고 물러간다. 본래 낙서는 10토를 미제未濟로 숨겨 놓은 것이었으므로 이 미제未濟의 10토가 이제야 세상에 드러나고 양목이 중앙에 나타나는 것이다. 목木은 곧 청靑이니 이것이 『동경대전』에 말한 '송송백백청청립松松栢栢靑靑立,「화결시」' 이 아니겠는가.

3. 동학의 상균론과 목운木運 도래

1) 동학에서의 음양과 오행
『동경대전』의 「논학문」은 음양오행학이라 해도 과언이 아니다. 먼저 동학의 음양관을 알아보고자 한다.

> 차고 비는 것이 서로 갈아드는 수는 있으되, 동하고 정하는 것이 변역하는 이치는 없다. 음과 양이 서로 고루어 비록 백천만물이 그 속에서 화해 나오지마는 오직 사람만이 가장 신령한 존재이다.
> 有盈虛迭代之數 無動靜變易之理 陰陽相均 雖百千萬物 化出於其中 獨惟人最靈者也〈「논학문」 1장〉

이처럼 '골고루 같아지는' 음양의 상균이 전제되어야 만물이 화출化出할 수 있다. '만물이 자연히 화해 나오는' 화출이란 여기서 생성과 같은 말로 볼 수 있다. 또 화출이란 음양상균이 빚은 '우주적 상생'의 결과를 가리킨다. 이런 의미에서 동학의 생성론은 '음양상균陰陽相均'에서 찾을 수 있는 것이다. 상균이란 음양이 불균형의 단계에서 균형의 단계로 이르는 것을 의미한다. 이에 관한 음양상균론(논학문1장)은 필자가 이미 밝힌 바 있으므로,[15] 여기서는 이를 오행과 결부하여 부연 설명하려고 한다. 동학에서 오행에 관한 구절이 나오는 곳은 「논학문」이다.

> 그러므로 삼재의 이치가 정해졌으며 오행의 수를 내었으니 오행이란 무엇인가. 하늘은 오행의 벼리가 되고 땅은 오행의 바탕이 되며 사람은 오행의 기운으로 되었으니 천지인 삼재의 수를 여기서 가히 볼 수 있다.
> 故定三才之理 出五行之數 五行者何也 天爲五行之綱 地爲五行之質
> 人爲五行之氣 天地人三才之數 於斯可見矣 〈「논학문」 2장〉

이것을 다시 요약하면 음양상균으로 만물이 화출하고, 그 중에 인간이 최령자로 태어남으로써 천지 가운데 사람이 하나되어 비로소 삼재才인 천지인의 균등한 이치가 갖추어졌다는 뜻이다. 음양에서 삼재가 나오고, 이어서 오행五行의 수가 나왔다는 말은 인극人極으로서의 인간의 위치가 바르게 결정되었다는 의미를 함축하고 있다. 바로 하늘 땅 사람을 하나로 연결 소통하는 요소가 오행인 것이다.

그런데 최수운은 오행을 그 삼재의 성격에 따라 강綱, 질質, 기氣로 구분한다. 김지하의 표현처럼 이런 삼재 분류는 "기氣 즉 생명 중심으로, 그리고 사람 중심으로 우주 생성을 보는 혁명적 진화론적 관점"[16]이라 할 수 있고, 필자는 한걸음 나아가 종래의 이理 중심의 수동적 태극론을 부정하고 나선 수운의 변화된 시각은 기氣 중심의 능동적 인극人極으로서의 황극皇極을 열려는 의지로 해석할 수 있다는 것이다. 다시 말하면 사람이 천지인의 단순한 구성요소로서의 삼재가 아니라, 삼극三極의 하나로까지 확대된다는 뜻이다.

예컨대, 하늘이 오행의 벼리가 된다는 말은 오행이 수화목금토로 나오는 생성의 차서를 하늘이 부여한다는 의미이다. 그 다음으로 땅이 오행의 바탕이 된다는 말은 무엇인가? 주자는 "기氣의 맑은 것은 기가 되고, 탁한 것은 질質이 된다"[17]고 했다. 다시 말해 오행의 청기淸氣는 사람이 되고, 탁기濁氣는 땅이 받아 만물이 되는 것이다. 그러나 이 말은 자칫 오해의 소지가 없지 않다. 탁한 기운이란 무거운 기운을 의미한다. 무거운 기운이 땅에 내려 처음에 만물과 사람이 되지만, 그 중에 사람이 오행의 '맑은 기'가 된다는 말은 사람은 스스로 닦아 오행의 수기秀氣와 정기를 받아 기를 조절하며 진화할 수 있게 되었다는 뜻이다. 『동경대전』에서는 이를 두고 "탁기를 소제하고 숙기淑氣를 기르라"[18]고 했다. 이처럼 인간에 내재한 숙기를 기름으로써 최령적最靈的 인간으로서 황극皇極의 자리에 들어갈 수 있다는 말이다. "황극은 중천中天이 되어 인원人元에 속한다"[19]는 말이 이 뜻이다. 태극에 음양이 있다면, 황극에는 오행이 화생한다. 인간이 황극에 들어간다는 말은 사람이 영과 기의 합일을 이루어 하늘이 되고, 땅이 된다는 말과 같다. 또 오행 중에 사람의 성품을 지닌 오행은 목木이므로, 인간이 목이 되는 것을 의미한다. 목자는 곧 십인十人이다. 역학에서 십十은 결실을 상징한다.

그런데, 『동경대전』은 목의 운수와 관련하여 중요한 암시를 주고 있다. 즉 "상오국지목국象吾國之木局 수불실어삼절數不失於三絶"(「필법」)이라 했다. 우리나라 한국韓國은 동국東國으로 목木의 형국形局을 이루고 있다는 뜻이다. 우리나라를 목木이라 하는 것은 동국東方에서 가장 먼저 해 뜨는 곳에 위치하였기 때문에 가장 문명이 먼저 일어나고 발전함을 의미하는 것이다. 이를 일러 조광선수지朝光先受地라 하며, 그래서 조광朝光이고, 국명도 조선朝鮮이다. 조朝는 동쪽이다. 또 삼절이란 수운水運 화운火運 목운木運으로,[20] 이제 우리나라가 목운木運의 단계에 이르렀다는 말이다. 역시 "구악춘회일세화龜岳春回一世花"

(「절구」)란 말도 낙서의 거북 등에 봄이 돌아와 온 세상이 꽃이 피었다는 뜻이며, "일수화발만세춘─樹花發萬世春"(「우음」)이란 구절의 봄이란 말도 바로 목木[樹]을 상징한다. 그리하여 최수운은 "생어동 수어동生於東 受於東"(「논학문10장」)이라 한 것처럼 동東에서 나서 동에서 받았으니 도는 비록 천도이지만 학인즉 동학이라 선언했던 것이다. 이때 동학東學의 동東이란 방위 개념일 뿐 아니라, 목운木運이란 뜻으로 볼 수 있다. 이 목운이 곧 천운인 것이다. 즉 "천운天運이 둘렀으니 근심 말고 돌아가서 윤회시운輪回時運 구경하소"(「몽중노소문답가」)[5]라 했던 것이다.

목운木運의 도래에 관해서는 『수운교경전』의 「동도전서」[21]에 그 뜻이 명확하게 드러난다. 목운木運이 홍하고 홍하면 만국이 이에 따라 움직인다고 했다. 목운 중심의 변화를 상징한 말이다.

크도다! 목운이여, 이에 수운을 명하여 후천대도를 동으로부터 세우노니, 동을 어찌 서라 하며, 서를 어찌 동이라 말하겠느냐?

大哉 木運 乃命水雲 後天大道 自東立之 東何謂西 西何謂東

성인이 동방에서 탄생하시고, 도를 또한 동방에서 받은 까닭에 동학이라 하는 것이니, 東을 또한 목운이라 말하는 것은 東은 青이 되고, 청은 목이 되는 것이므로….

聖人 生於東 道受於東故 曰 東學也 爲東而又云木運者 東爲青 青爲木

크도다. 동학이 목운이 됨이여, 북방으로부터 일류수 물 기운이 올 때에 나무에 꽃이 피고 열매가 맺는 것이 어찌 없으리요.

大哉 東方學之爲木運 自北方一六水之來也 木之花開結實 豈爲無也哉

선천이 이미 변하여 후천이 되니 이것이 무극의 운이로다. 봄물이 오고 봄물이 오니 목운이 홍하고 목은이 홍하리라. 하늘이 장차 밝고 날이 장차 새어가니 모든 나라가 움직이고 일만 나라가 움직이리라.

先天 旣變爲後天 是無極之運也 春水來春水來 木運興木運興 天將明 日將曉 萬
國動萬國動

2) 동학의 후천개벽과 밀물썰물

근대 한국에 들어와 『주역』의 우주 변화론과 소강절의 개벽론, 그리고 조
선후기 민중들의 미래 대망 사상을 수용하여 최초로 동학의 개벽론을 제시
한 분이 최수운이다. 그의 『용담유사』에 나오는 "십이제국 괴질운수 '다시
개벽' 아닐런가"(「몽중노소문답가」5), "개벽 후 오만년에 네가 또한 첨이로다. 나
도 또한 개벽 이후 노이무공 하다가서 너를 만나 성공하니…"(「용담가」3) 등의
표현에서 우리는 동학적 개벽사상을 만날 수 있다. 다시 말해 중국 중심의
주역사상으로는 더 이상 개벽의 완성을 볼 수 없는 노이무공의 상황에서 동
학의 개벽사상으로 선후천 교체를 하게 되었고, 이제 최수운의 동학에 의해
개벽이 성공을 맞이하게 되었다는 뜻이다. 그런데 개벽이 성공하는 요체는
무엇인가? 동학의 개벽론은 1894년 동학농민혁명의 좌절에도 불구하고 최
해월은 천황씨를 "원래 한울과 사람이 합일한 명사"로 규정하고, 선천의 천
황씨가 선천개벽을 하였고, '후천에는 수운이 천황씨'로서 후천개벽을 담

〈그림3〉 경주용담영부도　　〈그림4〉 백포 서일의 후천지수　　〈그림5〉 일월용정낙서

당한다고 말해, 최수운이 선후천 교역기의 중심임을 선언하였다.[22] 이로부터 선후천 개벽론이 다양하게 개진되기 시작했다. 혹자는 동학의 개벽을 역리설易理說로 보는 것을 부정하고 다만 혁구비신革舊費新의 뜻으로 보았고,[23] 또 문명의 개화開化를 개벽으로 보기도 했으며,[24] 급기야 인문人文개벽으로서의 정신과 물질의 개벽이 곧 후천개벽이라고 정립되기에 이른다.[25] 그러나 최수운의 개벽이 성공한다는 의미는 괴질운수를 바로잡을 수 있는 새로운 운수가 도래했다는 데에 있는 것이지만, 그동안 이 문제를 간과해 온 것이 사실이다. 즉 "차차차차 증험하니 윤회시운輪廻時運 분명하다"(「권학가」10)는 선언이나 "만고없는 무극대도 이 세상에 창건하니 이도 역시 시운時運이라"(「권학가」9) 한 말처럼 동학이 상징하는 목운의 도래에 의한 시운개벽時運開闢을 주장한다. 선천 시기의 병폐인 괴질운수를 바로잡고 '다시개벽'을 한다는 뜻이다. 이런 의미에서 우리는 하도河圖와 낙서洛書라는 도서圖書로서 선후천을 설명하고 있는 역학易學의 한계에 주목할 필요가 있다.

특히 김일부 이후에 증산계와 동학 계열의 일부 학자들은 또 다른 제3역을 말하였다. 그 중 용담수류사해원龍潭水流四海源(『동경대전』, 「절구」)의 이치에 따라 물을 오행의 으뜸으로 삼아 「경주용담영부도」(또는 경주용담도)라는 이름으로 후천의 오행도를 제시한 바 있다.* 다시 말해 경주용담영부도는 1·6수를 중앙에 배치하고, 3·8목을 서방에, 4·9금을 동방에, 2·7화를 북방에, 5·10토를 남방에 배치한 것이다. 하도와 낙서의 고정된 중앙 토土의 자리에 수水를 넣었다는 것은 가히 혁명적인 발상이라 아니 할 수 없다. 이 자체가 도서圖書 개벽이다. 필자도 이 영부도에 대해 한동안 긍정적인 검토를 한 바 있고,

---

*원용문 외, 『동경대전연의』, 동학협의회, 1975, 23쪽; 박일문, 『순천도 법문전경』 순천도계룡법방, 1979, 33쪽; 장병길, 「증산교의 변역신앙에 관한 논고」, 『증산사상연구』3집, 1977, 41쪽.

수생금水生金의 이치에 따라 금역金易의 진리를 주장한 바 있다.[26]

또 이와 유사한 것으로 대종교 지도자인 백포 서일의 「후천지수도後天之數圖」가 있다. 이것은 선천의 낙서 수리에 가일加一한 것으로 6황극을 의미하나, 역시 오행이 중앙에서 막혀 순환을 못하는 것이다.[27] 그리고 『정역』 계열에 「일월용정낙서도日月用政洛書圖」[28]가 있는데, 3·8목을 중앙에 놓은 것이 필자의 견해와 일치하지만, 역시 오행이 순환을 못하는 단점이 있다.

필자는 이런 오류를 잡기 위해 다른 시각에서 선후천先後天을 보아야 한다고 주장한다.

바닷물은 밀물(潮水)이 있으면, 썰물(汐水)이 있다. 밀물은 해면의 상승이고, 썰물은 하강이다. 밀물은 고조이고, 썰물은 저조이다. 예컨대, 2007. 9. 1. 속초 앞 바다의 오전 고조 시간은 05:08, 저조 시간은 11:37이며, 오후 고조 시간은 17:44, 저조 시간은 23:52이다. 이런 바닷물의 상승(고조)과 하강(저조)의 반복적 작용은 상생도의 좌선左旋과 상극도의 우선右旋 현상에 비유할 수 있다. 수水를 중심으로 좌선 운동을 하는 것이 상생도이고, 우선 운동을 하는 것이 상극도이다. 좌선 운동은 곧 상승 운동이니 양의 운동이며, 우선 운동은 하강 운동이니 음의 운동이다. 결국 음양 운동이란 씨 뿌리고, 열매 맺는 생명의 호흡 과정을 의미한다.

그런데 이것이 오전과 오후에 각각 한 차례씩 일어나, 대부분 하루에 두 번 밀물 썰물이 발생하는 것이다. 이것은 바다가 숨을 쉬는 것이니, 『주역』에 "문을 닫는 것을 곤坤이라 말하고, 문을 여는 것을 건乾이라 말하며, 한 번 닫고 한 번 여는 것을 변變이라 말하고, 가고 오는 데 궁하지 않음을 통通이라 말한다"[29]는 것과 같은데, 이에 대해 주자양은 "천지의 기운이 배합되는 것은 열렸다 닫혔다 하는 묘한 작용에 의해 끝없이 진행되며 그 누가 맡아 하는 것이 아니라 스스로 하는 것"[30]이라고 했다. 음양이 한 번 음하고 한 번 양하는 것이 일합일벽一闔一闢이며, 합이 변變해서 벽이 되고 벽이 변해서 합이 되니 이것이 변이다. 이러한 순환이 계속 이어지므로 통通이다.

따라서 오전의 조석潮汐을 전변前變이라면, 오후의 조석은 후변後變이 되며, 이를 선후천관에 의하여 설명하면, 오전을 생장生長하는 선천先天이라 하고, 오후를 결실하는 후천後天이라 할 수 있다. 선천에도 밀물썰물이 일어나게 되고, 후천에도 밀물썰물이 일어나는 변화 속에서 우주의 변화를 살피려는 것이 필자의 '밀물썰물론'이다. 다시 말하면, 선천에도 상생 - 상극이 일어나고, 후천에도 상생 - 상극이 일어난다는 뜻이다. 지금까지 우리가 말하고 있는 하도의 상생도相生圖, 낙서의 상극도相克圖는 선천의 상생 - 상극으로 한정해서 보아야 한다는 것이다. 따라서 후천*에는 음양이 교체되기 때문에 후천에 맞는 상생 - 상극이 일어난다고 보는 것이다. 그런데 하도 상생은 오행의 본체이므로 변하지 않는다고 본다. 다만 후천의 하도는 선천의 하도와 같되, 선천의 낙서에서 금화金火가 제자리로 회복한 것을 의미한다. 이런 의미에서 선천의 하도를 본하도本河圖라 하면, 후천의 하도는 복하도復河圖이다. 따라서 변하는 것은 낙서의 상극이다. 그러므로 문제는 후천의 상극도는 현

오전(양, 선천)		오후(음, 후천)	
상생[조수]	상극[석수]	상생[조수]	상극[석수]
(본)하도	낙서	(복)하도	제2 낙서?
같은 음인 金火가 교역이 일어남		같은 양인 木土가 교역이 일어남	

〈표1〉 선후천과 조석

* 필자는 선천이 끝나고 중천이 시작하는 시기를 2004년으로 본다. 중천이란 후천 5만년의 초기단계인 1,080년 도수를 의미한다. 그러니까 2004년부터 중천의 운수에 들어가며, 그것이 2007년에 지상에 완전하게 안착하는 것이다. 그리하여 2007년부터 지상은 중천의 운수에 들어가는 것이다. 중천은 후천의 초기운수이다. 그렇다면 후천에는 선천과 달리 후천의 상생 - 상극관계가 재정립될 수밖에 없다.

재의 낙서가 아니라는 것이다. 여기서 후천 음陰시대에 맞는 새로운 오행도 즉 '제2 낙서'가 나와야 하는 이유를 발견할 수 있다.

선후천을 음양으로 설명하는 것은 소강절에 의해 체계화되었다. 그는 "양이 내려와서 사그라지고, 음이 불어나 커져서, 사람과 세상이 모두 날로 옛 것을 변경해서 새것을 따른다"[31]고 하여 후천의 음陰 세상을 천명하고 있다. 그러면 음세상이 오면 오행은 어떻게 변하는가? 양 주관하의 선천에는 음인 금·화가 자리 바꿈이 일어나지만, 음 주관하의 후천에는 양인 목·토에 변화가 일어나게 된다. 그러면 왜 변하는가? 그동안 토를 보호하기 위해 금(서방 兌;연못)으로부터 가장 강하게 극克을 당한 것이 목이므로, 이제 목을 살리기 위해 밖에 있는 목을 중앙 토에 들어가게 하고, 그 대신에 토가 밖으로 나오지 않을 수 없는 것이다. 이렇게 음이 주관하는 후천시대에는 양陽인 수목토 중에서 자리변화가 일어나게 되는데, 수水는 근본이므로 부동본不動本하지만 목木·토土는 용변用變하므로 자리를 바꿀 수 있다.

목木을 구하기 위해 금화를 다시 바꿀 수도 있겠으나, 금화를 다시 바꾸면 하도의 상생도로 되돌아가기 때문에 상극은 사라져서 오행의 운행이 오히려 운동을 멈추게 된다. 그러기 때문에 후천 음 시대에 들어와 더욱 강성해진 금이 목을 극하여 택멸목澤滅木에 이르게 되므로 목을 구하기 위해 선천낙서의 상극도에서 목과 토의 자리를 바꾸는 교역이 일어난다. 이것이 바로 '목토교역木土交易'이며, 오행상에 동방 목이 주체로 나서는 후천개벽後天開闢인 것이다. 그런 의미에서 목토변역木土變易이다. 최수운이 말한 동東이 단순히 동쪽 방위東方의 뜻이라기보다는 동방의 목木기운을 강조한 뜻이라고 볼 수 있다.

그런데 그동안 우리는 하도가 변해 낙서가 되는 것은 알았지만, 낙서가 변해 그 다음에 무엇이 되는지는 알지 못했다. 다만 김일부는 『정역』에서 낙서가 변해 다시 하도로 되돌아간다고 밝힌 바 있다. 그러나 개벽은 되돌아가는 것보다 바꾸며 앞으로 나아가는 것이다. 우주적 기氣 운동은 생성生成작용 못지않게 진화를 하기 때문이다. 진화는 상극적相克的 변화 속에서 이루어진다. 낙서가 변해 그 무엇이 새로 나와야 하는 이유가 여기에 있다.[32]

3) 목木 중심의 새로운 오행 상균질서相均秩序

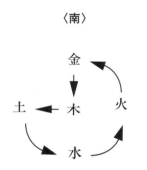

〈그림6〉 後天의 새 상극도인 相均圖

후천의 '새 상극도'는 선천 낙서의 상극도에서 목토木土가 교역한 것이다. 후천은 음이 주관하는 때이다. 음陰이 주관하는 때에 같은 음인 금화金火는 더욱 강성해짐에 따라 오행의 균형이 깨져 우주 변화는 시작된다. 금으로부터 직접적으로 상극당하는 목은 금에 의해 멸목滅木 당할 위기에 이른다는 것이 우주의 변화 원리이다. 그래서 목을 보호하고 금의 힘을 완충하기 위해 남방 금金에서 한번 꺾게 하여 그 사이에 목이 중앙에 들어가게 하는 것이다. 동남간을 공空으로 남긴 것도 금金의 강한 원심력의 탄력을 막기 위한 것이다. 이렇게 밖에 있던 목이 중앙에 들어가는 것이 『주역』에서 말하는 목도내행木道乃行(益괘)이다.

중앙은 항상 조화하고 조절하며 동시에 통제하는 곳이다. 중앙이란 사방의 중심이란 말이며, 중심에 있으므로 언제나 사방으로 통할 수 있다.[33] 후천 '새 상극도'의 핵심은 목木의 역할에 있다. 오행 중에 땅을 뚫고 나올 수 있는 것은 목밖에 없다. 그래서 목은 옛 중앙토中央土의 자리에 들어갈 자격을 갖추게 된다. 이것이 목토교역木土交易의 자연적 조건이다. 그리하여 금극목金克木에도 불구하고, 중앙 목의 조절력에 의해 금화의 극력克力이 태강太剛

하지 않으며, 동방에 나간 토도 중앙의 목에 의해 상극을 당하지만 그 힘이 태과太過하거나 불급不及하지 않는다. 이렇게 오행마다 중앙 목에 의해 스스로 중화력中和力을 갖게 됨으로써 종래의 토가 주도했던 중화력은 회복되어, 오행마다 정상적인 조절 능력을 유지할 수 있게 된다. 음의 금화金火는 금이, 양의 수목토는 목이 서로 간에 강유剛柔의 중화를 이룬다는 말이다.

그러면 여기서 오행의 중화력이 갖는 의미는 무엇인가?

지금까지 오행을 상생과 상극의 두 관계로만 설명해 왔으나, '새 상극도'의 출현은 오행 질서의 근본적인 변화를 말해 준다. 다시 말해 종전의 상생, 상극에 상화相和라는 새 차원이 열리게 된 것이다.[34] 이 상화라는 말을 동학의 관점에서 풀이하면, 상균相均의 뜻이라고 본다. 상균이란 상생적相生的 균화均和와, 상극적相克的 균화均和를 다 의미한다. 따라서 필자는 이 음양의 상균 이론을 오행에까지 연결하여 설명할 수 있다고 보아, 오행의 상생·상극에 이어 상균이 나와야한다는 것이다. 그래서 오행이 상생·상극·상균의 삼원적 구조를 갖게 될 때, 오행의 순환이 항동적恒動的이며, 생생불식生生不息할 수 있다는 말이다. 후천 음의 도래로 극한으로 치닫는 상생과 상극의 관계가 '새 상극도'의 출현에 의해 오행 간에 상의적相依的·상화적相和的·균형적均衡的 관계가 회복된다고 보는 것이다. 이렇게 오행의 균형과 평형을 의미하는 상균은 오행이 추구하는 궁극적 목적이다. 필자는 이런 의미에서 이 제2 낙서의 기본이 되는 '새 상극도相克圖'를 필자는 '상균도相均圖*'라 부른다.

그리고 이 상균도는 낙서에서 문제가 된 목木을 살리는 것과 함께 낙서 9

---

*이런 의미에서 필자는 상균도의 중앙 목은 3과 8의 음양수를 다 쓴다고 본다. 낙서는 5·10 토(土) 중에 5토만을 썼다. 따라서 후천은 음의 시대이므로 3.8목은 8을 체(體)로 하고 3을 용용으로 쓴다. 오행 중에 목木은 결실 나무인 사람을 상징하므로 독음독양(獨陰獨陽)은 쓸 수가 없다.

수가 안고 있는 미성숙의 문제도 극복할 수 있다고 본다. 낙서는 1에서 9까지만을 씀에 따라 완성을 보지 못하고 있다. 그래서 다시 하도로 돌아가야 한다고 말하지만 되돌아가는 것이 과연 완성인가에 대하여 필자는 의문을 갖고 있다.

4. 새로운 오행 상균도의 연원적 고찰

1) 『주역』의 삼오착종參伍錯綜과 손이행권巽以行權

『주역』에는 구이착종九二錯綜이란 말이 없다. 그런데 『정역』에서는 구이착종의 내용을 금화정역의 도처에서 발견할 수 있다. 금화金火가 곧 4·9금, 2·7화이므로 그 자체가 구이九二인 것이다. 『정역』은 낙서의 2·7, 4·9가 다시 제 고장을 찾아간다고 주장한다. 남방의 4·9금은 다시 서방으로 복귀하고, 서방의 2·7화는 다시 남방으로 환원하여 하도 본연의 사계로 돌아가니 이 것이 『정역』에서 말하는 '화금금화원천도火金金火原天道'(「十一歸體詩」)이다.[35] 이 정호가 구이착종이야말로 금화정역 전체의 대동맥이라고 한 말이 이 뜻이다. 구이착종은 『주역』의 괘로는 택화혁괘이다.

또 『정역』은 삼오착종을 언급하고 있다. 이 삼오착종參伍錯綜은 본래 『주역』에 있는 "삼오이변參伍以變 착종기수錯綜其數"(「계사 상」10)에서 나온 말이다. 이 말은 시초점을 칠 때 쓰는 말이다. 태극을 상징한 대나무 가지에 첫 번째 무더기 놓고(1변), 또 한 무더기 놓고(2변), 세 번째 무더기 놓아서(3변) 하나의 효를 낳는 것, 즉 이 세 번의 변變이 바로 삼參이다. 그리고 50개 중에 태극 한 개를 제외하고 나머지 49개를 좌우로 둘로 나누어서 모두 다섯 번의 과정을 거치는 것이 오伍이다. 이렇게 한 무더기 만드는 데 다섯 번씩 과정을 거치며 세 무더기를 만드는 것이 바로 삼오參伍이다. 착종은 베 짜는데 왔다갔다 하는 것이 착錯이고, 실을 나르는 것이 종綜이다. 노양9, 노음6, 소양7, 소음8 중에 어느 수가 나올지 모르므로 수를 섞는다고 한다.

그런데 이정호는 이 삼오착종이라는 말은 중국의 전국시대 이래 사용되어 오던 고어로서, 천지의 문리文理와 천하의 상수象數를 성정成定하는 천하의 지변至變논리로 보고, 주자 이래의 설시구괘揲蓍求卦의 점법占法으로 보는 것을 비판하였다.[36] 다시 말하면 삼오착종을 시초점법에 국한할 필요가 없다는 것이다. 이어 이정호는 다른 측면에서 건괘6효를 내괘(선천 낙서)와 외괘(후천 하도)로 나누어, 낙서선천에서 하도후천으로 변화하는 것을 구이착종이라 하고, 다시 하도후천에서 낙서선천으로 변화하는 것을 삼오착종이라고 했다.[37] 반면에 한장경은 선천의 생장 시운은 자축인子丑寅의 삼원三元으로, 후천의 성成하는 시운은 해자축인묘亥子丑寅卯의 오원五元으로 보고, 이 삼원과 오원을 삼오라 하였다. 그래서 그는 삼오이변參伍以變이란 선천의 삼원에서 후천의 오원으로 변하여 생성의 시운으로 변하는 것이라 했다.[38] 또 그는 "삼오이변 착종기수參伍以變 錯綜其數"에서 삼오이변과 착종기수를 구별하여, 뒤의 착종기수를 구금이화九金二火의 착종으로 보고, 삼오착종이란 말은 쓰지 않았다.

그러나 필자는 이 삼오착종을 오행의 자리 바꿈으로 이해하려고 한다. 『주역』에 수류습水流濕, 화취조火就燥(「건괘 문언」)처럼 오행의 원리를 설명한 곳은 있어도, 그 자리 바꿈을 말한 곳은 없다. 삼오착종의 삼오란 3·8목木의 삼이며, 5·10토土의 오라고 생각한다. 그래서 이 삼과 오가 착종한다는 것이다. 다시 말해 현 낙서의 상극도에서 3·8목木이 중앙 5토土 자리로 들어가고, 5토土가 3·8목木 자리로 돌아오는 것을 의미한다. 이런 목토교역에 의해 새 오행도인 상균도가 나온 것이다. 이때 5토는 10토를 함께 불러오기 때문에 '새 상극도'에서는 1에서 10수까지를 다 쓰게 된다.*

중앙中央에 목이 입정入井하는 것은 계우포상繫于苞桑에 비유할 수 있다. 계우포상繫于苞桑은 천지비天地否 괘 구오九五에 나오는 말이다. 즉 "대인길大人吉 기망기망其亡其亡 계우포상繫于苞桑"이 그것이다. 비괘는 하늘과 땅이 막혀 비색한 세상을 이른다. 사람으로 보면 몸의 아홉 구멍이 막혀 사람이 사람 구실을 못하는 것을 뜻한다. 이때 대인이 나타나 '이 세상이 망하면 어떻게 하지. 이러다 망하고 말지…' 하며 걱정을 하다가 질긴 뽕나무에 붙들어 매어 세상을 구하니 길하다는 것이다. 나아가 뽕나무 상桑 자는 또 우又 자가 세 개이니 바로 3·8목木을 의미하는 것으로 볼 수 있는 것이다.[39]

이처럼 오행 중에서 목을 주동적인 주체로 삼는 것은 「계사전」(下 7장)의 구덕삼진괘九德三陳에서 명확히 알 수 있다. 이겸복항손익곤정손履謙復恒損益困井巽의 9괘를 세 차례 펼친 것이 구덕삼진괘이다.[40]

구덕九德괘의 3변變3진陳은 오행五行의 관계를 설명해 주고 있다는 특징을 갖는다. 먼저 제1진과 제3진 사이에서는 1·6수水는 이덕履德으로 화행和行하고, 2·7화火는 겸덕謙德으로 제예制禮하고, 3·8목木은 복덕復德으로 자지自知하고, 4·9금金은 항덕恒德으로 일덕一德하고, 5·10토土는 손덕損德으로 원해遠害하는 것이다. 이것은 상생相生의 덕이다. 다시 제1진과 제2진 사이에서는 6·1수水는 익덕益德으로 장유이불설長裕而不設하고, 7·2화火는 곤덕困德으로 궁이통窮而通하고, 8·3목木은 정덕井德으로 거기소이천居其所而遷하고, 9·4금金은 손덕巽德으로 칭이은稱而隱한다. 이것은 성장成長의 덕을 상징한다. 여기서 유의할 것은 목木과 금金이다. 금은 저울질하되 숨기며, 목은 장소에 거하

---

* 뒷장에서 설명하겠지만, 중앙에 들어간 3·8목(木)은 낙서 9궁수처럼 1에서 9수까지 만을 쓰는 것이 아니라, 3·8의 음양수를 다 쓰는 까닭에 새로운 중앙 3·8목(木)이 되고, 동방에는 5·10토(土)가 들어가는 것이다.

恒 (4巽)	巽 (9離)	謙 (2坤)
復 (3震)	損 (5中)	困 (7兌)
井 (8艮)	履 (1坎)	益 (6乾)

제1진

巽 (4)	損 (9)	困 (2)
井 (3)	履 (5)	復 (7)
恒 (8)	益 (1)	謙 (6)

제2진 順數變化

井 (4)	恒 (9)	益 (2)
困 (3)	巽 (5)	謙 (7)
復 (8)	損 (1)	履 (6)

제3진 逆數變化

〈표2〉 구덕삼진괘를 정전에 배치한 입정(入井) 변화

되 옮기는 것이다. 목이 옮긴다는 것은 우물(井)은 한 자리에 그대로 있으나 물을 이곳 저곳에 옮기며 만물을 먹이는 것에 비유할 수 있다. 이것을 다시 말하면 목木이 중앙에 들어가지만, 사방에 고루 혜택을 주는 것과 같다. 그 결과가 바로 손이행권巽以行權이다. 손巽으로써 하늘의 명命을 펴고 권세를 행하는 것이다. 곧 신명행권申命行權이다. 구덕九德의 일을 마무리하는 것은 중앙 손목巽木이다. 손巽은 장녀長女이니 음목陰木이다. 손巽자를 파자하면 두 몸(己)이 더불어 하나가 되어(共) 입중궁入中宮하는 뜻이 있다.[41] 손巽은 그 괘상이 선천에서 후천으로 넘어갈 때 음陰이 처음 생기는 과정이기 때문에 진목震木보다도 더 중요한 뜻을 갖는다. 「설괘전」에 말한 것처럼 만물을 깨끗하게 가지런히 한다(潔齊)는 것은 후천의 손목巽木이 오행의 균화均和와 상균相均을 주도한다는 의미라 할 수 있다. 목이 다섯 손가락 중에 엄지가 되는 것과 같다.

2) 『정역』의 이천칠지二天七地

복희팔괘도가 8수에서 출발하고, 문왕팔괘도가 9궁으로 자람에 비하여, 정역팔괘도는 10수, 즉 하도수로 완성된다고 정역 연구가들은 말한다. 다만 문왕팔괘도에 있어서는 5황극이 중궁中宮에 귀공歸空되어 작용을 잃고 있는

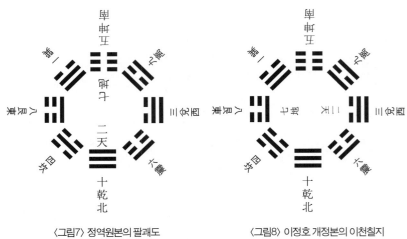

〈그림7〉 정역원본의 팔괘도　　　　　〈그림8〉 이정호 개정본의 이천칠지

데 비하여, 정역팔괘도는 이천二天 칠지七地가 괘에 붙어 천지를 용用하는 점이 다르다고 한다.[42]

그런데 현재 정역팔괘도의 판본은 두 가지가 있다. 원본(그림7)은 1923년(계해)에 연산 돈암서원에서 발간한 『정역』 30쪽에 실려 있는 팔괘도(이를 '정역원본'이라 함)가 그것이고, 하나는 이정호(그림8)가 주장하는 또 하나의 정역팔괘도(이정호 개정본)가 있다.

『정역』 원본은 앞에서 말한 이천二天 칠지七地를 십건十乾과 오곤五坤에 배합하고 있으나, 이정호본은 이와는 달리 이천二天, 칠지七地를 각각 삼태三兌 팔간八艮에 붙이고 있다. 이정호도 처음에는 『정역』 정본을 그대로 믿었으나 나중에 바로잡게 되었다고 다음과 같이 의미심장하게 밝혔다.

지나간 계해년(1923)에 판각된 판본의 대본이 그렇게 되어 있는 것으로 필자(이정호)도 다년간 그렇게 믿어 왔으나, 자세히 살펴보니 그 수의 서례로 보더라도 二天과 三兌, 七地와 八艮은 뗄 수 없는 질서이며, 또한 乾坤이 紀綱이라면 艮

兌는 經緯로서 정역에 '十紀 二經 五綱 七緯'라 하여 經과 緯를 二와 七이라 하였으니, 艮과 兌는 자연 二天七地에 해당함이 분명하다. 다만 현행 정역판본의 대본이 아닌 一夫 선생 친필의 수고본을 아직 보지 못한 것이 유감일 뿐이다.[43]

이와 같이 이정호는 『정역』 원본과는 달리 간태경위론에 의하여 이천칠지二天七地를 정역팔괘도상의 3태, 8간에 붙이고 있다. 또 이정호는 이천칠지는 천지이면서 일월인데, 천지로 볼 때는 건곤에 배합하고, 일월로 볼 때에는 간태에 합한다고 주장했다. 박상화도 이와 같다.[44] 본래 태양의 표면은 칠화팔목七火八木으로 활동하고, 태음의 이면은 이화삼목二火三木으로 활동한다고 본 것이다. 그 이유는 간단하다. 괘명으로는 3·8 태간이나, 오행으로는 목이다. 목에 천지를 붙여 둔 것은 김일부 선생의 애절함이 배어 있다고 본다. 택멸목의 위기에 있는 목을 살리기 위해 이천칠지를 붙인 것이 아니겠는가? 그러므로 이천칠지를 어디에 붙이는 것이 『정역』의 참뜻이냐는 문제는 결국 5·10토에 붙이는 것이 아니고, 3·8목에 붙이는 것이 바르다고 보는 것이다.[45] 다만 5·10토에 붙인 것이 틀렸다는 것이 아니고, 어느 단계에 가면 3·8목으로 옮겨간다는 뜻인데, 필자는 그 변동 시점을 다음에 말하는 우주 대변혁으로 본다.*

그러면 이것은 무엇을 의미하는가? 3·8간태艮兌는 즉 3태兌 8간艮이다. 태는 서방이고, 간은 동방이다. 문왕팔괘도상의 3진震 자리에 8간艮이 와서 『정역』의 동방 8간산이 된다. 문왕팔괘도의 3진은 오행상 목이고, 『정역』의 8간은 오행상 토이다. 이것도 목토교역이다. 이른바 산택통기山澤通氣란 간태가 동서로 위치한 후에 기운을 통한다는 뜻인데, 그 기초는 팔괘의 목토교역에

---

*우주 대변혁이란 지축정립(地軸定立)을 의미한다.

서 온 것이다.

이정호는 『정역』을 보고 뇌풍雷風이 천도天道요, 수화水火가 지도地道요, 산택山澤이 인도人道라 했다.[46] 따라서 후천 인도의 핵심은 간산艮山, 태택兌澤에 있다. 왜냐하면 오행 중에 사람을 상징하는 것은 목木이기 때문이다.[47]

참고로 김일부는 평소에 음아어이우를 자주 노래했다 하여 이웃사람들이 '음아' 생원이라고 불렀다 한다. 그런데 오행인 수화목금토는 세 번 변한다. 처음에 오행의 본성은 수화목금토로 배열하지만, 오행을 기후와 계절로 보면 목화토금수로 그 차서가 변한다. 그 다음에 오행의 차서를 변화시키는 것이 있다. 바로 오음에 의한 것이다. 오음五音이란 '궁상각치우'와 '음아어이우'를 의미한다.

> 선생은 궁상각치우의 오음성을 차례로 '음아어이우'와 같이 정연하고 분명하게 불렀으나, 詠에서 歌로 들어가 흥이 도도함에 따라 자진 가락으로 나올 때는 흔히 오음중에서 궁성과 상성만을 내어 '음·아'를 반복연발하기도 하였으므로 이웃사람들은 선생을 '음아 생원生員'이라고도 별호하였다.[48]

음 - 아 - 어 - 이 - 우는 각각 비 - 폐 - 간 - 심 - 신과 관계가 있다. 이를 도표화하면 다음과 같다.*

이처럼 오행은 오음성인 '음아어이우'를 만나 그 차서가 바뀐다. 바로 목

---

*소리가 비장에서 나와 입을 다물고 통하는 소리를 궁(宮)이라 이르고, 폐에서 나와 입을 크게 벌리고 토하는 소리를 상(商)이라 이르고, 간에서 나와 입을 벌려 입술을 솟아오르게 내는 소리를 각(角)이라 이르고, 소리가 심장에서 나와 이는 다물고 입술은 벌려 내는 소리를 치(徵)라 이르고, 신장에서 나와 잇몸을 약간 벌리고 입술을 모으며 내는 소리를 우(羽)라 이른다.(『악서樂書』)

木 - 토土와 금金 - 화火가 자리를
바꾸는 것이다. 여기에서 유의
할 것은 토가 동방 목의 자리
에 들어가고, 목이 중앙 토의
자리에 들어간다는 것이다.
이는 앞에서 말한 '새 상극도'

오음	宮(궁)	商(상)	角(각)	徵(치)	羽(우)
오행	토	금	목	화	수
오장	비장	폐장	간장	심장	신장
소리	음	아	어	이	우
순차	1	7	9	3	5

〈표3〉 오음과 오행

의 원리와 일치하는 것이다. 나아가 중앙 목木은 본래의 오행 원차서(수화목금
토)의 중앙과도 일치하는 것이다.

5. 목木 황극의 도래와 상균도

역학에서 말하는 선천과 후천을 필자는 하루에 밀물 썰물이 오전 오후에
한번씩, 모두 두 번 있는 것에 깊이 유의하여 오전의 선천에도 상생과 상극
이 일어나고, 오후 후천에도 상생과 상극이 일어난다고 밝혔다. 이러한 선후
천론先後天論은 기존의 학설과 전혀 다른 것이다. 이에 따라 기존의 하도와 낙
서는 양陽이 주관하는 오전 선천의 상생과 상극일 뿐이다. 따라서 음양 교체
의 개벽에 들어가 후천 음陰이 열리면 후천 음陰질서에 맞는 상생도가 나오
고, 상극도가 나와야 한다는 것이다. 그러나 상생도는 오행의 기본도이므로
선천이건 후천이건 변하지 않지만, 낙서의 금화金火가 제자리로 회복한 하도
河圖라는 점이 본하도本河圖와 다를 뿐이다. 문제는 후천의 상극도인 것이다.
그러니까 음陰 시대에 맞는 '새 상극도'가 나와야 한다는 주장이다.

선천은 양의 시대이고, 후천은 음의 시대인데, 현행 낙서 상극도가 후천
음의 시대에 들어가면, 금극목金克木의 이치에 의해 목은 금에 의해 멸목滅木
당할 수밖에 없다. 『정전程傳』은 이를 두고 "연못은 나무를 윤택하게 하고 기

르는 것인데, 나무를 오히려 침몰시켜 없애는 데까지 이른다"[49]고 했다. 『주역』 상경 28번째의 택풍 대과大過괘는 바로 못이 나무를 침몰시켜 오행 중에 목이 멸목滅木 당해 오행의 순환이 멈추는 파멸을 예시한 것이다. 이런 목의 파멸은 지구 생태계에서 벌어지고 있는 온갖 생명 파괴와 무관한 것이 아니며, 동학에서 말하는 '괴질운수怪疾運數'와 같은 것이다. 그러나 오행은 자기 조절 능력을 갖고 있고, 생명의 기는 진화를 위한 기화 작용을 끊임없이 전개한다. 목木은 오행 중에서 살아 있는 생물체를 상징하기 때문이다. 남방 금金의 태강한 상극력相克力을 약화시키기 위해 동방 목으로 돌진하고 있는 힘을 한번 꺾어 중앙으로 선회시키고, 그 사이에 한겨울 혹한의 공간에서 일양一陽이 시생始生하듯이 목은 땅 속에 숨어 있다가 땅을 뚫고 나온다. 목은 금의 공격으로부터 자기 보호를 위해 중앙 토土의 자리에 들어가고, 수水 위에 앉아 수생목水生木의 협조를 받는다. 나무 밑에 물이 있다는 것은 가을 나무의 뿌리에 수기가 모여 있는 것에서도 알 수 있다. 이것이 목도내행(木道乃行;익괘)이다. 여기에 후천 음陰에 맞는 '제2 낙서'의 기본이 될 '새로운 상극도' 즉 상균도가 출현하지 않을 수 없는 당위성이 있다.*

그동안 오행의 중앙자리는 낙서의 5황극, 『정역』의 6황극(하도를 중심으로)으로 불리었으나, 이와는 전혀 달리 상균도는 목木을 중앙의 황극으로 삼아 오행관계를 새롭게 표시한다. 선천 낙서의 상극도에서 목토木土가 자리바꿈을 한 것이다. 이것이 목토교역木土交易이며, 삼오參伍착종이다. 이는 천도의 일대변혁이다. 후천 새 상극도로서의 '상균도相均圖'는 여기에 부응하기 위한 것이다. 동학의 상균론에 기초하여 '상생', '상극'에 이은 '상균'의 3원적

---

*앞으로 제2낙서는 1에서 10까지 10수를 다 사용하게 된다. 『정역』에서 말하는 생生 - 장長 - 성成의 이치로 볼 때, 10수를 포함함으로써 완성 및 결실의 의미를 갖는다.

구조로써 오행론을 설명한 것이다. 이 상균도는 북방에 수水, 서방에 화火, 남방에 금金, 중앙에 목木, 동방에 토土가 자리한 것이다. 상균이란 상생과 상극을 포괄한 조화의 과정이다. 상생과 상극이 오행의 내적 관계를 설명한 것이라면, 상균은 오행의 외적 관계를 설명한 것이다.

그런데 그동안 낙서5토는 목木을 돌보지 못했다는 면에서 후천의 진정한 중심이 되지 못했다. 『주역』에 혁언삼취革言三就(革괘 九三)라 하였다. 후천이란 선천상생도, 선천상극도에 이은 세 번째 오행 질서의 출현을 수반한다. 후천의 상극 질서인 상균도는 목을 중앙에 앉힌 새로운 상극적 균화 관계를 형성한다. 이 목 상균도는 『정역』의 8괘 원리로 보면, 간태艮兌합덕이며 뇌풍용정雷風用政이다. 또 중앙 목木은 동학에서 말한 것처럼 우리나라 목국木局을 상징하며, 목운木運의 도래를 암시해 준다. 이 목운木運에 의해 선천의 괴질운수를 다스리고 후천의 새로운 세상을 위해 '다시개벽'을 연다는 것이 동학에서 말하는 개벽관의 핵심인데, 그 중심에 후천상극도인 상균도가 있다.

그리고 우리가 주의깊게 생각할 것은 황극론皇極論이다. 낙서 황극皇極은 10이 없는 5황극이었으나, 새 황극도인 상균도는 중앙에 있는 목이 음양(3·8)의 합일을 이룬 합체로 존재하게 된다. 다시 말하면 목이 '청청립靑靑立' 하여 중앙 황극으로써 행권行權을 쓰는 것이니 목황극木皇極으로서의 손이행권巽以行權이며, "일수화발만세춘一樹花發萬世春"이다. 이런 의미에서 거북 등에서 나무의 꽃이 피는 것이 상균도이며, 낙서의 거북이 사람으로 변하여 삼극三極 중에 사람이 인극人極을 이루어 행권行權을 쓰는 것이 새 황극도로서의 목황극木皇極이며, 청황극靑皇極이다. 이 목과 청은 춘심春心에서 나온 것이므로 살릴 생生의 뜻을 가지고 있다.

기본적으로 황극은 낙서의 5황극이 그러했던 것처럼 계절 운행의 조화 능력이고, 만물 순환의 조절 기능을 한다. 또 대개 우주론에서 말하는 황극의 존재론적 근거를 음양의 두 기운을 적절히 통제하고 조절하여 사물을 점진적으로 분열 생장시킴으로써 형形의 목적을 실현할 때까지 매개媒介하고 주재하는 자리였으나, 이제는 일방적인 주재보다도 오행마다 제자리에서 제 기능을 스스로 충실히 다할 수 있는 바탕이 마련되어야 한다. 이는 중앙이 주재의 중심이 아니라, 조화의 중심으로서의 허중虛中이어야 한다. 허중이란 탈脫중앙의 의미를 강조하는 뜻이 들어 있다. 선천의 중앙은 주재의 중앙이었으나, 후천의 중앙은 조화의 탈중앙이며 수렴의 허중이다.

이런 관점에서 선천의 생장이 끝나고, 후천의 결실기에 접어든 개벽시대 하에서 오행의 운행도 불균형에서 균형으로, 과불급過不及에서 중용中庸으로 변하지 않을 수 없다. 다시 말하면 양적陽的 팽창발산운동과 음적陰的 응축수렴운동을 종합적으로 중화하고, 상생과 상극을 균화 발전시키는 역할을 수행하는 것이 중앙에 있는 청황극의 임무이다. 아울러 중앙 목木이 열매를 맺음으로써 오행 전체의 순환 목적도 이 열매에 의해 완성되는 것이다. 그런데 오행의 상생, 상극과 선후천의 상생, 상극은 무엇이 다른가? 선후천은 음양과 오행의 관계에서 그 성격이 결정된다. 음양과 오행의 불균형은 상극을 심화시킨다. 이것이 선천이다. 음양과 오행의 균형운동은 상생을 촉진한다. 이것이 후천이다. 개벽이란 이런 상극의 운을 상생의 운으로 뒤바꾸는 것이다. 따라서 음양과 오행의 불균형과 부조화를 균형과 조화운동으로 바꾸는 것이 우주적 후천개벽이다.[50] 그러나 상생과 상극은 공히 선후천의 오행 법칙으로써 그 자체가 변하는 것은 아니다. 따라서 후천에도 상극은 있게 마련인데, 후천 음 시대의 도래로 빚어지는 오행의 불균형을 조화롭게 정상화시키려는 것이 상균도다. 다시 말해 후천에서 말하는 상생 원리는 선천하도에서 나온 상생과 같은 말이 아니다. 선천의 상생이 오행의 자연한 관계 속에서 나온 것이라면 후천의 상생 원리는 음양 교체 이후의 균형 관계에서 나온 말이므로 상균이 곧 상생인 것이다. 이것이 "음양상균陰陽相均 만물화출萬物化出"에 입각한 동학개벽론의 결론이자 목적이다. 선후천 음양변역에 의한 음양 자체의 불균형을 정상화하는 문제는 뒤에서 언급할 우주 대변혁에 의해 바로 잡히는 것이다.

선천先天 : 양陽		후천後天 : 음陰	
상생도相生圖	상극도相克圖	상생도相生圖	상균도相均圖
수생목 목생화 화생토 토생금 금생수	수극화 화극금 금극목 목극토 토극수	목생화 화생토 토생금 금생수 수생목	목극토 토극수 수극화 화극금 금극목
〈남〉 火 木 土 → 金 水 〈북〉	金 木 → 土 火 水	火 木 土 → 金 水	金 土 ← 木 火 水
서남간 공(空)	동북간 공	선천의 생상도와 동일	동남간 공
하도의 상생 원리	낙서의 상극 원리 '5토 황극'	낙서의 금화가 제자리에 회복한 하도	상균원리 3·8목 황극' 손이행권

〈표3〉 선·후천 상생·생극·상균도

최수운의 다시개벽 사상
—『주역』과 『정역』의 관점에서

1. '다시개벽' 과 선후천의 문제

1860년 득도를 전후하여 최수운이 설정한 천도적 과제는 '다시개벽' 이었다. 최수운은 다시개벽만이 오로지 금수 같은 세상 사람을 건지고 지상선경의 새 세상을 열 수 있다고 믿었고, 그런 자각이 수운의 삶을 한결같이 천도의 극처에까지 이르게 했다.

그러면 최수운이 말한 '다시개벽' 이라는 말은 어디에서 유래한 말이며, '다시개벽' 의 의미는 무엇인가? 그가 사용한 개벽이라는 말의 연원은 저 멀리 송대 소강절(1011-1077)에까지 올라가지 않을 수 없다. 소강절은 개벽開闢이라는 말을 사용했을 뿐만 아니라, 여기에 수리적 시간성을 부여하여 사용함으로써 독특한 우주적 철학 체계를 세울 수 있었다. 또 소강절은 이 개벽이라는 말과 더불어 선천先天과 후천後天이라는 말을 사용하여 자신의 개벽관을 음양 변화의 관점에서 새롭게 정립하였다. 특히 「복희선천팔괘도」와 「문왕후천팔괘도」를 확정하여 선후천 개념을 사용하였다. 노사광勞思光은 소강절의 선천도나 『황극경세』에 나오는 여러 이론들은 상수와 술수에 지나지 않는다고 비하하였지만,[1] 진래陳來는 상수파에서 전승하던 수학의 내원이 담겨 있으며, '안락과 소요'의 경지를 제창하였다고 높이 평가하였다.[2] 소강절이 연역한 우주 탐구가 비록 신유학의 관점을 벗어나 있다 하더라도 천도 변화의 도수를 밝혀 역학 연구의 새 지평을 열었다는 점은 간과할 수 없을 것이다. 최근 국내에서도 관련서가 나와 연구에 큰 활력을 주고 있다.[3]

그런데 최수운은 소강절의 '개벽'이라는 말에 대해 '다시개벽'이라 하였지만, 선·후천이라는 말은 직접적으로 사용하지 않았다. 따라서 최수운이 개벽이라는 말에 '다시'를 덧붙여 '다시개벽'이라고 말한 까닭이 무엇인가가 밝혀져야 할 것이다. 또 개벽관 중에서 살펴야 할 중요한 사안은 천지인 가운데서 어디에 중점을 두고 있으며, 그것의 의미가 무엇이냐 하는 것이다. 소강절과 최수운의 경우에서 같은 점과 다른 점이 나와야 할 것이다. 아울러 다시개벽을 뒷받침해 주고 있는 『주역』과 『정역』이 가진 선후천의 관점을 토대로 동학이 말하는 목운木運 도래의 운수와 그것이 상징하는 개벽의 의미도 밝혀 볼 것이다.

2. 『주역』의 선후천 교역

1) 『주역』의 선후천과 생장수장生長收藏

역易에서 선천과 후천을 뚜렷하게 나타낸 곳은 건괘 문언 "선천이천불위先天而天弗違 후천이봉천시后天而奉天時"가 있을 뿐이다. 이정호는 역의 선후천에 관해 다섯 가지로 나누어 설명하고, 마지막에 선후천의 전도로 인한 제3괘도의 출현에 대해 언급하고 있다.[4] 여기서 다섯 가지란 ① 『주역』 본문상의 선후천 ② 괘체상의 선후천 ③ 2편상의 선후천 ④ 하도낙서의 선후천 ⑤ 괘도상의 선후천 등이다. 김석진은 여기에 더하여 원형이정元亨利貞에 의해, 원형은 선천, 이정은 후천으로 설명하고 있다.[5]

이 중에서 중점을 두고 보아야 할 것은 하도와 낙서, 팔괘도상의 선후천에 관한 것이다. 이정호는 포태의 과정상 하도는 선천이요 그 양성 과정에 해당하는 낙서는 후천이라 하고, 체용의 관점에서 하도를 체로 낙서를 용으로 이해하였다.[6] 또 류남상은 『정역』의 관점에서 "삼재의 시간적 생성에 있어 복희문왕괘는 음양이 분리하여 생장生長하는 원리를 표상한 것이며, 정역괘는 분리 생장하던 음양이 합덕성도合德成道되는 원리를 표상한 것"[7]이라 하여 복희문왕괘를 선천으로, 『정역』을 후천으로 설명하고 있다.

필자는 특별히 음양소식陰陽消息의 관점에서 선후천을 살펴보고자 한다. 이런 의미에서 선후천이란 시간적 음양 변화의 선후천을 의미한다. 변화란 음양소식인 것이다. 이 음양소식을 그림으로 그린 것이 역에서 말하는 「복희 64괘방위도」(그림1참조; 이하 圓圖 또는 방도)이다. 이 방위도의 원도가 갖고 있는 이치를 다음과 같이 설명하고 있다.

> 건乾은 오방午方의 가운데서 다하고, 곤坤은 자방子方의 가운데서 다하며, 이離는 묘방卯方의 가운데서 다하고, 감坎은 유방酉方의 가운데서 다하니, 양陽은 자방의 가운데서 나서 오방의 가운데서 극하고, 음陰은 오방의 가운데서 나서 자방의 가운데서 극하므로 양은 남쪽에 있고 음은 북쪽에 있다.*

이 원도는 양이 자방에서 나서 오방에서 극하지만, 그 오방에서 다시 음이 나서 자방에서 극하는 음양의 소장 원리를 괘의 음양소식으로 설명한 것이다. 이런 괘도의 소장원리는 주회암이 소강절의 학설에 기초하여 설명한 것

---

* "乾盡午中 坤盡子中 離盡卯中 坎盡酉中 陽生於子中 極於午中 陰生於午中 極於子中 其陽在南 其陰在北"(『주역전의대전』「역본의도」)

이다. 소강절은 복復괘부터 건乾괘까지가 112양효이고, 구姤괘로부터 곤坤괘까지가 80양효이며, 구괘로부터 곤괘까지가 112음효이고, 복괘로부터 건괘까지가 80음효이라 했다. 이는 일정 불변의 음양소식 원리를 말한 것이다. (192+192+384효)

나아가 주역의 음양소장의 원리에 의해 12개월(이른바 12벽괘)을 설명하기도 한다. 이 12개월 중 전반부는 일양一陽으로부터 한 해가 시작되어 양이 성장하는 때이므로 선천이고, 후반부는 일음一陰이 성장하는 때이므로 후천이다. 양을 선천으로 삼고 음을 후천으로 삼는 것은 수리에서도 입증된다.*

다시 말해, 12벽괘로 보면 중지곤괘에서 일양이 내재하듯이, 중천건괘에서 일음이 내재한다. 곤(10월괘)은 순음이며, 순음이란 양이 전무하다는 것이나 이 순음무양純陰無陽괘에서 공교롭게도 초효 일양이 시생하여 지뢰복괘(11월 동지괘)가 된다. 절기로 보면, 추운 동지에 땅속에서 따뜻한 일양이 다시 나는(寒氣에서 熱氣가 솟는) 것이며, 또 더운 하지에 일음이 다시 나는 것이다. 이처럼 일양이 자라 순양이 되고, 일음이 자라 순음이 되듯 음양의 동정 소식 변화는 1년 사시를 단위로 순환 반복한다. 이것이 "일음일양지一陰一陽之"(계상 5)하는 것이며, "음양진이사시성陰陽盡而四時成"[8]이다. 그런데 12벽괘의 음양소식으로만 보면, 겨울과 봄은 양에 해당하는 선천이고, 여름과 가을은 음에 해당하는 후천이 된다. 이것은 일반적으로 생각하고 있는 봄과 여름, 가을과 겨울이라는 선후천 이분법과는 다른 것이다. 주회암도 겨울과 봄은 선천이요, 여름과 가을은 후천이라는 것도 하나의 학설이라고 인정했다.[9]

그러면 그 차이는 어디서 오는가? 그것은 사시를 음양소장으로 볼 때와

---

*1에서 5까지를 陽이요, 선천이라 하는 것은 參天兩地의 이치에 따른 것이며, 6에서부터 10까지를 음이요, 후천이라 한 것은 參地兩天의 이치에 따른 것이다.

원형이정으로 볼 때에 서로 차이가 나타나기 때문이다. 먼저, 음양소장으로 사시를 본다는 것은 동지와 하지를 각각 음양 변화의 기준점으로 놓고 구분한다는 것을 의미한다. 즉, 24절후를 12월에 배분할 때, 한 달마다 두 절후씩 돌아간다. 그래서 음양소장으로 사시를 본다는 것은 24절후의 변화로 음양소장을 관찰하는 것과 같다. 동지로부터 일양시생一陽始生하여 소한·대한·입춘·우수를 거쳐 양이 반으로 성장하고 소만·망종에 절정에 이르러 순양이 된다. 괘로는 복괘-임괘-태괘-대장괘-쾌괘-중천건괘로 변한다. 다시 하지에 일음시생一陰始生하여 소서·대서·입추·처서를 거쳐 음陰이 반半으로 성장하고 소설·대설에 절정에 이르러 순음이 되는 것이다. 괘로는 구괘-돈괘-비괘-관괘-박괘-중지곤괘로 변한다. 이렇게 1년을 24절후의 음양 변화로 놓고 볼 때, 동지로부터 망종까지 6개월은 양陽주관이므로 먼저 온 선천이라 할 수 있고, 하지로부터 대설까지 6개월은 음陰주관이므로 뒤에 온 후천이라 할 수 있다. 따라서 동지로부터 시작되었으므로 겨울과 봄은 선천이며, 하지로부터 시작되었으므로 여름과 가을은 후천인 것이다.

그렇다면 봄과 여름을 선천으로 보고, 가을과 겨울을 후천으로 보는 것은 어디에 연유한 것인가? 바로 『주역』의 원형이정 사덕에 연유한 것으로 볼 수 있다. 우선 이를 해명하기 위해 "건乾 원형이정元亨利貞"에 대한 정이천과 주회암의 해석을 알아보고자 한다.

먼저 정이천은 원元은 만물의 시작(始)이고, 형亨은 만물의 자라남(長)이고, 이利는 만물의 이룸(遂)이고, 정貞은 만물의 완성(成)이라고 했다.[10] 반면에 주회암은 이 원형이정을 사시와 연관하여 구체적으로 설명함으로써 천도의 본질을 밝혀 주고 있다.

원元은 생물의 시작이니 천지의 덕이 이보다 먼저 하는 것이 없으며, 때로는 봄

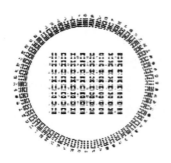 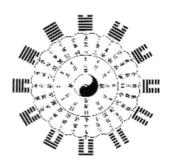

〈그림 1〉 복희64괘 방위도(원도와 방도)
밖의 원도는 건곤을 각각 체로 삼아 좌측은 복으로부터 건까지 양의 성장을, 우측은 구로부터 곤까지 음의 성장을 그렸으며, 안의 방도는 동남과 서북에 건곤을 놓고 중간 끝 점에 복과 구를 놓았다. 복은 천근이 되고, 구는 월굴이 된다.

〈그림 2〉 12회와 24절후 방위도
24방위에 절기를 배당하고, 12월괘를 그려 우주의 12회를 표시했다. 복괘는 처음 양이 나오므로 자월(11월)이며, 절기로는 동지이며, 방위로는 북방이다. 24방위는 12지지와 무기를 제외한 8간, 문왕팔괘 중 건곤손양을 사용한다.

이 되고, 사람에게는 인仁이 되어 모든 착한 것의 어른이 된다. 형亨은 생물의 형통함이니 물건이 이에 이르면 아름답지 않은 것이 없으며, 때는 여름이 되고 사람에게는 예禮가 되고 뭇 아름다움의 모임이 된다. 이利는 생물의 이룸이니 물건이 각각 마땅함을 얻어 서로 방해하지 않으며, 때로는 가을이 되고 사람에게는 의義가 되어 나눔에 화합을 얻는다. 정貞은 생물의 완성이니 실제 행해지는 이치가 갖추어져서 상황에 따라 각기 만족함이 있으며, 때로는 겨울이 되고 사람에게는 지智가 되어 뭇 일의 줄기가 된다.*

이를 요약하면 원元-시始-춘春-인仁, 형亨-통通-하夏-예禮, 이利-수遂-추秋-의

*"元者 生物之始 天地之德 莫先於此 故於時 爲春 於人則 爲仁而衆善之長也 亨者 生物之通 物至於此 莫不嘉美 故於時 爲夏 於人則 爲禮而衆美之會也 利者 生物之遂 物各得宜 不相妨 害 故於時 爲秋 於人則 爲義而得其分之和 貞者 生物之成 實理具備 隨在各足 故於時 爲冬 於人則 爲智而爲衆事之幹"(『주역전의대전』「건괘」문언, 주자본의)

義, 정貞-성成-동冬-지智라 할 수 있다.[11] 이를 소강절은 생生-장長-수收-장藏으로 압축하여 설명하였다.[12] 이어 소백온은 봄은 장이장長而長, 여름은 장이소長而消, 가을은 소이장消而長, 겨울은 소이소消而消라 했다.[13] 따라서 원형은 생장기로 선천이고, 이정은 결실기(수장)로 후천이라 할 수 있고, 계절로는 봄여름은 선천이고, 가을겨울은 후천이라 할 수 있다. 주회암은 원형이정의 사덕을 춘하추동보다 상위 개념으로 보고 춘하추동을 원형이정에 배속했던 것이다.

2) 소강절 『황극경세』의 선후천

소강절은 우주의 1년을 129,600년으로 정하였다. 이 129,600년을 천지 대정수大定數로 삼아 우주의 1년[大年]을 분석하고 있다. 이를 「64괘방위도」로 보면, 복괘에서 시작하여 다시 복괘로 돌아가는 것과 같다. 소강절은 1년 129,600년을 64괘의 머리가 되는 건-곤-감-리乾-坤-坎-離의 4윤괘로 32,400년씩 배정하였다. 크게 네 마디로 나눈 것은 4계절의 변화에 비유될 수 있다. 다시 129,600년을 자-축-인…술-해의 12회로 배정하여 1회가 10,800년이 나온다. 소강절의 천도관은 다음의 일동일정에 기초한 것이다.

> 하늘은 동動에서 생겨나는 것이고, 땅은 정靜에서 생겨나는 것이다. 일동일정一動一靜이 교제하여 천지天地의 도가 다한다. 동動의 시작에 양陽이 생기고, 동動의 끝에서 음陰이 생긴다. 일양일음一陽一陰이 교제하여 하늘의 작용이 다하는 것이다.[14]

소강절은 우주의 변화 원리를 설명함에 있어서 일동일정의 의미 못지않게 일동일정지간一動一靜之間을 강조해서 말한다. 천지가 왜 천지인가를 알려면 동정을 알아야 하지만, 천지인의 지극히 신묘함은 이 일동일정지간에 있다고 주장한다.* 일동일정은 동과 정이 상관적으로 존재하는 이 세상의 근원적 사실을 설명하는 말이다. 그리고 일동일정지간의 간間은 우주의 미세한 변화의 절묘성을 설파한 말이다. 이 일동일정지간은 동과 정을 존재하게 해 주는 근거가 되면서 동시에 동과 정에 함입되어 있다.[15]

소강절은 이런 관점에 기초하여 우주적 창세를 "천개어자天開於子, 지벽어축地闢於丑, 인생어인人生於寅"[16]이라 하여 개벽으로 표현했다. 이 원회운세元會運世에서 우리의 관심을 끄는 것은 바로 12회이다. 이에 관해서는 필자가 앞장[17]에서 상세히 다룬 바 있기 때문에 간략히 소개만 하고자 한다.

『경세서』상의 최대 쟁점은 선천과 후천의 교역交易이다. 어디서 어떻게 바뀌는가? 단순 논리로 보면, 12회를 반으로 나눈, 자-사까지가 6회이고, 오-해까지 역시 6회이므로 오회로부터 후천이 시작되는 것이다. 연수로는 1원이 129,600년이므로 선천이 그 절반 64,800년이 되고, 후천도 64,800년이 된다. 그러나 소강절은 선후천의 근본적인 변화를 음양소식에 의한 음양의 교역交易으로 이해하고 있다. 바로 우주의 1년을 계절로 설명해 보면, 하지가 끝나고 소서가 시작되는 때에 이 교역이 일어난다는 것이다.[18] 이것을 『경세서』에서는 "양이 내려와서 사그라지고, 음이 불어나 커져서, 사람과 세상이 모두 날로 옛 것을 변경해서 새것을 따른다"**고 밝혔다. 다시 말해 양이 불어나 커진 세상에서 음이 불어나 커지는 새 세상으로의 변화를 "변구종신變舊從新"이라 했는데, 이 말은 음양교역으로서의 선후천 변화를 의미하는 것

---

* "夫一動一靜之間者 天地之至妙者歟 夫一動一靜之間者 天地人之至妙至妙者歟"(『황극경세』「관물내편5장」)
** "是時也 陽降而消 陰息而長 人世 日變舊而從新"(『황극경세』「이원경회」)

이다. 양이 불어나 커진 세상이 선천이고, 음이 불어나 커진 세상이 후천이
다. 특히 우리는 '인세ㅅ世'라는 말에 주목해야 한다.

이처럼 선후천이 교역하는 때는 오회반午會半인 '오회-정鼎괘'에서 일어난
다. 선천 하지와 후천 소서의 중간 지점과 같다. '오회-정괘-미제운'까지는
하지이므로 선천이 끝나고, '오회-정괘-고蠱운'부터는 소서이므로 후천으
로 넘어가 교역하는 때이다.

午 會												12회
하지(선천 종결)						소서(후천 개시)						구분
大過						鼎			恒			본괘
夬	咸	困	井	恒	姤	大有	旅	未濟	蠱	姤	恒	大壯	小過	해	1차변괘

〈표1〉 오회반과 선후천 분류

그렇지만, 『주역』을 상하경으로 나눌 때 상경의 마지막이 감坎, 리離이나
실질적인 종결은 28번째 대과大過괘이므로 『주역』은 역리적으로 선천의 종
결을 대과괘로 보고 있다고 할 수 있다. 이 이치에 따른다면 하지 끝인 '정
괘-미제운'이 아니라, 그 앞인 '대과괘-구姤운'에서 역리적인 선천이 끝나
게 되는 것이다. 이 점이 『경세서』와 다른 점이다.

아무튼 오회午會를 거쳐 미회未會에는 음양소식으로 볼 때, 음기의 부드러
운 것이 위로 올라가고 양의 강한 기운이 아래로 사그라진다(陰柔上進 陽剛下
消).[19] 주회암은 이를 두고 "구姤괘(午회)로부터 곤坤괘(亥회)까지는 음이 양을 머
금은 것이고,(陰含陽) 복괘로부터 건괘까지는 양이 음을 나눈 것이다(陽分陰)"라
고 했다. 그래서 곤복의 사이가 무극(坤復之間 乃無極)이 되었다가 다시 복괘로
회복하여 우주는 순환을 계속하는 것이다.

3. 『정역』의 금화교역과 동학의 목운

1) 김일부의 금화정역金火正易

오행 (기운)	木	火	土	金	水
계절	春	夏	계하	秋	冬
방위	東	南	中	西	北
사덕	元	亨	信	利	貞
수리선	3·8	2·7	5·10	4·9	1·6
후천	선천		중천	후천	

〈표2〉 오행의 선후천

오늘날 『주역』의 근간을 이루고 있는 하도와 낙서는 그 오행의 자리가 서로 다르다. 그 자리가 다른 것으로 자기 정체성을 갖고 있는 것이 바로 하도이며 낙서라 할 수 있다. 주지하는 것처럼 금金·화火의 방위와 상수가 서로 바뀌어 있는 것이 가장 큰 차이점이다. 낙서의 남쪽에는 하도처럼 '2·7 화火'가 자리해야 하는데 '4·9 금金'이 자리하고 있고, 서쪽에는 '4·9 금'이 자리해야 하는데 '2·7 화'가 자리하고 있는 것이다. 즉 오행 중에 '금과 화가 교역' 되어 있는 것이다. 이것을 일러 금화교역金火交易이라 칭한다.

그런데 이 낙서에서 금화교역이 왜 필요한 것이었나에 대하여는 문왕팔괘도를 보면 그 답을 알 수 있다. 즉 9이離 7태兌의 중간에 2곤토坤土가 있는 것이다. 토土가 바로 중재하는 역할을 해 주고 있다. 계절상 화에서 금으로 넘어가는 화극금의 하추夏秋 교역기에 이 토가 계하季夏의 미토未土처럼 화생토, 토생금으로 완충 역할을 수행하는 것이다. 본래 문왕팔괘도에서는 1감, 9리가 음양 상응을 이룰 뿐, 나머지 6괘는 음양 부조화 속에 제각기 자리를 지키고 있는데, 그 중에 2곤만이 하추교역기에 중요한 토성土性의 중재 역할을 수행한다.

8괘의 음양조화를 추구하는 『정역』은 선천이 후천으로 전환되는 이치를 하도낙서의 오행 구조에서 찾는다. 그는 하도와 낙서의 차별상인 금화교역을 포착하여 그것을 개념화하고, 이를 우주 변역의 틀 속에서 금화정역으로 체계화하여 새 세상을 설명하고 있다.[20] 그러면 우주는 왜 선천에서 후천으로 전환해야만 하는가. 만약 우주가 처음부터 성장만 하고 멈춤이 없이 무한 팽창을 한다면 파멸을 초래할 것이기 때문이다.

이처럼 김일부는 우주 변화를 이끄는 주도적 오행을 금金과 화火로 보고 있다. 그래서 김일부는 하도에서 낙서로 금화가 교역한 것에 그치지 않고, 이 금화교역이 다시 낙서에서 하도로 복귀하는 것에 주목한다. "아아, 금金과 화火가 자리를 사로 바꾸는 것은 영원히 변치 않는 정역正易의 이치"*라 찬탄하고 이를 금화문金火門이라 칭한다. 선천에서 후천으로 바뀌는 모든 변화의 극점이 바로 금화문이다. 그것은 금과 화 사이의 변화를 말하기 때문에 두 가지 길이 있다. 하도의 남방 화火가 서방(金) 자리로 가는 것은 선천 낙서의 금화문이요, 낙서의 남방 금金이 다시 서방(火)으로 가서 제 자리에 앉는 것을 후천 하도의 금화문이다.

이렇게 본다면 처음에 말한 하도는 선천이요, 낙서는 후천이라는 개념이 혼돈에 빠지게 된다. 그러나 금화문의 관점에서 말하는 정역의 낙서 선천 세계는 이미 펼쳐진 세계요, 하도 후천의 세계는 앞으로 펼쳐질 질서라 할 수 있다. 다시 말해 낙서 선천은 원래의 하도를 본체로 삼아 선천적 우주 변역變易을 이루고, 복귀한 하도 후천은 낙서를 본체로 삼아 후천적 우주 변역을 이룬 것이라 할 수 있다. 즉 낙서 9수가 비로소 후천 하도 10수에 의해 성숙한 조화 단계에 이른 것이 『정역』의 핵심이며, 그것을 괘도로 그린 것이 정역팔괘도라 할 수 있다. 따라서 금화교역에 중점을 두고 선후천을 말하고

* "嗚呼 金火互易 不易正易"(『정역』 「금화5송」)

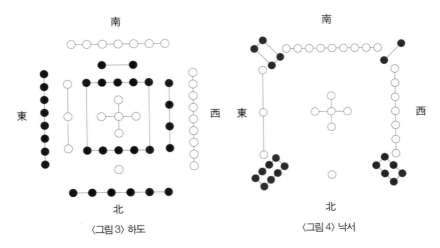

〈그림 3〉 하도   〈그림 4〉 낙서

있는 『정역』은, 음양소식으로 선후천을 설명하고 있는 『주역』과는 그 선후
천관이 다르다는 것을 알 수 있다.

　2) 선천 역학의 모순과 동학의 목운木運 도래

　대개 『주역』에서 하도와 낙서*에 대해 언급한 이후로 이를 철학적으로 접
근을 시도한 사람은 공안국(B.C159?~B.C74)인데,[21] 그의 주장은 유흠에게 계승
되었고, 더 나아가 하우의 낙서설은 홍범구주설로 대치되면서 낙서가 곧 '9
수설' 로 정착하게 된다. 이후 후한의 정현(127~200)은 오행론에 근거하여 『주
역』의 천지지수를 인용하면서 오행 생성수生成數로써 음양 10수 체계를 완성
한다.[22]

　본래 「홍범」에 전하는 오행의 차서는 수화목금토水火木金土이다. 이런 생성
적 차서 원리에 의하면 수목토水木土는 양陽이고, 화금火金은 음陰이다. 오행은

* "天生神物 聖人則之 天地變化 聖人效之 天垂象 見吉凶 聖人象之 河出圖 洛出書 聖人則之"
　(「계사전」 上11장)

상생과 상극을 반복한다. 상생과 상극은 한 공간에서 한꺼번에 일어날 수도 있고, 서로 다른 공간에서 일어날 수도 있다. 순수한 상생의 공간을 하도라 하고, 순수한 상극의 공간을 낙서라 할 수 있다. 하도의 상생도와 낙서의 상극도의 차서가 다른 것은 앞에서 살핀 것처럼 하도에서 금화교역이 일어나 낙서라는 새로운 공간이 마련되었기 때문이다.

그런데 필자는 하도상에서 금화교역이 일어나 낙서가 된 것은 낙서가 양 주관하에 있기 때문에 음인 금과 화가 교역이 일어나게 되었다고 보는 것이다. 주회암도 하도와 낙서의 교역에 대해 "양陽 자리는 바뀔 수 없으나, 음陰은 바꿀 수 있다"[23]고 말해 금화교역을 이론적으로 뒷받침해 주고 있다. 여기서 한 가지 유의할 것은 낙서의 한계를 바로 인식해야 한다는 점이다.

이정호는 낙서가 문왕팔괘도의 바탕이 됨으로써 하도에 대해 후천이 되었으나, 정역괘도가 출현함으로써 낙서의 모순과 부조리 속에 헤매던 하도가 비로소 본래의 궤도를 회복하여 하도 본연의 설계대로 조화와 평화를 이룰 수 있게 되었다고 주장하였다.*

그러나 필자는 이와 다른 입장에서 하도를 보아야 한다고 생각한다. 『정역』의 출현으로 하도와 낙서의 입장이 바뀌는 것이 아니라, 『정역』의 출현이 곧 후천의 출현을 예시한 것이라면, 하도와 낙서는 모두 선천에 해당하고, 후천에는 후천에 맞는 하도낙서가 나와야 한다고 보는 것이다. 이정호 스스로 "4·9, 2·7을 다시 제 고장(鄕)으로 환원하여 본本하도의 질서대로 4·9금은 서방에, 2·7화는 남방에 각각 복구케 하니…10수 괘도로 인하여

---

*이정호, 앞의 책, 19쪽: 다시 말하면 본래 낙서에 대해 선천의 역할을 했던 하도가 정역이 나옴에 따라 낙서에 대해 후천의 하도가 되었다는 것이다. 이것을 정역에서는 "火金金火 原天道"라 하였다. 火金이 엇갈린 낙서에서 金火가 조화된 하도로 復歸하고 還元되었다는 의미에서 原天道라 한 것이다.

하도가 출세하니 이때껏 복희선천, 문왕후천하던 것이 선후천관이 뒤집혀서 문왕선천, 일부一夫 후천으로 뒤바뀌게 된 것이다. 물론 이것을 주역선천, 정역후천이라고 하여도 무방하다"[24]고 강조했다. 이와 같이 『정역』이 『주역』에 대해 후천의 관점에 서게 되므로『주역』의 핵심을 이루어 온 하도낙서는 재평가되어야 하고『주역』에서의 위상뿐만 아니라, 『정역』에서의 위상도 재정립되어야 할 것이다. 필자는 그 근거를 동학에서 찾고자 한다.

1860년 최수운의 동학 창도 이후에 역학적 사유에 변화들이 일기 시작했다. 그가 스스로 "내 또한 동에서 나서 동에서 받았으니, 도는 비록 천도天道라 할지라도 학은 동학東學"(「논학문」)[25]이라고 단언한 것에서 서학인 아닌, 동방의 동학임을 분명히 하였다. 특히 수운교의 경전인 「동도전서東道全書」에는 『주역』의 후천관과는 달리 후천에 왜 목운木運의 시대가 도래하는가를 잘 밝혀 주고 있다. 다음의 자료가 그것이다.

크도다! 목운이여, 이에 수운을 명하여 후천 대도를 동으로부터 세우노니, 동을 어찌 서라 하며, 서를 어찌 동이라 말하겠느냐?

大哉 木運 乃命水雲 後天大道 自東立之 東何謂西 西何謂東[26]

성인이 동방에서 탄생하시고, 도를 또한 동방에서 받은 까닭에 동학이라 하는 것이니, 동東을 또 한 목운이라 말하는 것은 동東은 청靑이 되고, 청은 목이 되는 것이므로.…

聖人 生於東 道受於東故 曰 東學也 爲東而又云木運者 東爲靑 靑爲木[27]

선천이 이미 변하여 후천이 되니 이것이 무극의 운이로다. 봄물이 오고 봄물이 오니 목운이 흥하고 목운이 흥하리라.

先天 旣變爲後天 是無極之運也 春水來春水來 木運興木運興[28]

목이 화를 낳는 이치가 있으니 병정丙丁에 홍함이 있고, 목이 서로 충돌하는 이

치가 있으니 무기戊己의 토가 있고, 목이 극克함을 받는 이치가 있으니 경신庚辛
의 금이 있고, 목이 생함을 받는 이치가 있으니 어찌 임계壬癸의 수水가 없으리
요.[29]

木有生火 有丙丁之興 木有相沖 有戊己之土 木有受克 有庚辛之金 木有受生 豈
無壬癸之水

위 네 번째 단락(木有生火…)과 같이 목木을 중심에 놓고 상생, 상극 관계를
설명함으로써 후천시대에 목운이 도래한다는 것을 보여 주고 있다. 목은 토
가 하추교역기에 화생토, 토생금의 책임을 다하면 토土(未土)에 뿌리 박고 있
는 목이 그 역할을 대신하게 된다.*

이처럼 새로운 목운의 도래는 목木이 오행 중에 바로 사람을 상징하기 때
문이다. 『주역』에도 손풍巽風이 들어간 풍지관괘에 "관觀이라는 것은 중정中
正으로써 사람에게 보여서 사람들의 우러러봄이 된다"[30]고 했고, 『오행대
의』는 이 관괘에 대해 "봄에 땅에서 나온 나무가 굽기도 하고 곧기도 해서
꽃과 잎새를 관람할 수 있는 것이 마치 사람의 위엄스러운 거동과 용모와 같
다"[31]고 했다. 이처럼 땅을 딛고 서 있는 나무의 모습이 사람과 같기 때문에
오행에서 나무는 사람을 상징하는데, 이는 천지인 중에 사람이 삼재의 바른
자리에 서는 것을 암시한다.

그런데 새로운 운수의 도래를 부도로 표현하려는 노력은 수운의 동학 창
도이후 계속되었다. 대표적인 것이 박일문의 「경주용담도」(계사도)인데, 여기
에 간지를 부여한 것이 〈그림5〉이다. 그는 1용龍6담潭 원리와 금생수金生水의

---

*未土의 지장간은 丁乙己이니 이미 乙木이 와 있고, 문왕팔괘도에서 2坤土는 本乎地者親下
하므로 巽木이 등장하는 것이다.

이치로 중앙에 물을 놓았다.* 이는 1·6수水를 중앙에 놓아 마르지 않는 수생목水生木의 도래를 암시하고 있다. 그러나 실제로 수水는 자리를 바꿀 수 없는 오행이다. 자리를 바꿀 수 있는 것은 목木 밖에 없다.

그런데 현행 『주역』의 선후천 관점으로는 동학이 왜 목운 도래를 강조하고 있는지를 설

午己癸
申
十

七未離巳　　　　　　　　　　離巽三

乙申丙　　己　　　辛寅甲
艮　　　庚　　　　兌
巳　　　　　　　　八

九　　　　二　　　七
坎　　　乾　　　震
酉戌　　丁亥戊　　子丑

〈그림 5〉 경주용담도(계사도)

명할 수가 없다. 현재의 낙서는 하도에 대하여는 후천일 수 있으나, 낙서 자체로 보면 1, 3, 5, 7, 9가 정방正方에 있어서 양陽 주관을 상징하고 있다. 이것은 9수를 양의 선천, 10수를 음의 후천이라는 관점에서 보더라도, 낙서는 그 자체로 이미 선천 양시대를 상징하는 상극도일 뿐이지, 그것으로 후천 음 시대를 설명한다는 것은 모순이다. 따라서 후천에는 후천에 맞는 도서가 나와야 한다는 것은 후천의 무극대도인 동학의 목운을 선천의 관점으로는 설명이 불가능하기 때문이다.

따라서 낙서는 선천 내 상생 상극 관계를 표현할 뿐, 그 이상이 아니라는 점이 분명해진다. 그러므로 후천에는 후천의 원리에 맞는 '제2 낙서'**가 나와야 한다는 말이다. 그래서 필자는 '제2 낙서'의 설계도로서 새로운 후천

---

*본래 「경주용담도」는 증산교인(순천도) 박일문이 1960년에 발표(박일문, 『순천도법문경전』, 1978, 123쪽)한 것이다. 앞장 논문 참조. 이 계사도는 111쪽에 있다. 1979년에 나온 개정판에는 (一) 六己庚이라 했다. 그 밖에 유춘래, 정대오, 심주택 등 증산계의 팔괘도는 홍범초 『범증산교사』, 한우리, 1988, 261~263쪽 참조.

상극에 기초한 부도가 출현해야 한다는 관점에서 앞장에 '상균도'를 제시하였다.[32]

4. 최수운의 다시개벽과 인간개벽

1) 다시개벽의 다양한 의미

그러면 동학에서 말하는 개벽의 실질적인 의미는 무엇인가? 최수운은 「몽중노소문답가」를 통해 알 수 있듯이 어느 날 '금강산 몽사夢事'에서 철저한 자기인식을 하게 되었다.[33] 그런데 최수운의 '다시개벽'을 『주역』이나 소강절의 개벽관, 또는 김일부의 개벽관으로 비교한다면 어떤 의미로 해석할 수 있느냐는 것이다. 이를 몇 가지로 나누어 살펴보고자 한다.

(1) 개벽 후 오만년

최수운이 동학에서 제시한 선후천관을 분명히 알 수 있는 경전상 구절은 바로 다음이다.

> 하날님 하신 말씀 개벽 후 오만년에 네가 또한 첨이로다 나도 또한 개벽 이후 노이무공 하다가서 너를 만나 성공하니 나도 성공 너도 득의 너의 집안 운수로다. (「용담가」 3장)
>
> 천지음양 시판 후에 백천만물 화해 나서 지우자 금수요 최령자 사람이라 전해

** 이에 관하여 처음 문제를 제기한 것은 「동학의 관점에서 본 우주변화의 원리고찰」(『동학학보』 제14호 2007년)이다. 이 때 논문 끝에 '제2 낙서'의 이름을 구체적으로 명시하지 않고 符圖만 게재했다.

오는 세상 말이 천의인심 같다 하고 대정수 주역괘에 난측자 귀신이오.「도덕가」
1장)

여기서 '다시개벽'이란 말과는 달리 '개벽 후 5만년'이라는 말과 '대정수
大定數'라는 말이 나온다. 그러면 이는 소강절이 제시한 천지 대정수 129,600
년과 어떤 관계가 있는가? 이에 대해 두 가지로 대답할 수 있다. 하나는 대정
수에 의해 정확히 선후천을 나누어 말하면 그 반인 64,800년일 것인데, 6만
년이라 하지 않고 5만년이라 한 것은, 5만년이라는 말이 갖는 어감이 6만년
이라는 말보다도 친근하기 때문에 5만년이라 했을 것으로 볼 수 있으며, 다
른 하나는 선천 64,800년 중에서 하늘이 열린 자회(10,800년)와 땅이 열린 축회
(10,800년)를 제외하면 실질적인 선천 역사는 43,200년이 되므로 약 5만년이라
고도 하는 것이다.* 따라서 최수운이 말한 '개벽 후 5만년'은 소강절의 천
지 대정수에서 말한 지나 온 선천개벽을 의미한다고 할 수 있으므로, 최수운
이 새롭게 제시한 다시개벽이란 결국 과거의 선천개벽이 아니라, 미래의 후
천개벽을 의미한다고 할 수 있다. 또 경전에서 이렇게 말했다.

주역괘의 대정수를 살펴보고 삼대적 하늘 공경하던 이치를 자세히 읽어 본즉
오직 옛날 선비들이 천명에 순종한 것을 알겠으며, 후학들이 잊어버린 것을 스
스로 탄식할 뿐이로다.34 「수덕문」 6장)

*대정수 129,600년을 선천 43,200년, 후천 43,200년, 휴지기 43,200년으로 3등분할 수 있는 것
은 두 가지가 있다. 인묘진사의 4회 43,200년을 의미하나, 인회반부터 오회반까지도 43,200
년이다.

이처럼 최수운은 『주역』, 즉 구체적으로는 소강절의 대정수를 천명으로 인정하였다는 사실을 알 수 있다. 그러면서 공부자의 도와 대동大同이지만, 소이小異도 언급하고 있다. 소이가 무엇을 의미하는지 자세히 알 수 는 없으나, 일단 후천개벽에 대한 인식상의 차이를 나름대로 인정한 것으로 볼 수 있다. 『주역』은 토운土運을 주장하는 반면에 동학은 목운木運을 주장하는 점도 하나의 차이라 할 수 있다.

(2) 지기금지至氣今至 사월래四月來

최수운은 『동경대전』 주문편에서 선생주문[35]으로 21자 주문을 밝혀 놓았다. 여기서 사월래四月來의 4월은 역학에서 말하는 12벽괘 중에 중천건괘로서 양이 최절정에 이른 상태를 표현한 것이다. 이 4월의 양은 본래 동지 11월에서 일양一陽이 시생한 양이 6개월간 성장해 온 양이다. 다시 말해 하늘과 땅의 거리는 8만4천리인데, 동짓날에 땅속에서 일양이 나와 하늘로 상승하기 시작하여 90일째에 천지의 중간에 이르러 음중양반陰中陽半의 태괘泰卦가 되고, 그 기운은 한寒이 변해 온溫이 되며, 다시 양이 상승해 하짓날에 하늘 끝에 다 다르게 된다. 이때에 마지막 1양이 올라가 순양의 건괘가 되고, 그 기운은 온溫이 변해 최고도의 열熱이 되며, 그 열熱이 극해 극즉변極則變하니 음이 되는 고로 하지에 일음一陰이 하늘로부터 하강하기 시작하는 것이다.

이 일음一陰도 똑 같은 과정을 거쳐 90일째 중간에 이르러 열이 변해 양凉이 되고, 다시 180일이 되면 동지에 이르게 된다. 이때 마지막으로 일음이 내려가 순음의 곤괘가 되며, 그 양凉이 한寒으로 변해 만물을 감추게 된다. 따라서 천지의 사시는 온溫에서 만물이 발생하고 열熱에서 무성하며, 양凉에서 결실하고, 한寒에서 수장한다. 이런 천지음양의 순환이치로 볼 때 최수운이 말한 '지기금지 사월래'라는 말은 양열陽熱이 극에 달해 이제 극즉변의 경계에 이르렀다는 것을 시사해 주는 것이며, 나아가 양이 다하고 일음이 도래하고 있다는 것을 음양의 소식하는 이치로 보여준 것이다. 그러므로 사월래라는 말은 양의 극치인 순양純陽을 말한 것이 아니라, 역설적으로 음양의 교역으로 일음一陰이라는 새 세상의 도래가 직면했다는 뜻이라 할 수 있다.

(3) 동방목덕東方木德

예컨대, 선천은 양이요, 후천은 음이며, 선천은 봄이 대표하고, 후천은 가을이 대표한다면 선천은 양이요 봄이며, 후천은 음이요 가을이 된다. 그런데 유독 동학은 봄세상을 많이 노래하고 있다. 그렇다면 동학은 선천의 봄세상을 노래한 것인가?

우선 봄세상을 상징하는 말을 찾아보면 다음과 같다.

> 용담의 물이 흘러 사해의 근원이 되고, 구악에 '봄' 이 돌아오니 온 세상이 꽃이로다. (「절구」)
> '봄바람' 이 불어 밤이 지나가니 일만 나무가 일시에 알아차리리라. (「탄도유심급」)
> 한 몸이 모두 꽃이요, 한 집안이 전체가 '봄빛' 이로다. (「탄도유심급」)

반면에 가을 또는 달을 노래한 구절도 많이 나온다.

> 대나무 울타리의 성긴 사이로 가을 '달' 이 나가며 비치도다. (「영소」)
> 흰 '달' 이 가고자함에 구름을 채찍질하여 날리네. (「영소」)
> 사해의 구름 속에 '달' 이 한 거울일세. (「화결시」)

계절을 선후천관으로 볼 때, 선천은 봄이고 후천은 가을이라고 말한다.

그래서 선천은 봄개벽이라 하고, 후천은 가을개벽이라고도 한다. 그렇다면 동학은 후천의 새 세상을 분명하게 상징하고 있는데, 서로 상반된 봄과 가을이 동시에 언급되고 있다는 것은 모순이 아닐 수 없다. 그러나 경전상의 봄은 다분히 비유적 표현으로 새 세상에 대한 염원의 표현이라 할 수 있다. 봄을 새 세상의 상징으로 본 것은 소강절이다. 일찍이 소강절은 "36궁이 모두 봄"*이라 했다. 이 36궁 도시춘都是春에 견주어 최수운은 일가도시춘一家都是春이라 한 것이다. 소강절의 도시춘을 "하늘의 이치가 유행한다는 뜻"[36]이라 했다. 본래 36궁은 『주역』 64괘를 도전과 부도전으로 분류하여 보면 36괘가 나오는 이 이치에서 36괘가 곧 64괘이므로 천지 우주를 상징한 말로 쓰이게 되었다. 따라서 천지 우주가 봄이라는 말은 우주가 새로움을 향해 그치지 않는 불식不息 순환循環의 영원성을 설파한 것으로 이해할 수 있다. 소강절의 입장에서는 봄도 봄이요, 여름도 봄이요, 가을도 봄인 것이다. 다시 말해 각 계절마다 모두 '새로운 시작을 뜻하는 새로움의 요소'이며, 현실적으로는 새로운 공동체의 의미[37]를 가지고 있기 때문이다.

따라서 그 봄이 후천의 새 세상이냐, 아니면 다시 오는 선천의 새 봄이냐는 하는 것이 아니라, 여기서 말하는 봄이란 춘春 그 자체보다는 춘생春生으로서의 동방 목덕木德, 목운木運을 노래한 것으로 볼 수 있다는 것이다. 그럴 만한 이유가 되는 것은 '용담의 물'-'구악의 봄꽃'-'1만나무' 등에서 알 수 있듯이 계절적 봄이 아니라, 수생목水生木・목생화木生火로서의 목덕에 집중한, 생명의 약동과 새로움의 상징으로서의 봄을 설명하였기 때문이다. 우리말에 동東은 '새'라 했다. 새는 날이 샌다, 새벽, 새것, 새봄 등의 말에 쓰인다. 동풍을 '샛바람'이라고 하는 것도 그 일례이다. 샛바람은 생명을 살리는

---

* "天根月窟 閒來往 三十六宮 都是春"(『皇極經世』「찬도지요」)

바람이다. 다시 말해 목덕木德의 중요성을 강조한 말로써 그 목운에 의해 태동한 것이 바로 동학이라는 것을 부각시키고, 그 동방 목덕에 의해 최수운이 이전에도 없고 이후에도 없을 완전히 새로운 무극대도를 받아 동학을 창도했다는 의미로 해석할 수 있다는 뜻이다.

> 무릇 한 옛 적부터 봄과 가을이 갈아드는 것과 사시의 성하고 쇠하는 것이 옮기지도 아니하고…. 盖自上古以來 春秋迭代 四時盛衰 不遷不易(「포덕문」1장)
>
> 오제 후 성인이 나서서 해와 달과 별들이 돌아가는 천지도수를 책으로 내어….
> 自五帝之後 聖人以生 日月星辰 天地度數(「포덕문」2장)
>
> 태고의 천황씨는 어찌하여 사람이 되었으며, 어찌하여 임금이 되었는가.
> 太古今 天皇氏 豈爲人 豈爲王(「불연기연」2장)

한편 소강절은 인회寅會에 반고씨가 나왔고, 묘회卯會에 복희씨가 나왔다고 했다. 또 "삼황은 어진 이를 도로써 높이고, 오제는 어진 이를 덕으로써 높인다"[38]고 했다. 이런 관점에서 볼 때, 최수운이 '후천 천황씨' 라 자임한 것은 복희씨의 목덕을 후천에 회복한다는 의미로 보면 그 뜻이 일맥상통할 수 있다.

(4) 12제국의 괴질운수와 남진원만
최수운이 말한 다시개벽은 다음과 같이 「안심가」와 「몽중노소문답가」에 두 번이나 나온다. 그리고 지구의 남북극에 대한 언급이 「우음」에 유일하게 나온다. 「명운경」은 혼몽한 개벽시에 사자환생死者還生하는 이치를 밝혀 주고 있다. 사자환생이란 '죽은 사람이 다시 살아나는 것' 을 의미한다. 죽었지만 완전히 죽은 것은 아니다. 잠시 기절한 사람에게 하늘 물이 내려 되살아 나는 부활의 기적을 말한다. 죽음에서 살아나는 길은 믿을 신信밖에 없다.

천운이 둘렀으니 근심 말고 돌아가서 윤회시운 구경하소 십이제국 괴질운수
'다시개벽' 아닐런가. (「몽중노소문답가」5장)

전세 임진 몇해런고 이백사십 아닐런가. 십이제국 괴질운수 '다시개벽' 아닐
런가 요순성세 다시 와서 국태민안 되지마는…. (「안심가」8장)

남쪽 별들이 둥글게 가득 차고 북쪽 물은 돌아 둘렀구나.

대도가 하늘 같이 겁회를 벗는다. (「우음」)

동산은 밝고 밝음에 오르려 하고 서봉은 무슨 일로 길을 막고 막느냐 (「화결시」)

이윽고 천지진동하여 연속부절 진동하니 혼몽천지 이 아닌가. 혼몽천지 그 가
운데 믿을 신자 그뿐이라. 선후천 개벽시에 천일생수 그 이치로 사자환생될 양
이면 만사여의 아닐런가.(수운교 「명운경」)

이 다섯 구절에서 공통점은 '다시개벽' 이다. 보통 12제국은 온 천하를 의
미하는 말로 이해해 왔다. 이 말의 해석에 다른 이의를 제기한다는 것 자체
가 이상한 일이다. 그러나 곰곰이 생각해 보면, 이 '12'라는 말이 예삿일이
아니다. 필자는 이 12를 역학에서 말하는 12지지로 이해하고자 한다.[39] 땅을
12지지라고 말해도 그 자체가 땅의 전체를 설명하는 것이므로 자연히 온 천
하라는 말이 아니 나오는 것은 아니다. 문제는 그 괴질운수라는 것의 근원
이 12지지에 있다는 인식에까지 이를 수 있느냐는 점이다. 다시 말하면 현재
사용하고 있는 자오선子午線 즉 12지지가 병病이 들어 바뀌어야 한다는 뜻이
된다. 즉 12지지를 뜯어 고치지 않을 수 없는 것, 그래서 이 12지지를 바로잡
는 것이 곧 천하를 바로잡는다는 뜻이다. 또 남진원만南辰圓滿은 남극과 북극
이 짓눌려 있다가 모두 제자리로 둥글게 돌아가는 것을 상징한다. 여기에

따라 동산과 서봉도 바르게 선다. 동학이 우주 대변혁을 말할 수 있는 유일한 근거이다. 지축이 경사된 것이 하늘의 겁회이다. 이 겁회를 벗는 것이 괴질운수를 벗는 것이며, 다름아닌 지축地軸의 정립定立이다. 동학도 지축이 바로 서야 혼몽천지에서 벗어나 동학이 무극대도로서 후천5만년의 역할을 다할 수 있다. 이것이 남진원만에 기반한 동학의 '도시춘' 이다. 도시춘은 지축 정립 이후의 달라진 따뜻한 새 세상을 표현한 말이다.

그러면 현행 12지지는 무엇이 문제이고 어떻게 바뀐다는 말인가? 김일부와 강증산은 각각 이렇게 말하고 있다.

> 아, 축궁이 왕운을 얻으니 자궁은 자리를 물러 가는도다.
> 嗚呼 丑宮得旺 子宮退位 (『正易』「十五一言」)
> 후천은 축丑판이니라. (『도전』 2:144)
> 세계 민족이 자축인묘진사오미신유술해에 매여 있으니 12물형을 그리라. (『도전』 2:144)

이것은 정역괘도상에서 건천乾天은 북방 자궁子宮으로 퇴위하고, 곤토坤土는 남방에 정위하여 남방 화향火鄕에서 화생토를 받으므로 득왕하게 된 이치를 말한 것으로 이해할 수 있다.[40] 그런데 선천의 개벽은 자오선子午線에서 일어나는 자오개벽을 의미하는 반면에, 후천의 개벽은 자子가 물러나고 축丑이 들어서면서, 축미선丑未線상에서 일어나는 축미개벽을 의미하는 말로 볼 수 있다. 또 축미선은 현재의 지구가 동북쪽으로 23.5도 기운 형상을 상징하고 있다. 기울기는 모든 변화의 계기를 낳지만, 너무 오래 가면 파멸이 온다. 선천은 자子판이라면, 후천은 축丑판이다. 자판 뒤에는 오午가 있고, 축판 뒤에는 미未가 들어 있어서, 자오 · 축미가 합일하고 있다. 축미 가운데서도 축토

축토丑土는 선천개벽을 담당하고 미토未土는 후천개벽을 담당한다고 해석할 수도 있다. 한동석은 이것을 선천의 삼천양지三天兩地가 후천의 삼지양천三地兩天으로 넘어가는 변화로 설명하고 있으나 그 후천 초기에 삼지삼천三地三天이 이루어져 진정한 후천이 개시된다는 것이다.[41] 이때 지축정립이 이루어진다는 말이다. 이를 '도상圖上개벽' *으로 설명하면 〈그림6〉과 같다.

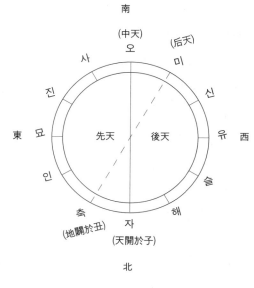

〈그림 6〉 자오선과 축미선 사이

이런 관점에서 최수운이 말한 '다시개벽'이란 말의 의미를 되짚어 볼 필요가 있다. 우선 하날님 하신 말씀으로 표현된 구절 가운데 "개벽 후 오만년에 네가 또한 첨이로다. 나도 또한 개벽 이후…"에서 알 수 있듯이 최수운은 '선후천'이라는 말보다는 '개벽'이라는 말을 중시하고 거기에 의미를 부여하고 있다는 것을 알 수 있다. 이와같은 인식의 토대 위에 최수운은 '다시개벽'을 역설한다. 그러니까 그 개벽의 규모나 성격이 선천의 하늘개벽인 자오子午개벽에 상응하는 또다른 개벽이라는 의미로 유추할 수 있다는 말이다.

*하도낙서 등 圖書상에서 전개되고 있는 각종 변화이론 중에 특히 개벽 원리를 圖上의 변화로 설명하는 것을 필자는 圖上開闢이라 칭한다. 도상개벽은 종종 과학적 증명 사실을 초월하고 과학적 진리를 앞서가며, 미래에 대한 인간의 주체적 의지를 사전에 반영할 수 있다.

덧붙여 말하면, 본래 하늘과 땅의 개벽을 아울러서 우리가 천지개벽, 또는 개벽이라 하는데, 5만년 동안 노이무공勞而無功했다는 그 개벽은 천개어자天開 於子를 중심으로 하늘만 여는 미완의 개벽이라고 볼 수 있다. 그래서 하늘을 열기만 했지 그 하늘에서 결실을 거두지 못한 노이무공에 대한 한탄이 담겨 있는 것이다. 그러면 하늘은 무엇으로 결실을 보는가? 땅과 사람이다. 땅은 만물을 기르고 사람은 이에 참여하여 만물의 화육을 돕는다. 이것이 이른바 『중용』에서 말하는 '참찬화육參贊化育'이다. 『주역』의 의미로는 '개물성무開 物成務'[42]에 참여하는 것이다. 이로써 인간은 천지를 도와 만물을 키우고 자아를 완성하는 존재인데, 선천에는 하날님이 보기에 이제껏 헛수고했다는 말이다. 그래서 최수운은 하날님과 천지 성공시대를 열기 위해 다시개벽 밖에 없다는 결론에 이른 것으로 보인다. 다시개벽 밖에 다른 방도가 없다는 개벽의 대상은 바로 땅과 사람으로 귀결될 수밖에 없다. 그러므로 최수운의 다시개벽은 하늘에 대한 땅의 개벽이며 동시에 사람 개벽이므로 그것은 단순히 선천에서 후천으로 넘어가는 교역이 아니라, 선천개벽에 대한 비판이 담긴 제2의 개벽으로서의 다시개벽 그 자체인 것이다.

　따라서 미래의 축미선은 특히 땅의 개벽이 갖는 중요성을 강조하고 있다. 이 축미선이 바로 서면 억음존양抑陰尊陽의 선천의 폐해가 바로 잡혀 후천의 음양관은 정음정양正陰正陽이 될 것이다. 이 정음정음에 의한 후천관은 최수운에 의해 제기되었고, 김일부와 강증산에 이르러 정립되었다. 음양상균의 상생관이 비로소 정음정양(3:3)으로 완성되는 것이다. 그 완성을 위해 지축이 바로 서는 것이다. 그동안 극지방을 기우뚱하게 누르고 있던 대륙이 제자리로 돌아온다. 800미터 침하된 남극 대륙이 제자리로 돌아오게 될 때 지구는 일대 변화를 맞이 할 것이다. 이제 지축정립이 아니되고는 지구상의 음양이 더 이상 존재할 수 없기 때문이다.

2) 인간 개벽의 문제

동학의 창도는 바로 목운의 도래에 기인한 것이고, 동학의 실현은 그 목운이 가지고 있는 목덕의 구현이라 할 수 있다. 그 목木이 오행 중에 사람을 상징한다고 할 때, 결국 동학은 인간의 문제로 귀결되지 않을 수 없고, 당면한 인간의 문제는 후천 시기에 만물이 모두 결실한다는 당위적 논리 앞에 인간은 어떻게 결실을 거둘 수 있을까 하는 점이다. 인간의 결실이란 결국 인간 영육의 완성에 관한 문제인 것이다.

(1) 다시개벽의 시점

그렇다면 정작 최수운이 말한 다시개벽에서 개벽의 시점은 언제인가? 최수운은 선후천이라는 말은 직접적으로 쓰지 않았으나 이 글에서 말하는 후천개벽을 곧 다시개벽으로 이해할 수 있다.

최수운은 1860년(경신) 4월에 득도하고, 1861년(신유) 6월부터 포덕에 나서며, 1862년(임술)에 동학의 주요 경전을 완성한다. 그리고 1863년(계해) 12월에 체포당한다. 이어 최수운은 1864년(갑자) 3월에 좌도난정의 죄목으로 대구 장대의 참형장에 서게 된다. 여기까지가 최수운의 공적公的 생애이다.

최수운은 경전의 곳곳에서 새 개벽이 열린다는 메시지를 급박하게 전하려고 했다. 다음과 같은 구절들이 그것이다.

> 하원갑 지내거든 상원갑 호시절에 만고 없는 무극대도…. (「몽중노소문답가」5)
> 개벽시 국초일을 만지장서 내리시고…. (「안심가」4)
> 하원갑 경신년에 전해오는 세상 말이…. (「권학가」8)
> 뜻은 새로 되는 신원의 계해년에 있다. (意在新元癸亥年; 「결」)
> 하날님이 내 몸 내서 아국운수 보전하네…. (「안심가」)

이렇게 1860년 경신년을 하원갑이라 분명히 말한 것을 보면, 1864년 갑자년부터 상원갑으로 본 것이다. 그래서 최수운은 상원갑 갑자년부터 개벽이 시작되어 만고없는 무극대도가 실현되리라고 생각했다는 것을 알 수 있다. 또 서헌순 장계에 의하면, 이것이 관변문서라는 한계도 있지만, 당시 제자들이 전한 소문에 "(과거) 임진년, 임신년에는 이재송송, 이재가가라는 말이 있었으나 갑자년부터는 이재궁궁利在弓弓이므로 궁자를 써서 불에 태워 마시면…"*이라 한 것을 볼 때, 최수운은 1864년(갑자)을 후천개벽의 상원갑으로 예측한 것으로 보인다. 특히 아국운수我國運數라는 말에서 한국을 개벽의 중심으로 삼았다는 것을 알 수 있다.

본래 상원갑이나 하원갑의 성쇠 교체는 180년마다 돌아오는 것이지만, 개벽시 국초일이라 한 것을 보면, 신원계해新元癸亥가 암시하듯이 1863년이나 1864년에 일어날 상원갑의 교체를 특별히 개벽적 상황으로 인식하였다는 것을 알 수 있다. 이런 관점이라면 동학의 후천개벽은 1864년 갑자로부터 시작되어야 했다. 그러나 현실적으로 그 직전인 계해년에 체포당함에 따라 최수운이 계획한 천도 과제는 지체되었다고 볼 수 있다.[43]

그러면 최수운이 설정한 후천 개시의 시점인 1864년이 『황극경세』 상의 원회운세와는 어떤 관계가 있는가를 알아볼 필요가 있다. 최수운도 소강절의 "대정수를 살펴보았다"[44]고 하였기 때문이다. 간단히 말하면 1원元 129,600년을 12회로 나누고, 그 가운데가 바로 문제의 오회이다. 선후천이 교역하는 전환의 시점이 이 오회 안에 들어 있기 때문이다. 최수운이 설정한 1864년 갑자년은 『황극경세』 상 '오회-대과-구姤운-송訟세'에 해당한다.*

---

* "昔在壬辰壬申之年有 曰 利在松松 利在家家 而甲子則利在弓弓 燒飮弓字…"(서헌순장계, 『고종실록』)

午　　會(선천)						會
대과(2,160)　BC 57년 ~ AD 2103년						본과
구운　　(360년)						1차변괘(運과)
乾(건) (姤之初變)	遯(돈) (姤之二變)	訟(송) (姤之三變)	巽(손) (姤之四變)	鼎(정) (姤之五變)	大過(대과) (姤之上變)	2차변과 (世과)
AD1744	AD1804	AD1864갑자	AD1924	AD1984	AD2044	自
AD1803	AD1863계해	AD1923	AD1983	AD2043	AD2103	至(60년)
중원갑	하원갑	상원갑	중원갑	하원갑	상원갑	원갑
60년	60년	60년	60년	60년	60년	

〈표 3〉 『황극경세』의 오회-대과

따라서 대정수를 살펴본 최수운으로서는 다가오는 개벽을 준비하여야 한다
는 시대적 사명감에서 1864년을 강조한 것으로 이해할 수 있다. 이런 의미에
서 다시개벽이란 말은 후천개벽에 대한 준비를 서두르라는 급박한 경고로
도 이해할 수 있다.

(2) 시천주와 최령자

이돈화는 최수운의 개벽은 원시적 개벽(천지조판을 의미)이 아니요, 순수한 인
간개벽을 가르친 것이라 말하고, 그것이 바로 정신과 물질을 개벽하는 '후
천개벽' 이라고 했다.

　　古人이 개벽開闢의 意義를 천지개벽天開地闢이라 한 意味에 조차 보면 이는
　　원시적原始的 천지조판天地肇判의 開闢을 이른 말이며 今에 대신사大神師의

＊필자의 연구에 의하면 소강절의 『황극경세』는 AD 3184년(황극70, 201년)을 후천의 개시점
　으로 보고 있다.

이른 開闢은 原始的 開闢을 일커른 말이 안이오 純粹한 인문개벽人文開闢을 가르치심이니 故로 大神師는 前者를 선천개벽先天開闢이라 하고 後者를 후천 개벽後天開闢이라 하엿나니 後天開闢은 정신급 물질精神及 物質의 開闢을 이 름이라.[45]

그러나 이돈화의 개벽관은 몇 가지 문제점을 안고 있다. 왜 인문개벽으로서 정신과 물질을 개벽해야 하는가 하는 이유가 없다. 선천을 양이요 정신이요 마음이라 하면, 후천은 음이요 물질이요 몸의 시대이므로 물질개벽이 중시될 수밖에 없지만, 만약 인간이 물질에 가려 정신을 소홀히 하면 물질의 노예가 되어 정신적 타락이 발생하므로 물질개벽과 동시에 정신개벽이 일어나야 하는 것이다. 이런 의미에서 최수운은 "하날님을 네 몸에 모셨다"(교훈가 11장)고 했는데, 이는 후천은 몸의 시대이므로 몸의 완성을 통해 하날님을 모시라는 뜻으로 해석할 수 있다. 몸이 완성되어야 마음도 완성되고, 또 하날님도 강림할 수 있는 시천주가 완성되기 때문이다.

아울러 또 하나 지적할 것은 최수운의 다시개벽관은 앞에서 살핀 것처럼 단순히 인간만을 말한 것이 아니라는 것이다. 하늘 개벽 이후 완성되지 못한 땅과 사람의 문제를 동시에 지적하고 있다는 것을 유념할 필요가 있다. 땅의 문제를 도외시한 인간개벽으로는 또 다시 한계에 부딪히고 말 것이다. 따라서 다시개벽은 두 가지 측면, 천지天地와 인간人間(만물을 포함)의 문제를 동시에 아우르는, 천지인 삼재三才에 대한 동시적 개벽으로 이해해야 한다는 말이다. 이것이 최해월이 말한 '다시 포태지수胞胎之數를 정했다' 는 것과 '신천 신지 신인물' 의 의미일 것이다.[46]

우리 조상들은, "삼신이 삼계를 지으실 때 물로써 하늘을 본떴고, 불로써 땅을 본떴고, 나무로써 사람을 본떴다"*고 이해했다. 하늘-땅-사람의 순서로 삼계가 생성되었다면, 그에 상응하여 수-화-목水·火·木이 나온 것이다. 여기서도 목木을 인간에 비유하는데, 목의 운수에 의하여 동학이 창도되고, 목의 운수에 의해 인간이 완성 단계로 들어가는 것을 의미한다고 볼 수 있다.

동학에서 인간개벽의 핵심은 지기금지至氣今至와 시천주侍天主에 있다고 할 수 있다. 즉 지기금지는 인간의 외적 개벽을 의미하고, 시천주는 인간의 내적 개벽을 의미한다고 본다. 특히 시천주 법으로 인간이 스스로 주체성을 획득하여 하날님을 자각하여 모시고, 새로운 세상을 스스로 열어가는 것이다.

> 십이제국 괴질운수 '다시개벽' 아닐런가 태평성세 다시정해 국태민안 할 것이니 … 천의인심 네가 알까 하날님이 뜻을 두면 금수 같은 세상 사람 얼풋이 알아내네…. 「몽중노소문답가」5)
>
> 천지음양 시판 후에 백천만물 화해나서 지우자至愚者 금수禽獸요 최령자最靈者 사람이라. 「도덕가」1)

그런데 위 구절에 의하면 최수운이 제시한 사람은 두 종류가 있다는 것을 알 수 있다. 금수 같은 지우자至愚者와 최령자最靈者로서의 사람이 그것이다. 이 중에서 하날님이 뜻을 두어 개벽시켜야 할 대상이 '금수 같은 세상사람'이다. 반면에 최령자는 지우자에 대비되는 성인 같은 사람이다. 그러면 사람이 금수와 근본적으로 다른 점은 무엇인가? 인간이 금수와 다른 것은 사람의 지각은 점진적으로 성숙해 간다는 점이다. 짐승에게도 쪼고 씹는 능력이 있고, 달려가 피하는 지혜가 있으며, 지저귀면서 어미를 찾고, 울면서 서로를 부르지만, 이러한 것은 그 이상을 자라지 못한다는 한계가 있다. 왕선

* "三神 造三界 水以象天 火以象地 木以象人"(『태백일사』「삼한관경본기」)

산은 이 차이를 두고 금수에게는 자연의 지혜[天明]는 있으나 스스로 지혜로 워짐[己明]은 없다고 보았다.[47] 다시 말해 금수는 자신의 타고난 바탕을 완성할 수 없다는 말이다.[48] 반면에 인간에게는 지각의 넓이를 확대할 수 있는 능력이 있다는 말이 된다. 주회암은 이를 두고 "인심은 허령하여 밝지 않은 것이 없고, 금수는 어두워서 다만 한두 가지의 밝은 것만 있다"[49]고 했다.

사람을 상징하는 '최령자' 라는 말은 본래 『서전』에 "천지는 만물의 부모요, 사람은 만물의 영이다"*라는 구절에 대한 「채씨주蔡氏注」에 등장한다. 물론 주렴계도 "사람을 최령한 존재"[50]로 본 바 있다.

> 천지는 만물의 부모이다. 만물이 생겨날 때 오직 사람은 그 뛰어남을 얻어 나왔기 때문에 신령스러워 사단四端이 갖추어지고, 만선萬善이 구비되어 지각知覺이 유독 다른 물건과는 다른데, 그 중에도 특히 성인聖人은 가장 준수하고 가장 신령스러운 사람[最靈者]으로서 천성이 총명하여, 힘쓰지 않아도 그 앎이 남보다 앞서고, 그 깨달음이 남보다 앞서서 다른 모든 것 중에서 가장 뛰어났다. (「周書」泰誓 上)[51]

최수운이 사람을 '최령자' 라 칭한 반면에 채침은 신령스러운 사람 중에서 성인을 특히 최령자로 지칭한 점이 다르다. 최수운이 직접 성인을 언급하지 않았으나, 지우자 금수같은 사람도 성인 같은 최령자로 변화될 수 있고, 변화되어야 함을 암시한 것으로 볼 수 있다.

* "惟天地萬物父母 惟人 萬物之靈 亶聰明 作元后 元后作民父母" (『서전』「周書」태서 상)

(3) 춘생추살과 하추교역

다시개벽이란 사람의 완전한 개벽을 통해 태평성세를 완성하는 것인데, 지우자를 최령자로 변화시키고, 그 최령자들이 스스로 민民임을 자각하여 국태민안國泰民安을 이루는 것으로 이해할 수 있다. 과거처럼 국왕의 은총에 힘입은 국태민안이 아니며, 자기만의 안식과 평안을 얻는 은둔자가 아니라는 것이다. 다시 말해 금수의 사람이 최령자로 다시 태어나는 것이 사람 개벽의 의미이며, 그 주체는 지우자에서 벗어나온 사람인, 최령자로서의 민民이라는 것이다. 이를 천덕으로써 포덕하는 분이 선천 천황씨*의 뒤를 이어 나온 후천 천황씨로서의 최수운이라는 말이다. 여기서 민民을 강조한 이유는 천도를 자각한 자연인에서 한 걸음 나아가 '주체적 참여자'라는 사회적 역할을 염두에 둔 것이다. 이 최령적 민은 천의와 인심이 하나되는 현실 속에서 천도를 체득하여 실천하는 사람**이라 할 수 있다.

그러면 선후천의 관점에서 어떻게 사람의 개벽을 이해할 수 있을까? 1년을 선후천으로 나누어 소장의 이치를 살펴보면, 장長하는 것은 주인이 되고, 소消하는 것은 객客이 된다.[52] 선천은 양陽이 주관하여 온갖 곡식과 잡초를 함께 무성하게 생장시킨다. 반면에 후천은 음陰이 주관하여 잡초는 사라지고 곡식만 남으며, 깜부기는 뽑히고 알곡만 남는다. 따라서 지우자 금수인은 선천 양陽 기운에 갇혀 무성하게 자라기만 하는 초목에 비유할 수 있다. 반면에 최령자는 후천 음陰 기운에 의해 익어가는 알곡에 비유할 수 있다. 양 기운은

---

* 선천 천황씨는 역사상 한웅(환웅)이라 할 수 있다. 이에 대하여는 졸저 『천부경과 동학』(모시는 사람들, 2007), 566-567쪽 참조.

** 이런 의미에서 그런 民을 侍天主 신앙을 깨달아 체득한 '侍天民'이라 할 수 있다. 시천민은 '最靈者'이다. 生命蘇生의 기운인 木運 도래라는 우주적 변화와 천도에의 복귀를 통해 하늘을 스스로 체험하고 스스로 실천하는 最靈的 존재이다.

겉으로 팽창하고 음 기운은 속으로 수축하는데, 사람이 무한이 팽창만 하면 죽게 되므로 어느 순간에 멈출 줄 알아야 한다. '다시개벽'이란 바로 선천 양 기운에 의해 무성히 자란 초목군생이 후천 음 기운에 의해 생명을 속으로 완성시켜 가는 변화를 의미한 것이다. 만물은 양의 여름 기운이 음의 가을 기운으로 바뀌어야 결실되듯이 선후천 교역이란 결국 음양의 주도권 교체를 의미한다. 나아가, 선천이 육적肉的 금수의 세상이라면 후천은 영적靈的 최령자의 시대라 할 수 있고, 선천이 의식의 세계라면, 후천은 무의식無意識의 세계라고 할 수 있다.

이것을 역학적 원형이정의 원리로 살펴보면 이정利貞에 의해 만물이 그치게 되는 것을 의미한다.[53] 그래서 "거두고 감추니 성정性情의 열매를 볼 수 있다"[54]는 것이다. 여기서 이정이 열매를 보이기 위해 '생육작용을 그친다'[55]는 것은 중요한 의미를 함의한 것인데, 그치기 때문에 수렴收斂 작용을 하게 된다는 것을 알 수 있다. 이를 달리 말하면, 봄에 낳고 가을에 거두는 '춘생추살' 春生秋殺이다.

사시 번갈아 대신함에 그 차례를 잃지 아니하여 봄에 물건을 내어서(春而生物), 여름에 기르며(夏而養之), 가을에 숙살하여(秋而肅殺), 겨울에 감추니(冬而藏之) 원형과 이정은 도道 행함에 떳떳함이니, 한번 차례를 잃음이 있으면 어찌 떳떳하다 이르랴?「훈법대전」[56]

凡事物이 其有時序하야 춘하생장(春夏生長)하며 추동성장(秋冬成藏)하니 此난 자무시(自無始) 광겁이래(曠劫以來)로 호(毫)도 變하지 못하며 易하지 못할 天道의 正理也라 故로 春夏에 在하여 秋冬에 事를 代하지 못할 것이며, 秋冬에 在하야 春夏의 事를 代하지 못하나니 此의 天道의 正軌에 外하야 天의 天되지 못하며 地의 地되지 못하며 人의 人되지 못하나니라.(출룡자의「훈화」)*

이것이 원형이정의 행도법인 춘생추살의 이치이다. 춘생이란 춘이생물春而生物이니 봄에 만물이 비로소 낳는다. 추살이란 숙살肅殺을 의미한다. 숙살이란 만물을 발생시킨 하늘이 도리어 '엄숙히 죽임'으로써 의를 내세우는 것이다. 죽임을 엄숙하다고 말하는 것은 그것이 알곡과 쭉정이를 가려내는 신중한 일이기 때문이며, 결국은 다시 살리는 죽임이기 때문에 하늘도 그냥 죽인다 하지 않고 '엄숙히 죽인다'고 말하는 것이다. 그러나 하늘은 다 죽이는 것이 아니므로 "춘추질대春秋迭代 사시성쇠四時盛衰"(「포덕문」 1장)란 말과 같이 사시는 영원히 순환 반복하는 것이다.** 그럼에도 춘생추살春生秋殺하는 음양소장陰陽消長의 이치 자체는 불변이다.

그런데 춘생추살의 하추교역기에 주의할 것이 있다. 바로 경금庚金이다. 삼복 경금[57]이란 복중伏中에 경금이 병화丙火가 무서워 엎드려 있는 것을 말한다. 화火 앞에 금金이 토土 속에 잘 엎드려 있다가 금왕지절인 가을의 때에 맞추어 나오는 것인데, 복중에 인내와 절제를 하지 못하면 가을열매를 맺지 못하고 실패한다는 뜻이 들어 있다.

여기에는 또 다른 깊은 뜻이 숨어 있다. 그러니까 여름은 화火요, 가을은 금金이다. 여름에서 가을로 넘어가는 하추교역夏秋交易은 화극금火克金의 상극 이치인데, 이때 화火가 워낙 강해서 금이 견디기 어려우므로 하늘의 개입이 필요하다는 것이다. 화기火氣와 금기金氣 사이에 놓여 있는 토기土氣가 그 중개역할을 수행한다. 그래서 토 속에 금 기운을 감추는 것이다. 그것이 삼복이다. 이 토가 6월의 미토未土로서 삼복을 잘 넘겨 토생금土生金의 상생으로

* 이 「훈화」는 1936년 수운교 교주 출룡자의 말씀을 기록한 것이다.
** 天無盡殺之理라 한 말과 같이 다 죽이는 것이 아니므로 『주역』에 '석과불식(碩果不食)'(剝卦 上九)이라 하였으니 생명의 씨는 죽임 속에서도 우주에 영원히 전해져 발전한다.

금의 가을을 여는 것이다. 그래야 봄 여름의 분열생장 시대를 멈추고 가을의 응축수렴 시대로 들어설 수 있다.*

　지금은 목운木運의 도래기인 동시에 시기적으로 선후천 음양 교체기이다. 목운이 온다는 것은 나무만이 천도의 생장 이치를 다 포괄하고 있기 때문에 상생의 운이 온다는 말과 같다. 본래 선후천 교역이란 음양론으로는 양의 시대에서 음의 시대로 교역하는 것이고, 오행으로는 화火와 금金의 교역을 의미한 것이다. 계절적으로는 여름이 가을기운으로 교역하는 것이다. 이 교역기에 토土가 수水의 도움을 받아 중재를 하여 화생토火生土 토생금土生金으로 발전하고, 이때 토土에 뿌리 박고 있는 목木이 나타나게 된다. 토土는 금金을 살리면서 동시에 목木을 살리는 중요한 역할을 수행한다. 이때 인간은 양적陽的 생장生長의 기운이 음적陰的 수장收藏의 새 기운으로 바뀌는 천지 변화에 순응하지 않을 수 없다.

　그런데 여름 말기의 뜨거운 열기로 인해 미토는 마른 조토燥土로 변한다. 이 조토를 적시기 위해 7월 장마가 내려 수기운이 미토를 살리는 단비가 된다. 그래서 6수水와 10토土가 함께 금金을 살리는 구세주 역할을 한다.

　그러므로 인간은 하추교역을 맞아 슬기롭게 수련수도하여 복중 위기를 기회로 삼아 자아 성숙을 이루어야 한다는 것이 변역기의 교훈이다. 그런데 이 하추교역을 우주적으로 확대한 것이 우주의 선후천 변역이다. 인간이 살고 있는 세상의 하추교역과 우주의 하추교역이 그 의미는 같으나 내용은 다르다. 세상의 하추교역에는 세번 엎드리는 삼복의 고통이 있으나, 우주의 하

---

*이것이 계절상 火金이 交易 換節하는 伏中 '금화교역'인 것으로 중간의 土가 火生土 土生金한다. 土克水 하지만 土가 제기능을 다히기 위해 水의 도움을 받게 된다. 왜냐하면 土는 水로써 木을 머금어야 하기 때문이다.

추교역에는 지축정립이라는 대장관이 펼쳐진다. 지축정립 이후에는 삼복이 사라진다.

5. 다시개벽의 목적은 인간을 통한 천지인 완성

최수운은 소강절이 『주역』에 기초하여 천지 대정수의 이치에 따라 설정한 '개벽'이라는 말을 수용하면서도 정작 다시개벽이라는 새로운 말을 사용하였다. 최수운이 개벽이라는 말에 '다시'를 덧붙여 다시개벽이라고 말한 까닭은 선후천의 단순 교역과는 다른 차원을 시사하고 있다. 소강절의 주역관과는 달리 천개天開 이후인 지벽地闢과 인생人生에 특별히 주목한 것이라 할 수 있다. 그러니까 "천지天地의 도는 잘 반영하고 있지만, 인人의 도는 반영하고 있지 않다"[58]고 지적한 말과 같이, 소강절 개벽론의 한계를 직시한 최수운은 천의 개벽에 이어 지地와 인人의 합일적 개벽을 통해 우주가 완성되어야 한다는 관점에서 다시개벽이라 말한 것으로 이해할 수 있다. 이것은 『정역』의 김일부가 인간에 주목하여 지인至人이 아니면 우주가 빈 그림자*라 한 것에서 최수운이 말한 다시개벽의 의미가 거듭 선명하게 드러나는 것이다. 그것을 이루기 위해 최수운은 '12제국 괴질운수'라 하여 근본적인 땅의 변혁을 꾀하였고, '남진북하'와 '동산서봉'이라 하여 남북극의 원형圓形 회복을 통한 지축정립을 암시하였다. 여기에 기초하여 새로운 동학 무극대도를 창건하였다고 보는 것이다.

최수운이 서학까지 비판하며 다시개벽을 주장한 것은, 가장 긴박한 개벽 대상은 바로 인간이었기 때문이다. 굳이 다시개벽이라는 새로운 용어를 만

---

* "天地匪日月 空殼 日月匪至人 虛影"(『正易』「십오일언」)

들어 쓴 것은 무실無實과 허무虛無의 서학으로는 더 이상 미완으로 남아 있는 하날님의 노이무공을 끝낼 수 없으며, 천지인 중에 마지막 개벽 대상인 인간의 주체적 역할을 강조하기 위한 것으로 보인다.

최수운의 다시개벽은 '천운이 둘렀다'는 자신감에서 출발하고 있다. 그가 주장한 무극대도의 이름이 동학인 것은 동방 목운木運이 도래한다는 자각적인 예시에서 나온 것이라 할 수 있다. 목운의 도래는 약해진 목운을 되살려 오행과 음양의 불균형을 바로잡고 상균相均이라는 새로운 질서를 창출함을 의미한다. 새로운 질서는 곧 『주역』의 한계 극복을 상징한다고도 볼 수 있다. 예컨대, "크도다. 동학이 목운이 됨이여, 북방으로부터 1·6수 물 기운이 올 때에 나무에 꽃이 피고 열매가 맺는 것이 어찌 없으리오?"*라고 외친 것처럼, 최수운은 태고 천황씨인 복희씨처럼 목덕木德으로 창도한 후천의 동학이 인간 완성이라는 최후의 결실을 맺을 것으로 확신하였다.** "산하대운山河大運 진귀차도盡歸此道"라는 말은 그것의 선언적 귀결인 것이다.

그러면 후천을 맞이한 인간의 역할은 무엇인가? 선천은 양의 시대이고, 후천은 음의 시대이다. 선천은 정신과 마음의 시대이고, 후천은 물질과 몸의 시대이다. 이것은 당연한 천리이다. 그렇다면 선후천 변역기에 우리는 어떻게 하여야 하는가? 최수운은 「수덕문」에서 "가운데를 잡으라唯一執中"[59]고 말했다. 인간의 일은 도덕적인 책임이 따르므로 집중執中 즉 가운데를 잘 잡으라는 뜻이며, 음양상으로는 균형을 유지해야 한다는 뜻이다. 왜냐하면 소강절의 말과 같이 하늘은 동動하고, 땅은 정靜하나, 사람은 동정動靜을 다 받

---

* "大哉 東方學之爲木運 自北方一六水之來也 木之花開結實 豈爲無也哉"(『水雲敎經典』「東道全書」)
** 최수운의 천황씨사상은 『황극경세』의 이치로 보면, 복희씨에 비유할 수 있고, 우리의 『삼국유사』로는 한웅에 비유할 수 있다.

았기 때문에 중中을 유지해야 하는 것이다. 그러므로 후천이라 하여 음의 물질만 추구하여 물질만능으로 가는 것이 아니라, 정신도 개벽하여 정신과 물질의 균형 있는 발전을 이루라는 말로 해석할 수 있는 것이다. 이것이 선천의 과오를 반성하고, 선천의 오류를 되풀이하지 않는 유일한 길인 것이다. 최수운은 이런 후천 천도의 깊은 자각에서 몸의 완성을 통한 인간의 전인적 완성으로 가는 '다시개벽'을 외쳤다고 볼 수 있다. 이 집중의 극치가 지축정립인 것이다. 왜냐하면 사람은 천기소생天氣所生보다는 지기소생地氣所生이므로 지축이 정립되지 않는 한 땅의 형形을 직접적으로 받고 있는 몸은 불완전을 벗어날 수 없기 때문이다.

특히 최수운은 불택선악不擇善惡이 지나고 선악을 분별하는 춘생추살이라는 엄숙한 후천의 천도 앞에서 천의와 인심이 불통不通하는 현실을 개벽하여 천지인이 합일하는 새로운 선경세계를 건설하고, 지상에 실질적인 국태민안國泰民安을 이루는 데는 무엇보다도 민民의 주체적 자각이 요청된다는 점을 강조하고 있다. 금수와 다른 사람이 그것을 감당할 수 있느냐의 문제에 대해 동학은 생명 소생의 기운인 목운木運의 도래를 제시하고 있고, 그런 목운 도래에 의해 인간 변화가 일어난다고 보는 것이다. 그것이 가능한 것은 사람이 천도 변화를 스스로 인식하고 스스로 실천할 수 있는 최령자로 태어난 존재이기 때문이다. 그러므로 동학은 "가는 몸이 굵어지고, 검던 낯이 희어지네"(「안심가」 5장)라고 한 것처럼 사람이 주문을 통해 몸과 마음을 스스로를 변화시킬 수 있는 길이 열려 있다고 강조하는 것이다. 특히 동학은 몸의 변화를 강조하고 있는데, 몸의 변화는 뇌 구조의 진화를 수반하게 된다. 좌우 뇌의 균형과 간뇌間腦(송과체)가 중요한 기능을 할 것이다. 동학의 궁을영부(궁을기)가 천지와 인간의 이런 정립상을 말해 주고 있다.

그러므로 우리의 구세주는 허공에 있는것이 아니라, 바로 3·7자 주문에 있다. 시천주侍天主와 만사지萬事知라는 말이 지우자를 최령자로 변화시키는 수련도법임을 일러 주고 있다. 시侍는 내유신령, 외유기화, 각지불이자를 의미한다. 모심의 목적은 불이不移를 아는 것이다. 불이란 모심이라는 지선至善에 이르러[至] 그치는[止] 것이다. 그리하면 "입도한 세상 사람 그날부터 군자되어 무위이화 될 것이니 지상신선 네 아니냐"(「교훈가」5장)가 바로 그런 예시인 것이다. 이렇게 선후천 변역기에 인간을 한 단계 성숙시키고, 나아가 인간 개벽에 의한 인간 완성으로 결국 우주도 완성되는 것이 '다시개벽'의 궁극적 목적이라 할 수 있다. 이것이 최해월이 말한 신천新天 신지新地 신인물新人物의 의미이며, 강증산이 말한 천갱생天更生 지갱생地更生 인갱생人更生의 의미일 것이다. 이러한 삼개벽을 통해 천지인이 한 단계 성숙됨으로써 우주 완성에까지 이르는 것이다. 이때가 바로 음양이 우주적 균형을 이루는 '도시춘'이다.

최수운이 말한 후천의 정확한 개시 시점을 언제로 볼 것인가는 이 글에서

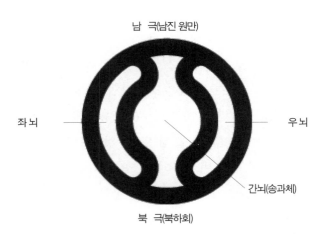

남 극(남진 원만)

좌뇌 ——— 우뇌

간뇌(송과체)

북 극(북하회)

〈그림〉 궁을영부로 본 지축정립 이후의 남북극과 인체구조

미결로 남게 되었다. 필자는 이에 대한 대안으로 기존의 선-후천 이분법二分
法보다는 선천-중천中天-후천이라는 삼분법에 의한 '3단계 개벽'으로 이해할
것을 제안해 본다. 소강절의 사상에서 수數는 "도道의 운행이자, 이理의 모임
이며, 음양의 법도이자 만물의 강기綱紀"[60]로써 우주 진화의 최고 법칙이다.
그러므로 수數로써 시점時點을 정하는 문제는 참으로 중요한 의미를 갖는 것
이다. 후천의 시점에 대해서는 근본적인 관점의 차이가 있다는 것을 인정하
지 않을 수 없다.*

　끝으로 궁을영부弓乙靈符에 대해 한 가지 첨언하고자 한다. 그동안 최수운
은 지축정립을 말하지 않은 것으로 인식되어 왔다. 북동쪽으로 23.5도 기운
지축이 바로 서기 위해서는 동쪽이 올라가고 서쪽이 내려가야 하는데, 최수
운이 말한 '남진원만 북하회'(우음)와 '동산욕등 서봉차차'**(「화결시」)는 바로
남북극의 정립을 예시한 말로 이해할 수 있다. 그 상징물이 또한 궁을영부
(궁을기)인 것이다.

　따라서 최수운을 비롯하여 김일부, 강증산이 밝힌 후천대도의 핵심은 '지

---

*즉 음양소장의 변화 원리로는 여름(하지)부터 후천이 시작하고, 원형이정의 천덕으로는 利
(가을 입추)로부터 시작하며, 『황극경세』상으로는 (인사적 관점) 午會 半(소서)에 시작하고
괘상으로는 대과괘에 선천이 종결됨에 따라 서로 不一致한 間隔이 생기는 것이다. 다시 말
해 서로 겹치는 부분 중에서 일정 기간을 우주1년 기간 중의 中天으로 설정하여 後天으로
넘어 가는 인간의 과도기적 역사로 이해해 보자는 것이다. 만약 『황극경세』상 원리대로
AD.3183년을 선천의 終으로 보고, 그 다음해를 후천의 始로 본다면, 그 기다림의 시간이 너
무 길고, 그 고통이 너무 심하므로, 필자는 그 고통을 해소하고 수련을 통해 천도적 삶에 복
귀하여 인간 완성을 준비할 수 있도록 中天을 설정하자는 것이다. 필자가 3단계의 중간인
中天을 설정하자는 것은 다만 이것이 易數의 道理라고 보기 때문이다.
**"東山欲登明明兮 西峰何事遮遮路"(「화결시」)는 이제까지 해석이 되지 않았던 난해한 구
절이다. 북극이 바로 서면 동쪽을 따라 올라가니 밝아서 좋지만, 반대로 서쪽은 남극으로
내려가야 하므로 싫어하며 막아서는 것이다.

축정립'이라 할 수 있다. 지축정립은 결코 유사과학이 아니라, 선천의 총체적 모순을 한꺼번에 소멸시키고, 후천의 새세상을 여는 최고의 우주과학이다. 따라서 동학을 비롯한 한국민족종교는 지축정립을 공통된 기반으로 성립되었다고 볼 수 있고, 그것으로 인간과 함께 천지인의 완성을 지향했다고 할 수 있다.

『정역』과 지축정립

― 김탄허의『정역』풀이로 본 우주 대변혁

1.『정역』에의 새로운 접근

김일부의『정역』을 잘 이해한 분으로 한동석韓東錫 1911~1968이라는 한의사가 있다. 한동석은 서거 2년 전에 쓴『우주변화의 원리』에서 천체의 기본은 북극인데, 지금의 북극은 서북으로 경사되어 있다고 지적하고, 만일 지축이 정립된다면 「진술축미」가 사정위四正位를 이루고, 「인묘진사오미」의 6방위는 양기陽氣를 받게 되고, 「신유술해자축」의 6방위에서는 음기를 받게 되어 음과 양이 각각 절반折半씩 받게 된다고 처음으로 밝혔다.[1] 지축정립을 음양의 균형 운동이며, 우주의 정상正常 운동이라 이해한 것이다.

또 다른『정역』연구가인 이정호李正浩 1913~2004는『제3의 역학』에서 천지의 경위傾危로 인하여 지구도 인간도 모두 소아마비에 걸린 것에 비유하였다. 지구가 360도를 돌지 못하고, 남북으로 23.5도가 기울어 극한, 극서의 불균형을 빚고 있으나 이제야 건도乾道는 창조 당초의 목적을 달성하여 지상에 360일의 정역正曆을 확립하고 인간을 완성하게 되었다고 밝혔다.[2] 지축정립이라는 말을 노골적으로 드러내지는 않으나 대동소이한 말이다.

한동석, 이정호와 동시대인으로 김탄허金呑虛 1913~1983 스님이 있다. 김탄허는『정역』본문 중에서 조석潮汐의 이치에 주목하여 지축정립을 과학적으로 뒷받침해 주고 있다.[3] 필자는 김탄허의 관점에서 지축정립의 문제에 접근해 보고자 한다. '지축정립'은 더 이상『주역』의 기피영역이 아니다. 지축정립은 천동설을 지동설로 바꾼 그 과학의 원리에 근거한 것이다.

2. 일부『정역』의 원문

一夫先生이 曰 嗚呼라 天何言哉시며 地何言哉시리오마는 一夫能言하노라
一夫能言兮여 水潮南天하고 水汐北地로다.
水汐北地兮여 早暮를 難辨이로다.
水火는 旣濟兮여 火水는 未濟로다.
大道從天兮여 天不言가
大德從地兮여 地從言이로다
天一壬水兮여 萬折必東이로다
地一子水兮여 萬折于歸로다

3. 김탄허의『정역』번역과 주석

1) 원문 번역

일부一夫 선생이 이르되, 오호라, 천天이 어찌 말씀하시며, 지地가 어찌 말씀하시리오마는 일부가 능히 말하노라.

일부가 능히 말함이여, 수水가 남천南天에서 조潮하고, 수水가 북지北地에서 석汐하도다.[1]

수水가 북지北地에서 석汐함이여 조모早暮를 판별키 난하도다.

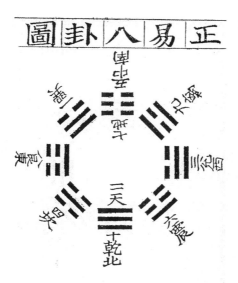

〈그림1〉 정역팔괘도(돈암서원 판본)

수화水火는 기제既濟함이여,[2] 화수火水는 미제未濟로다.[3]

대도大道가 천天을 종從함이여 천天이 말씀을 하지 않으랴.[4] 대덕大德이 지地를 종從함이여, 지地가 좇아 말하도다.[5] 천일天一의 임수壬水(陽水)여, 만번 꺾어 반드시 동東으로 가도다.[6]

지일地一의 자수子水(陰水)여 만번 꺾어 돌아가도다.[7]

2) 원문 주석

㉮ 정역팔괘도는 일부一夫 선생이 자의로 안배포치한 것이 아니요, 선생이 일찍이 계룡산鷄龍山 국사봉에 앉아서 수도할 때에 그 도서圖書가 허공중에 나타나 소소역력한 것을 그려 놓고 20년 동안을 연구하다가 『주역』「계사전」에 "신야자神也者는 묘만물이위언자야妙萬物而爲言者也"라는 일단 문구가 바로 이 후후천後後天의 팔괘를 소개한 것임을 확인하고 드디어 『정역正易』 일권의

학설이 나오게 된 것이다. 그러면 천지는 말이 없으므로 일부가 천지를 대신하여 천지의 말을 말한 것이라 하여도 과언이 아닐 것이다.(正易神妙說; 이하 필자의 견해임)

㉯ 이 도서는 신해년에 시작된 것이니 지금(1982년)부터 약 120년 전이었다. 120년 전에 이미 이 천지의 운기運氣는 이렇게 돌고 있다는 것을 역력히 보여주었건만 세인이 몽매하여 알지 못하고 오직 일부 선생만이 이 도리를 처파(엿보아 깸)하여 우리에게 학술적으로 개시해 준 것이다. 이 도서는 후후천의 미래상을 조금도 여지없이 바로 보여 준 것이니 복희선천팔괘가 천도天道를 주로 밝힌 것이라면 문왕후천괘는 인도人道를 주로 밝힌 것이요, 이 정역 후후천괘는 지도地道의 변화를 주로 밝힌 것이다. 세계적인 변화가 지도의 변화를 따라서 번천복지飜天覆地하는 대변화를 나타내는 것이다. (地道中心說)

㉰ 지도의 변화는 바로 곤남건북坤南乾北의 이면에 2天 7地라 적힌 것이 그 변화의 상을 암시해 준 것이다. 2·7화의 2는 음수陰數를 의미한 것이요, 7은 양수陽數를 의미한 것이며, 지地는 수水를 의미한 것이요, 천天은 화火를 의미한 것이니, 2천天이라 하면 음화陰火 즉 '잠재한 불'이다. 이 잠재한 화火가 120년 전부터 지구 밑으로 들어가서 천중千重만첩萬疊의 빙해氷海빙산氷山을 녹이게 된 것이다. 이 빙해가 풀려서 아무리 빨리 달려도 매일 4백여 리밖에

원주 (1) 潮 : 물불어 날 조, 汐 : 물 마를 석 (2) 1·6水, 2·7火의 水昇火降을 말함이니 선천의 順數를 의미함. (3) 2·7火, 1·6水의 火水相離를 말함이니 선천엔 1, 2, 3, 4로 10수에 至하기까지 수화기제의 순수가 됨에 반하여 후천엔 10, 9, 8, 7로 1에 至하기까지 역수를 의미한 것이니 10을 세어도 形은 11이 되고, 9를 세어도 형은 11이 되며, 내지 마지막 1을 세어도 11의 숫자가 되는 것이다. (4) 국가가 장차 흥하려 하매 반드시 禎祥이 있고, 국가가 장차 망하려하매 반드시 妖孽이 있다는 말과 같이 길흉의 조짐을 天이 미리 보여준다는 말. (5) 水潮南天하고 水汐北地 등을 말함. (6) 극동인 일본을 의미. (7) 北極의 氷河가 필경 日本에 가서 그침을 의미.

못 오는 것인데, 빙해氷海가 하류하여 극동(일본)에까지 접한 것이 해방되던 해 즉, 을유년(1945) 후로 본다면 지금은 점점 창일漲溢하여 오는 것이 사실이다. (陰火地中說)

㈃ 이 북빙하北氷河가 완전히 풀려 무너질 때에 지구의 변화가 오는 것이다. 현금 지구가 조금 측면으로 기울어져 있는데 반하여 그때는 지구가 정면으로 서면서 세계적인 지진과 해일로 변화가 오는 것이니 이것이 바로 불란서 예언가의 세계 멸망기가 아닌가 한다. 또는 성경의 말세에 불로 심판한다는 시기가 아닌가 한다. (地軸正立說)

㈄ 그러나 성경의 말씀과 예언가의 말은 심판이니 멸망이니 하였지만 역학적인 원리로 볼 때엔 심판이 아니라, 성숙成熟이며 멸망이 아니라 결실인 것이다.

그러나 그때엔 세계적인 지진, 해일로 인하여 현존 인류가 6할 내지 8할이 없어지리라고 보기 때문에 심판도 되고 멸망도 되는 것이다. 그러나 심판이 아니요 성숙이라는 말은 지구가 천지 조판 이래로 지금까지는 미성숙未成熟이었다가 120년 전부터 잠재한 불이 지구 밑으로 들어감을 인하여 빙하가 완전히 풀리면서 지구의 성숙이 오는 것이다. 다시 말하면 지구는 여자와 같기 때문에 미성숙한 처녀였다가 잠재한 양기가 하초下焦에 들어감으로써 월경月經이 오게 되어 성숙한 사람이 되는 것과 같은 것이다. (地球成熟說)

㈅ 또 멸망이 아니요 결실이라는 말은 지금은 육지가 바다에 비해 4분의 1임에 반하여 성숙 후에는 바다가 4분의 1로 축소되고, 육지가 4분의 3으로 늘어나게 되기 때문이다. 육지는 이렇게 늘어나고 인류는 이렇게 감축減縮된다면 (水生於火故로 天下에 無相極之理) 물이 불에서 나오는 고로 천하에 상극(戰爭)의 리가 없다는 고인의 말씀도 여기에 적용되는 말이 아닌가 한다. (地擴人減說)

㈆ 지구가 성숙됨에 따라 후천시대는 결실 시대로 변하는데 이 결실을 맡

은 방위가 간방艮方이며 간방은 지리적인 팔괘 분야로 보면 바로 우리 한국이다. 간은 방위로는 동북간이며 수목으로는 결실이며 인류로는 소남이며 성질로는 도덕, 즉 그치는 것이다. 동북東北은 주야晝夜의 교체 또는 동춘冬春의 교체로 된다. 그러므로 밤이 다하고 낮이 오는 중간이며 겨울이 다가고 봄이 오는 중간이다. 그러므로 간은 방위로도 시종始終을 가지고 있는 것이다. 결실은 뿌리의 결과니 뿌리가 시始라면 열매는 종終이다.(艮方終始說)

㉘ 간艮의 소남은 20대 청년을 말함이니 즉 부모의 여분인 결실 인종이다. 방위와 수목이 간의 시종을 가지고 있다면 어찌 고등동물인 20대 청년이 간의 시종을 가지고 있지 않으랴. 20대 청년들이 부모의 말도, 선생의 말도 다 듣지 않고 오직 내 말만 들어보라 하는 것은 그들이 바로 결실 인종이므로 부모나 선생의 뿌리말을 듣지 않고 스스로 뿌리가 되려 하기 때문이다. 이러한 우주 법칙의 변화가 120년 전부터 오는 진리를 모르고 억지로 묵은 뿌리말을 들어라 하면 될 수가 없는 것이다. 그러므로 지난 4·19혁명이 백만 학도의 손으로 이루어지게 된 것도 이 결실시대가 옴으로 인하여 결실의 방위에서 결실 인종이 일어난 것이다.(人種結實說)

㉙ 간艮의 성질이 도덕이라는 말은 그치는 것, 즉 부동不動을 의미한 것이다. 그러므로 공자의 말씀에 간은 그치는 것이니 만물이 거기서 시작하고 거기서 종결하는 바(艮은 止也니 萬物之所以成始成終者也)라 하며, 또 말씀하되 만물에서 시작하고 만물에 종결짓는 것이 간艮보다 성함이 없다(始萬物 終萬物者가 莫盛乎艮) 한 것이다. 우리가 이 도덕 분야에서 살고 있기 때문에 우리 선조들이 수천 년 동안 남을 침해侵害해 본 적이 없고 오직 압박을 인내하고 살아왔던 것이다. 우선 이 우주변화가 이렇게 오는 것을 학술적으로 전개한 이가 한국인 외에 있지 않으며 이 세계가 멸망이니 심판이니 하는 무서운 화탕火湯 속에서 인류를 구출해 낼 수 있는 방안을 가지고 있는 이도 한국인 외에 또

다시 없는 것이다. 그러고 보면 한국은 세계적인 신도神都, 다시 말하면 정신 수도의 근거지라 하여도 과언이 아닐 것이다.(道德首都說)

〈이상 『주역선해』 제3권(교림)에서 부분 인용함〉

4. 김탄허의 주석에 대한 재해석

이상과 같은 김일부(1826~1898) 선생의 정역에 대한 김탄허의 역해를 중심으로 필자가 재해석을 시도해 보고자 한다.

정역신묘설正易神妙說 : 『정역』은 설괘 신묘문에서 나왔다
다음의 「설괘전」 제6장을 신묘문神妙文이라 한다.

神也者는 妙萬物而爲言者也니 動萬物者莫疾乎雷하고 撓萬物者莫疾乎風하고 燥萬物者莫 乎火하고 說萬物者莫說乎澤하고 潤萬物者莫潤乎水하고 終萬物始萬物者莫盛乎艮하니 故로 水火相逮하며 雷風不相悖하며 山澤通氣然後에 能變化하여 旣成萬物也하니라 (설괘 6장)

신神이란 만물萬物을 신묘하게 함을 말한 것이니, 만물을 동함은 우레보다 빠름이 없고, 만물을 흔듦은 바람보다 빠름이 없고, 만물을 건조시킴은 불보다 더함이 없고, 만물을 기쁘게 함은 택澤보다 더함이 없고, 만물을 적심은 물보다 더함이 없고, 만물을 마치고 만물을 시작함은 간艮보다 성함이 없다. 그러므로 물과 불이 서로 미치며, 우레와 바람이 서로 어그러지지 않으며, 산과 택澤이 기氣를 통한 뒤에야 능히 변화하여 만물을 이루는 것이다.

주자도 이 6장에 대해 그 뜻을 자세히 알 수 없다(未詳其義)고 토로하였다.

이보다 앞에 나오는 「설괘전」 3장은 다음과 같다.

天地定位에(하며) 山澤通氣하며 雷風相薄하며 水火不相射(석)하여 八卦相錯
하니…(「설괘」 3장)
천天과 지地가 자리를 정定함에 산山과 택澤이 기氣를 통하며, 뇌雷와 풍風이 서로
부딪히고, 수水와 화火가 서로 해치지 않아 팔괘八卦가 서로 교착交錯하니….

이 3장에 산-택, 뇌-풍, 수-화를 말하는 것과 같이 이 6장에도 수-화, 뇌-
풍, 산-택을 말하고 있다. 그러나 건곤은 말하지 않았다. 3장에서는 건곤을
먼저 말하였는데, 왜 여기서는 건곤을 말하지 않았는지 대단히 궁금한 것이
다. 소강절은 3장을 복희팔괘의 방위도로서 건남곤북乾南坤北을 말한 것이라
고 밝혔다. 그러나 복희팔괘도는 차서도이지 방위도가 아니다. 그러므로 천
지정위의 해석은 '천지차서의 위가 정해짐에…'로 풀어 볼 수 있다.

3장은 천지의 방위가 정위定位하지 않은 태초의 혼돈 세상이므로 오로지
천지정위를 위해 산-택, 뇌-풍, 수-화가 끊임없이 섞이는 이치를 밝힌 것이
다. 그러므로 복희팔괘도는 "위천지정위爲天地定位"하는 선천도라 할 수 있
다. 반면에 6장은 천지를 말하지 않았다. 하지만 여기서는 산택, 뇌풍, 수화
가 제 자리를 찾아 자리를 정함에 천지가 또한 방위가 정위되었으므로 구태
여 건곤은 말할 필요가 없다. 오히려 천지가 정위된 그 지천태의 건곤이야
말로 바로 만물의 신위神位에 오른 것이며, 그래서 신으로서의 건곤부모인
것이다. 복희팔괘 이래 천지정위라는 대명제는 여기서야 완성을 보아 마침
내 정역팔괘로 나타난 것이다. 그래서 팔괘의 상착짝짓기은 끝나고 곤남건
북坤南乾北이라는 새로운 하늘 땅이 정립된 것이다. 『정역』은 건곤을 정위에
존공尊空하였으므로 여섯 아들(수화, 뇌·풍, 산·택)격만을 말한 것으로 풀이한다.

지도중심설地道中心說 : 정역은 천지인 삼재중에 지도를 중심으로 한다

그런데 복희팔괘에 이어 나온 문왕팔괘는 서로 다른 관점을 제시해 주고 있다. 복희팔괘도가 태극으로부터 양의, 사상, 팔괘에 이르는 생성적生成的 음양관을 말해 주고 있다면 문왕팔괘도는 인사적人事的 음양관을 말해 주고 있다. 다시 말해 생성적 음양관에서 인사적 음양관으로 변해가고 있다는 것은 문왕팔괘도에 의해 비로소 부모-자녀 관계가 나타났기 때문이다. 곤坤에 "서남

〈그림2〉 문왕팔괘도

西南은 득붕得朋이요 동북東北은 상붕喪朋이니 안정安貞하여 길吉하니라"라고 했다. 서쪽과 남쪽은 음陰의 방위이고, 동쪽과 북쪽은 양陽의 방위이다. 안安은 순함이 하는 것이요, 정貞은 굳셈을 지키는 것이다. 음방인 서남쪽은 곤坤, 손巽, 이離, 태兌의 4괘가 자리하고, 양방인 동남쪽은 건乾, 진震, 감坎, 간艮의 4괘가 자리하고 있다. 이를 인사적으로 설명하면, 곤-모, 손-장녀, 이-중녀, 태-소녀이고, 건-부, 진-장남, 감-중남, 간-소남이다. 이렇게 음은 음끼리, 양은 양끼리 무리[朋]를 이룬다. 남자는 남자끼리, 여자는 여자끼리 무리를 이룬다는 뜻이다.

반면에 『정역』은 지도地道를 설파하고 있다. 천지 변화의 중심을 지도로 본 것은 복희팔괘도의 건남곤북乾南坤北을 뒤집어 곤남건북坤南乾北으로 새롭게 팔괘도를 배열한 것에서 충분히 알 수 있다. 그러면 이런 변화의 요인은 어디에서 온 것인가?

곤坤에 "선先하면 미迷하여 실도失道하고 후後하면 순순하여 득상得常하리니 서남득붕西南得朋은 내여유행乃與類行이요 동북상붕東北喪朋은 내종유경乃終有慶하리니…"에서 온 것이다. 즉 "먼저 하면 혼미하여 도道를 잃고, 뒤에 하면 순하여 떳떳함을 얻으리니, 서남西南은 벗을 얻는다는 것은 동류同類와 함께 행함이요, 동북東北은 벗을 잃는다는 것은 마침내 경사가 있다"는 것이다. 정자는 서남西南은 음陰의 방위이니 그 동류同類를 따름은 벗을 얻는 것이고, 동북東北은 양陽의 방위이니 그 동류同類를 떠남은 벗을 잃는 것(西南陰方이니 從其類는 得朋也요 東北陽方이니 離其類는 喪朋也)이라고 했다. 지금까지 이 구절에 대해 음이 음방에 있으면 또 다른 벗을 얻는 것과 같고, 음이 양방에 있으면 음양이 배합을 이루므로 음은 음의 무리에서 떠나 양을 따르게 되는 것으로 보았다. 그래서 음양이 결합하여 경사를 맞는다는 의미이다. 일대 경사가 음양의 결합에 있다는 것은 부인할 수 없는 사실이다.

그러나 이런 사실은 양陽 주관하의 음양관일 뿐이요, 음陰 주관하에서는 정반대로 전개된다는 것에 주목하지 않을 수 없다. 지세곤地勢坤 즉 음 주관하에서는 하지에 일음一陰이 시생하듯이, 양이 도리어 음을 따르는 것이므로 음방에서는 득붕得朋하여 음이 점점 강해지고, 양방에서는 상붕喪朋하여 양이 점점 약해지는 것이다. 그리하여 빈마지류牝馬地類 행지무강行地无疆이라 한 것은 비록 암말이지만 그 곤坤의 건장健壯함이 건乾과 짝할 수 있기 때문이다. 정자가 "건건곤순乾健坤順하니 곤역건호坤亦健乎아 왈曰 비건非健이면 하이배건何以配乾이리오 미유건행이곤지야未有乾行而坤止也라" 한 것은 곤坤도 건乾과 같이 굳세지 않으면 건의 짝이 될 수 없고, 건이 행함에 곤도 멈출 수 없다는 뜻인데, 이는 양 주관에서는 양이 굳세고(健)하고, 음 주관에서는 음이 역시 굳세다(健)는 말이다. 따라서 동지에 일양一陽이 시생하면 양이 주장하고, 하지에 일음一陰이 시생하면 음이 주장하듯이, 음 주관하에서는 음이 성盛하면 양이

쇠衰하는 이치에 따라 서남西南의 지도地道가 점점 성盛해 지극함[至哉坤元]에 이르러 만물이 바탕하여 낳음으로써[資生] 결국 순하게 하늘을 이어[乃順承天] 건남乾南의 자리에 곤坤이 들어가 비로소 곤남坤南이 되는 것이다. 이리하여 천지인 삼재 중에서 지도가 중심이 된 곤남건북의 지천태地天泰 괘상을 이룬 것이 바로 정역인 것이다.

음화지중설陰火地中說 : 땅속 불덩이가 얼음을 녹인다

김탄허는 2천天을 음화陰火라 하고, 7지地를 양수陽水로 보았다. 그래서 이 음화를 '잠재한 불'이라 하고, 이 불이 120년 전부터 지구 밑으로 들어가 빙해氷海 빙산氷山을 녹이게 되고, 북빙하가 완전히 풀려 무너질 때 지구의 변화가 온다는 충격적인 해석을 내놓았다. 반면에 이정호는 2천 7지를 두 번째 하늘, 일곱 번째 땅으로 풀고, 또 7과 2는 병정丙丁으로서 2천을 10건에, 7지를 5곤에 배합하여 건곤위가 각각 12가 되어 균형을 얻은 것으로 보았다. 나아가 이정호는 정역 원본 판본에 문제가 있다고 지적하고 2천 7지는 3태 8간에 각각 결합하는 것이 일월日月의 자연한 것이라고 밝혔다. 이는 "십十은 기紀요 이二는 경經이요, 오五는 강綱이요 칠七은 위緯다"라는 『정역』에 근거한 것이다. 그러나 만약 지축정립 이후에 2천 7지를 태간에 붙인다면 2천을 8간에, 7지를 3태에 붙이는 것이 더 좋을 것이다. 간태에 붙인 2천 7지는 불이 아니고 빛이기 때문이다.

그러면 2천 7지는 어떻게 상생작용을 하는가? 본래 7화火는 태양의 불이고, 2화火는 달의 불이다. 2화火를 2천天이라 하고, 7화火를 7지地라 한 것은 『정역』의 역설이다. 2천 7지에서 2천은 북방 10건에 붙은 정화丁火요, 7지는 남방 5곤에 붙은 병화丙火이다. 현재의 『정역』과 같이 10건 5곤 속에 붙인 것은 땅 속에 들어간 불[地中火]을 역설적으로 상징한다. 남방의 7화火는 강한 불

기운으로 작용하고, 북방의 2화火는 약한 불기운으로써 남방의 불기운을 기다리고 있다. 남방의 땅 속에서는 7화火가 작용하고, 북방의 하늘에서는 2화火가 작용하여 2천·7지가 상생합일하여 지구를 성숙시키는 것이다.

아베(阿部廣)가 제시한 자료에 의하면 현재 북극의 만년설의 분량은 25년 전의 3분의 1이 남아 있고, 2030년 전후에는 시베리아, 히말라야를 비롯한 모든 만년설이 녹아서 소멸한다고 밝힌 바 있다. 그때 가면 지진으로 발생한 해일의 높이가 500m나 되어 일본은 국토를 잃게 된다고 했다. 현재 섬나라인 투발루는 절반 가량 국토를 잃었다. 지구의 역사에서 온난화로 95%의 생물이 멸종되는 때는 단지 4~5도의 온도 상승만으로도 결정적인 원인이 된다. 현재 바다 밑에 잠들어 있는 메탄 하이드로이트가 가스화하여 분출되고 있는데, 그 온실효과가 CO_2의 20배에 달한다. 또한 2012년에는 태양계가 은하계의 포톤벨트(광자대)에 진입을 시작하면 지구의 평균온도는 3도 이상 상승하여 양극의 만년설은 녹아 버린다. 이렇게 땅 속의 불은 자체의 고열로 양극의 만년설을 다 녹이는데, 그 다음에 지상으로 올라와 빛으로 변하기까지는 얼마나 걸리는가. 필자가 보기에 지중 음화가 지상으로 올라오기까지는 2004년을 기준으로 1,080년 가량이 소요된다고 생각된다.

참고로 김탄허의 120년 전이란 말에 대해 생각해 볼 필요가 있다. 김탄허가 『주역선해』를 집필한 1982년(임술)로부터 120년 전은 1861년이다. 그러나 일부가 처음 괘를 그린 1881년(신사)을 기준으로 하면 딱 100년이다. 그런데 왜 120년 전인가? 일부가 처음 연담(이운규) 선생을 만난 것은 신유년(1861)이었다. 그렇다면 1861년 신유(당시 36세)부터 천지의 변화도수가 시작된 것인가? 이때 김일부는 스승을 통해 영동천심월影動天心月이라는 개벽 소식을 처음 들었다는 것이 유일한 근거가 된다. 이 말은 천심월이 후천 황심월皇心月로 넘어가고 있다는 뜻이다. 한편 이보다 1년 앞선 1860년(경신)은 동학에서 말하는 후천개벽의 도수가 시작되었다고 보는 기준점인데, 서로 비추어보면 근사한 점이 있다. 실제로 김일부는 1879년(기묘)부터 시작하여 1881년(신사)에 새 괘도를 그리고, 1885년(을유)에 『정역』 본문을 최종 마무리를 하였다.

지축정립설地軸正立說 : 기우뚱한 지축이 바로 선다

정역팔괘도는 복희팔괘도와 문왕팔괘도의 뒤를 이어 우리나라에 출현한 제3의 괘도이다. 대역서에 이르기를, "천지가 기울어진 지 2,800년(天地傾危二千八百年)"이라 하였다. 문왕팔괘도에서 천지가 경위傾危하여 건곤이 서북과 서남의 한 모퉁이에 편재하여 있고, 각 괘의 음양이 감리坎離괘 외에는 부조화를 이루고 있다. 그러나 정역팔괘도는 건곤이 남북에 정위正位하고 있다. 곤은 배요 건은 머리인데, 그동안 사람이 거꾸로 서 있었으나 정역팔괘도에서 비로소 사람의 머리가 위[북]에 서고, 배가 아래[남]로 서서 사람이 바르게 서게 되었다. 이렇게 괘상으로 정립한다는 것은 무엇을 의미하는가?

1920년에 밀란코비치는 「태양복사에 의해 생기는 열현상에 관한 수학이론」을 발표하여 기후 변화를 지구 궤도의 변화 요인으로 설명한 바 있다. 그는 궤도 변화 요인으로 태양 활동의 변화, 두 가지 지축의 변화(세차운동과 지축의 기울기), 지구 공전궤도의 변화 등 네 가지를 제시했다. 그는 특히 지축의 기울기는 4만1천년 주기로 21.5도에서 24.5도까지 변한다고 했다. 또 현재 지구의 공전궤도는 타원에서 점차

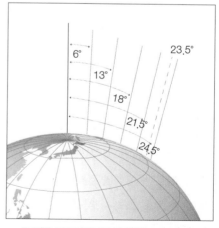

〈그림3〉 지축의 단계적 정립화(正立化) 개념도

원형으로 변화되고 있다고 밝혔다.[4] 이에 기초하여 필자가 그린 〈그림3〉은 지축의 단계적 정립과정을 개념화한 것이다.

　김탄허는 지금 지구가 23.5도 측면으로 기울어져 있으나 북빙하가 완전히 녹으면 지구의 변화가 오고, 그때가 되면 지구가 정면으로 서면서 세계적인 지진과 해일로 변화가 온다고 밝혔다. 김탄허와 동시대 사람인 미국의 루스 몽고메리(1912~2001)도 지축 변동이 일어나 전 세계에 큰 재난이 닥칠 것이라고 예언했다. 그녀는 『미래의 문턱』에서 "지구는 진화의 단계에 있다. 지구의 극이동은 자연 섭리로서 지구 자체의 정화를 위한 필연적 과정이다. 지축 변동은 피할 수 없으며 그 변동은 탐욕스런 영혼을 지구에서 깨끗이 쓸어내기 위해서는 꼭 필요한 과정"[5]이라고 밝혔다. 이것을 일괄하여 우주 대변혁인 지축정립地軸正立이라 한다. 루스 몽고메리가 지구 극 이동의 내재적 요인을 강조하는 반면에 탄허는 외재적 요인을 강조한 것이다. 그런데 김탄허가 말한 대로 땅 속으로 들어간 불덩이가 빙하를 녹인다는 말은 무슨 뜻인가?

　일본의 아베(阿部廣)가 제시한 자료는 좀 더 상세한 면이 있다.(박태혁 씨 제공) 지금까지 지구는 남북 양극의 만년설로 인해 양극이 과다하게 무겁고 지구는 그로 인해 눌려서 타원형을 하고 있다. 그러나 그 얼음덩이가 녹음에 따라 중력의 영향이 감소하고, 지구는 원형으로 돌아가게 된다고 본 것이다. 특히 남극 대륙 위에 있는 만년설은 남극 대륙 무게의 30배가 되는 얼음땅이다. 이것이 갖고 있는 거대한 중력이 지구의 중심부를 짓누르고 있었는데, 만년설이 녹으면 그 무게가 동시에 풀리면서 남극 대륙의 밑에 있던 프레트(판)가 위로 부상하게 된다. 동시에 타원형으로 눌려 있던 적도 근방도 원형을 회복한다. 그래서 지구가 전체적으로 타원형에서 원형으로 제 모습을 되찾게 된다. 그런데 타원형에서 원형으로 풀릴 때에 적도에서는 대규모 크랙

(쭈그러 들 때 생기는 주름)이 발생하여 태평양 주변의 섬들은 융기하는 남쪽으로 쏠려 내려간다. 이때 곳곳에서 대지진이 발생하며, 이상기후가 발생할 것이고, 바다 속에 있는 일본열도 등은 물속에 잠길 것이다. 이 현상을 역학적으로 말하면 3:3의 축미선丑未線으로 지축이 정립되는 과정이라 할 수 있다.

그러면 김일부가 말한 "수조남천水潮南天 수석북지水汐北地"에서 남북극은 어떤 차이가 있다는 말인가? 북극은 바다 속에 있는 만년설이다. 컵 속에 든 얼음덩이와 같다. 그래서 녹더라도 큰 변동이 없다. 그러나 남극 대륙 위에 있는 만년설은 땅위에 있는 얼음덩이이므로 녹으면 녹는 대로 바닷물이 증가하게 된다. 그래서 남극은 물이 거대하게 넘치고, 북극은 얼음 녹듯이 물이 빠진다는 뜻이다.

지구성숙설地球成熟說 : 지구의 아픔은 성숙해지는 것이다

최수운은 1860년에 "남진원만북하회南辰圓滿北河回 대도여천탈겁회大道如天脫劫灰"(「우음」)라 하였다. 이 말은 너무도 어려워서 그동안 이해할 수 없는 말이었다. 그러나 김일부의 수조남천水潮南天 수석북지水汐北地에 따라 해석해 볼 수 있다. 즉 "남쪽 별이 둥글게 가득 차고, 북쪽 천수天水가 돌고 돌아 서로 응한다"는 뜻이다. 남북의 묵은 하늘에 수기水氣가 돌아 지구가 큰 겁회를 벗는다. 선천 하늘에서 후천 하늘로 건너가기 위해서는 이런 대겁회를 벗고, 대변혁을 겪어야 한다. 남극은 불이 들어가고, 북극은 물이 흘러 나온다. 남극은 솟아 오르고 북극은 빙하가 녹아 해류가 교체된다. 본래의 자리로 원시반본하기 위해서다. 이때 지축에 변화가 온다. 지축이 기운 것 자체가 지구의 묵은 겁劫이다. 이러한 겁이 천도의 운행을 비상적으로 만들어 왔다. 이런 천도의 묵은 겁회를 벗는 것이 천도天道 탈겁脫劫이다. 천도가 원시반본으로 탈겁하여 새 하늘로 가는 것이 바로 최수운이 말한 '남진원만북하회' 이다. 남북의 지축정립은 천도 탈겁의 완성을 의미한다. 본래 천도는 북극에서 열렸기 때문이다. 이런 의미에서 최수운은 김일부보다 20여 년 앞서 천도 탈겁, 즉 지축정립을 예시豫示한 것으로 볼 수 있다. 동학의 대도 역시 천도처럼 탈겁의 과정을 거쳐야 새로운 꽃을 피울 수 있다는 말이다.

　　최근 제주대의 방익찬은, 제주도 연안의 해수면이 38년 전보다 22.8cm 상승하고, 수온은 86년 전보다 1.94도 높아졌다는 연구 결과를 내놓았다. 또 그에 의하면 22.8cm란 수치는 1970년부터 2007년까지 37년 동안 연평균 6.01mm씩 상승한 것이라고 밝혔다. 남쪽 제주도의 연평균 해수면 상승은 서해 2.22mm, 남해 2.25mm, 동해 0.70mm 보다 훨씬 높은 수치이다. 남진원만南辰圓滿의 뜻을 여기서도 확인할 수 있다.

　　김탄허는 이런 지구의 변화는 미성숙이 성숙으로 가는 과정이라고 보았다. 마치 처녀가 하초에 양기陽氣가 들어가 월경이 시작되어 성년이 되는 것과 같다. 루스 몽고메리도 지축 변동을 "극이동은 지구 성숙의 연장선상에서 일어나는 것"이라고 같은 말을 하였다. 그녀는 또 지구 극 이동 자체는 '눈 깜짝할 사이'에 마치 지구가 한쪽으로 넘어지는 것처럼 일어날 것으로 예측하였다. 시간으로 말하면 6시간 정도가 걸릴 것으로 보았다. 그러나 필자는 지축에 변동이 생기기 시작하여 완전하게 정립하기까지는 2004년을 기준으로 1,080년 가량이 소요될 것으로 본다. 그러니까 서기 3,184년에 가야 지구가 성숙한 자태를 드러낼 것이다. 시간으로는 1,180년이 소요되나, 실제로는 100년을 탈겁하여 1,080년이 걸릴 것이다. 이처럼 지구가 성숙하는데 1,080년이 걸리듯이 인간도 이 기간 동안에 정신적으로 성숙해져야 한다는 도덕적 책무를 안고 있다. 서기 3,184년에 인간과 지구는 완전히 새로운 단계로 진입하게 된다.

지확인감설地擴人減說 : 땅은 넓어지고 사람은 많이 죽는다

김탄허는 지구 변화 이후에 바다는 4분의 1, 나머지 4분의 3은 육지로 확장된다고 보았다. 이 수치대로라면 육지가 종전보다 수 배로 증가한다는 말이다. 그러나 얼음덩이가 녹으면 바닷물은 급증하게 된다. 예를 들어 북극과 그린란드 지역의 빙하가 녹으면 해수면은 6m 가량 상승한다. 설상가상으로 지구 얼음의 90%를 차지하고 있는 남극의 얼음이 녹으면 해수면은 그 10배로까지 증가할 수도 있다고 한다. 최고 70미터나 올라간다. 이는 20층 건물 높이와 같다. 그렇게 되면 미국의 동부, 태평양의 섬나라 등 많은 섬들은 육지에서 사라지게 된다. 육지의 확장은 아직은 속단할 수 없다. 다만, 김탄허는 지구상의 인류가 감소된다고 예측했다. 루스 몽고메리는 지구상에 살아남을 사람의 숫자로 1억여 명을 제시하기도 했다.

과다한 화석연료 사용 때문에 지구의 기온이 2100년까지 3도 상승할 것이라고 한다. 그 결과로 1억 2천만 명이 기아에 허덕이고, 1천5백만 명이 홍수에 빠지며, 32억 명이 물부족에 시달릴 것이고, 사람들은 각종 전염병으로 노출될 것이다. 이와 함께 지구온난화는 가속되어 2012년에 북극에서 얼음이 사라질 것으로 미국항공우주국NASA은 예측하고 있다. 최근 NASA의 북극 탐사 책임자인 돈 페로비치는 "북극 해빙의 두께가 1.5~3미터의 베니어판처럼 얇아졌다"고 밝혔다. 북극 해빙은 2004~2008년에 급격히 얇아졌다.

태양으로부터 오는 열의 에너지가 지구에 도착하면 대기권에 있는 온실가스가 그 열을 저장한다. 이 온실가스 덕에 지구는 따뜻한 것이다. 그런데 온실가스는 대부분 이산화탄소로 구성되어 있고, 이 이산화탄소는 열은 받아 저장하지만, 내보내는 기능은 없다. 그래서 지구는 계속 더워진다. 그렇지만 이 이산화탄소를 제거하는 방법이 있다. 광합성이다. 인류를 살리는 유일한 길은 나무를 많이 심는 것이다. 나무가 곧 생명이다.

간방종시설艮方終始說 : 동북 간방에서 역사의 시작과 끝이 이루어진다

『주역』은 지구의 팔방을 팔괘로 설명하는데, 그 중에 동북쪽을 '간방艮方'이라 말한다. 간艮괘의 설명에 따르면, "만물이 마치고(終萬物), 만물이 시작하는 곳(始萬物)"이라고 했다. 그러니까 지리적으로 동북 간방에 있는 나라에서 과거 역사의 시작을 알렸다면, 앞으로 미래 역사의 마침도 동북 간방에서 이루어질 것이라는 뜻으로 해석할 수 있다. 역사를 마친다는 말은 역사의 종말을 말하는 것이 아니다. 동양 문화에서 종말은 없다. 항상 순환하는 가운데서 역사의 발전을 본다. 역사의 결실을 거둔다는 것은 역사에서 정신의 열매를 의미하는 것이다. 문명의 결실은 바로 정신에 좌우되기 때문이다.

역사의 태초는 동북 간방에서 태동하였지만, 근대 이후 역사는 서양이 주도해 왔다. 동북 간방의 역사를 봄에 씨 뿌리는 일에 비유한다면, 서양의 역사는 여름에 꽃피는 것에 비유할 수 있다. 그런데 지금은 우주사적으로 볼 때, 여름에서 가을로 넘어가는 하추교역기이다. 여름에서 가을로 넘어갈 때는 한 차례 진통이 따른다. 진통을 잘 극복하는 민족이 가을 결실기에 이를 수 있다. 그러면 그 열매를 누가 거둘 것인가. 동양인가 아니면 서양인가?

그런데 간괘가 말하는 역사의 종시終始 원리에 의하면 역사의 결실지結實地를 동북 간방으로 추정할 수 있다. 전통적인 관점에서 동북방에 해당되는 나라를 든다면 한국, 중국, 일본의 세 나라이다. 이들 나라를 다시 문왕 8괘의 방위도로 세분할 수 있다. 우선 동북방에서도 한국이 간艮괘에 해당하고, 중국은 진震괘, 일본은 손巽괘, 북방의 러시아는 감坎괘, 서방의 미국은 태兌괘에 각각 안배해 볼 수 있다.

김석진은 이야산의 선후천설에 따라 정치적 변화를 중심으로, 선천은 군주시대이요 후천은 민주시대라 했다.[6] 1948년 무자년에 주권재민의 후천민주정부가 수립되었다고 본다. 간괘는 1양 2음이므로 1군君 2민民이 된다. 군과 민의 자리 바꿈이 벌어진다.

특히 문명의 시작과 끝맺음이 이루어지는 간방艮方에 중요한 의미가 부여되어 있다. 간艮은 해의 뿌리를 뜻한다. 해는 정신의 근원을 상징한다. 우리는 다시 '태양문화' 시대로 진입하게 된다. 태양문화는 인류의 드러난 정신을 상징한다. 반면에 달문화는 인류의 숨어 있는 정신을 상징한다. 둘은 결코 떨어질 수 없는 관계이다. 『천부경』의 '태양앙명'도 이런 의미에서 정신의 중요성을 강조한 것으로 볼 수 있다.

인종결실설人種結實說 : 인간의 씨종자가 열매를 맺는다

사람과의 관계로 팔괘를 설명하면, 간괘는 소남少男이다. 땅의 크기로 보면, 한국은 가장 작은 소국小國이다. 소남이 삼형제 중에 주관자로 등장하듯이, 소국인 한국이 장차 만국 중에 능히 큰 나라가 될 것이다. 한국을 괘로 보면, 중산간(重山艮; 산이 내외로 거듭해 있다)괘가 된다. 내괘는 아랫산으로서의 간艮이요, 외괘는 윗산으로서의 간으로 우리나라의 형상과 같다. 우리나라가 평야보다 산이 많은 것은 장차 지구 변화에 잘 적응할 수 있는 조건이 될 것이다.

소남少男은 20대 청년이니, 부모의 결실 인종이다. 결실은 뿌리의 결과물이다. 뿌리가 시始라면 열매는 종終이다. 열매는 일단 결실이 되면 뿌리의 명령을 듣지 않는다. 그러나 결실은 다시 뿌리로 돌아간다. 결실에도 시종이 있고, 뿌리에도 시종이 있다.

오늘날 20대 청년세대인 소남들은 스스로 뿌리가 되려 한다. 그래서 현재의 뿌리를 부정하려 한다. 다시 말해 부모의 뿌리를 부정하고, 자기만의 뿌리를 다시 내리려 한다. 여기에서 부모 세대와 청년 세대 간의 갈등이 일어난다. 간방 결실지에서 결실 인종인 간소남艮少男들이 태소녀兌少女를 만나 선천의 종지부를 찍고 후천개벽의 새 뿌리를 내리려고 안간힘을 다한다. 후천 새 문화의 터를 닦고 있다. 후천 문화의 새 주체로 간소남들이 등장하고 있다. 하지만 간소남들은 몇 가지 기본 전제를 명심해야 한다. 도덕적이면서 이성적이어야 한다. 민족적이면서 세계적이어야 한다. 현실 개조적이면서도 미래 지향적이어야 한다. 그리하면 간괘에 기도광명(其道光明; 그 도가 빛나고 밝다)이라 한 것처럼 장차 후천의 결실 인종에 의해 간도其道가 만방에 빛을 낼 것이다.

도덕수도설道德首都說 : 한국은 도덕적으로 세계의 중심지가 된다

지금 천하의 대세가 동서양의 양대 축으로 나뉘어 있고, 그 중에서도 서양이 천하를 호령하고 있지만, 앞으로 천하 대운은 지축이 정립되면서 동·서양이 균등해질 것이다. 우리는 그 준비를 해야 한다. 선천은 양의 시대요, 동양의 시대이고, 정신의 시대이다. 그래서 선천은 3양>2음이다. 후천은 음의 시대요, 서양의 시대요, 물질의 시대이다. 그래서 후천은 양2<음3이 될 것이다. 하지만 둘 다 음양불균형이다. 이때 개벽이 일어나지 않으면 바로 잡을 수 없다. 지축정립으로 12지지가 바로 선다. 양3>음2가 축미선 개벽으로 '양6=음6'으로 바뀌어 정음정양正陰正陽이 된다. 지축정립은 우주 변화상 최고의 과학이며 축복이다.

그런데 천하의 대운이 서양에 있지 않고 동양으로 건너온다는 말은 무슨 뜻인가? 그것은 음양의 균등을 이루기 위해서다. 정신은 극도로 발전하면 할수록 오래 지속 가능하지만, 물질은 극도로 발달하면 발달할수록 빠르게 사그라진다. 그래서 물질만능의 서양문명은 오래 가지 못한다. 서양이 그 운수 그대로 후천을 계속 주도하려면 물질에 정신을 결합시켜야 하지만, 유감스럽게도 서양은 그런 정신 능력이 미흡하기 때문에 그 운을 스스로 소멸시킬지 모른다.

다만 지금 서양이 위력을 떨치고 있는 것은 선후천이 바뀌는 때에, 일찍이 없었던 개화된 기술문명과 무력을 앞세워 동양사회를 현혹하고 있기 때문이다. 기술 개발을 야만으로 생각하고 정신문명에만 안주해 온 동양으로서는 충격이 아닐 수 없었고, 끝내 서양 물질 무기의 현실적 위세 앞에 무릎을 꿇고 말았다. 그러나 동양이 서양의 기술과학에 정신을 결합하여 정신과 물질을 동시에 발전시키는 후천의 이상적 문명사회를 건설할 경우 서양은 뒤늦게 동양에 무릎을 꿇게 될 것이다. 속담에 "호랑이에게 물려가도 정신만 차리면 산다"는 말은 지금 이때를 두고 한 말이다.

그러면 우리는 무엇을 어떻게 준비해야 하는가? 먼저 서구문화에 찌들고 있는 우리 한민족의 고유한 정신문화를 부흥시키는 것이 급선무이다.

김탄허는 간괘의 성질을 도덕이라 말하고 있다. 도덕은 그침[止]에서 나온 것이다. 지욱(智旭, 1599~1655)은 간艮의 지止에 대해, "지즉가이안도止則可以安道"[7] 라 했다. 그치면 도에 편안하다는 뜻이다. 『대학』에도 지어지선止於至善이라 했다. 간艮은 바로 지선至善에 그침이다. 그러므로 간은 모든 선善이 모이고, 모든 선이 꽃을 피는 도덕지지道德之地이다. 이 도덕의 땅이 새로운 인류 정신문화의 고향이요, 바로 세계의 신도神都로서의 역할을 다해야 할 것이다.

5. 우주 변화의 조짐들 - 깜짝 빙하와 지축정립

지난 2010년 8월 15일 83년만에 3.75도 삐뚤어졌던 서울 광화문의 축이 바로 잡혔다. 경복궁의 중심축이 회복된 것이다. 남산의 신궁터에서 관악산으로 서울의 중심축이 바로 잡혀 모든 것이 정상화되었다. 일본의 나미키는 달, 지구, 태양, 플레아데스 성운이 정렬하는 라마트의 날, 즉 일식이 일어나는 2012년 5월 20일부터 인류 종언까지 카운트다운이 개시되어 마지막 종이 2012년 12월 22일에 울린다고 주장했다. 브레이든은 "그 날은 우주 차원의 커다란 기회가 열리는 새로운 창이 될 수도 있다"고 말한다. 12월 22일은 2012년(임진) 동지 다음 날이다. 해마다 동짓날은 낡은 시대의 종말과 새 시대의 시작을 상징한다. 갈수록 변화는 심화된다. 그 변화의 중심에 태양이 있다. 새 태양이 떠오르며 새 나라가 일어난다. 2012년 12월 22일*은 세계적으로 큰 변화의 시발점이 될 것이다.

여기에는 두 가지 징조를 수반한다. 하나는 '백두산 화산 폭발'이고, 다른 하나는 '깜짝 빙하기'의 도래이다. 화산의 80%는 판plate과 판이 만나는 경계선에 있지만 백두산은 경계선이 아닌 판 내부에 있다는 특징이 있다. 그래서 백두산은 열점熱點 화산이다. 열점이란 말 그대로 '뜨거운 점'이란 뜻이다. 사람 머리가 아픈 것과 같다. 지각끼리 부딪칠 때 일어나는 게 아니라 마그마 활동이 활발해지면서 일어나는 화산성 지진이다. 이것이 백두산 화산 폭발의 전조前兆이다. 가장 큰 문제는 20억 톤에 달하는 천지물이 어떻게 될 것인가와 화산재가 어디로 날아갈 것인가 하는 점이다. 남북한 보다 더 위험한 곳은 일본이 될 것이다.

영국 국방부 산하 기구의 보고서(DCDC 보고서)에 의하면 인류는 2036년까지 분쟁, 기아, 농작물 감소, 물분쟁, 환경위험에 처하는데 그 가운데 지구 온난화로 인해 '새로운 빙하기' 시대가 도래할 것이라고 예견했다. 17~18세기 소빙하기(miniature ice age)의 위력을 능가하는 수준이 될 것으로 전망했다. 하지만 기후 변화가 극심해 빙하기의 위력은 이 소빙하기를 훨씬 넘어설 것이다. 만약 2100년까지 지구 기온이 급상승할 경우, 남극대륙이 녹아 해수면이

*청황부는 2007년 11월 24일(음 10월 15일)에 완성되고, 12월 22일(동지)에 공개되었다.

세계적으로 높아지고, 북반구 지역은 미국에 있는 자유의 여신상이 눈사람이 되듯 기온이 급강하해 도시가 얼음바다가 되거나, 남반구 지역은 거대한 폭풍에 휩싸일 것이다. 일시적인 '깜짝 빙하기'가 현실로 다가온다. 빙하는 자기장의 파괴로도 올 수 있다. 전혀 예측할 수 없이 순간적으로 밀려오는 빙하로 온 천지와 사람은 얼어붙고, 이 때 기운 지축을 바로잡기 위해 순식간에 대진동大震動이 계속하여[連續不絶] 일어날 것이다. 사람들은 두 가지 형태로 생사 기로에 직면할 것이다. 북반구 사람은 동사凍死하였거나 남반구 사람은 기절하였다가 지축정립 후에 기적같이 깨어나기도 할 것이다. 이것이 수운교의 예언서인 「명운경」이 밝힌 바, 죽었다가 다시 살아나는 사자환생死者還生의 기적이다. 이때 죽고 사는 것은 하늘이 결정할 일이지만, 죽는 자보다 사는 자가 훨씬 적을 것이다. 그리고 극소수 산 자들이 모여 신천신지新天新地의 영성문화靈性文化를 건설할 것이다. 그 세상을 우리는 지상선경地上仙

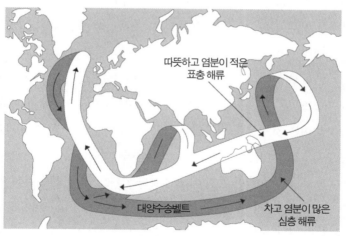

〈그림 4〉 대양의 열염분 순환 수송벨트 시스템

Broecker and Denton, 1990/지구가 정말 이상하다에서 재인용

境이라 할 수 있다. 선경에 사는 사람들은 뇌腦의 구조가 진화를 이루고, 불사不死의 신체 구조를 지닌 신인新人들일 것이다. 따라서 후천개벽의 역사는 남북극 해빙 - 깜짝 빙하와 폭풍 - 천지진동 - 지축정립 - 사자환생 - 지상선경의 순으로 진행될 것으로 예측할 수 있다. 이런 면에서 영화 「투모로우」는 우리에게 많은 시사점을 던져 주고 있다.

또 최근 미국 펜타곤(국방성)의 한 자료에서도 지구온난화가 절정에 달하는 순간에 '대빙하기' 가 도래한다고 했는데, 그때가 2020년이다. 대빙하의 이유는 두 가지이다. 태양의 이상 활동과 해류의 정지이다. 이로 인해 기온이 급격히 저하하고 거대한 한기寒氣가 도래하는 것이다.

이런 일련의 지구 변화는 지구 밖에서 일어나는 우주 변화의 도상에서 유기적으로 전개된다는 특징을 갖는다. 지구 변화가 지축정립이라면, 우주 변화는 또 다른 천축정립이라 할 수 있다. 천축정립은 지축정립을 수반하고, 지축정립은 다시 지구 밖 일월의 천축정립을 추동한다. 한동석의 주장처럼 천축과 지축의 변화는 별개의 것이 아니다. 지구가 바로서야 태양도, 달도 정상운행을 하게 된다. 지축이 정립되어야 소행성의 충돌로부터 지구를 사전에 보호할 수 있다. 이것이 『주역』에서 말하는 "천하지동天下之動 정부일자야貞夫一者也"의 속 뜻이다. 지금 화성의 자전축도 변하고 있다. 달은 지구로부터 멀어지고 있다. 모두가 한 곳을 향해 변동한다. 일월과 지구가 한 몸으로 바르게 움직이는 것이 우주 변화의 목적이다. 여기에 뇌의 구조가 바뀐 새 사람이 우주적으로 참여하여 선경 세상을 건설하는 것이다.

마지막으로 우리에게 한 가지 의문이 남아 있다. 지축정립은 과연 어느 정도까지 바로 설 것인가 하는 점이다. 수성처럼 23.5도에서 거의 0도까지 돌아갈 것인가? 필자는 현재 23.5도가 10도까지 단계적으로 올라서리라고 예측한다. 그 근거는 김일부가 이미 "천지의 도수는 10에서 그친다" *고 했는데, 이 10을 무극의 10수로 해석하고 있는데, 필자는 지축 기울기 10도로 해석하고 싶다. 아니면 최소한 6~13도 사이에서 지축의 정립화定立化는 이루어지리라고 본다. 그리되면 지구의 적도지역은 더워지고, 극지역은 추워지나, 중위도 지역은 평균기온의 변화(연교차)가 적어 인류가 후천문명을 건설할 수 있는 최적의 기후조건을 갖게 될 것이다.

* "天地之度數 止乎十"(『정역』의 「十五一言」)

보론 : 태양계 행성들의 기울기표와 궤도

수성	금성	지구	화성	목성	토성	천왕성	해왕성	명왕성
0.01도	177도	23.5도	25도	3도	27도	98도		

태양계 행성들의 기울기표(왼쪽에서부터 차례로)

〈수성〉

자전 : 1965년에 레이더 관측이 이루어지기 이전에는 수성의 자전이 지구의 달과 마찬가지로 한 번 공전에 한 번 자전할 것이라 생각했었다. 하지만 실제로 수성의 자전과 공전은 3:2의 비율이다. 즉 태양의 주위를 2번 공전할 동안 3번 자전한다. 수성의 자전과 공전이 같을 것이라 생각했던 이유는 지구에서 본 수성이 가장 관측하기 좋은 위치에 있을 때 언제나 같은 면을 보였기 때문이다. 실제로 이것은 자전과 공전을 3:2 비율로 운동하는 수성을 같은 위치에 있을 때 관측했기 때문이었다. 이 3:2 비율로 인해 수성의 항성일(자전주기)은 약 58.64일인데 비해 수성의 태양일(수성표면에서 본 태양의 자오선 통과간격)은 약 176일로 대략 3배이다.

궤도 : 수성의 자전축의 기울기는 행성 중에서 가장 작은 약 0.01°이다. 이것은 두 번째로 경사가 작은 목성의 값(약 3.1°)에 비교해도 300배나 작은 값이다. 때문에 수성의 궤도상에서 관측자가 보면 태양은 대부분 천정을 통과하고 남북으로는 1/100°정도밖에 움직이지 않게 된다. 궤도 수성의 궤도이심

률은 태양계 행성 중에서 가장 크다. 근일점이 약 0.31AU, 원일점이 약 0.47 AU이라는 큰 타원궤도를 그리고 있다. 이 궤도의 근일점은 천천히 이동(근일점 자체가 태양의 주변을 돈다)하고 있어 그 이동의 정도는 100년에 574초이다. 이중 531초는 금성 등 다른 행성의 중력 효과로 설명이 가능하지만 남은 43초에 대해서는 뉴턴의 고전역학으로는 설명할 수 없었다. 이 뉴턴역학으로는 설명할 수 없었던 43초는, 후에 아인슈타인의 일반상대성이론에 의해 설명이 가능해졌다(1초 = 1/3600도).

〈금성〉

자전 : 금성은 대부분의 행성들과는 다르게 반대로 자전을 한다. 즉 지구의 북극에서 바라볼 때 시계방향으로 자전을 하는 것이다. 금성의 자전축은 적도면에 대략 3° 기울어진 177°이다. 3°가 아닌 177°를 사용하는 것은 금성의 역회전을 포함하는 수치이다. 금성 이외의 대부분의 행성에서는 태양이 동에서 떠서 서로 지지만, 금성에서는 서에서 떠서 동으로 진다. 금성의 자전이 왜 역방향인지는 알 수 없으나, 태양과 다른 행성들의 중력섭동이 큰 영향을 줬다고 생각되고 있다.

궤도 : 태양과 행성들로부터 섭동을 받은 금성은 자전축이 크게 변하게 된다. 그리고 두꺼운 대기 또한 조석력에 의해 금성의 자전에 영향을 미치게 되고, 이를 시뮬레이션에 대입하면 현재와 같이 금성의 자전속도는 느려지고 역회전을 하게 된다. 이런 최종적인 결과의 과정은 두 가지로 추측된다. 한 가지는 자전축이 180°로 뒤집혀 역회전을 하는 것이고, 다른 하나는 기울기의 변화 없이 자전속도가 느려지고 결국 조석에 의하여 느린 역회전을 하게 된 것이다. 궤도 금성의 궤도는 다른 행성들의 궤도에 비하여 가장 원에 가깝다. 그리고 공전 주기는 지구보다 140여일이 적은 약 225일이며, 레이더

관측에 의해 알아낸 금성의 자전주기는 약 243일이다. 공전주기와 자전주기가 비슷하여, 금성에서의 하루는 지구의 시간으로 117일이 된다. 자기권 금성에는 자기장이 측정되지 않는다. 금성의 핵은 금속성이면서 부분적으로 용융상태이다. 따라서 지구처럼 자기장을 가지고 있다고 추측하였으나 실제로 자기장은 측정할 수 없을 정도로 작거나 존재하지 않았다. 이는 금성의 느린 역행 자전속도에 의한 것으로 알려져 있다. 천천히 역회전하는 금성의 자전은 순방향에서 역방향으로의 전환으로 설명할 수 있다. 이에 자기장 또한 현재 역전되고 있어서, 거의 존재하지 않는다고 추측된다.

〈지구〉

자전 : 지구는 약 23시간 56분을 주기로 자전을 한다. 하루의 시간이 24시간인데 비하여 약 4분이 짧은 이유는 지구가 자전을 하는 동안 공전을 하기 때문이다. 즉 하루란 태양이 남중한 시간부터 다음날 남중할 때까지의 기간을 말하는데, 지구가 자전을 하는 동안 공전을 함으로써 4분정도 더 돌아야 태양이 남중하게 되는 것이다. 그리고 지구는 약 23.5° 기울어져서 자전을 한다.

궤도 : 지구는 태양으로부터 평균 1억 5천만km 떨어져서 1년을 주기로 공전 한다. 이심률은 대략 0.017로 타원 형태로 공전을 하며, 태양과 가장 가까울 때는 1억 4,700만km까지 다가간다. 공전 속도는 약 29.8km/s로 아주 빠르며, 자전축이 기울어져 공전하기 때문에 계절의 변화가 생긴다.

〈화성〉

자전 : 화성의 자전주기는 약 24시간 37분으로 지구와 거의 비슷하다. 자전축 또한 약 25° 기울어진 것이 지구와 비슷하다. 따라서 지구와 같이 계절

의 변화가 생길 것이다. 하지만 화성의 운동이 장기간 동안 안정한지를 조사하기 위하여 수행된 시뮬레이션의 결과로 자전축이 크게 변하는 현상을 겪고 있다는 것을 알았다. 화성의 자전축은 수백 만 년에 걸쳐 불규칙하게 변동하고 있고, 이 변동은 태양과 다른 행성들과의 중력 상호작용에 의한 것으로 추정된다.

궤도 : 흥미 있는 것은 이러한 변동 현상의 시뮬레이션이 일반상대성이론의 효과를 무시한다면 일어나지 않았을 것이라는 사실이다. 이것은 태양의 중력으로 인해 생기는 시공간의 휨이 화성궤도에서도 영향을 주고 있는 것으로 보인다. 이것으로 지구의 기울기는 우연적으로 생기지 않았음을 의미하고, 지구의 안정된 자전축은 거대한 위성인 달과의 상호작용으로 형성되었음을 알려준다.

태양과 화성 사이의 거리는 평균 1.52AU 정도로 화성의 공전 주기는 약 687일이다. 화성의 공전궤도는 약간 찌그러진 타원의 형태를 하고 있다. 이에 따라 지구와 가장 가까울 때는 0.37AU(약 5천5백만km) 정도이다.

〈목성〉

자전 : 목성은 태양계 내에서 가장 빠른 자전을 하며 그로 인해 적도지방이 불룩한 타원체로 볼 수 있다. 목성은 대부분 기체로 이루어져 있으며, 이에 따라 태양처럼 차등자전을 한다. 즉 적도에서 가장 빠르고 극지방에서 상대적으로 느린 자전을 한다. 적도 부근에서는 9시간 50분 주기로 자전을 하며, 고위도에서는 9시간 55분 주기로 자전을 한다. 그리고 자전축은 3°가량 기울어져 있다.

궤도 : 목성은 태양으로부터 약 5.2AU(7억 8천만km) 떨어져서 공전을 하고 있다. 이심률은 0.048 정도로 작은 편이고 공전주기는 11.862년(약 11년 10개월) 정

도이다.

자기권 목성은 강력한 자기장을 가지고 있다. 지구의 자기장의 원인은 철과 니켈로 이루어진 용융상태의 핵이라고 알고 있다. 목성은 내부의 액체금속수소가 그 역할을 하고 있는 것으로 추정된다. 그리고 지구의 자기장으로 인한 오로라 현상 또한 목성에서도 관측이 된다.

〈토성〉

자전 : 토성은 탐사선의 관측 결과에 따르면 약 10시간 39분을 주기로 자전을 한다. 그리고 토성 또한 기체로 이루어진 행성이라 차등자전을 하며, 자전축은 공전궤도면에 비하여 약 27° 기울어져 있다. 그리고 거대한 몸에 비해 빠른 속도로 자전을 하여, 납작한 형태를 하고 있다.

궤도 : 토성은 태양으로부터 약 14억km 떨어져 공전을 하고 있다. 약 9.65km/s의 속도로 천천히 공전을 한다. 궤도의 이심률은 0.054이며, 이에 따라 태양과 가까울 때는 약 13억5천만km 까지 다가오고 멀리 떨어질 때는 약 15억km까지 멀어진다. 토성의 자전축은 기울어져 있는데 기울어져서 공전을 하면 지구처럼 계절이 생기고, 지구에서 봤을 때 대략 30년을 주기로 고리의 모습이 바뀌게 된다, 고리의 평면이 태양과 일치할 때 우리의 시각에서는 토성의 고리가 보이지 않는다. 이것은 한 주기에 두 번, 즉 약 15년에 한 번씩 일어나는 현상이다.

〈천왕성〉

자전 : 천왕성의 자전은 매우 특이하다. 다른 행성과는 전혀 다르게, 자전축이 거의 황도면에 누워 있는 형태로 자전을 한다. 즉 천왕성의 적도면은 공전궤도면에 약 98° 기울어진 역회전을 하고, 주기는 약 -17시간 정도(-는 큼

성과 같은 역회전임을 뜻함.)이다. 이 자전주기를 구하는 방법에는 많은 어려움이 있었다. 자전축이 너무 기울어져 있는 탓에 도플러 효과의 한계를 느꼈고, 지상관측에서의 자전주기는 큰 차이가 있었다. 적외선 관측으로 실제 자전주기에 거의 근접한 값을 얻게 되었으나 최종적으로 보이저의 자기장 측정에서 천왕성의 자전주기를 결정할 수 있었다. 또한 자전축의 기울기로 인해 극주변이 적도주변보다 많은 태양열을 받지만 신기하게도 전체적으로 온도가 균일하다. 이 이유는 아직 해명되지 않았다.

궤도 : 천왕성은 태양으로부터 약 28억8천만km 떨어진 곳에서 공전을 하고 있고, 공전주기는 대략 84년이다. 천왕성도 역시 다른 행성들과 같이 타원의 형태로 태양을 공전하고 있고, 태양과 가까울 때는 약 27억4천만km, 멀리 있을 때는 약 30억km까지 떨어진다. 그리고 다른 행성들에 비하여 느린 속도인 약 6.8km/s로 공전을 한다.

(인용 : 천문우주지식정보 http://astro.kasi.re.kr/Main/ContentViewForm.aspx?MenuID)

『주역』의 선후천 변역과 제3역학

— 제3부도인 상균도와 청황부에 기초한 동역학

1. 낙서의 한계와 제3역학

『주역』에서 변역變易의 단서는 수시隨時와 종도從道이다. 때에 따르지 않고 먼저 바꾸거나 늦게 바꾸면 도道를 따를 수 없게 된다는 말이다.

공안국孔安國 이래, 복희씨가 용마의 무늬[하도]를 보고 팔괘를 그렸고, 우임금이 거북 등의 무늬[낙서]를 보고 홍범洪範을 내놓았다고 한다. 대개 하도는 5천년, 낙서는 4천년의 정신사를 갖고 있다고 말하며, 오늘날까지도 동양인의 정신을 이끌어 왔다.

그런데 1860년에 한국의 수운水雲 최제우崔濟愚(以下 崔水雲)는 무극대도無極大道를 표방하며 목운木運이 도래한다는 동학東學을 창시하였다. 또 한국의 일부一夫 김항(金恒, 1826~1898 以下 金一夫)은 1881년 제3역인 정역正易팔괘도를 창시하였는데, 자신의 『정역』 서문에서 "복희가 간략히 긋고, 문왕文王이 공교工巧히 하였으니, 천지가 경위傾危한 지 2,800년만에 바로잡았다"[1]고 밝힌 바 있다. 이 말은 문왕팔괘도文王八卦圖에서 천지건곤天地乾坤이 서북방에 기울어진 지 2,800년 만에 김일부가 비로소 우주 변화의 원리를 깨닫고 역易의 위치를 바로 잡아 『정역』의 팔괘를 그리게 되었다는 말이다. 이 말을 바꾸어 말하면 문왕팔괘도가 처음에는 수시종도하여 나왔지만, 세월이 지나면서 종도를 다하지 못해 김일부가 스스로 바로 잡지 않을 수 없었다는 뜻이기도 하다. 본래 낙서의 가운데 수數를 채운 것이 홍범이라면, 가운데 수를 비운 것이 문왕역文王易이 되어 팔괘도가 나온 것인데,[2] 이렇게 김일부의 주장처럼 문왕팔괘도가 바로잡혀야 한다면, 그 수리적 근거가 된 낙서는 문제가 없는가?

하도가 상생相生의 원리를 표현해 주고 있다면, 낙서는 상극相克의 원리를 표현해 주고 있다. 문왕팔괘도에서 건곤이 변방邊方에 기울어 있는 것이 문제라면, 낙서는 선후천 교역기交易期에 들어가 음陰인 금金이 태과太過함에 따라 택멸목澤滅木에 이르게 되어 동방東方의 목木과 중앙토中央土에 문제가 된다는 점이다. 본래 낙서는 하도의 금金과 화火가 교역交易하여 오행五行의 상극순환相克循環을 밝혀 준 것이고, 여기에 팔괘의 차서次序대로 배열되어 문왕팔괘가 된 것이다. 이러한 낙서의 문제점을 더 심도 있게 다루기 위해 필자는 동학의 개벽사상에 의지하려고 한다. 개벽관開闢觀에는 여러 유형이 있지만, 필자는 선후천 개벽관에 기초하여 밀물, 썰물이라는 새로운 관점에서 현행 하도와 낙서를 선천으로 보고, 후천에는 후천에 맞는 하도의 상생 원리와 낙서의 상극 원리가 나와야 한다는 관점에서 하락河洛을 고찰할 것이다. 그런 다음에 동학의 상균론相均論에 기초하여 오행의 균형적 순환문제를 '상균도相均圖'에 이어 '청황부靑皇符'라는 새로운 후천의 수리로써 설명하여 선천낙서先天洛書 오행론의 문제점과 한계를 극복할 수 있는 대안을 『주역』과 다른 후천后天 제3역학인 동역학東易學의 입장에서 제시하고자 한다. 참고로 제1역학을 연산역連山易 귀장역歸藏易으로 보고, 제2역학을 현존하는 『주역』으로 보며, 『주역』 이후에 나온, 『주역』과 다른 역학적 사유 체계를 미래역학인 제3역학으로 이해한다.*

2. 『주역』의 선천과 후천

혼히 사람의 성격은 선천적인가 아니면 후천적인가 묻는다. 또 사람의 운명은 선천적인가 아니면 후천적인가 묻는다. 이때 선천적이란 말은 태어나기 전부터 몸에 지닌 것을 의미한다. 반면에 후천적이란 말은 태어난 뒤 경험이나 교육에 의해 지니게 된 것을 말한다.

그런데 『주역』에서 선후천은 다른 의미로 쓰인다. 그것은 변화를 기본적으로 바탕에 깔고 있다. 그래서 변화 이전의 본모습을 선천이라 한다면, 변화 이후를 후천이라 할 수 있다. 변화 속에서도 작은 변화를 선천이라 하면, 그것에 대응하는 큰 변화를 후천이라 할 수 있다. 후천은 어느 기준점을 중심으로 하여 그 이전의 사실을 검토하고 교훈 삼아, 그 이후에 대한 미래 지향적인 사실을 예측하고 대비하는 성격을 갖는다.

1)『주역』본문상의 선후천

역에서 선천과 후천이란 말이 나오는 곳은 건괘 문언에 '선천이천불위先天而天弗違 후천이봉천시後天而奉天時' 라는 구절이다. 본래 선천이란 "하늘에 앞서 해도 하늘이 어기지 않는다" 는 뜻이고, 후천이란 "하늘을 뒤따라 해도 하늘의 때를 받든다" 는 뜻이다. 따라서 선천은 '앞서는 천시天時' 이므로 생장生長하는 과정에 해당하고, 후천은 '뒤따르는 천시' 이므로 수장收藏하는 과정에 속한다.

---

*그러한 근거는 "周禮太卜掌 三易之法 一曰 連山 二曰 歸藏 三曰 周易"(馬國翰)에 따른다. 여기서 『連山』『歸藏』을 『周易』 이전의 第1易學으로, 『周易』 이후를 第3易學으로 보는 것이다. 우선 第3易學으로는 한국에서 나온 崔水雲의 東學, 金一夫의 正易을 들 수 있다. 여기에 「靑皇符」를 거론하는 것이다.

이 문언 구절에서 선후를 결정하는 중심은 대인大人이다. 대인이 행하는 도는 하늘뿐만 아니라 사람이나 귀신도 어기지 않는다는 뜻을 강조한 말이다. 그 밖에 선후천先後天의 의미를 붙여 볼 수 있는 대목이 몇 곳이 있다.

첫째, 곤괘坤卦의 '선미후득先迷後得'의 선후 : 음이 양보다 앞서 하면 아득하고, 양을 앞세운 후 뒤따라가면 좋은 결실이 있다. 둘째, 비괘否卦 상구上九의 '선비후희先否後喜'의 선후 : 먼저는 비색否塞한 세상이고, 뒤에는 그것이 기울어져 태평한 세상이 와서 기쁨이 있다. 셋째, 동인괘同人卦 구오九五의 '선호조이후소先號咷而後笑'의 선후 : 먼저는 울고, 뒤에는 웃는다. 넷째, 규괘睽卦 상구上九의 '선장지호先張之弧 후탈지호後脫之弧'의 선후 : 먼저 활을 먹였다가 뒤에 활을 벗긴다.(說은 벗는다는 뜻) 다섯째, 고괘蠱卦의 '선갑삼일先甲三日 후갑삼일後甲三日'의 선후와 손괘巽卦의 구오九五의 '선경삼일先庚三日 후경삼일後庚三日'의 선후 : 이는 각각 갑과 경을 중심으로 그 앞으로 3일, 뒤로 3일을 말한 것이다.

2) 『주역』 괘체상卦體上의 선후천

3효로 이루어진 소성괘小成卦가 중첩해서 6효의 대성괘大成卦를 이룬다. 소성괘는 모두 팔괘이므로 이 팔괘가 서로 거듭하여 64괘가 만들어진다. 이렇게 팔괘의 소성괘를 중첩하여 64괘의 대성괘를 이루는 것을 일정팔회一貞八悔라 한다. 일정一貞은 아래 1괘는 가만히 있고, 팔회八悔는 위에 8괘가 움직인다는 뜻이다. 그래서 8×8=64괘가 나오는 것이다.

이때 대성괘에서 위에 있는 괘를 상괘上卦 또는 외괘外卦라 하고, 아래에 있는 괘를 하괘下卦 또는 내괘內卦라 한다. 그러니까 내3효內三爻 즉 내괘는 선천이오, 외3효外三爻 즉 외괘는 후천이다.

* 外卦(上卦) : 午後 後天 外的 成 用
* 內卦(下卦) : 午前 先天 內的 生 體

첫째, 건괘 구사九四 「문언」에 '혹약재연或躍在淵 건도내혁乾道乃革'이라 하여 건도가 내괘에서 구사의 외괘로 넘어가면 바뀐다는 것을 일러주고 있다.

둘째, 곤괘 육사 「문언」에 '천지 변화天地變化 초목번草木蕃'이라 하여 곤도가 육사의 외괘로 넘어가면 역시 변화가 일어난다는 것을 보여 주고 있다.

건과 곤을 선후천으로 구별하면, 건은 선천이고, 곤은 후천이 된다. 중천 건괘重天乾卦가 내외괘內外卦로 구성되어 있으므로 그 안에 선천과 후천을 지니고 있고, 중지곤괘重地坤卦도 역시 후천과 선천을 동시에 지니고 있다. 이처럼 건곤의 괘체卦體에는 선천과 후천이 각각 들어 있음을 알 수 있다.

3) 『주역』 상하경上下經의 선후천

경전은 성인이 쓴 경經과 현인賢人이 이를 풀이한 전傳으로 구분된다. 이에 따라 『주역』은 괘사卦辭와 효사爻辭는 경經이라 하고, 그 외의 십익十翼은 전傳이라 한다. 『주역』에서는 이 전을 일반의 전과 구별하여 대전大傳이라 칭한다. 이는 공자의 십익을 높이는 데서 유래한 것이다.

『주역』 본문도 상하경으로 구성되어 있듯이, 『주역』 「계사전」繫辭傳도 상하 2편으로 되어 있다. 「상경」上經은 선천이요, 「하경」下經은 후천이듯이, 공자의 「계사전」도 상전上傳은 선천이요, 하전下傳은 후천이다.

* 乾 坤에서 坎 離까지 上經 : 30卦
* 咸 桓에서 旣濟 未濟까지 下經 : 34卦
* 上經 : 先天, 體, 形而上學, 自然

* 下經 : 後天, 用, 形而下學, 人事

『주역』64괘는 자연의 현상을 설명한 상경과 인간 사회의 법도를 설명한 하경으로 나뉜다. 「상경」 30괘는 괘의 부모격인 건곤괘乾坤卦로부터 시작하여 일월日月인 감리괘坎離卦로 마친다. 「하경」 34괘는 소남소녀少男少女가 만나는 함괘咸卦와 장남과 장녀가 가정을 이끌어 가는 항괘恒卦로 시작하여 물과 불이 서로 사귀는 기제괘旣濟卦와 미제괘未濟卦로 마친다.

또한 「상경」은 '선천이천불위' 하는 선천이라 하겠고, 「하경」은 '후천이봉천시' 하는 후천이라 하겠다. 「상경」에는 건곤감리의 불변괘不變卦가 들어 있고, 「하경」에는 진손간태震巽艮兌의 가변괘可變卦가 들어 있으니 각기 상하경上下經을 선천과 후천이라 할 수 있다.

그런데 『주역』64괘를 도전괘倒轉卦(거꾸로 놓고 보면 卦體가 바뀌는 것;反易), 부도전괘不倒轉卦(卦體가 바뀌지 않는 것;不易)로 나누어 설명하면 더욱 흥미롭다. 소강절邵康節에 의하면 불역자不易者가 넷이니 건곤감리요, 반역자反易者가 둘이니 진반위간震反爲艮, 손반위태巽反爲兌라 했다. 따라서 『주역』의 부도전괘는 건乾, 곤坤, 이頤, 대과大過, 감坎, 리離, 중부中孚, 소과小過 등 팔괘가 있다. 이 팔괘를 제외한 나머지 56괘는 각각 도전倒轉이 되므로 실상 28괘인 것과 같다. 따라서 『주역』64괘는 도전괘 28괘와 부도전괘 팔괘가 합하여 단지 36괘가 되는 것이다. 이것을 『주역』의 36궁이라 한다. 특히 이 36괘를 상하경으로 나누어 보면, 공교롭게도 「상경」 18괘요, 「하경」이 18괘이다. 사실 『주역』 64괘는 똑같이 「상경」 18괘, 「하경」 18괘로 도합 36괘가 되는 것이다. 소강절의 36궁도 같은 뜻이다.

4) 하도낙서의 선후천

「계사전」에 "하늘이 신령스러운 물건을 낳음에 선인이 법法받으며, 하늘과 땅이 변화함에 성인이 본받으며, 하늘이 상象을 드리워 길吉하고 흉凶함을 나타냄에 성인聖人이 본뜨며, 하수河水에서 하도가 나오고, 낙수洛水에서 낙서가 나옴에 성인聖人이 법받는다"[3]고 하였다. 여기에 나오는 '하출도河出圖 낙출서洛出書'가 『주역』에서 말하는 하도와 낙서의 출처가 되고 있다. 한대漢代 이전에는 주목을 받지 못했던 하도와 낙서가 부각되기 시작한 것은 전한前漢 시대의 두 학자인 공안국孔安國과 유흠劉歆에 의해서다. 공안국이 말하기를, "하도란 것은 복희씨가 천하에 왕王할 때, 용마龍馬가 하수河水에서 나오거늘, 드디어 그 무늬를 본받아서 팔괘를 그렸다. 낙서란 것은 우禹가 치수治水할 때에 신령한 거북이가 무늬를 이고 등에 벌려 놓았으니, 그 수가 9까지 있었는데, 우가 드디어 인因하여 차례하여 아홉 가지 법도를 만들었다"[*]고 하였

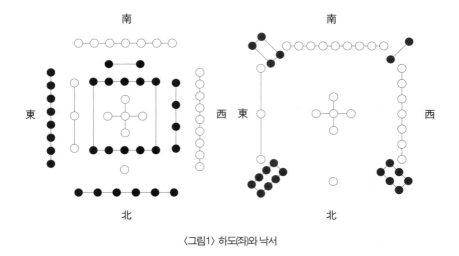

南　　　　　　　　　　　　　南

東　　　　　　　　西　東　　　　　　　西

北　　　　　　　　　　　　　北

〈그림1〉 하도(좌)와 낙서

＊ "孔氏安國 曰 河圖者 伏羲氏 王天下 龍馬出河 遂則其文 以畫八卦 洛書者 禹治水時에 神龜
負文而列於背 有數至九 禹 遂因而第之 以成九類"(『周易傳義大全』「易本義圖」)

다. 이처럼 하도와 낙서는 하늘의 신물神物이며 상수象數로써 『주역』에서 중요한 부분을 차지하게 되었다. 그러나 한동안 하락河洛은 하도 9수, 낙서 10수 논쟁 끝에 주자에 이르러 하도 10수, 낙서 9수로 정립되었다.

송대宋代 유목劉牧은 9궁도宮圖를 하도라 하고, 채원정蔡元定은 낙서라 하였다. 유목의 도구서십설圖九書十說은 수의 근원인 태극설이나 오행생성론五行生成論으로 음양재이陰陽災異보다는 『주역』의 원리와 세계의 형성과 변화를 해석하였다.[4] 송대 상수파象數派의 도서학圖書學은 선천도先天圖, 하락, 태극도太極圖가 중심이 되었다.

그러면 하도란 어떠한 것이며 낙서와의 관계는 어떠한가?

하도는 10수의 음양 배열을 형상한 것이다. 「계사전」繫辭傳에 "천일 지이 천삼 지사 천오 지육 천칠 지팔 천구 지십 천수오天數五 지수오地數五 … 천수이십유오天數二十有五 지수삼십地數三十 범천지지수凡天地之數 오십유오五十有五 차소이성변화此所以成變化 이행귀신야而行鬼神也"(上 9章)라 하였다. 이는 모두 64자로서 『주역』의 핵심되는 행신문行神文인데, 하도의 실수實數 55와 그 조화造化의 공용功用을 나타낸 것이다.

하도와 낙서를 요약하면 다음과 같다.

첫째, 하도는 수생목水生木 목생화木生火 화생토火生土 토생금土生金 금생수金生水의 순서로 좌선상생左旋相生을 보여 주고 있으며, 낙서는 수극화水克火 화극금火克金 금극목金克木 목극토木克土 토극수土克水의 순서로 우선상극右旋相克을 보여 주고 있다.

둘째, 하도는 남방에 2·7화火가 있고 서방에 4·9금金이 있어 제 자리를 지키고 있으나, 낙서는 1·6, 3·8은 북과 동을 고수하고 있지만 4·9, 2·7은 남서로 교통하여 금화金火가 교역交易하였다.

셋째, 하도는 다섯 생수生數로써 성수成數를 통솔해서 같은 방위에 거居하나, 낙서는 다섯 홀수로써 네 짝수를 거느리되 각각의 방위에 거한다. 낙서는 양을 주로 해서 음을 통솔한다.

넷째, 하도는 하늘, 땅의 55수를 갖추었으니 역이 나온 소자출所自出이며, 낙서는 홍범구주洪範九疇의 수를 갖추었으니 「홍범」이 나온 소자출이다.

이상을 종합하여 보면 유흠의 말처럼 "하도와 낙서는 서로 날줄 씨줄이 되고, 그 팔괘와 구주는 서로 겉과 속이 된다"[5]에서 하도와 낙서는 서로 경위經緯의 관계임을 알 수 있다. 17세기 조선의 장현광張顯光은 하도와 낙서를 '경위표리經緯表裏의 의義' 외에 "체용지의體用之義, 귀천지의貴賤之義, 상변지의常變之義, 생극지의生剋之義"로 나누어 비교하고, 또 "분합지상分合之象, 내외지상內外之象, 존비지상尊卑之象, 대소지상大小之象, 수미지상首尾之象, 시종지상始終之象"[6] 등으로 비교 설명하였다. 또 18세기 조선의 군주인 정조는 "하도는 원圓을 주장하고, 낙서는 방方을 주장하고, 하도는 전全을 주장하고, 낙서는 변變을 주장하고, 하도는 생수生數를 위주로 하고, 낙서는 기수奇數를 위주로 하고, 하도는 좌선左旋하여 상생하고, 낙서는 우선右旋하여 상극한다"고 했다.[7]

이러한 관점에서 이정호李正浩는 "포태 과정에 해당하는 하도는 선천이요, 그 양육 과정에 해당하는 낙서는 후천"[8]이라고 주장하였고, 김석진金碩鎭은 "하수河水가 먼저이고 낙수洛水가 나중이어서 하도는 형이상학적 선천이요, 낙서는 형이하학적 후천"[9]이라고 했다. 그러니까 하도는 선천이요, 그 과정에 해당하는 낙서는 후천이다. 또 하도를 체體라 하고 낙서를 용用이라 하면, 하도에서 생긴 복희괘도는 역시 체요 선천이며, 낙서에 바탕한 문왕팔괘도는 용이요 후천이 된다. 이제 항을 바꾸어 설명하고자 한다.

5) 팔괘도의 선후천괘

복희씨가 하도를 본받아 삼재의 도로써 팔괘를 그린 것이 복희팔괘도이다. 이 팔괘도는 자연의 운행 원리에 그대로 부합하므로 선천팔괘先天八卦라고 한다. 팔괘의 순서가 양선음후陽先陰後의 이치로 되어 있다. 양에 속한 태양太陽(1乾, 2兌)과 소음少陰(3離, 4震)을 앞에 놓고, 음에 속한 소양少陽(5巽, 6坎)과 태음太陰(7艮, 8坤)을 뒤에 놓았다. 음과 양이 변화하면 일음일양一陰一陽이 서로 교대하니 이 자체가 천도天道의 자연自然한 이치를 나타내 주고 있다. 하루로 보면, 자정에서 해가 나올 때까지가 소음, 해가 돋는 일출부터 한 낮까지가 태양이고, 한낮에서 해넘어가는 일입日入까지가 소양, 해넘이에서 한밤 자정까지가 태음이 된다.

뒤이어 이 복희팔괘를 체로 하고 문왕文王이 팔괘를 그렸으니 이를 '문왕팔괘'라 한다. 복희팔괘도가 '선천이천불위先天而天弗違' 하여 먼저 나왔어도 자연 이법에 어긋남이 없고, 문왕팔괘도가 '후천이봉천시後天而奉天時' 하여 뒤에 나왔어도 천시에 잘 순응하고 있으므로 복희팔괘도를 선천팔괘도, 문왕팔괘도를 후천팔괘도라 이름할 수 있는 것이다.

소강절은 복희팔괘도를 선천지학先天之學이라 규정하였다.

> 이것은 伏羲氏 때 八卦의 方位이니, 乾은 南쪽에 있고, 坤은 北쪽에 있으며, 離는 東쪽에 있고, 坎은 西쪽에 있으며, 兌는 東南쪽에 있고, 震은 東北쪽에 있으며, 巽은 西南쪽에 있고, 艮은 西北쪽에 있다. 이에 八卦가 서로 섞여 64卦를 이루니, 이른바 先天의 學이라는 것이다.[10]

소강절은 선천지학이란 심법心法이라 했다. 그러므로 "도표圖表가 모두 가운데서 일으키니 만가지 조화造化와 만가지 일이 속마음에서 나온다"*고 했

---

* "先天之學 心法也 故 圖皆自中起 萬化萬事 生乎心也" (『皇極經世』 「觀物外篇」 2章)

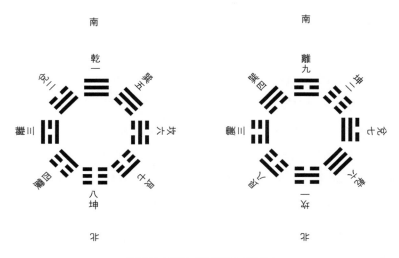

〈그림 2〉 복희팔괘도(좌)와 문왕팔괘도

다. 주자는 복희팔괘도의 가운데 흰 곳이 곧 태극太極[11]이라고 덧붙여 말했
다. 마음이 곧 태극太極이 되는 것이다. 이어 소강절은 문왕팔괘도를 보고 후
천지학後天之學이라 규정했다.

> 이는 文王의 八卦로, 바로 實用에 들어간 자리이니, 後天의 學이다.*

이에 대해 주자는 "소씨邵氏(소강절)의 말을 근거하면 선천은 복희가 괘를 그
은 역易이고, 후천은 문왕이 부연한 역이다. 복희의 역은 애당초 문자가 없었
고 다만 한 도식圖式만 있어 상象과 수數를 붙였는데, 천지 만물의 이치와 음
양 종시의 변화가 모두 갖추어져 있으며, 문왕의 역은 곧 지금의 『주역周易』
인데, 공자께서 위하여 전傳을 지은 것이 이것이다"라고 했다. 오늘날 말하

---

* "邵子曰 此文王八卦 乃入用之位 後天之學也"" (『周易傳義大全』 「易本義圖」)

는 선천괘나 후천괘, 선천역이나 후천역이라는 말이 여기서 근거한 것이다.

이를 요약하여 복희·문왕 팔괘의 상호관계를 정리하면 다음과 같다.

첫째, 선천팔괘는 태극이 세 번 변하여 음양陰陽, 사상四象, 팔괘八卦를 이루는 이치에 따라 자연한 배열을 이루었고, 후천팔괘는 각기 같은 무리를 좇아 음양이 서로 교합 배열하여 사람의 남녀 관계를 잘 표현해 주고 있다.

둘째, 후천팔괘도는 서남쪽에 손巽(長女), 리離(中女), 곤坤(母), 태兌(少女)의 음괘陰卦가 자리하고, 동북쪽에는 건乾(父), 감坎(中男), 간艮(少男), 진震(長男)의 양괘陽卦가 자리하고 있다. 따라서 선천의 복희팔괘도는 천도의 이치를 표현하고 있고, 후천의 문왕팔괘도는 사람의 일을 표현하고 있다.

셋째, 복희팔괘는 수의 자연스러운 것(數之自然)이고, 문왕팔괘는 쓰임(用)에서 그 의미를 찾아 볼 수 있다. 선천팔괘도는 하늘과 땅의 이치를 베낀 것이니 하늘의 이치에 순順하고, 후천팔괘도後天八卦圖는 천지의 당연한 이치를 정돈하여 사람의 일에 참여시켰다. 그렇다고 하여 본체를 밝히는 일과 쓰임을 이루는 것에 차이가 있는 것은 아니다.

3. 『주역』과 다른 제3역학

1) 동학 목운의 도래와 음양상균의 원리

1860년에 무극대도를 창도한 최수운은 동학東學이라는 이름으로 천도를 정립하였다. 특히 천도의 운행 중에 목운木運이 도래함을 강조하였다. 이 목운은 태초에 천황씨天皇氏가 동방목덕東方木德으로 천하를 다스렸다는 설화에 기초한 것인데, 후천의 개시開始도 다시 동방 목운으로 시작해야 한다는 뜻을 담고 있다.

최수운은 『동경대전』에서 무극대도를 동에서 나서 동에서 받았으니 도는 비록 천도이지만 학인즉 동학이라 선언했다.[12] 이때 동학의 동東이란 목운이란 뜻으로도 볼 수 있다. 이 목운이 곧 최수운이 말한 천운天運인 것이다. 이를 두고 최수운 자신은 "천운이 둘렀으니 근심 말고 돌아가서 윤회시운輪回時運 구경하소"[13]라 했던 것이다.

한편 「동도전서東道全書」[14]는 이 목운으로부터 선천과 후천이 구별되는 것으로 보고, 목운의 도래로 인하여 다음과 같이 후천 대도大道를 세웠다고 했다.

> 크도다! 木運이여, 이에 崔水雲을 命하여 後天大道를 東으로부터 세우노니, 東을 어찌 西라 하며, 西를 어찌 東이라 말하겠느냐?*
>
> 크도다. 東學이 木運이 됨이여, 北方으로부터 一六水 물 기운이 올 때에 나무에 꽃이 피고 열매가 맺는 것이 어찌 없으리요.[15]

나아가 "선천이 이미 변하여 후천이 되니 이것이 무극의 운이로다. 봄물이 오고 봄물이 오니 목운이 흥하고 목운이 흥하리라. 하늘이 장차 밝고 날이 장차 새어가니 모든 나라가 움직이고 일만 나라가 움직인다"[16]고 했다. 선천이 변하여 후천이 되는 것을 목운이 다시 일어나는 것으로 설명한 것이다.

그러면 왜 목운이 다시 일어나야 하는가? 목운의 도래를 특별히 강조하여 말한 것은 지금 오행五行이 안전하게 운행을 하고 있지 못하기 때문이다. 오행의 안전운행이란 오행의 상생과 상극의 원활한 소통 관계를 의미하는 말이나, 지금 음양오행 있어서 상균관계가 깨지고 균형을 잃고 있다는 것을 의미한다. 동학에서 말하는 상균相均의 원뜻은 이러하다.

---

* "大哉 木運 乃命水雲 後天大道 自東立之 東何謂西 西何謂東"(『水雲敎經典』「東道全書」)

차고 비는 것이 서로 갈아드는 수는 있으되, 動하고 靜하는 것이 變易하는 理致
는 없다. 陰과 陽이 서로 고루어 비록 百千萬物이 그 속에서 化해 나오지마는
오직 사람만이 最靈者(가장 神靈한 存在)이다.*

이처럼 음양의 상균이 전제되어야 만물이 화출化出할 수 있다. 만물화출이
란 만물 생성生成과 같은 말이다. 이런 의미에서 동학의 생성론生成論은 '음양
상균'이라 할 수 있다. 상균이란 음양이 불균형의 단계에서 균형의 단계로
이르는 변화를 의미한다. 최수운崔水雲은 음양상균陰陽相均의 다음 단계로 오
행 질서에 관해 언급하고 있다. 동학에서 말하는 음양오행의 핵심은 사람의
존재에 대한 인식의 문제를 제기한다.

그러므로 三才의 理致가 定해졌으며 五行의 數를 내었으니 五行이란 무엇인
가. 하늘은 五行의 벼리가 되고 땅은 五行의 바탕이 되며 사람은 五行의 기운으
로 되었으니 天, 地, 人 三才의 數를 여기서 可히 볼 수 있다.**

이것을 다시 요약하면 음양상균으로 만물이 화출하고, 그 중에 인간이 최
령자로 태어남으로써 비로소 삼재인 천지인이 균등한 관계를 이루게 된다.
이렇게 삼재가 균등한 관계를 이룬 다음에야 오행이 각기 수를 갖게 된다고
본다. 삼재에서 균등한 관계를 갖춰 하늘 땅 사람이 오행에서 각기 다른 수數
를 가짐으로써 오행의 역할 분담이 이루어진다. 다른 말로 하면 하늘 땅 사

---

* "有盈虛迭代之數 無動靜變易之理 陰陽相均 雖百千萬物 化出於其中 獨惟人最靈者也"(『東
經大全』「論學文」1章)
** "故定三才之理 出五行之數 五行者何也 天爲五行之綱 地爲五行之質 人爲五行之氣 天地
人三才之數 於斯可見矣"(崔水雲『東經大全』「論學文」2章)

람이 균등한 음양 관계를 이루어 우주의 창조 질서에 삼재로서 참여하게 되지만, 그 역할 즉 책임성이라는 면에서 차이가 있다는 말이다. 하늘은 오행의 강綱이 되고, 땅은 오행의 질質이 되며, 사람은 오행의 기氣가 된다. 다만 문제가 되는 것은 이 오행이 어느 정도로 균형 있게 운행하느냐는 것이다.

2) 동학의 용담도와 정역팔괘도

19세기 근대 한국에는 『주역』의 우주변화론宇宙變化論과 소강절의 개벽론開闢論, 그리고 서학의 침투에 저항하는 조선 후기 민중들의 미래 대망 사상未來大望思想을 수용하여 최초로 한국적인 개벽론을 제시한 분이 있다. 그분이 동학을 창시한 최수운이다. 그는 『용담유사』에서 "십이제국 괴질운수 '다시개벽' 아닐런가",[17] "개벽 후 오만년에 네가 또한 첨이로다. 나도 또한 개벽 이후 노이무공勞而無功 하다가서 너를 만나 성공하니…"[18] 등의 표현에서 우리는 동학의 개벽사상을 만날 수 있다. 다시 말해 『주역』사상으로는 더 이상 개벽의 완성을 볼 수 없는 노이무공勞而無功의 상황에서 동학의 개벽사상으로 선후천 교체를 하게 되었고, 이제 최수운의 동학에 의해 개벽이 성공을 맞이하게 되었다는 뜻이다.

그런데 개벽이 성공하는 요체는 무엇인가? 동학의 개벽론은 1894년 동학농민혁명의 좌절에도 불구하고 그의 제자인 최해월에게 계승되었다. 그는 천황씨天皇氏를 "원래 하늘과 사람이 합일한 명사"로 규정하고, 선천의 천황씨가 선천개벽을 하였고, '후천에는 최수운이 천황씨'로서 후천개벽을 담당한다고 말하였다.[19]

그러면 무엇으로 후천개벽을 담당하는가? 바로 앞에서 말한 목운인 것이다. 즉 "차차차차 증험하니 윤회시운 분명하다"[20]는 선언이나 "만고 없는 무극대도 이 세상에 창건하니 이도 역시 시운이라"[21]한 말처럼 동학이 상징하

는 목운의 도래에 의한 시운개벽
으로 비로소 선천 시기의 병폐인
괴질운수를 바로잡고 다시개벽을
한다는 뜻이 들어 있는 것이다.

이런 의미에서 우리는 하도와
낙서와는 달리 동학의 선후천을
설명하고 있는 새로운 역학적易學的
사유에 주목할 필요가 있다. 특히
이러한 역학적 관점에서 증산 계

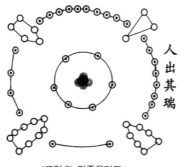

〈그림 3〉 경주용담도

열의 박일문은 1960년에 "용담수류사해원龍潭水流四海源"[22]의 이치에 따라 물
을 오행의 으뜸으로 삼아 '경주용담도慶州龍潭圖'와 증산팔괘도라는 이름으
로 후천의 오행도五行圖를 제시한 바 있다.[23] 다시 말해 1 · 6수水를 중앙에 배
치하고, 3 · 8목木을 서방에, 4 · 9금金을 동방에, 2 · 7화火를 북방에, 5 · 10토
土를 남방에 배치한 것이다. 하도와 낙서의 고정된 중앙 토土의 자리에 영원
히 마르지 않는 수水를 넣었다는 것은 가히 변역적인 발상이라 아니 할 수 없
다. 경주 용담이란 최수운이 득도한 곳이며, 최수운의 호號가 바로 물 수水를
의미하기 때문에 이 자체가 동학의 개벽 정신을 잘 나타내주고 있는 부도符
圖라 할 수 있다. 천지인 가운데서 사람을 주체로 삼아 인출기서人出其瑞의 부
도라 한다. 훗날 동학계에서 이름을 「경주용담영부도」라 바꾼 것은 "오유영
부吾有靈符"[24]에 근원을 두고 한 말이다.

한편 동학과는 별도로 120년 전에 한국에서 지천태地天泰를 괘상卦象으로
삼은 제3괘도인 정역팔괘도가 출현하였다. 이는 동학을 비롯한 한국 역학의
변화를 추동하는 역할을 해 주었다. 김일부는 복희, 문왕, 공자의 도학 전통
을 발전적으로 계승하되 전혀 새로운 팔괘인 정역팔괘도를 1879년에 그렸

고, 1881년에 「대역서大易序」를 쓴 다음, 60세 되던 1885년에 대저大著인 『정역』을 완성하였다. 『정역』이란 어떤 역인가? 천지가 기울어진 지, 2800년만에 이를 바로잡은 역이라는 뜻이다.[25] 이정호는 『정역』을 후천역이며, 미래역이며, 제3역이라고 정의하였다.[26]

기존의 『주역』에서는 하도낙서를 자연의 변화 현상에 따른 상생과 상극의 원리인 동시에 여기에 근거하여 팔괘가 출현 것으로 이해하고 있다. 그러나 『정역』은 이보다 한 걸음 나가서 낙서는 분열과 발전을 지향하는 선천의 9수 체계로, 하도는 천지만물을 성숙시키고 통합하는 후천의 10수 체계로 이해한다. 그래서 『정역』 연구가들은 화→금으로 바꾸는 낙서의 변화를 선천 질서의 변화로 말하고, 금→화로 다시 복귀하는 하도로의 변화를 후천의 미래 변화라고 한다.[27] 낙서가 후천이 아니고 선천의 생장 과정이라면, 하도는 후천으로 가는 성숙 수렴의 과정이라고 이해한다.(여기에는 문제가 있다. 뒤에 상술할 것이다.)

이리하여 『정역』은 역학의 핵심적인 내용을 이루는 새로운 역수曆數 원리를 천명하였다. 그래서, 한국 역학은 "역은 역수"라 하고, 반면에 중국 역학에서는 "역은 상象"이라 하게 된 것이다.[28] 역易과 책력冊曆과 성인聖人은 김일부의 『정역』을 성립시키는 3대 명제이다.

> 易이란 冊曆이다. 冊曆이 없으면 聖人이 없다. 聖人이 없으면 易도 成立하지 않는다.*

정역팔괘의 괘상은 지천태로써 후천에 맞는 배열이기 때문에 문제가 없

---

* "易者曆也, 無易無聖, 無聖無易, 是故, 初初之易, 來來之易, 所以作也"(『正易』 「大易序」)

다. 다만 1923년 충남 연산 돈암서원遯巖書院에서 발간한 목판본에는 이천칠지二天七地를 십건오곤十乾五坤에 각각 붙였으나, 필자는 원문에 있는 "십十과 오五는 기강이요, 이二와 칠七은 경위"[29]라는 구절에 따라 이를 팔간삼태八艮三兌에 각각 붙이는 것이 맞는다고 본다. 이는 지축정립 이후의 변화를 염두에 둔 것이다.[30] 간괘艮卦에 '기도광명其道光明'이라 하였으니, 지축정립 이후 팔간八艮의 이화二火가 빛으로 변해 대광大光이 된다는 말이다. 지축정립이란 지구가 원형 궤도를 회복한다는 뜻이며, 원래의 지축으로 반본한다는 뜻이다.[31]

4. 제3역학의 선후천 이해

1) 복희원도伏羲圓圖와 선후천 교체의 원리

제3역을 올바로 이해하기 위해서는 인식의 변화가 이루어져야 한다. 하도와 낙서라는 도서圖書로서 선후천을 단순 구분하고 있는 역학의 기존 논리에 근본적인 문제가 있고, 또 『정역』에서 조차 후천을 하도로 복귀하는 것으로 보고 있기 때문에, 그 선후천관을 바로 잡기 위해서는 새로운 이론 토대가 마련되어야 한다. 그 일환으로 필자는 '음양소장陰陽消長에 의한 변역론變易論'을 말하고자 한다.

먼저 필자는 음양소식陰陽消息의 관점에서 선후천 변역을 살펴보겠다. 이런 의미에서 선후천이란 시간적 음양 변화상의 선후천을 의미한다. 변화란 음변위양陰變爲陽, 양화위음陽化爲陰인데, 다시 말하면 음양소식 또는 음양소장인 것이다. 이 음양소장을 그림으로 그린 것이 역易에서 말하는 「복희64괘방위도」(이하 圓圖)이다.

이 원도는 양이 자방子方에서 나서 오방午方에서 극極하지만, 그 오방에서 다시 음이 나서 자방에서 극하는 음양의 소장 원리를 괘의 음양소식으로 설명한 것이다.[32] 이런 괘도의 소장 원리는 주자가 소강절의 학설에 기초하여 설명한 것이다. 또 소강절은 우주의 1년[一元:129,600년]을 반으로 나누어, 양의 기간은 상승기로 음의 기간은 하강기로 설명하였는데, 이는 음과 양은 성장과 고사枯死를 무한히 교체하고 반복한다는 뜻이기도 하다.[33] 이것은 『주역』에서 말한 '일음일양'이라는 음양의 소식과 성쇠의 원리에 기초한 것이다.

나아가 『주역』의 음양소장의 원리에 의해 12개월(이른바 12辟卦)을 설명하기도 한다. 이 12개월 중의 전반은 일양一陽으로부터 한 해가 시작되어 양이 성장하는 때이고, 후반은 뒤이어 일음一陰이 시작하여 성장하는 때이다. 이를 선후천으로 구별하면, 전반의 양은 선천이라 할 수 있고, 후반의 음은 후천이라 할 수 있다. 양을 선천으로 삼고, 음을 후천으로 삼는 이치로 말하면, 선천 양의 시기를 '양 주관陽主管'이라 하고, 후천 음의 시기를 '음 주관陰主管'이라 표기할 수 있다. 방위로는 양 주관은 동남방의 생장生長하는 곳이고, 음 주관은 서북방의 수장收藏하는 곳이다.

이를 12벽괘로 보면 중지곤괘重地坤卦에 이미 일양이 내재하듯이, 중천건괘重天乾卦에도 이미 일음一陰이 내재하여 순환한다. 중지곤重地坤(10月卦)은 순음純陰이나 이 순음무양괘純陰無陽卦에서 공교롭게도 초효初爻 일양이 복장復長[始

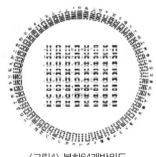

〈그림4〉 복희64괘방위도

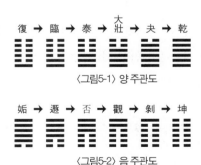

〈그림5-1〉 양 주관도

〈그림5-2〉 음 주관도

生하여 지뢰복地雷復(11月 冬至卦)괘가 된다. 절기로 보면, 추운 동지에 땅속에서 따뜻한 일양이 다시 나는(寒氣에서 熱氣가 솟는) 것이며, 또 더운 하지에 일음이 다시 나는 것이다. 이처럼 일양이 자라 순양純陽이 되고, 일음이 자라 순음이 되듯 음양의 동정 소식 변화는 1년 사시를 단위로 순환 반복한다. 이것이 "일음일양지一陰一陽之"(繫上5章) 하는 것이며, "음양진이사시성陰陽盡而四時成"[34]이다. 『회남자』에도 "양기는 자子에서 나온다. 동짓날에는 까치가 집짓기를 하고, 사람의 기는 머리에 모인다. 음기는 오午에서 나온다. 하짓날에는 냉이와 보리가 시들고 겨울에 난 초목은 말라 죽는다"[35]고 했으며, 양은 기를 토해 내 베풀고 음은 기를 머금어 화化한다는 양시음화陽施陰化를 주장한다.[36]

그런데 12벽괘의 음양소식으로만 보면, 겨울과 봄은 양에 해당하는 선천이고, 여름과 가을은 음에 해당하는 후천이 된다. 이것은 일반적으로 생각하고 있는 봄과 여름, 가을과 겨울이라는 선후천 이분법과는 다른 것이다.

그러면 그 차이는 어디서 오는가? 그것은 사시를 음양소식으로 볼 때와 원형이정元亨利貞의 사덕四德으로 볼 때 서로 차이가 나타나기 때문이다. 먼저, 음양소식으로 사시를 본다는 것은 동지와 하지를 각각 음양 변화의 기준점으로 놓고 구분한다는 것을 의미한다.* 따라서 동지로부터 시작되었으므로 겨울과 봄은 선천이며, 하지로부터 시작되었으므로 여름과 가을은 후천인 것이다. 그러나 원형이정 사덕에 의하면 원형元亨은 봄과 여름에 해당하고, 이정利貞은 가을과 겨울에 해당하기 때문에 봄과 여름은 선천이 되고, 가을과 겨울은 후천이 되는 것이다. 이처럼 동지가 12월 21일이지만 정월 봄이

---

*1年을 24節侯의 陰陽變化로 놓고 볼 때, 冬至로부터 夏至까지 6개월은 生하는 陽이 主管(양 주관)하므로 먼저 온 先天이라 할 수 있고, 夏至로부터 冬至까지 6개월은 克하는 陰이 主管(음 주관)하므로 뒤에 온 後天이라 할 수 있다.

오기까지는 1~2개월 정도 실제와 차이가 나고, 6월 21일이 하지이지만 실제로 한여름 폭염은 1~2개월 정도가 지난 7월 말~8월 초에 오는 것은 무엇인가? 이것은 낮 12시가 정오이지만 오후 2시가 지나야 가장 더움을 느끼는 것과 같은 이유이다. 이는 공중에 있는 렌즈의 복사열 때문이다.* 음양소장의 변화에 대하여는 다음 항에서 설명하고자 한다.

2) 목토변역과 상균도

『주역』에서 하도낙서는 상생상극의 원리와 팔괘 출현의 근거로서 작용한다. 하도는 상생이고, 낙서는 상극이다. 상생의 하도는 좌선左旋하고, 상극의 낙서는 우선右旋한다. 특히 하도가 좌선하고 낙서가 우선하게 된 것은 하도의 금金과 화火가 교역함으로써 상생이 상극으로 바뀌는 낙서가 나왔기 때문이다.

이처럼 하도에서 낙서로 자리가 바뀌게 된 것은 두 가지 이유가 있다. 첫째로 생극生克의 관계로써 논한다면 남방의 화火와 서방의 금金은 금화가 서로 극克하는 관계인데, 화가 금을 거극(去克:가서 치는 것)하여 화가 금의 자리로 다가오는 고로 2·7화火가 서남西南으로 이동하고, 4·9금金이 동남東南으로 옮기게 된 것이다.[37] 또 강유剛柔로 논하면 금과 화는 매우 강하며 중화中和된 기의 상象을 얻지 못하였다. 금의 성질은 본래 강한 것인데, 오히려 서방의 금이 강한 자리에 위치하니 강한데 또 강한 것이 된다. 화의 성질은 본래 조燥한데 오히려 남방의 조한 자리에 위치하니 조燥가 더욱 조하다.[38] 금은 본질이 화 앞에서는 약해져 엎드리므로 자리를 피하게 된다. 그래서 금화金火가

---

*韓東錫, 『宇宙變化의 原理』, 杏林出版(首爾), 1992, 189쪽 ; 金水가 巨大한 膜을 形成하는데, 이것이 거울(鑑;렌즈)과 같은 작용을 한다는 것이다.

자리를 바꾼 것이다. 이것이 이른바 '금화교역'으로서, 1차 오행의 교역이다.

수화목금토의 오행은 그 생성적 차서次序 원리에 의하면 수목토는 양이고, 화금은 음이다. 선천은 양 주관에 있기 때문에 음인 화금이 하도에서 자리바꿈을 하여 낙서라는 새로운 오행도를 만든다. 이런 금화교역이 일어나는 또 다른 이유가 있다. 그것은 하도에서는 수水가 화火를 극剋하려 해도 중앙의 토土에 막혀 순환작용을 하지 못하기 때문에 불가피하게 화火가 서방에 오는 자리 바꿈이 일어나는 것이다.

그런데 낙서의 상극도는 선천 양 주관 시대에 맞게 배열된 오행이기 때문에 선천 시대에는 아무 문제가 없다. 그러나 선후천이 변역하여 음 주관 시대로 넘어오면 오행 순환에 문제가 일어나게 된다. 현행의 낙서에서 취약한 곳은 금金으로부터 극剋을 당當하고 있는 목木이다. 강한 금이 유한 목을 치고 있는 것이다. 낙서 상의 오행을 강유로 말하면 "목의 성질은 본래 유한데 오히려 동방목東方木이 유柔한 곳에 있으니 유柔가 더욱 유하고, 수水의 성질은 본래 한寒한데 오히려 북방 한寒한 곳에 있으니 더욱 한寒"[39]한 것이다. 이처럼 목木과 수水가 유약하지만, 양의 주관하에 있으므로 같은 양인 목과 수가 견뎌낼 수 있었으나 선후천이 변하면 음이 주관하기 때문에 다시 음양의 균

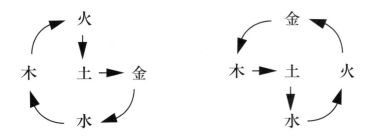

〈그림6〉 오행 상생도(좌)와 상극도

형이 깨질 수밖에 없는 것이다. 문제가 되는 것은 강한 금金이 더욱 왕旺해져서 거극土克당하고 있는 목木은 더 유약해질 수밖에 없다는 것이다. 특히 음인 금金은 극克을 당하는 상대 목木의 생명력을 감소시키는 본능이 있다.[40] 본래 목木이란 금기金氣로부터 극克을 당하여 자신의 형形을 만들고(金克木), 토土가 수水를 극克해서(土克水), 수水가 목木의 신神을 만들어 주어 목을 생生하게 된다.(水生木)[41]

그런데 『주역』에는 택멸목澤滅木(연못이 나무를 滅한다는 뜻)이라는 말이 나온다. 이는 선후천이 변역되는 때에 낙서의 상극도가 안고 있는 문제점을 지적한 곳이다.

象에 가로되, 못(澤)이 나무를 滅함이 大過니, 君子가 本받아서 홀로 서도 두렵지 않으며, 世上을 멀리해도 煩悶하지 않는다.[42]

그런데 이 택멸목은 두 가지 뜻으로 해석할 수 있다. 택澤을 연못의 택澤으로 보는 경우와 서방의 금태金兌로 보는 경우가 그것이다. 전자는 나무가 연못(澤)에 잠겨 수생목水生木의 상호작용을 하지 못하는 것으로 풀었고,[43] 후자는 태금兌金이 손목巽木을 금극목金克木하는 것으로 보았다.[44] 이를 선후천 변역기에 낙서상 오행의 상극관계로 파악하려고 한다. 낙서의 수생목水生木의 관점보다 금극목金克木의 관점에서 보려는 것이다. 목木과 금金의 상극관계에서 볼 때, 목木이 멸목滅木의 지경에 이르렀다는 뜻이다. 본래 금극목이란 금강이목약金强而木弱한 상태에서 이루어지나 포양包陽이 목적이다. 금기金氣는 심평審平한 작용을 본성으로 하기 때문에 맹폭猛爆은 금물인데, 지금은 금金이 아주 강한 대과太過(太强)한 상태인 것이다. 그래서 괘명卦名도 택澤과 풍風이 만나 대과大過이다. 이것이 '동요흉棟橈凶'이며 '위중화違中和'이다. 이렇게 낙

서가 안고 있는 한계점은 바로 오행이 순환함에 있어서 양 주관에서 음 주관
으로 바뀌면, 목木이 멸목당하여 사경死境에 이른다는 점이다.[45]

  그러면 이러한 멸목 과정은 언제까지 계속될 것인가? 만약 이 과정이 지
속된다면 목木은 죽고, 오행의 순환은 정지될 것이다. 망할 듯 망할 듯 "기망
기망其亡其亡"(否卦 九五)한 것이다. 만약 목木이 죽으면, 자신의 형形을 만들지 못
할 뿐만 아니라, 화火의 신神을 만들지 못한다. 목생화木生火가 일어나지 않는
것이다. 또 목木이 죽어 목극토木克土가 일어나지 않으면, 토는 자신의 형形을
만들지 못할 뿐만 아니라, 토가 금金의 신神을 만들어 주지도 못한다. 그리하
여 오행의 순환은 멈추게 된다. 그러나 석과불식碩果不食(剝卦)이라 하였고, 변
즉생變則生[46]이라 하였다. 생生이란 복생復生의 이치를 의미한다. 혹한酷寒의
동지에 일양一陽이 시생始生하듯이 양목陽木이 땅을 뚫고 나와 천도를 회복한
다. 이때의 땅은 5 · 10토土 속에 숨어 있던 10토土이며, 여기에 숨어 있던 10
토土가 도리어 '뇌재지중雷在地中'으로 양이 처음 회복하여[47] 목木을 회복한
다. 마치 마른 버들이 꽃을 피는 것(枯楊生華:大過) 같다. 그리하여 "기망기망其亡
其亡 계우포상繫于苞桑"(否卦 구오)하는 것이다. 이 말은 망할까, 망할까 하여야 우
묵한 뽕나무에 맨다는 뜻이다. 상효에 또 우又자가 셋이니, 3 · 8목木을 그대
로 상징해 주고 있고, 부상扶桑이란 말은 단단한 뽕나무가 해(日)를 붙들어 준
다는 뜻이다. 선천의 마지막에 망해 가는 위기에는 이 뽕나무에 붙들어 매
야 산다는 말이다. 그래서 중앙 토土가 자리를 양보하게 된다. 그러면 토土가
목木에게 자리를 양보하는 까닭은 무엇인가? 갑을甲乙은 본래 목木인데, 갑甲
과 기己가 합하면 토土(甲己合土)로 변하여 갑목甲木이 전혀 다른 토운土運이 된
다. 그것은 기토己土가 자기의 십토十土의 성질로서 갑목甲木에 영향을 주어
반半은 목木, 반半은 토土로 화합하여 갑甲을 오토五土로 화化하기 때문이다.[48]
그리하여 동방東方 목木을 중앙의 토土에 붙들어 매어 오행을 살리는 '목토교

역木土交易'이 일어나는 것이다. 이것이 2차 오행 교역이다. 이것은 선후천이 근본적으로 변역[49]하는 것이므로 '목토변역木土變易'이라 한다. 여기서 근본적인 변역이란 단순한 교역을 넘어서서 음양 주관자의 근본적인 교차에 따른 변화를 의미한다. 우주의 질서가 오전 양 주관에서 오후 음 주관으로 바뀌는 것을 말한다. 이것이 음양상역陰陽相易이며, 강유상역剛柔相易[50]의 변역이다. 지금까지 중앙을 지키고 있던 토土가 자리를 물러나고, 동방東方에 있던 목木이 중앙에 들어가 오행의 운행을 다시 살려 정상화하는 것이다. 동쪽에 있던 약한 목木이 살기 위해서는 물을 필요로 하므로, 북쪽 물 위에 올라가는 것이다. 한국의 고유 경전인 『천부경』에 '무진본無盡本', '부동본不動本', '본심본本心本'의 삼본三本이 나오는데, 본本이라는 글자가 '나무 목木 + 한 일一'이 합한 것이다. 그 일一이 밑에 있으므로 바로 1·6水의 일수一水인 것이다. 동방 수水가 중앙의 목木에 물을 주어 목이 다시 살아나 오행을 주관한다는 말이다. 선천목先天木이 후천목後天木이 되어 후천목도後天木道가 된다. 이것이 목木이 중심이 되는, 제2 낙서의 기본 원리도이다. 이 '목토변역' 한 새로운 후천 상극도를 앞장에서 '상균도相均圖'라 이름하였다. 이 '상균도'는 『주역』과 다른 제3역학인 후천역학后天易學의 기본 원리가 된다.

3) 하추교역과 지축정립

이러한 목토변역을 계절상의 하추교역夏秋交易으로 풀어 볼 수 있다. 그러니까 여름은 화火요, 가을은 금金이다. 여름에서 가을로 넘어가는 것은 화극금의 상극이치인데, 이때 화가 워낙 강해서 금이 견디기 어려우므로 제3의 개입이 필요하다는 것이다. 화기火氣와 금기金氣 사이에 놓여 있는 토기土氣가 화극금의 위기를 넘기기 위해 토생금土生金의 이치를 도입하는 것이다. 여기서 토土는 음력 6월 미토未土를 말한다. 가을의 금기는 여름의 뜨거운 화기를 견디지 못해 미토 속에 숨는다. 미토의 사명은 삼복을 잘 넘겨 토생금의 상생으로 금의 가을을 여는 것이다. 금이란 봄 여름의 분열생장分裂生長시대를 멈추고 가을의 응축수렴凝縮收斂시대로 들어선 것을 말한다.

　그런데 여름 말기의 뜨거운 열기로 인해 미토未土는 마른 조토燥土가 되어 제 기능을 발휘하지 못할 수도 있다. 이 조토를 적시기 위해 7월 장마가 온다. 그래서 금화 교역기에는 수水 기운이 미토를 살리는 단비가 된다. 그래서 6수水와 10토土가 함께 출현해 금金을 살리는 것이다.

　이렇게 수水 기운을 머금은 10미토는 화와 금의 가교역할을 하며 화를 눌러 금을 맞이하는 한편으로 목木을 자라게 한다. 미토는 한여름 내내 화극금으로부터 '오는 금金'을 보호하여 낳기 위해 불을 억누르며 삼복을 지냈으나, 막상 금金이 가을 문턱을 넘어 들어오는 순간부터는 금극목金克木으로부터 나무를 보호하기 위해 억세진 금金을 도리어 억누르지 않을 수 없게 된다. 이것이 미토의 기구한 운명이다. 여름에는 금을 보호하기 위해 불을 누르고, 가을에는 나무를 보호하기 위해 금金을 누르는 것이다. 이때 수水는 영원한 토土의 동반자로서 토의 일을 돕고, 금金 시대의 개막에 협조를 한다. 토극수土克水가 아니라 수생토水生土가 되고 수생목水生木이 되는 것이다. 그러나 토가 나무를 도울 수 있는 것은 시간상 한계가 있다. 미토가 역할을 다할 수 있는

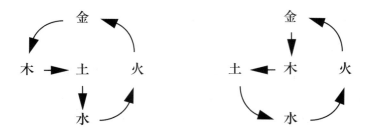

〈그림7〉 오행 상극도(우)와 새 상극도인 상균도

기간은 6월 한 달밖에 안되고, 7월이 오면 금金 세상이 되므로 부득이 토는 나무를 위해 그 자리를 물려 주지 않을 수 없다. 토는 목을 살려 열매를 맺는 것이 유일한 목적이기 때문이다. 여기에서 토의 결단이 일어난다. 이것이 계절에서 일어나는 '목토변역木土變易'이라 한다.

이와 같은 변역기에 새로운 상균도가 출현한다는 것은 낙서의 상극도가 한계에 직면하였다는 뜻이다. 후천은 음이 주관하는 때이다. 음이 주관하는 때에 같은 음인 금화金火가 더욱 강성해짐에 따라 목木이 직접적인 손상을 입으므로 오행의 균형이 깨지게 된다. 이로부터 새로운 우주 변화는 시작된다. 금으로부터 거극克克당하는 목을 보호하고 금의 공격을 완충하기 위해 남방 금金을 한번 꺾게 하고, 그 사이에 목이 중앙에 들어가게 하는 것이다. 동남 간을 공空으로 남긴 것도 금金의 강한 원심력의 압력을 막기 위한 것이다.

중앙은 항상 조화하고 조절하며 동시에 통제하는 곳이다. 중앙이란 서방의 중심이란 말이며, 중심에 있으므로 언제나 서방으로 통할 수 있다. 후천 상균도의 핵심은 목의 역할에 있다. 오행 중에 땅을 뚫고 나올 수 있는 것은 목밖에 없다. 그래서 목은 옛 중앙토의 자리에 들어갈 자격을 갖추게 된다. 이것이 목토변역의 자연적 조건이다. 그리고 목토변역의 자연적 조건 이외에 또 하나 충격적인 외부적 조건은 지축정립이 될 것이다.

먼저 상균도에서 음양 주관의 이치는 어떻게 바뀌는가? 이를 축미선丑未線의 도상개벽圖上開闢으로 설명하고자 한다. 지축이 축미선으로 기울어 있을 때의 음양소장(先天의 陰陽觀)이란 동지에서 하지까지는 양이 주관하고 음이 따르며(陽主陰從), 하지에서 동지까지는 음이 주관하고 양이 따르는(陰主陽從) 이치를 말한다. 그러면 축미선으로 바로 선 후의 음양소장(後天의 陰陽觀)은 어찌 되는가? 선천의 음양소장은 지축의 23.5도 기울기로 인해 양이 지나치게 음을 억압한, 즉 억음존양抑陰尊陽의 폐해가 심하였다는 것은 역사가 증명하는 그

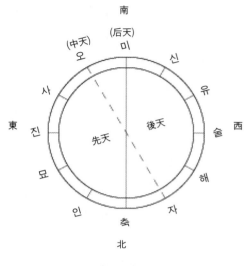

南
(后天)
(中天) 미
오
신
사
유
東 진 先天 後天 술 西
묘
해
인 자
축
北

〈그림8〉 지축정립과 축미선 개벽

대로이다. 그렇다면 지축이 바로 선후천의 음양관도 선천을 닮아 음이 강성하여 양을 누르는 존음억양尊陰抑陽이 되는 것인가? 그렇다면 선천의 음양관이나 후천의 음양관이나 크게 다를 것이 없다. 여전히 한쪽은 다른 한쪽을 억압하는 주종관계가 유지된다면 우리가 후천을 기다려야 할 이유가 없다. 후천에서도 선천의 고질적인 음양관을 그대로 답습하는 것이라면 우리에게 이런 모순된 후천이 무슨 의미가 있겠는가? 결론부터 말하면 후천의 음양관은 정음정양正陰正陽이다. 왜 그런가? 지축이 바로 서기 때문이다. 만약, 지축이 정립하지 못하면 그것은 진정한 선후천 변역이 아니다. 자오선이 축미선으로 바로 서면 억음존양도, 존음억양도 없이 음과 양이 6 : 6 균형을 유지하며 정음정양이 된다. 상균도의 음양균형은 지축정립에 의해 완성되는 것이다. 후천의 정음정양에서는 남녀관계가 바르게 서고, 하늘과 땅도 차별이 없으며, 사람이 사람을 서로 존대하게 되는 것이다. 이것이 사인여천事人如天과 인존人尊이며, 음양이 상균하고 오행이 중화를 유지하는, 모두가 언제나 봄날 같은 도시춘都是春의 후천 미래상이다.

4) 한동석의 천체 정립과 음양 균형
1에서 10수까지의 수를 천수(양수)와 지수(음수)로 나누면 천수도 5요, 지수도

5다. 그러나 이를 선후천의 생수와 성수로 나누면 다른 양상을 만나게 된다.

선천	1	2	3	4	5	양3>음2 (양 주관)
후천	6	7	8	9	10	음3>양2 (음 주관)

〈표4〉 선후천과 생성수

　선천수는 1, 3, 5의 양수가 셋이고, 2, 4의 음수가 둘이다. 그래서 선천은 양3>음2로 양이 크고 음이 적다. 양존음비陽尊陰卑이다. 그런데 후천수는 어떠한가? 6, 8, 10의 음수가 셋이고, 7, 9의 양수가 둘이다. 선천과는 반대로 음3>양2이다. 음이 크고 양이 작다. 음존양비陰尊陽卑이다. 선천의 존비관계의 대립과 모순을 해결하는 것이 후천일 터인데, 후천에 와서도 양이 음으로 바뀐 것이외에는 그대로 존비 관계는 지속되고 있다. 선천이 양 주관이라면 후천은 음 주관일 뿐이다. 그렇다면 후천이라고 하여 선천과 다를 것이 없지 않은가? 후천에도 선천의 모순은 그대로 내재되어 계승되는가? 하는 의문이 제기된다.

　한동석은 삼천양지三天兩地를 선천, 삼지양천三地兩天을 후천 말기로 보고, 진정한 후천시대(후천초)은 삼천삼지三天三地의 음양 균형과 일월의 동등한 운동으로 설명하여 이런 선후천 모순을 극복하고 있다. 이것이 그가 말한 지축과 천축의 정립正立 운동이다.* 이런 바탕 위에서 음양 관계는 3:3의 균형 즉 상균을 이룬다. 따라서 이 음양상균은 지축정립과 동시에 전개되는 후천 상생의 조화 개념이라 할 수 있다. 반면에 선천은 음양의 불균형이 빚은 상극의 지배하에 놓여 있었던 것이다.

*한동석, 『우주변화의 원리』, 행림출판, 1992, 301~303쪽.; 한동석, 『우주변화의 원리』, 대원출판, 2001, 394~400쪽.

선천	丑寅卯辰巳午未 : 申酉戌亥子	7:5	3:2	양>음 三天兩地
후천초	寅卯辰巳午未 : 申酉戌亥子丑	6:6	3:3	음=양 三天三地
후천말	卯辰巳午未 : 申酉戌亥子丑寅	5:7	2:3	양<음 三地兩天

〈표5〉 선후천과 음양의 대비

이런 삼천삼지의 음양상균을 자오선에서 축미선丑未線으로의 변혁으로 설명하면 그 의미가 확연히 드러난다.* 이것이 음양상균이다.

또 한동석은 지축의 경사로 인해 인신상화寅申相火라는 새로운 불이 하나 더 불어나서 육기六氣가 된 것인데, 이로 인해 음양이 균형을 이루지 못하고 양이 지나침[過亢]을 초래하였다고 지적했다.** 그러나 지축이 정립되면 3:2:1의 양음중의 육기가 2:2:1로 되는 것은 인신상화가 사라지기 때문이다. 하지만 상균도는 본래의 목적을 완성할 수 있게 된다.

5. 청황부의 출현과 후천 상생 원리

1) 신물의 출현과 청황부靑皇符

공자는 『논어』와 「공자세가」孔子世家에서 말한 바와 같이 하도낙서가 다시 나오지 않는 것을 애통해하였다.[51] 하도와 같은 상서로운 부명符命으로는 『회남자』에 단서丹書와 녹도綠圖가 나온다.[52] 『주역』 본문에서 하락을 언급한 곳은 한 곳밖에 없다. 「계사전」에 "하출도河出圖 낙출서洛出書 성인칙지聖人則 之"[53]라 하였다. 『주역』은 천지 변화를 괘획卦劃의 상象으로 나타내고, 그 괘의 다양한 변화를 통해 인간의 길흉을 판단한다. 이렇게 나온 64괘상卦象에

---

*안경전, 『개벽실제상황』, 대원출판, 2005, 134쪽.
**한동석, 『우주변화의 원리』, 행림출판, 1992, 114쪽; 대원출판, 2001, 147쪽

의한 변화의 원형을 『주역』은 하도와 낙서라고 본다.

　　그러면 『주역』은 하도와 낙서의 선후천 관계를 어떻게 보는가? 16세기 조선의 이퇴계李滉(1501~1570)은 주자朱子와 유흠劉歆의 설說을 받아들여 "하도와 낙서가 서로 체體와 용用이 되는 것이 그러한 것"이라 했고,[54] 황효공黃孝恭(1496~1553)은 하도와 낙서가 "그 때에 있어서는 선후가 있고 그 수數에 있어서 다과多寡가 있으나 그 이치는 하나다"[55]라고 했으며, 17세기 조선의 장현광張顯光(1554~1637)도 역시 "하도와 낙서의 두 수 간에 선후와 피차의 뜻은 없다"[56]고 했고, 유원지柳元之(1598~1678)는 "하도는 기화氣化로 수數의 체體이고, 낙서洛書는 형화形化로 수數의 용用"[57]이라고 했다. 이렇게 조선 초중반 성리학자들은 하락河洛에 대한 선후천先後天 관념이 형성되어 있지 못하고, 다만 둘을 동일시하거나 체용體用과 경위經緯의 관계로만 보았다. 18세기 조선의 정제두鄭齊斗(1649~1736)는 하도에 선천 또는 후천팔괘도를 고루 배합하는가 하면, 낙서에도 선천 또는 후천팔괘도를 배합하여 선후천에 대한 관념이 싹트는 것을 보여 주었으나, 그 구별이 확연하지 않았다.[58] 그 이후에 나온 작자미상의 「하락선후천팔괘고정도河洛先後天八卦考定圖」라는 글에 의하면, "태극선천太極先天의 이치는 하도의 수數에서 나타나기 시작했고, 후천의 이치는 또 낙서의 수에서 나타났으니 획전劃前 이수理數의 역易이다. 하도는 오행이 각기 생향生鄕에서 거居하고, 낙서는 오행이 각기 왕향旺鄕에 거함으로써 선후천이 나뉘게 되었다"[59]고 했다. 선후천이 나뉘는 이치를 말해 주고 있다. 근래 이정호와 김석진은 하도를 선천, 낙서를 후천으로 보았다. 김석진은 "하도는 비록 10수가 다 있지만, 오히려 생生하는 양의 시대이고, 낙서는 비록 9수만을 쓰지만 극克하는 음의 시대이며, 시간적으로 하도는 오전이고, 낙서는 오후, 하도는 생生과 순順, 낙서는 극克과 역逆하는 것"[60]이라고 말해 하도가 선천이고, 낙서가 후천임을 밝혔다. 그러나 김일부의 『정역』에서는 그와 반대로 말한다. 팔괘로 보면, 복희선천괘는 갓 나온 애기 모습으로 하도 실현의 수단이 될 수 없고, 문왕후천괘는 금화교역으로 천지가 기울어져 상극상相克相을 노정할 뿐, 온전한 하도의 실현이 될 수 없어 낙서의 금화를 원래대로 복구하여 본하도本河圖가 될 때, 천지가 정립하고 산택山澤이 통기通氣하여 하도의 완전한 실현이 이루어진다고 보는 것이다.[61] 이것은 하락도서河洛圖書의 원리는 후천에서 선천으로 가고, 천지의 도는 기제旣濟에서 미제未濟로 간다는 김일부의 학설에 기초한 것이다.* 전자는 미래에서 과거로 가는 순방향이고, 후자는 과거에서 미래로 가는 역방향이다.

그러나 필자는 여기에 문제가 있다고 지적한다. 낙서에서 금화를 다시 복구하여 하도로 돌아가는 것이 중요한 것이 아니다. 음양 그 자체의 교체변역이 순방향으로 가는 것보다 더 중요하기 때문에 낙서를 그대로 두고, 하도의 복구만을 강조한 것은 제3역으로서 오류가 아닐 수 없다. 박문호朴文鎬 (1846~1918)는 하도를 "괘를 그리기 이전의 천지자연의 역易"[62]이라고 규정한 바 있다. 하도는 최초에 나타난 천지자연의 역이므로 낳는 본체이다. 그래서 문제로 대두되는 것은 낙서에 있지 하도에 있는 것이 아니다. 선천 양은 산散하고 후천 음은 응凝한다.[63] 후천은 음의 수렴작용에 의해 결실을 이루는 것이 목적이다. 결실은 상생작용의 산물이 아니라, 상극적 수렴과 수축작용에 의해 이루어진다. 후천 음 주관 시대에는 음이 강해야 하는데, 선천 낙서의 9수는 1, 3, 5, 7, 9의 양 다섯, 2, 4, 6, 8의 음 넷이 5 : 4의 비율로 양이 우세하고 음의 힘이 약하여 결실을 할 수 없는 한계를 안고 있다. 그러므로 결실능력을 갖추지 못한 낙서를 대신할 '제2 낙서'가 출현하지 않을 수 없는 것

---

* "圖書之理 后天先天 天地之道 旣濟未濟 龍圖未濟之象 而倒生逆成 先天太極 龜書旣濟之數 而逆生倒成 后天無極"(金一夫『正易』「十五一言」)

이다. 후천 음 주관시대에 마땅한 음양오행으로 변해야 한다는 말이다. 그러면 '제2 낙서'는 어떤 모습인가? 무엇보다도 음양과 오행 10수가 균형을 이루는 것이 대전제이다.

그런데 제2 낙서의 기본 설계도인 상균도相均圖(청황극도靑皇極圖)에 따라 새 부도를 그리는 데는 두 가지 방안이 나올 수 있다. 하나는 현 낙서의 오행 중에 중앙의 토土와 목木만을 교체하고 나머지 수화금의 음양10수의 방위를 그대로 유지하는 방안이고(가칭 第2洛書 1案), 다른 하나는 중앙의 토와 목을 교체할 뿐만 아니라 나머지 수화금水火金의 음양10수의 방위까지를 교체하는 방안이다(제2낙서 2안). 필자는 후자의 2안을 택하였다. 그 이유는 다음과 같다.

○ 洛書는 1, 3, 5, 7, 9의 陽數(奇數)가 正方에서 2, 4, 6, 8의 陰數(偶數)를 거느리고 있다. 陽인 一로 始作하여 陽인 九로 마친다.

○ 洛書의 5 : 4는 곧 陽主管 시대에 양이 우세하므로 팽창발산膨脹發散(開花作用)을 于先하고 結實을 이루지 못하는 限界가 있다.

○ 陰主管으로 先後天이 變易하면 陰인 金이 强해지고, 金克木으로 金이 木을 去克하면 木이 滅絶될 수 있으므로 木의 자리가 바뀌어야 한다. 한편 金은 金生水하여 그 水로써 水生木을 할 수 있지만, 陰主管에는 相生보다 相克이 더 强한 것이다.

○ 洛書의 中央 5土는 膨脹하는 皇極이기 때문에 後天의 응축수렴(凝縮收斂)을 하지 못하므로 더 以上 皇極이 될 수 없다.

○ 先天에는 밖에 있는 金火가 交易했으나 後天에는 중앙의 核心자리가 바뀜으로써 先後天의 變易은 완성된다.

그리하여 제2 낙서 2안을 기초로 다음과 같은 새 부도를 세웠다. 그 이름

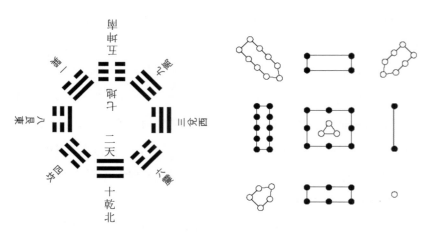

<그림9> 정역팔괘도(좌)와 그 짝인 청황영부(청황부)

을 '청황부青皇符' 또는 청황영부青皇靈符[64]라 부르고자 한다. 태초에 하도는 용마龍馬가 가지고 나오고, 낙서는 신구神龜가 지고 나왔다면, 청황부는 땅 속에 사는 '집 없는 달팽이' 가 안고 나왔다.* 용마나 신구는 하나의 신물神物이나, 집없는 달팽이는 암수 두 신물이다. 그 이름을 '목황부木皇符' 라 하지 않고, 청황부青皇符라 한 것은 중앙의 황극 자리에 목木이 들어갔고, 목木은 곧 청青이기 때문이며, 이 신물이 청양青陽 땅에서 나왔기 때문이다. 또 부符라 한 것은 하도와 낙서와는 다른 새로운 도서라는 의미에서 동학의 영부靈符** 에 근거하여 붙인 것이다. 『동경대전』의 경투만리모선각鏡投萬里眸先覺 월상삼경 의홀개月上三更意忽開(우음)에서 거울(鏡)은 하도의 천경天鏡, 낙서의 지경地鏡, 영부의 인경人鏡이라 하였으므로(한용주 『봉명서』) 청황부를 청황영부라 하는 것이다.

*第2洛書(청황부)의 출현 과정에 있었던 신비체험에 대하여는 다음 기회에 소개하려고 한다. 2007년 추석 아침, 충남 청양 도성암(수운교)에서 '집없는 달팽이' 암수 한쌍을 보고 필자는 이 청황부를 그리게 되는 극적 체험을 하였다. 다음 카페 '동역학회' 참조.
**"吾有靈符 其名仙藥"(崔水雲 『東經大全』 「布德文」 6章)

영부에는 선약仙藥의 뜻이 들어 있으므로 후천 선경仙境을 이루는 결실의 약藥이라는 의미가 내포되어 있다.

2) 음양 양의에서 밀물썰물론에 의한 사상의 선후천

이 청황부를 올바로 인식하기 위해서는 앞에서 말한 '음양소장에 의한 변역론'을 이해해야 하지만, 또 '밀물썰물에 의한 사상론四象論'을 이해하지 않으면 안 된다.

먼저 문제로 제기되는 것은 현행 낙서가 후천의 상극 원리를 더 이상 수행할 수 없다면, 낙서는 폐기되는 것인가? 하는 점이다. 그러나 그것은 아니다. 낙서는 낙서로서만 존재하는 것이다. 엄밀히 말하면 낙서는 후천이 아니다. 낙서는 후천 음 주관의 원리를 감당할 힘이 없다. 낙서는 선천 양 주관의 원리에서만 작용이 가능한 것이다. 낙서는 선천의 상극 원리로만 남고, 상균도에 의한 청황부가 후천의 상극 원리를 담당한다는 말이다. 그러므로 선천에는 선천에 맞는 상생, 상극이 있어야 하고, 후천에는 후천에 맞는 상생상극의 새 원리가 나와야 한다는 뜻이다.

바닷물은 밀물이 있으면 썰물이 있다. 밀물은 해면의 상승이고, 썰물은 하강이다. 밀물은 고조高潮(滿潮)이고, 썰물은 저조低潮(干潮)이다. 오전과 오후에 각각 한 차례씩 일어나, 대부분 하루에 두 번 6시간 간격으로 밀물 썰물이 발생하는 것이다.* 이것은 바다가 숨을 쉬는 것이다. 사리(보름, 그믐) 때는 그 폭이 최고로 크다. 『주역』에 "문門을 닫는 것을 건坤이라 말하고, 문을 여는 것을 곤乾이라 말하며, 한번 닫고 한번 여는 것을 변變이라 말하고, 가고 오는 데 궁窮하지 않음을 통通이라 말한다"[65]는 것과 같은데, 이에 대해 주자양朱自陽은 "천지의 기운이 배합되는 것은 열렸다 닫혔다 하는 묘한 작용에 의해 끝없이 진행되며 그 누가 맡아 하는 것이 아니라 스스로 하는 것"[66]이라고 했다. 음양이 한번 음하고 한번 양하는 것이 일합일벽－闔－闢이며, 합闔이 변해서 벽闢이 되고 벽이 변해서 합이 되니 이것이 변變이다. 이러한 순환이 계속 이어지므로 통通이다.

그런데 바닷물의 상승과 하강의 반복적 작용은 상생도相生圖의 좌선左旋과 상극도의 우선右旋 현상에 비유할 수 있다. 수水를 중심으로 좌선운동을 하는 것이 상생도이고, 우선운동을 하는 것이 상극도相克圖이다. 이렇게 좌선과 우선의 중심은 水水이다. 좌선은 곧 상승上昇이니 양陽의 운동이며, 우선은 하강下降이니 음陰의 운동이다.

그리고 오전에 일어나는 밀물·썰물(이를 潮라 함)이 있고, 오후에 일어나는 밀물·썰물(이를 汐이라 함)이 있다. 이를 선후천관에 의하여 설명하면, 오전을 선천이라 하고, 오후를 후천이라 할 수 있다. 선천에도 밀물·썰물이 일어나게 되고, 후천에도 밀물·썰물이 일어나는 변화 속에서 우주의 변화를 살피려는 것이다. 다시 말하면, 선천에도 상생-상극의 두 작용이 동시에 일어나고, 후천에도 상생-상극의 두 작용이 동시에 일어나야 우주 변화의 일반적인 원리에 합당하는 뜻이다.

따라서 오전의 밀물·썰물을 선천의 상생상극이라 하고, 오후의 밀물·썰물을 후천의 상생상극이라 하는 것이다. 이를 다시 말하면 사상四象에 입각

---

*밀물·썰물은 지구에서 가장 가까이 있는 달의 영향이 가장 크며, 太陽이 다음으로 영향을 미친다. 태양은 크지만 지구에서 멀리 떨어져 있으므로 달의 약 반 정도의 영향을 미칠 뿐이다. 하루 두 번씩 일어나는 밀물과 썰물 때문에 바닷물이 높아졌다 낮아졌다 한다. 밀물 때에는 바닷물이 육지 쪽으로 더 많이 들어오고, 썰물이 되면 바다 쪽으로 빠진다. 달이 지구를 끌어당기는 힘 때문에 달과 마주보는 지구 쪽의 바닷물이 높아지고, 반대쪽은 달이 끌어당기는 힘에서 벗어나려는 힘이 작용해 반대편 바다 쪽도 밀물이 된다. 지구는 하루에 한 바퀴 돌기 때문에 어느 바닷가에서나 하루 두 번씩 밀물과 썰물이 생긴다.(韓國 海洋調査院 인터넷 자료)

한 선후천 변역이다.

사상이란 네 가지 형상形象이란 말로 태극太極과 양의兩儀를 거쳐 나온 태양太陽, 소음少陰, 소양少陽, 태음太陰을 일컫는다. 양이 양으로 진화한 것은 태양太陽이고, 양이 음으로 분화된 것은 소음이고, 음이 음으로 진화한 것은 태음이고, 음이 양으로 분화한 것은 소양이다. 이렇게 태극太極→양의兩儀→사상四象으로의 변화를 역의 선후천으로 대비하면, 역→선천·후천→선천지선천先天之先天·선천지후천先天之後天·후천지선천後天之先天·후천지후천後天之後天으로 나타난다. 선천을 양이라 하고, 후천을 음이라 하면, 선천지선천은 양 중의 양인 태양이 되고, 선천지후천은 양 중의 음인 소음이 되고, 후천지선천은 음 중의 양인 소양이 되고, 후천지후천은 음 중의 음인 태음이 된다. 음양 양의의 때에는 하도가 양이요, 낙서가 음과 같으나, 사상의 단계로 들어가면 하도와 낙서는 재정립되지 않을 수 없다.

태음	소양	소음	태양	낙서⁻	하도⁻	낙서⁺	하도⁺
양		음		후천(음 주관)		선천(양 주관)	
태극(太極)				역(易)			

〈표1〉 태극과 역의 분화

위 사상도四象圖에서 알 수 있듯이, 양 주관의 하도낙서는 〈하도+〉, 〈낙서+〉로 표기할 수 있다면, 음 주관의 하도낙서는 〈하도-〉, 〈낙서-〉로 표기할 수 있다. 따라서 지금까지 우리가 말해 온 하도의 상생도, 낙서의 상극도는 선천 양 주관의 상생과 상극으로서의 〈하도+〉, 〈낙서+〉로 한정해 보고, 후천 음 주관에는 음의 원리에 알맞은 새로운 〈하도-〉, 〈낙서-〉가 나와야 한다는 것이다. 이처럼 양 주관 시대에 음이 맞지 않고, 음 주관 시대에 양이 맞지 않는 것은 본래 음양운동이 가지고 있는 씨 뿌리고, 열매 맺는 생명의 호흡과정인

생生(春)-장長(夏)-수收(秋)-장藏(冬)의 사시 법칙 때문이다. 양 주관에는 팽창발산開花作用만 하므로 열매를 맺지 못하고, 음 주관에는 응축수렴[結實作用]만 하므로 꽃을 피우지 못하는 것과 같다.

다시 말해 후천*에 들어가면, 음양이 교체되기 때문에 후천의 음 주관에 맞는 상생과 상극이 일어난다고 보는 것이다. 그런데 하도 상생은 오행의 본체이므로 근본에서는 변하지 않는다. 다만 후천의 〈하도-〉는 선천의 〈하도+〉와 같되, 후천의 〈하도-〉는 2, 4, 6, 8, 10의 음수가 1, 3, 5, 7, 9의 양수를 주도해 간다는 것이 다른 점이다. 이런 의미에서 선천의 하도는 〈하도+〉이고, 후천의 하도는 〈하도-〉이다. 그러나 낙서는 하도와 달리 음양이 분리되어 구궁九宮에 산재해 있기 때문에 음양 교체기에 아주 민감하게 수시변역隨時變易하게 된다.

그러면 현 낙서는 어떻게 자리 바꿈을 하는가? 현 낙서는 선천 양 주관에 맞게 1, 3, 5, 7, 9의 양수가 정방正方에 자리 잡고 있다. 현재 낙서를 선천 낙서로서의 〈낙서+〉로 표기하는 이유가 여기에 있다. 그렇기 때문에 후천 음 주관에는 음이 주도하는 시대이므로 2, 4, 6, 8, 10의 음수가 정방에 자리 잡아야 함은 너무도 자명한 것이다. 그래서 후천 〈낙서-〉는 선천 〈낙서+〉에서 자리 변동이 일어나 새로운 오행 질서를 갖게 된다. 선천 〈낙서+〉는 생장수장의 법칙에서 여름에 꽃 피우는 역할만 하고 열매를 맺지 못하므로 가을의 열매 맺는 수렴작용은 후천 〈낙서-〉에 맡겨야 하는 것이다. 이것이 후천 음주관에 맞는 새로운 오행도, 즉 제2 낙서인 〈낙서-〉가 나와야 하는 이유이다.

*필자는 앞에서 말한 바와 같이 先天이 끝나고 中天이 시작하는 시기를 2004년으로 본다. 中天이란 後天의 初期段階인 1,080년을 의미한다. 그러니까 2004년부터 중천 즉 後天의 초기 運數에 들어간다.

그렇다면 후천 〈낙서〉로 자리 바꿈이 일어날 경우 오행 중에 어디에서 변화가 일어나는가? 바로 목과 토이다. 왜냐하면 선천은 양의 시대로 양의 오행인 수 목 토는 바꿀 수 없기(不可易)* 때문에 음인 금과 화가 자리를 양보해 바꿔 주지만, 음주관 시대에는 음이 주인이므로 양이 자리를 양보하는 것이다.** 바꿀 수 있는(可易) 양의 오행은 수 목 토이나, 북쪽의 수는 근원자리로서 변하지 않으므로 목과 토에서 변화가 일어난다. 육기론六氣論에 의하면, 인목寅木은 방위도로는 3인목寅木이고, 변화도로는 2인상화寅相火가 되는데, 3+2=5이므로 역시 5토土의 수數를 안고 있는 것이다.[67] 그래서 '목토변역'이 일어날 수 있는 토대가 되는 것이다. 이것은 금화교역보다 더 근본적이므로 '변역變易'이라 한다. 이렇게 나온 제2 〈낙서〉가 바로 청황부靑皇符이다.

오전(양, 선천)조(潮)		오후(음, 후천)석(汐)	
상생[밀물]	상극[썰물]	상생[밀물]	상극[썰물]
하도	낙서	하도	낙서
陰인 金火에 교역이 일어남		陽인 木土에 변역이 일어남	

〈표2〉 금화교역과 목토변역

그런데 후천의 청황부는 선천 낙서와 달리 우주 변화의 원리를 그대로 반영하기 위해서 몇 가지 조건을 충족해야 한다.

　　○ 상균도에 의해 북방수, 서방화, 남방금, 중앙목, 동방토의 오행 자리에 음양의 10수를 모두 배열한다. 후천은 음 주관으로 응축수렴[結實作用]이 우선하므로

---

* "五行之序 木爲之始 水爲之終 而土爲之中 以河圖洛書之數言之則 水一木三而土五 皆陽之生數而不可易者也"(朱子『性理大全』卷27「理氣二/五行」)
* * 이에 따라 12地支에도 변화가 생긴다. 陽主管에는 寅>卯, 午>巳, 申>酉, 子>亥, 辰戌>丑未이나 陰主管에는 反對로 寅<卯, 午<巳, 申<酉, 子<亥, 辰戌<丑未로 바뀐다.

우수偶數(陰數)인 2, 4, 6, 8, 10이 정방에 앉고, 기수奇數(陽數)인 1, 3, 5, 7, 9가 간방間方에 앉는다. 이것이 선천낙서에 대한 후천낙서의 '기우변동奇偶變動'이다. 그리하여 6·1수, 7·2화, 8·3목, 9·4금, 10·5토가 된다. 그런데 앞에 제시한 제2 낙서 1안은 기존 낙서에서 목토木土만을 교역하여 1, 3, 5, 7, 9를 그대로 정방에 놓은 것은 오류이기 때문에 취하지 않는다.

○ 後天은 先天 洛書에서 쓰지 않은 10數가 드러나 未完成의 9數가 完成의 10數로 나타난다. 先天 洛書는 5陽數가 4陰數를 統率하는 5 : 4의 不均衡이라면, 後天은 5陰數가 5陽數를 統率하여, 陰陽이 5:5로 相均한다. 相均圖라는 이름은 여기에서 數理的으로도 立證된다. 나아가 우주적으로 음양의 실질적인 균형은 축미선의 지축정립에 의해 6 : 6 즉, 3 : 3의 균형을 이루게 된다.

○ 後天은 陰主管이므로 陽인 水木土가 자리를 양보하여 변동되는데, 그 중에 木土變易하여 木中心의 새로운 五行圖가 形成된다.

中央 황극인 8·3木이 木皇極으로서 五行과 十宮을 主宰한다. 木은 金으로부터 克을 當하여 自身의 形과 土의 形을 만들고, 火의 神을 만들어준다. 金火의 中間에 木이 있다. 甲乙은 木인데, 甲木은 己土가 化合(甲己合土)하여 甲五土로 化하고, 乙木은 庚金이 化合(乙庚合金)하여 乙四金으로 化한다.

○ 後天의 原理에 의하면 陰인 8이 于先하므로, 밖에 있는 8이 안에 있는 3을 둘러싼다.

○ 先天 洛書는 5土를 中央에 놓았으나, 靑皇符에는 8·3木이 中央에서 陰陽合體로 존재한다.

○ 五行 중에 木이 澤滅木의 不均衡상태에서 벗어나 相均的인 秩序를 回復하여야 五行이 正常的인 凝縮收斂의 結實作用을 할 수 있다. 이렇게 하여 오행은 정상화되고, 음양은 균형을 유지하게 된다.[68] 또 木은 가을나무(秋木)이므로 金旺을 무서워 하지 않으나 火金이 相制함으로써 成器를 이루며,[69] 土水가 相

구분	본체수(중앙)	작용수(사방)	합
하도	15	40(20)	55
낙서	5	40(20)	45
청황부	11	44(22)	55
합	31	124(62)	155

〈표3〉 본체수와 작용수

制함으로써 이를 돕는다.

○ 東學의 崔水雲은 "오직 사람만이 最靈者"[70]라고 했다. 이는 사람의 가치를 中心에 놓는다는 뜻이다. 東學이 後天 木運을 주장하는 것은 木이 水火木金土의 세 번째에 있고, 人이 天地人의 세 번째에 있으므로 나무와 사람은 3에서 通하게 된다.

○ 河圖가 天象의 天極, 洛書가 地形의 地極을 상징한다면, 木皇極은 곧 人心으로서의 人極을 상징한다. 水以象天하고 火以象地하고 木以象人이다.*

○ 河圖의 本體數 15, 洛書의 중앙 本體數 5를 合하면 20이고, 靑皇符의 四象 作用數는 전체 55에서 本體數 11$^{(3 \cdot 8)}$을 빼면 44이므로 河圖와 洛書의 本體數와 靑皇符의 作用數의 합은 64로써 易學을 完成한다. 靑皇符의 作用數 44는 陽數 22$^{(1+5+7+9)}$요, 陰數 22$^{(2+4+6+10)}$로 陰陽이 相均한다. 물론 河圖,洛書의 作用數 40도 陽數 20, 陰數 20으로 相均을 이룬다. 그러나 20수는 胞胎數이므로 여기에 無形의 太極數 1이 結合하여 誕生數 21이 되며,** 그 다음인 22로부터 長成數로 들어가는 것이다. 22는 3 · 8木의 합인 11의 2倍數로서, 이는 하늘 11수와 땅의 11수의 합인 天地合 22수를 상징하며, 우주의 새로운 時空間을 의미한다.***

* "蓋大始 三神造三界 水以象天 火以象地 木以象人"(『太白逸史』「三韓管境本紀」)
** 宇宙의 原理上 天이 완성되는데 7일, 地가 완성되는데 7일, 人이 완성되는데 7일 소요되므로 21일이 되어야 곧 생명의 誕生數가 된다.
*** 韓國의 固有經典인 『天符經』에 運三四 成環五七이 나오는데, 이는 각기 時間과 空間을 상징하는 수이다. 여기서 3과 4는 곱하면 12, 5와 7을 더하면 12가 된다. 12 共通數에 運三四의 대표수 3과 成環五七의 대표수 7을 더하면 12+3+7=22가 된다. 한국에서 22수의 중요성을 인식하고 이를 주장한 사람은 조하선(『베일 벗은 천부경』)이다.

이와 같이 출현한 청황부의 8 · 3목木이 어떤 역할을 할 것인가는 『주역』 풍뢰익괘風雷益卦에 있다. 익괘에는 완성된 청황부의 미래가 설계되어 있다. '민열무강民說無疆, 기도대광其道大光'[71]이 그것이다. 한장경韓長庚은 익괘를 동방 3 · 8목인 목도木道의 상징이라 하고, 진震은 양의 3목木이고, 손巽은 음의 8목木이니, 문왕팔괘도에 동출東出, 동남제東南齊하여 목木이 생生하는 상象이 있고, 육이六二와 구오九五의 생성 중심에서 3목木과 8목木이 '천시지생' 하여 일음일양하고 있으므로 목도木道요, 또 진손震巽의 뇌풍雷風이 모두 하늘에서 땅으로 하강하는 기기氣로서 신神의 상象이 있어 신도神道라 했다.[72] 익괘 육이六二에 '왕용향우상제길王用享于上帝吉', 진목震木이 착지着地한 예괘豫卦에 '은천지상제殷薦之上帝', 손목巽木이 착지한 관괘觀卦에 '신도설교神道設敎'[73]라 하였다. 『주역』에는 익괘의 '목도내행木道乃行', 환괘渙卦의 '승목유공乘木有功', 중부괘中孚卦의 '승목주허乘木舟虛' 등 삼목三木을 말하고 있다. 중부中孚의 구이九二에 중심원中心願, 심통상응心通相應이라 하였으니 곧 목도木道를 신도神道에 비유하는 것은 목木에는 심心이 있기 때문이다.

또 『주역』에 '혁언삼취革言三就' (革卦 九三;고친다는 말이 세 번 이루어진다)라 하였다. 청황부의 토대인 후천 상균도는 선천상생도, 선천상극도에 이은 세 번째 오행 질서를 의미한다. 청황부는 제1역학인 『연산역』『귀장역』, 제2역학인『주역』과 다른 제3역학의 원리가 된다. 후천 청황부는 8 · 3목이 중앙에 들어가 새로운 오행의 균화 관계均和關係를 형성하고, 8과 3이 중앙에서 바른 양, 바른 음으로서 정음정양正陰正陽의 표본이 된다. 이 8 · 3목 청황부는 정역의 8괘 수리로 보면, 간태합덕艮兌合德이다. 동방東方은 목木이며, 목운木運이다. 이 목운에 의해 선천의 괴질운수를 다스리고 후천의 새로운 세상인 신천新天, 신지新地, 신인新人을 위해 '다시개벽' 을 연다는 것이 동학에서 말하는 후천개벽의 핵심이며, 이것은 청황부의 목적이기도 한 것이다.

6. 목황극의 청황부와 제3역학인 동역학

한대漢代 이전에는 무관심속에 있던 하도와 낙서가 공안국과 유흠에 의해 '도서수명설圖書受命說'이 부각되면서 『주역』과 연결되기에 이른다. 송대 주자에 이르러 하도 10수설과 낙서 9수설이 정립되고, 괘효와 연관을 갖기 시작한다. 그러나 하락河洛이 도서역학圖書易學으로서 어느 정도 자리매김을 해온 것도 사실이지만, 하락의 본령이 확실하게 규명되지는 못한 면도 있다. 하락의 본령은 오행 상생상극의 원리와 괘효卦爻 구성 원리로부터 시간성의 원리로까지 발전하게 된다. 이 중에서 영원히 변하지 않는 것은 상생과 상극의 오행원리이며, 천지자연의 역易인 하도이다.

19세기 말 한국의 최수운과 김일부는 변화에 대한 공통된 인식을 하게 된다. 최수운은 무왕불복無往不復의 천도 법칙에 따라 오행 중에 목운의 도래에 의한 무극대도를 창안하고, 김일부는 팔괘에 역수曆數 원리에 의한 제3역인 『정역』을 창안한다.

특히 본체인 하도는 선천으로 복희괘도의 근원이 되며, 용用인 낙서는 후천으로 문왕괘도의 근원이 되는 것으로 여기고 있으나, 『정역』은 정역괘도正易卦圖의 출현으로 낙서의 모순과 부조리는 완전무결한 하도의 실현으로 극복된다고 주장한다. 이는 다시 말하면 낙서는 선천의 이미 펼쳐진 세상이고, 하도는 후천에 펼쳐질 조화와 균형의 완전한 미래 세상이라는 뜻이다. 하도를 선천으로 보고, 낙서를 후천으로 보는 관점과 반대이다.

그러나 필자는 선후천의 변역을 '음양소장 변역론'과 '밀물썰물 사상론四象論'으로 이해한다. '음양소장 변역론'과 '밀물썰물 사상론'은 서로 뗄 수 없는 상보적 관계를 맺고 있다. 청황부의 도상개벽이 지축정립에 의해 완성될 것이다.

기존의 선후천론은 단순히 도식적인 수준을 넘지 못하고 있다. 말은 선후천이나, 실제 후천의 상황이 도래했을 때, 하도와 낙서가 어떻게 음양의 변화에 능동적으로 대처하여 수시 변화할지에 대하여는 준비가 없다. 필자가 말한 선후천의 교역이란 곧 하락의 음양 변역變易을 상징한다. 음양의 변화에 따라 하도와 낙서도 음양의 도에 좇아(從道) 상생과 상극의 원리가 변해야 하지만, 현 하도와 낙서는 음양의 변화를 전제하지 않고 고정적인 음양론에 매몰埋沒된 채 하도의 상생 원리와 낙서의 상극 원리로 한정하고 있는 모순을 범하고 있다. 1년도 동지에 일양시생一陽始生하여 양 주관으로 6개월 지속하고, 다시 하지에 일음시생一陰始生하여 음 주관으로 6개월 지속한다. 이는 불변의 과학적 진리에 토대한 것이다.

　　따라서 선천의 양 주관 시대에 태어난 낙서가, 후천으로 개벽한 음 주관 시대에는 맞지 않는다는 것이다. 이 문제를 해명하기 위해 필자는 하루에 밀물 썰물이 오전, 오후에 걸쳐 두 번 일어난다는 것에 깊이 유의하여 오전의 선천에도 상생과 상극이 일어나고, 오후 후천에도 상생과 상극이 일어난다고 밝혔다. 이러한 사상론적인 선후천론은 기존의 주장과 전혀 다른 것이다. 이에 따라 기존의 하도와 낙서는 양이 주관하는 오전 선천의 상생과 상극일 뿐이요, 음양 교체의 개벽에 들어가 후천 음이 열리면 후천 음 질서에 맞는 상생도가 나오고, 상극도가 나와야 하는데 이제까지 그런 부도가 출현하지 못했다는 것이다. 그러나 상생의 하도는 오행의 기본도이므로 선천이나 후천이나 변하지 않지만, 문제는 후천의 상극도인 낙서인 것이다. 그러니까 음 주관에 맞는 제2 낙서인 청황부가 출현한 것이다.

　　선천은 양 주관의 시대이고, 후천은 음 주관의 시대인데, 만약 현행 낙서 상극도를 그대로 가지고 후천 음의 시대에 들어가면, 금극목의 이치에 의해 목은 금에 의해 멸목滅木 당하게 되고, 5 : 4의 음양불균형에 빠지게 된다. 이는 연못(兌金)이 오히려 나무를 침몰시키고,[74] 5 : 4로 열세에 있는 음은 더욱 위축된다는 뜻이다. 오행 중에 목木이 죽게 되어 오행의 순환이 멈추는 것과 같으니, 이것이 오행질종五行迭終이다.[75] 이런 목의 파멸은 지구 상태계에서 벌어지고 있는 온갖 생명 파괴와 무관한 것이 아니다. 동학에서 말하는 '괴질운수'와 같은 것이다.

그럼에도 음양 오행은 자기 조절 능력을 갖고 있고, 생명의 기氣는 진화를 위한 기화氣化 작용을 끊임없이 전개하는 속성을 갖고 있다. 우주의 변화에서 오행은 각기 삼종三種의 변화 형태를 갖는데, 즉 힘의 강약의 상태에 따라 중中, 태과太過, 불급不及으로 나뉜다.[76] 그래서 오행은 1이 3으로 분열하는 과정 속에 3×5=15개의 변화 형태에 직면하여 각 상황마다 자기에게 유리한 상대를 선택하고 결정하는 능력을 갖게 된다. 특히 목木은 오행 중에서 살아있는 생물체를 상징하기 때문에 사死를 생生으로 바꾸는 힘을 갖고 있다. 남방 금이 태강太强[太過]한 힘으로 금극목으로 거극늄克하므로 목은 금의 거극으로부터 자기 보호를 위해 동방에서 중앙의 자리에 들어가고, 그 사이에 금의 상극력相克力을 강화시키기 위해 동방 목으로 돌진하고 있는 힘을 한번 꺾어 중앙으로 선회시킨다. 이때 혹한의 공간에서 일양이 시생하듯이 미토未土 속에 숨어 있던 목木[77]은 그 땅을 뚫고 나와 만물을 기른다. 한편으로 갑을甲乙의 목 중에, 갑목甲木은 기토己土가 화합化合(甲己合土)하여 갑甲은 토土로 화化하고, 을목乙木은 경금庚金이 화합(乙庚合金)하여 을乙은 금金으로 화化한다. 이렇게 목木은 위기속에서 토와 금으로 변신하되, 음 주관에서는 수목토 삼양三陽만이 만나게 된다. 그래서 목토변역이 이루어지고, 수생목의 이치로 수가 목을 되살리게 된다. 이리하여 후천 음에 맞는 제2 낙서가 출현하고, 8·3목이 중앙에 들어감으로써 목기木氣의 부화력敷和力에 의해 새로운 오행관계가 정립된다. 이것이 후천 새 상극도로서의 '상균도'이며, 이에 바탕하여 5방方에 음양 10수를 음중심으로 재배열한 것이 '청황부'인 것이다.

따라서 청황부는 중앙 황극皇極에 중대한 변화를 동반한다. 동학의 상균론에 기초하여 '상생', '상극'에 이은 '상균'의 3원적 구조로써 오행론을 설명한다. 상균은 상생을 상생답게, 상극을 상극답게 조화의 힘을 발휘한다. 특히 상균에 의해 음양이 5:5로 상생 운동을 발휘할 수 있게 된다. 또한 중앙의 목木은 청靑이므로 8·3 동방 청이 오행도의 중심에 자리하고, 낙서 황극은 10이 없는 5황극이었으나, 새 황극도는 중심의 8·3목이 정음정양으로 음양합일을 이룬 동체로 존재한다. 중앙의 8·3목이 음양합체를 이룬다는 것은 3과 8을 합하면 11이고, 8에서 3을 빼면 5가 나온다는 뜻이다. 11은 10+1이므로 10무극과 1태극이 나온다. 5는 곧 5황극이다. 8·3목에서 무극, 태극, 황극의 3극이 한자리에 앉는 삼인일석三人一席이 이루어진다. 그런데 선천 1~9수의 중앙은 5이나, 후천 10~1수의 중앙수는 5양수와 6음수 둘이 있는데, 황극수 5는 이미 선천 낙서에서 사용되었기 때문에 후천에서는 6수를 쓰게 되는 것이다. 이것을 후천중륙後天中六이라 하며, 『정역』은 포오함육包五含六이라 한다. 또 8·3목이 "청송지청청혜靑松之靑靑兮"[78]하여 중앙 황극으로서 행권行權을 쓰는 것이니, 이것이 『주역』에서 말하는 목황극木皇極으로서의 손이행권巽以行權이다. 따라서 청황부의 황극은 오행으로는 8·3목이요, 10수로는 6음수*이므로, 자연히 수생목水生木이 된다. 이는 물의 상생과 나무의 불사不死를 상징한다. 이를 두고 목황극을 불사목不死木이라 한다.

목황극은 계절 운행의 조화 능력을 갖고, 만물 순환의 조절 기능을 하며, 분열팽창의 양적 작용을 억제하고 결실기의 음적 수렴 작용을 주재한다. 이

---

*청황부는 8·3목황극이면서 6황극이 된다. 6은 노음수이므로 소양위少陽位인 3으로 가고, 다시 6은 소양수인 8에 의지하므로 6황극과 8·3목황극은 이위일체(二位一體)인 것이다.

때 을목乙木이 을경합금乙庚合金하여 금기金氣의 수장지도收藏之道를 받아들임으로써 결실을 주도하는 것이다. 이런 차원에서 오행의 운행도 불균형에서 균형으로, 태과불급太過不及에서 정중正中으로 변하게 된다. 다시 말하면 선천의 양적 팽창발산운동과 후천의 음적 응축수렴운동을 종합적으로 중화中和하고, 상생과 상극을 균화 발전시키는 상균적 역할을 수행하는 것이 중심에 있는 목황극의 임무이다.

그러면 청황부와 목황극의 우주적 의미는 무엇인가? 청황부는 우주 대변혁의 체가 되고, 지축정립은 그 용이 된다. 청황부는 후천 음 주관시대의 도래로 인한 음양과 오행의 불균형을 바로 잡아 음양과 오행의 균형으로 상생 세상을 열어간다. 아울러 지축정립은 후천 음 주관시대의 진입으로 인한 음양과 12지지의 불균형을 바로잡아 정음정양의 새 세상을 열게 된다. 따라서 지축정립은 청황부의 이념을 우주적으로 구현하기 위한 우주 대변혁의 실질 상황이다. 그리고 목황극은 우주적으로 두 가지 의의를 갖는다. 하나는 오행 중에서 후천의 결실이 목木에서 이루어지기 때문에 이 목황극이 바로 '살아 있는 우주 나무'의 역할을 한다는 점이다. 이 우주수宇宙樹가 우주의 균형추와 같은 역할을 하여 우주의 지속가능한 무궁성과 창조성을 뒷받침한다. 무궁성은 오행으로, 창조성은 음양으로 이루게 된다. 또 다른 하나는 이 목木이 오행 중에서 사람을 상징하기 때문에 목황극이 말하는 우주 나무는 결국 '사람'이라는 점이다. 그래서 사람이 중정中正을 얻어 우주의 질서에 "참찬화육參贊化育"(『중용』22장) 함으로써 천지인 완성을 이루는 것이다.[79] 이것은 인중천지일人中天地一과 같고, 또 시천주侍天主이며, 인존人尊을 의미한다.

1885년 간방艮方에 출현한 김일부의 정역팔괘도가 지천태地天泰라는 괘상卦象으로 지축이 정립되는 새로운 후천팔괘도의 원리를 표현한 것이라면, 청황부는 오행의 순환이 목을 중심으로 정상화되고, 서로 균형을 이루어 후천상생의 원리를 표현하며, 음양상으로는 5:5의 균형 관계를 이루며, 지축정립에 의해 삼천삼지의 3:3 균형 관계를 성취하고, 축미선에 의해 6:6의 균형 관계를 완성한다. 또 팔괘상으로는 풍수환風水渙의 괘상으로 승목乘木하고, 뇌수해괘雷水解卦의 괘상으로 초목갑탁草木甲坼하여 계우포상繫于苞桑한다. 김일부의 『정역』은 120년의 역사를 지니며 이미 제3역학의 하나로서의 위상을 정립해 가고 있다. 아울러 이제 나온 상균도와 청황부는 『정역』과 함께 신역학新易學의 중심으로서 제2역학인 『주역』의 하도낙서를 계승하고 극복하여, 후천 제3역학의 도서로 자리매김해야 할 과제를 안고 있다. 여기에 상균도와 청황부를 주제로 선택한 동역학東易學[80]의 존재 의미가 들어 있다. 따라서 동역학은 음양상균에 기초하여 미래 지축정립의 석초를 놓아 오행 순환, 정음정양과 도시춘의 후천선경 세계를 우리가 살고 있는 중천 1,080년 안에 건설해야 할 사명을 안고 있다.

Alteration of Pre-heaven and Post-heaven of the Book of Changes and the Possibility of the Third Science of Changes

- Eastern Changes based on Diagram of Coordination and Boo of Blue Emperor

The purpose of this research is to understand the limitation contained in the theory of conflict of the Lo shu during the transition of the pre-heaven(先天) and post-heaven(後天) in the relationship of mutual generation and rivalry between the current Ho tu(河圖) and Lo shu(洛書). Another purpose is to investigate the possibility of the establishment of the third science of changes as a Korean science of changes. Today, the pre-heaven and post-heaven are explained by separating them like morning and afternoon. Morning is pre-heaven and afternoon is post-heaven. Accordingly, morning and afternoon are replaced and changed each other. Morning is the era led by Yang and afternoon led by Yin. Pre-heaven is based on the mutual generation(相生developing and growing together)) while post-heaven is based on the mutual inhibition(相克conflicting each other to win the other).

However, such bisection theory about the pre-heaven and post-heaven of the Book of Changes(周易the second science of Changes) is so simple and monotonous that it cannot clearly explain about the changes in the universe. Considering this, the writer of this research intends to provide more detailed explanations about it. This research focuses on the high tide(高潮) and low tide(低潮) of the sea that rotate each other a day, one time during the morning and another time during the afternoon.

According to the view on the daily change of the tide, the writer of this research separates the morning and afternoon into the pre-heaven and post-heaven each. However, the writer views that the mutual generation and conflict occur even during the morning (pre-heaven) and afternoon (post-heaven) each. And according to the science of divination, this is the theory of Four Symbols by the high tide and low tide(高潮低潮之四象論). This is the combination of the four types of Yin(陰) and Yang(陽): Tae-yang(太陽), So-eum(少陰), So-yang(少陽) and Tae-eum(太陰). According to this theory, the existing Ho tu and Lo shu explain about the mutual generation and conflict of the morning pre-heaven dominated by Yang (morning) so that it cannot function its role during the Yin (afternoon) where the post-heaven change is realized.

Accordingly, there should be a diagram of mutual generation(相生圖) and diagram of inhibition(相克圖) that correspond to the Yin of the afternoon of the post-heaven. This is based on the change theory according to the waxing and waning of Yin and Yang (陰陽消長之變易論:the rise and fade of Yin and Yang according to seasons). As the mutual generation is the basic diagram of the Five Phases, the pre-heaven or post-heaven does not change. But, the question is the diagram of conflict of the post-heaven. In other words, the new Lo shu that corresponds to the post-heaven is necessary.

Why? It is because the Iron (金) becomes more active during the Yin era of the post-heaven that the Wood (木) is cut by the Iron (an ax), and the Wood is destroyed. If the Iron destroys the Wood, the circulation of the five phases will stop. Despite of the destroy of Wood, however, the five phases have self-control capability, and the energy of life has the tendency to constantly develop the evaporation reaction for the evolution.

As a result, the Water(水), which is the origin of the world revives the Wood. This is the principle that the Water revives the Wood. And to realize this, the Wood in the outer area of the east should be located in the position of the Earth(土). The Lo shu cannot sustain any longer by the self-control of the five phases and the Wood is replaced with Earth. Earth is replaced by Wood(木土交易).

The five phases relation completed by the great change of Earth with Wood(木土變易) is called the Diagram of Coordination(相均圖), and this is the new Lo shu which is based on the Donghak ⁽ᴱᵃˢᵗᵉʳⁿ ᴸᵉᵃʳⁿⁱⁿᵍ⁾. And, this is a great revolution in the way of heaven⁽天道大革命⁾. This diagram of coordination is located at the five directions: the Water ⁽水⁾ of the north, the Fire ⁽火⁾ of the west, the Iron ⁽金⁾ of the south, the Wood ⁽木⁾ of the center and the Earth ⁽土⁾ of the east as a result of the great change of Earth with Wood.

The five Earth⁽5土⁾ was the emperor ultimate ⁽皇極 : ᵗʰᵉ ᵇⁱᵍᵍᵉˢᵗ ᶜᵉⁿᵗᵉʳ⁾ at the center of the five phases during the 3,000 years post Lo shu. However, the new Lo shu reestablishes the relationship of the five phases by taking the 3 · 8 Wood ⁽木⁾ in the center instead of the five Earth. The Wood replaces the Earth in the center and Yin ⁽8⁾ and Yang ⁽3⁾ exist as one body.

Accordingly, the 8 · 3 Wood ⁽木⁾ becomes the central emperor ultimate at the new Lo shu. And, this is called Wood Emperor Ultimate⁽木皇極⁾ as the Wood becomes the center according to the five phases. The Wood is symbolized as blue. Accordingly, the name of the new Lo shu, which arranges 10 numbers for Yin and Yang, is called Boo of Bule Emperor Ultimate ⁽青皇符 ᵒʳ 青皇靈符:ᵃ ˢᵃᶜʳᵉᵈ ᵖᵃⁱⁿᵗⁱⁿᵍ ʷʰⁱᶜʰ ᵘˢᵉˢ ᵗʰᵉ ᵇˡᵘᵉ ᵃˢ ᵗʰᵉ ᶜᵉⁿᵗᵉʳ⁾. Earth is located on the left⁽ᵉᵃˢᵗ⁾ of the blue emperor taking the Wood as the center, Fire is located on the right⁽ʷᵉˢᵗ⁾ and the 10 numbers combined between the rest of the Yin and Yang and five phases are located on the five directions each. The Boo of Blue Emperor Ultimate is the third science of changes ⁽第3易學⁾ that is paired with Jeong Yeok's Map of Trigrams ⁽正易 八卦圖: ᶜᵒʳʳᵉᶜᵗᵉᵈ ᵀʳⁱᵍʳᵃᵐˢ⁾ and Donghak introduced in Korea 120 years ago. As the post-heaven science of changes, expectation on this is high.

The Eastern Changes⁽東易學⁾ specified in this study is based on the theories of Equilibrium Yin and Yang⁽陰陽相均, 正陰正陽⁾ and Correction of Axis of Earth⁽地軸正立⁾, and it indicates theory of Gaebyeok⁽開闢 ᴺᵉʷ ᶜʳᵉᵃᵗⁱᵒⁿ, ᵒʳ ᴳʳᵉᵃᵗ ᵇᵉᵍⁱⁿⁿⁱⁿᵍ ᵒᶠ ᴬˡˡ ᵗʰⁱⁿᵍˢ⁾ of the post-heaven⁽後天⁾ as the third science of changes⁽第三易學⁾

本文は現行河図と洛書の相生相克關係で,特に先後天変易期に洛書の相克原理が持っている限界を直視し,その克服方案を摸索する過程で韓國易學としての第３易學が成立可能かを檢討するところに目的がある．ここで言う先天と後天は單純に午前と午後に兩分して說明する．午前は先天で, 午後は後天という。それで今は午前と午後が交替し,先天と後天が変わる時である。午前は先天であり陽が主導(陽主管)する時代で,午後は後天であり陰が主導する時代である。先天は相生(互いに引っ張って育てること)原理を主として, 後天は相克(互いに押し退けること)原理を主とする。

　しかし現在言われている易學の先天と後天という兩分理論はとても單純で單調であるため変宇宙の変化を正確に說明しているとは思っていない。それで筆者はこれを一段階さらに細分して說明しようと思う。筆者は一日に上げ潮と引き潮が午前, 午後にそれぞれ一回ずつ,すべて二度起きることに留意した。

　こういう視角で筆者は午前と午後を先天と後天に分けるものの,午前の先天にも相生と相克が起きて,午後の後天にも相生と相克が同時に起きると見る。これを易學的で言うと四象論である。太陽,少陰,少陽,太陰の四つの類型の陰陽配合である。これによれば既存の河図と洛書は陽(午前)が主管する午前先天の相生と相克關係だけを言うだけで,後天開闢が成り立った陰(午後)の時代にはすべての機能を果たすことができなのである。

　したがって後天には, その後天(午後)の陰に合う相生図が出てきて,相克図が出てこなければならないということである．これは陰陽消長論による陰陽変易に基礎したのである。ところで相生は五行の基本図であるから,先天でも後天でも変わらないが,問題は後天の相克図である。換言すれば,後天に合う第２洛書が出てこなければならないという主張である。

　なぜそうなのか？後天の陰の時代に入れば現行洛書の金はより一層旺盛に

なって,木は金によって金克木(金が木を打つこと)に当たるため, 滅木(木が死ねること)にならざるをえない。このように金が木を殺すことになると, 五行の循環が停止してしまうだろう?しかし滅木にもかかわらず, 五行は自己調節の能力を持っていて, 生命の氣は進化のための氣化作用を絶えず展開する本性を持っている。

　そうして万物の根源である水が, 木を生き返らせることになる。これが水生木(水が木を生かす道理)である。水生木が起きるためには, 東側の外にあった木が中央の土の席に入らざるをえない。五行の自己調節の能力によって, 洛書はこれ以上耐えることができなくて木と土が席の交替をすることになる。これが「木土の交易」である。

　これが根本的な変化であるため,「木土変易」といい, これによって成り立った五行關係を後天の「相均図(五行が互いに均衡を成し遂げた絵)」といって, これを第2洛書という。これは天道の大きい革命である。このような名称は, 東學に基礎したものである。この相均図は木土変易によって,5方位の北方に水, 西方に火, 南方に金, 中央に木, 東方に土が各各位置する。洛書以後3千年の間, 五行の中央の席は5土が皇極であった。しかし, もう第2洛書は5土代身に3.8木を中央の皇極として五行の相生相克關係を新しく定立する。土が退く席には?木が中央に入って陰(8)と陽(3)が一体(合　)で存在する。

　したがって新しく変わった第2洛書では, 3.8(陰の8を強調)が中央の皇極になるのである?これを五行上木が中心になったといって木皇極という。また木は, すなわち青と同じである。これに伴い10數を陰陽に配列した第2洛書の名前を「青皇符(青皇靈符: 青色を最も大きい中心とする神靈ある絵)」と呼ぶことである。青皇靈符は木を中心として左側(東)に土が位置して, 右側(西)に火が位置して, 殘りの陰陽と五行が結合した10數が各?五方位に位置する, 第1易學の連山易歸藏易, 第2易學の周易, 第3易學の周易以後の時代を迎えた青皇符は, 1

9世紀に韓國から生まれた東學と正易八卦図（正した八卦?）と双になって后天易學の原理として，これからも期待するところが大きいといえるだろう．

　特にこの文で言及している東易學というのは，陰陽相均(正陰正陽)と地軸正立を根據にして，第三の易學としての後天の展開理論を意味する．

本文的目的在於從現行的河圖與洛書的相生·相克關係中, 尤其是從先後天變異期中發現洛書相克原理的局限性. 並在摸索其克服方案的過程中檢討作爲韓國易學的第三易是否能夠成立. 現在所講的先天和後天只是單純的分成午前和午後加以說明的, 也就是說午前指的是先天, 而午後則指的是後天. 因此, 此時正是午前和午後, 先天和後天相互交替的時期. 午前是先天, 是以陽爲主導的時期, 午後則是後天, 是以陰爲主導的時期. 先天以相生(相互引生)的原理爲主, 而後天則以相克(相互排壓)的原理爲主.

但是, 筆者認爲現在所講的易學的先天和後天這一兩分理論, 因過於單純, 單一而無法正確解釋宇宙的變化. 因此, 筆者試圖再細分出一個層次, 進一步加以說明. 而且筆者也留意到了漲潮和退潮分別於午前, 午後各出現一次, 一天共出現兩次的現象.

由此, 筆者認爲不僅要把午前和午後分爲先天和後天, 而且還要認識到不僅午前的先天中會出現相生和相克, 午後的後天中也會出現相生和相克. 從易學的角度來講, 這就是四象論. 也就是太陽. 少陰. 少陽. 太陰等四個類型的陰陽相互配合. 據此, 可以說旣存的河圖和洛書只涉及陽(午前)主管的午前先天的相生和相克關係, 並未對形成後天開關的陰(午後)時期產生應盡的職能.

因此, 在後天應出現與後天(午後)之陰相適應的之陰的相生圖和相克圖. 它又成爲以陰陽消長論爲依託的陰陽變異額的基礎. 不過, 相生是五行的基本圖, 因此先天或後天都不會變, 那麼問題就在了後天的相克圖上. 也就是說, 應産生適合後天的第二洛書.

爲什麼這麼說呢 進入後天陰的時代, 現行洛書的金更加旺盛, 木爲金所克, 木終不得不滅. 如果金克木, 那麼五行迴圈也將會終止. 儘管木有被滅之險, 然而, 五行卻擁有自身調節的能力, 生命之氣也擁有爲事物進化而不斷氣化的作用及本性.

所以, 作爲萬物之根源的水便會使木重生, 這就是水生木(水使木重生的原理). 爲了實現水生木, 在東測的木不得不紮根於在中央的土中. 因五行的自身調節能力使洛書無法承受, 而且木和土也將交替, 這就是土木交易.

以木土變異(根本的變化)爲基礎所形成的五行關係就是後天的"相均圖(五行形成均衡的圖)", 並且人們把還把它. 稱做是第二洛書. 這是一種天道的大革命. 這種名稱源於東學. 這一相均圖依據木土變異, 分別位於5方位中, 卽北測是水, 西測是火, 南測是金, 中央是木, 東測是土. 洛書之後的三千年來, 五行的中央位置由5土作爲皇極而佔據著. 但是, 隨後的第二洛書以3.8木代替5土, 作爲中央的皇極, 重新定立五行的相生相剋關係. 土退去後的位置由木來代替, 進入中央, 形成陰(8)和陽(3)的合體.

隨之, 更新的第二洛書中8.3木(强調作爲陰的8)就成爲了中央皇極. 因五行中木成爲中心, 而把它稱作木皇極. 同時, 木卽爲青. 由此, 才會把用陰陽排列10數的第二洛書的名字稱做是青皇符(或者青皇靈符: 以青色爲最大中心的神靈的圖). 青皇符以木爲中心, 左側(東)是土, 右側(西)是火, 剩餘的陰陽和五行結合成10數各自配置於五個方位?期待作爲第一易學的連山易和歸藏易. 第二易學的周易. 第三易學的周易, 以及未來時代的青皇符, 與19世紀末韓國的東學和正易八卦圖(重新定立的八卦圖)一同成爲以人爲宇宙之中心的後天易學的原理.

本文特別要指出的是, 東易學是以 陰陽相均(正陰正陽)和地軸正立爲依據, 並以第三易學成爲後天的開闢理論.

주석

복희씨와 신시천부문양

1 하신·홍희, 『신의 기원』, 동문선, 1990, 382쪽.

2 이 단락부터는 처음 원고에 없는 것을 추가한 부분이다.

3 하신·홍희, 앞의 책, 49쪽.

4 일본어 히(Hi)와 우리말 히(Hai)는 그 음이 서로 같다(이능화, 『조선신사지』, 동문선, 120쪽)

5 김용길, 『한자로 풀어 보는 한국고대문화』, 정신세계사, 2004, 24쪽.

6 신용하, 「고조선 아사달문양이 새겨진 산동 대문구문화 유물」, 『한국학보』 102호, 2001 참조.

7 김인회, 「상고사에 있어 한 중의 문화교류」, 『동아시아 고대학』 제2집, 2000, 재인용 참조.

8 하신·홍희, 앞의 책, 151쪽; 우성오, 『문물』, 1973.2기.

9 신용하, 앞의 논문, 5쪽.

10 앞의 논문, 9쪽.

11 앞의 논문, 19쪽.

12 김인회, 「상고사에 있어 한 중의 문화교류」, 『동아시아 고대학』 제2집, 2000, 128쪽.

13 김인회, 앞의 논문, 132쪽.

14 이병도, 「단군설화의 해석과 아사달문제」, 『서울대논문집』 제2호, 1955(『한국고대사연구』).

15 김운회의 주장(중앙선데이 2010.4.25, 8면 인터뷰)

16 김인회, 앞의 논문, 132쪽.

17 최남선, 「아시조선」, 『육당 최남선전집2』, 현암사, 1973, 157쪽.

18 최남선, 앞의 논문, 173쪽.

19 이찬구, 『천부경과 동학』, 모시는 사람들, 2007, 130쪽.

20 김운회의 주장, 앞의 글.

21 이학근 저, 하영삼 옮김, 『고문자학 첫걸음』, 동문선, 1991, 93쪽.

22 롯(호)를 롯(대)로 보기도 한다.

23 태호 복희씨 다음에 등장하는 동이족의 대표 인물이 바로 치우이다.

신지글자와 『천부경』

1 이맥, 『태백일사』(소도경전본훈편).

2 최치원, 『고운집(孤雲集)』(史蹟本).

3 이홍직, 『국사대사전』, 백만사, 1974년.

4 김영의(金永毅), 『천부경 주해(天符經註解)』.

5 영변군, 『영변지(寧邊誌)』(71년판, 126-127쪽)

6 계연수가 1917년 단군교당에 보낸 서신문(書信文)에 그런 내용이 있으나, 사실관계를 신뢰할 수는 없다.

7 허목, 『미수기언 I』, 민추회(1986년 판).

8 김두영, 『향토연구』제7집, 충남 향토연구회, 1990년 8월.

9 이형구, 『단군을 찾아서』, 살림터출판사, 1994. 후에 『단군과 단군조선』(살림터,1995)으로 개제 출판함.

10 1943년판 『영변군지』의 유사에 실린 천부경 기사는 전병훈의 영향을 받은 것이고, 전병훈은 단군교당(정훈모)의 영향을 받은 것이다. 현재로써는 신뢰하기 어렵다.

11 이유립, 『대배달민족사』, 고려가, 1987.

12 "又神誌祕詞曰: '如秤錘極器秤幹扶踈樑錘者五德地極器百牙岡朝降七十國賴德護神精首尾均平位興邦保○大平若廢三諭地王業有衰傾.' 此以秤論三京也極器者首也錘者尾也○秤(秤)幹者提綱之處也松嶽爲扶踈以諭秤幹西京 爲白牙岡以諭秤首三角山南爲五德丘以諭秤錘. 五德者中有面嶽爲圓形土德也北有紺嶽爲曲形水德也南有冠嶽尖銳火德也東有楊州南行山直形木德也西有樹州北嶽方形金德也此亦合於道詵三京之意也. 今國家有中京西京而南京闕焉伏望於三角山南木覓北平建立都城以時巡駐此實關社稷興衰臣干冒忌諱謹錄申奏"於是日者文象從而和之睿宗時殷元中亦以道詵說上書言之."(『고려사』 제122권 열전 35 김위제)

13 백두용, 『해동역대 명가필보』, 한남서림, 1926, 21~24쪽.

14 필자가 처음에는 『신영변지』를 기본으로 생각하였으나, 이를 수정하여 백두용의 『명가필보』에 실린 16자 신지글자를 기본으로 삼는다.

15 김성준, 『환단지(桓檀誌)』제10호, 환단지사, 1993.6. 92쪽.

16 지금 인터넷에 유포되어 있는 「창힐조적서비」(그림10)는 모두 필자가 1994년 9월에 덧칠하여 한배달이 주최한 천부경 학술대회에서 발표(세종문화회관)한 논문에서 나온 것이다.

17 이에 관한 전수과정은 『하늘 땅 사람 이야기 대산의 천부경』, 동방의 빛, 2009, 252쪽 참조.

18 전병훈, 『정신철학통편』, 명문당(영인), 1983, 29쪽.

19 필자가 김성준과 당시 전화통화한 결과 『환단지』에 인용한 『섬서고대서법유적종술(陝西古代書法遺蹟綜述)(1)』을 자신이 보관하고 있다고 했다.

20 이암 『단군세기』. 이 가림다(가림토)의 일부 글자가 산동성 환대시에서 출토되었다고 한다 (송호상 교수)

21 류열, 「우리 민족은 고조선 시기부터 고유한 민족문자를 가진 슬기로운 민족」, 『단군과 단군조선』, 살림터, 1995, 113쪽.

22 이형구, 「고고시대의 한국문자」, 『한국학논집』6집, 한양대 한국학연구소, 1984, 414쪽.; 『한국고대문화의 기원』까치, 1991, 115~116쪽.; 『한국고대문화의 비밀』, 김영사, 2004, 133~134쪽.

23 "黃帝之史倉頡 見鳥獸蹄(제)迒(항)之迹 知分理之可相別異也 初造書契"(설문 序)

24 창힐활동지(그림19)는 안경전, 『삼성기』, 상생출판, 2009, 85쪽.

『천부경』 6수와 9수의 우주론

1 荒川 紘『東と西の宇宙觀』(東洋篇)紀伊國屋書店, 2005, 173쪽.

2 "子曰 民之於仁也 甚於水火"(논어, 위령공편)

3 "民非水火 不生活"(맹자, 진심 상)

4 "水火有氣而無生 草木有生而無知"(순자, 왕제편)

5 荒川 紘, 앞의 책, 174쪽.

6 "易者 陰陽之道也 卦者 陰陽之物也 爻者 陰陽之動也"(易序)

7 "天有六氣 …降生五味 發爲五色 六氣曰陰陽風雨晦明也, 分爲四時…"(춘추좌씨전, 소공 원년)

8 "是故 易有太極 是生兩儀 兩儀生四象 四象生八卦 八卦定吉凶 吉凶生大業"(주역 계사전 상 11장)

9 荒川 紘, 앞의 책, 174쪽.

10 "太虛無形 氣之本體 其聚其散 變化之客形爾"(정몽, 태화편)

11 "鬼神者 二氣之良能也(정몽, 태화편)"

12 "氣有陰陽 推行有漸爲化…"(정몽, 신화편)

13 "一每生二 自然之理也 易者 陰陽之變 太極者 其理也 兩儀者 始爲一劃 以分陰陽 四象者 次

爲二劃 以分太少 八卦者 次爲三劃而 三才之象 始備"(『周易傳義大全』22권 86면)

14 이에 관하여는 필자가 자세히 밝힌 바 있다. 이찬구, 「동학의 천도관 연구」 대전대박사논문, 2005, 61쪽.

15 朱伯崑/김학권, 『주역산책』, 예문서원, 1999, 97쪽.

16 음양 兩太極문양은 회암사 절터에 있고, 천지인 三太極 문양은 宗廟의 정전 등에 많이 있다. 四太極문양은 경복궁 근정전 등에 보인다. 최근 나주 백제유물에서도 태극문양이 나왔고, 일본 사천왕사에도 영향을 끼쳤다.

17 유흠의 三統曆에도 보인다.

18 서형요, 「고조선시대의 실천윤리와 유교지성」, 『동양철학연구』 23집, 2000. 12, 146쪽.

19 신목원, 『開天』 보국출판사, 1988, 129쪽.

20 "道生一 一生二 二生三 三生萬物 萬物負陰而抱陽 沖氣以爲和"(노자 제42장).

21 방입천, 『문제로 보는 중국철학』, 예문서원, 1997, 32-33쪽.

22 윤사순, 「동양우주관에의 명상」, 『동양사상과 한국사상』, 1992, 을유문화사, 118쪽.

23 "元氣有三名 太陽太陰中和 形體有三名 天地人…."(太平經合校, 삼화기여제왕법, 대만 정문출판사)

24 이와 같이 '음양과 그 속에 있는 또 하나의 中'을 찾으려는 노력은 근대 동학에서도 시도되었다. 필자는 동학에서 말하는 '弓弓'을 그런 제3의 개념으로 설명한 바가 있다. 이 三을 혹은 三太極이라 할 수도 있겠으나, 崔水雲은 성리학적 兩太極이라는 말과의 중복을 피하여 삼태극이라고 하지 않고 天道의 새로움을 강조하기 위하여 '弓弓'이라는 새 말을 썼다고 보는 것이다.

25 無의 고문자는 본래 화살촉 세 개를 묶어 놓은 것이다. 그것은 밝음을 상징한다.

26 이찬구, 「단군신화의 재해석」, 『단군학연구』 제17호, 단군학회, 2007.12.

27 이에 관하여는 정경희의 '一 三 九 論'이 있고, 우실하의 '3數分化論'이 있다.

28 荒川 紘 『東と西の宇宙觀』(東洋篇) 紀伊國屋書店, 2005, 176쪽.

29 양재학, 「주자의 역학사상에 관한 연구」, 충남대 박사논문, 1992, 35쪽.

30 예기 월령, 기수팔에 대한 공영달의 소 "鄭注易繫辭云 天一生水於北 地二生火於南…陽無偶陰無配…地六成水於北…地十成土於中 與天五幷也"

31 "三極 天地人之至理 三才 各一太極也"(朱子本義 계상2)

32 "陰陽二氣 絪縕於宙合, 融結於 萬彙 不相離 不相勝 無有陽而無陰 有陰而無陽 無有地而無天 有天而無地 故周易 建乾坤爲諸卦之統宗 不孤立也 然陽有獨運之神 陰有自立之體 天入地中 地涵天化 而抑各效其功能"(왕선산 주역내전 권1 곤괘; 이규성의 번역 참조)

33 "立天之道曰 陰與陽 立地之道曰 柔與剛 立人之道曰 仁與義 兼三才而兩之 故易六劃而成卦 分陰分陽 迭用柔剛 故易六位而成章"(설괘2장)

34 "人君 正心修身立大中 至正之標準以觀天下而天下化之之義"(주자 잔주)

35 이정호,『정역연구』, 국제대, 1976, 156쪽.

36 한장경,『주역·정역』, 삶과 꿈, 2001, 357쪽.

37 대종교,「회삼경」,『역해종경사부합편』, 1949, 온누리, 230쪽.(『대종교경전』, 대종교총본사, 1983, 301쪽.)

38 대종교,『역해종경사부합편』, 1949, 온누리, 231쪽.

39 이에 관한 자료는 이찬구 편『인부경81자 집주』, 동신출판사, 1993에서 인용.

40 최재충,「천부경-민족의 뿌리」,『천부경연구』, 한배달, 1994, 251쪽.

41 박용숙,『한국의 시원사상』, 문예출판사, 1985, 102쪽.

42 최치원,『고운전집』, 434쪽.

43 이에 관하여는 필자가 앞의 논문「신지글자와 천부경」에 상세히 밝혔다. (원전:이찬구,「세 고전자본에 대한 비교 분석」,『천부경 연구』, 한배달, 1994, 37쪽.)

44 송호수,『겨레얼 삼대원전』, 도덕성회, 1983, 263쪽 및 이형구,『단군을 찾아서』, 살림터 출판사, 1994

45 류열,「우리 민족은 고조선시기부터 고유한 민족글자를 가진 슬기로운 민족」,『단군과 단군조선』, 살림터, 1995, 117쪽.

46 필자는 이제까지 대삼합류의 6을 '天二+地二+人二=6'으로 보았으나, 이번에 나온『대산의 천부경』(동방의 빛, 2009)에 따라 '天三+地三=6'으로 이해하고자 한다. 그 책 56-57쪽에 자세히 설명하고 있다.

47 그런데 회삼경의 경우는 다르다. 8은 2x4, 9는 3x3으로 설명하고 있다.

48 종전처럼 6이 삼재를 음양으로 결합하고 있다는 면에서 천지인 중심의 새로운 '우주관'을 함의한 것이라 할 수 있으나, 천부경의 진정한 우주관은 9에서 완성된다고 이해하는 것이 더 올바르다고 할 수 있다. 필자가 종전에 주장한 6 중심의 우주관은 천지를 중심으로 설명할 때는 가능한 것이었으나, 인간 중심의 우주관에서는 9 중심으로 보아야 한다는 것이다. 6 중심의 우주관이 오류라 할 수는 없으나, 그것이 인간을 배제한 우주관이라면 무의미하기 때문이다.

49 "天地無日月空殼 日月無至人虛影"(김일부 정역)

50 그런데 역학에서는 參天兩地에 의해 9는 양의 대표수로, 6은 음의 대표수로 불린다. 또 6(노음수)은 변해 7(소양수)이 되고, 9(노양수)는 변해 8(소음수)이 된다. 그래서 9와 8이 음

양변화의 이치 속에서 만나게 된다. 그러면 천부경에서 6의 의미는 무엇인가? 6은 1, 2, 4, 8로 이어지는 짝수 배열과 1, 3, 9로 이어지는 홀수 배열 사이의 중간 지점에 있다는 것이다. 왜냐하면 6은 비록 짝수이나 生七八九에 의해 9와 만나기 때문이다. 따라서 6은 모든 수를 연결하는 중간의 소통점이 된다는 면에서 상당히 중요한 의미를 지닌다고 할 수 있다.

51 이찬구편,『인부경81자 집주』, 동신출판사, 1993, 133쪽.

52 "天有六氣 …六氣曰陰陽風雨晦明也. 分爲四時…"(춘추좌씨전, 소공 원년)

53 이찬구,『천부경과 동학』, 모시는사람들, 2007, 613쪽 ; 이 책에서 필자는 "운행함이 셋, 넷에 있고, 이루는 고리는 다섯, 일곱에 있다"라고 해석하였으나, 成을 四에 붙이는 것도 무방할 것 같다.

54 氣候란 氣는 동지를 기준점으로 1년을 24등분한 구분점이며, 候는 기를 다시 3등분한 구분점이다. 1년은 24기요, 72후이다. 예를 들어 입동의 초후5일은 물이 얼기 시작한다. 차후5일은 땅이 얼기 시작한다. 말후5일은 꿩이 큰 물속에 들어가 큰 조개로 된다.

55 "凡人物者 陰陽之化"(여씨춘추, 지분)

56 박영호,『노자』, 두레, 2000, 212쪽.

57 "建之以常無有 主之以太一"(장자, 천하편)

58 김지현, 「일자와 천제:태일의 심볼리즘」,『종교문화비평』7호, 청년사, 2005. 232쪽.

59 김용옥,『노자와 21세기 下』, 통나무, 1999, 68-73쪽.

60 "水生天 天反生水 互相變化 造化無窮也"(해월신사법설, 천지이기편)

61 "天一生水 道運而爲善 猶氣運而爲水也"(소철 노자해)

62 "天何言哉 四時行焉 百物生焉 天何言哉"(논어 양화편)

63 "岐伯曰: 上下之位, 氣交之中, 人之居也"(黃帝內經,,六微旨大論)

64 "陰陽之中各有天地人, 天地人之中各有陰陽"(황극경세서5, 관물외편 상)

65 김석진,『하늘 땅 사람 이야기 대산의 천부경』, 동방의 빛, 2009, 67-68쪽.

66 천부경을 수행론적으로도 설명할 수 있다. 특히 천부경의 1·6 數사상은 小宇宙인 인간에도 그대로 적용되고 있다. 중요한 시사점은 인간의 수행에서 두드러지게 나타난다는 점이다. 불교수행에서 중요시 되는 염불 수행의 경우, '남무아미타불' 이나 '옴마니반메훔' 이 모두 6字이다. 동학의 21자 주문에서도 근본 주문은 '시천주 조화정' 의 6자이다. 이처럼 6에 수행의 진수가 함축되어 있다. 인체 구조에서 3극의 점을 찾아낸다면 상단전, 중단전, 하단전이라 할 수 있다. 이 3단전은 인체의 전면부를 지칭한 것이다. 이 3단전을 대삼합륙의 이치로 재해석하면, 음양과 결합한다는 것을 의미하는데, 이는 인체의 전후면부에서 서로 연결점을 찾을 수 있다는 것을 의미한다. 사람 등에 삼관(三關)이 있으니, 옥침관, 녹노

관, 미려관이 그것이다. 허준의 『동의보감』 첫 장에 나오는 「신형장부도」는 바로 인체에 있어서 精氣神의 흐름을 중시하고 있다. 허준이 인용한 동의보감(내경편 身形)의 한 구절을 보면 그것을 알 수 있다.

1. 선경에는 "뇌는 髓海이고 상단전이라 하며, 心은 絳宮이고 중단전이라 하며, 배꼽 아래 3치 되는 곳을 하단전이라 한다. 하단전은 精을 저장하는 곳이며, 중단전은 神을 저장하는 곳이고, 상단전은 氣를 저장하는 곳이다"라고 씌어 있다.

2. 오진편 주해에는 "사람은 천지의 좋은 기운을 받고 태어나게 되며 음양에 의하여 형체를 이룬다. 그러므로 사람의 몸에는 精氣神이 기본이다. 신은 기에서 생기고 기는 정에서 생긴다. 만일 자기 몸을 수양한다면 이것은 정 기 신의 3가지를 단련하는 데 지나지 않는다"고 씌어 있다.

3. 선경에는 "몸의 뒷 부분에는 3關이 있는데, 뒤통수를 옥침관이라 하고, 등뼈골의 양쪽 옆을 녹로관이라 하며, 수화가 교류되는 곳을 미려관이라 한다. 이것들은 다 정기가 오르내리는 길이다. 만약 북두칠성이 돌아가듯이 3관이 잘 작용하면 정기가 위 아래로 잘 돌아갈 것이다. 이것은 마치 은하수가 북두칠성을 따라서 도는 것과 같다"고 씌어 있다.

이처럼 허준은 우주적 기의 흐름과 인체의 기의 흐름을 동일한 관점에서 바라보고 있다. 이런 인체의 막힘 없는 기의 흐름을 인체의 小周天 현상이라고 할 때, 이 소주천은 3丹田과 3關의 前後소통에서 가능할 것이다. 소주천이란 上體에서 일어나는 氣의 圓운동이다. 회삼경의 삼묘체용도에 "1·6은 圓"이라 한 것이 이와 같은 뜻이다.

'웅녀신화'의 재해석

1 이런 의미에서 '단군신화'라는 말도 적당한 말이 아니다. '단군사화'라고 해야 하지만 일반적 논의의 전개상 그대로 단군신화라는 말을 쓴다.

2 최남선, 「단군고기전석」, 『단군신화연구』, 온누리, 1986, 33쪽.

3 이병도, 『한국고대사연구』, 박영사, 1976, 30쪽.

4 류동식, 『한국무교의 역사와 구조』, 연세대출판부, 1975, 31쪽.

5 박종천, 『상생의 신학』, 한국신학연구소, 1991, 217~218쪽.

6 대종교의 회삼경에 의하면 "조화란 아버지의 도요, 교화란 스승의 도요, 치화란 임금의 도"라 했다.

7 산신(山神)이 된 것이 아니라, 신(神) 또는 신선(神仙)이 되었다고 해석해야 옳다.

8 "令孫(熊)女 飮藥成人身 與檀樹神婚而生男 名檀君"(이승휴, 제왕운기)

9 김정학, 『한국상고사연구』, 범우사, 1990, 63쪽.

10 최남선, 앞의 논문, 20쪽.

11 최남선, 앞의 논문, 33쪽.

12 최남선, 『육당최남선전집』2, 현암사, 1973, 477쪽.

13 김정학, 앞의 책, 66쪽.

14 김정학, 앞의 책, 70쪽.

15 강인숙, 「단군신화와 역사」, 『단군과 단군조선』, 살림터, 1995, 282쪽.

16 강인숙, 앞의 논문, 292쪽.

17 리상호, 「단군설화의 역사성」, 『단군과 단군조선』, 살림터, 1995, 346쪽.

18 원문은 『사상계』 1963.5월호에 발표되었다.

19 윤성범, 「환인 환웅 환검은 곧 하나님이다」, 『한국논쟁사1』, 청람문화사, 1976, 405쪽.

20 윤성범, 앞의 논문, 404쪽.

21 윤성범, 「한국인의 신관념생성」, 『한국적 신학』, 선명문화사, 1972, 218쪽.

22 박종천, 『상생의 신학』, 한국신학연구소, 1991, 421쪽.

23 류동식, 『한국무교의 역사와 구조』, 연세대출판부, 1975, 30-33쪽.

24 류동식, 앞의 책, 32쪽.

25 최일범, 「단군신화의 개천사상에 관한 연구」, 『겨레얼살리기』 II, 겨레얼살리기국민운동본부, 2006, 72쪽.

26 이은봉, 『한국고대종교사상』, 집문당, 1984, 10쪽.

27 이은봉, 앞의 책, 86쪽.

28 이은봉, 앞의 책, 138쪽.

29 이은봉, 앞의 책, 86쪽.

30 이은봉, 앞의 책, 88쪽.

31 이찬구, 「역학과 동학의 관점에서 본 천부경사상」, 『신종교연구』8, 한국신종교학회, 2003, 103쪽.

32 이찬구, 『천부경과 동학』, 모시는사람들, 2007, 41쪽.

33 세종실록 제40권(세종 10년 6월 14일조)

34 "分則三也 合則一也 三一而 神位定"(신리대전-신위)

35 이찬구, 앞의 논문, 103쪽.

36 M. Eliade, Patterns in Comparative Religion, Merdian Books, 1968, 46-50쪽;이은봉 역, 『종교형

태론』, 한길사, 1996, 105쪽.

37 이은봉, 앞의 책, 85-86쪽.

38 이남영, 「사상사에서 본 단군신화」, 『한국사상의 심층연구』, 우석, 1987, 66쪽; 이 말은 이남영의 독특한 표현이다.

39 이에 관하여는 필자가 앞의 『천부경과 동학』 222쪽에서 밝힌 바 있다.

40 조지훈, 「동방개국설화고」, 『단군신화연구』, 온누리, 1986, 237쪽.

41 양주동, 『증정 고가연구』, 일조각, 1970, 8-12쪽.

42 이홍직, 『한국사대사전』, 교육도서, 1992, 1980쪽.

43 이종익, 「한밝사상고」, 『동방사상논총』, 보련각, 1975, 426쪽.

44 김경탁, 「하느님관념 발달사」, 『한국문화사대계』 6, 고대민족문화연구소, 1970, 117-118쪽.

45 장덕순, 「단군신화의 문학적 시고」, 『단군신화연구』, 1986, 242쪽.

46 이은봉, 앞의 책, 85-86쪽.

47 엘리아데, 이은봉, 『성과 속』, 한길사, 1998, 84쪽.

48 임승국, 『한단고기』, 정신세계사, 1986, 33쪽.

49 황혜숙, 「마고문화와 고조선」(단군학회 제34차 학술발표회, 2005.6.25) 4쪽.

50 류동식, 앞의 책, 33쪽.

51 류동식, 앞의 책, 33쪽.

52 이은봉, 앞의 책, 151쪽.

53 엘리아데, 이은봉 역, 『종교형태론』, 한길사, 1996, 346쪽.

54 임승국, 『한단고기』, 정신세계사, 1986, 20쪽.

55 이은봉, 앞의 책, 139쪽.

56 류동식, 앞의 책, 34쪽.

57 이런 의미에서 웅녀에 관한 이야기를 독립된 여성신화로서의 '웅녀신화' 라 불러도 무방할 것이다.

58 윤성범, 「환인 환웅 환검은 곧 하나님이다」, 앞의 책, 404쪽.

59 박종천, 『상생의 신학』, 한국신학연구소, 1991, 434쪽.

60 이남영, 「사상사에서 본 단군신화」, 『한국사상의 심층연구』, 우석, 1987, 69쪽.

61 박종천, 앞의 책, 218쪽.

62 윤성범, 앞의 논문, 407쪽.

63 류동식, 앞의 책, 33쪽.

64 류동식, 앞의 책, 37쪽.

65 허호익, 『현대조직신학의 이해』, 대한기독교서회, 2003, 461쪽.

66 『서울신문』, 2010. 9. 3(인터넷보도)

우주의 시간과 3단계 개벽

1 황극경세 192쪽. 원문 찾아보기는 윤상철 譯, 대유학당 발간, 『황극경세』(2002년, 상, 중, 하)
  의 쪽수를 적어 넣었음.

2 황극경세 191쪽.

3 황극경세 191쪽.

4 황극경세 197쪽.

5 황극경세 200쪽.

6 황극경세 223쪽.

7 황극경세 221쪽.; 陽降而消 陰息而長 日變舊而從新

8 『천도교 경전』 92쪽.

9 한동석, 『우주변화의 원리』, 행림출판, 1992, 301쪽.

10 이달, 『야산선생문집』, 여강출판사, 1989, 119쪽 이하 참조.

11 황극경세 26쪽.

12 이정호, 『정역과 일부』, 아세아문화사, 1985, 388쪽.

13 후에 미국에서는 흑인 출신 버락 오바마 대통령이 당선되었다.

14 ① 2002. 6. 월드컵 축구대회와 대~한민국 : 세계 4강 신화 달성, ② 2002. 10. 3. 개천절 남북
   공동 첫 기념식 봉행 : 남측 민족종교협의회, 북측 단군민족통일회의와의 개천절 민족공동행
   사. 2003년도 봉행을 끝으로 중단된 상태임, ③ 2003. 2. 14. 금강산 육로 관광 개통과 남북
   교류 활성화 : 2010년에 들어와 중단 위기를 맞고 있음, ④ 2003. 2. 18. 대구 지하철 1079호,
   1080호 화재사건의 교훈 : 대구 도심의 중앙로 지하철역에서 2개 전동차 12량이 불타는 화
   재사건이 발생하였다. 많은 승객들이 화상과 연기질식으로 숨졌다. 2개 전동차는 1079호
   와 1080호. 2003. 2. 18. 오전 9시 52분, 1079호 전동차가 중앙로 역에 도착하는 순간 승객을
   가장한 김대한이라는 정신이상자가 갑자기 신나에 불을 붙여 순식간에 전 객차에 번졌다.
   오전 9시56분, 맞은 편에서 1080호 전동차가 중앙로역에 도착하자 불이 옮겨 붙었다. 왜 그
   많은 숫자 중에 하필이면 1080호인가? 중천개벽1080년과 일치하는 숫자가 아닌가? 알 수
   없다. 이번의 대구지하철 사건은 참으로 불행한 사건이지만, 이 사건을 통해 우리가 어떤

교훈과 깨달음을 얻는다면 그나마 불행중 다행일 것이다.(필자는 희생자를 위해 49재 천도를 올린 바 있음) 이번 사건이 암시하고 있는 뜻을 나름대로 살펴보고자 한다. 아무튼 이 사건 이후 국제정세는 급변하고 있다. 미국-이라크 전쟁 이후 한반도를 중심한 6자회담이 열려 北核 논의가 본격화되었다. 또 국내적으로는 서울-개성-평양 육로가 개통되어 1천여 명이 평양을 다녀왔다. ㉠ 대구 중앙로역이라는 말에서 오회(午會) 중앙에서 어떤 교체가 일어나고 있다는 것을 알 수 있다. 역(驛)이란 기차가 잠시 섰다가 다시 출발하는 곳이며, 사람들이 타고 내리는 곳이다. 교체를 상징한다. ㉡ 중앙로역에서의 교체를 선후천의 교역으로 볼 수 있다. 전동차 1079호가 선천의 마지막 열차라면, 1080호는 새 하늘의 첫 열차일 것이다. 그것은 곧 중천일 것이다. 중천 1080년을 상징하고 있는 것이다. ㉢ 사고는 애초 1079호에서 일어났으나, 문제가 확대된 곳은 1080호이다. 1080호로 불이 옮겨 붙으면서 인명피해가 많았다. 선천 다음에 중천이 오는 것이 아니라, 중천이 와야 선천이 종결되는 것임을 알려준다. ㉣ 1080호 기관사 최상열씨가 마스터키를 소지하였다는 것은 중천에는 주인(마스터)이 있음을 일러준다. ㉤ 이번 사고가 화재사고였다는 점에서 선천과 중천의 교역을 불(火)이 담당하고 있다는 것을 알 수 있다. 방화자가 김(金)대한이라는 점에서 금화교역을 상징한다. 하도가 낙서로 변하고, 낙서가 다시 하도로 변하는 것이다. ㉥ 지하에서 사고가 일어났다. 중천은 불 속에 엎드려 있는 금을 보호하는 것이다. 대지가 불타고 있으나, 지하땅(土)속에는 금이 숨어 있다. 토생금하여 그 금이 서서히 일어나는 것이다. 그리하여 중천에서 후천의 가을이 나오는 것이다. ⑤ 2003. 10. 30. 첫 오로라(Aurora) 나타남 : 국내 천문역사상 처음으로 오로라의 모습이 촬영됐다. 그 모양이 또 하나의 태양이 솟은 것 같았다. 단군세기(9세 아술)에도 두 태양이 솟아 올랐다는 기록이 있다. 오래 전에 필자가 『환단고기』를 연구할 때에 두 태양이 솟았다(兩日並出)는 구절을 읽고 무슨 뜻인지 몰랐다. 이런 허무맹랑한(?) 구절 때문에 『환단고기』가 욕을 먹는 것이 아닌가 했는데, 이제 그 뜻을 알게되었다. 두 태양이란 오로라 현상으로 비친 또 하나의 거대한 빛덩이였음을. 다시금 환단고기의 천문기록에 놀랄 뿐이다. 지금부터 4천년 전의 기록인 것이다. 다음은 신문기사이다. "한국해양연구원(KORDI) 극지연구소 원영인(元永仁) 정종균(鄭鍾均) 박사팀은 10월 30일 오전 3시40분경 경북 영천에 있는 보현산 천문대에서 적색 오로라를 촬영했다(해양연구원 홈페이지에 올라 있음)고 31일 밝혔다." (동아일보 2003.11.1) ⑥ 2000년 6월 15일 남북정상회담 이후 남북과 세계문제는 급변을 거듭하고 있다. 그날의 남북공동선언은 "통일문제, 이산가족문제, 경제문제" 등 모두 5개항으로 되어 있다. 남북공동선언은 우리 민족사의 운명을 크게 바꾸어 놓기 시작하였다. 그것은 50여 년 동안 가로막혔던 통일에 새 바람을 불러일으켰다. 그 바람의 이름은 "무극이태극동(無極而太極動)"으로부터 나온 것이다.

이제 태극동(太極動)이 남북의 막힌 휴전선을 뚫어낼 것이다. 지구상에 있는 인간의 온갖 장벽을 허물어 낼 것이다. 종교간 그리고 문명간의 깊은 골을 치유할 것이다. 그 바람은 지금도 계속되고 있다. ⑦ 2004년 5월에 상연된 「투모로우」라는 영화는 후천의 전개와 관련하여 의미심장한 메시지를 던져 주고 있다. 개벽의 교과서같은 영화라 할 수 있다. ⑧ NASA에 근무하는 리처드 피서는 "강력한 태양폭풍이 번개처럼 지구를 강타할 것이다"고 주장한 바 있다.

동학 상균론과 후천통일문명

1 필자는 1996년 봄, 한국독립당의 후신인 "21세기 한독당"의 창당에 참여한 바 있다. 필자가 동학을 구체적으로 접한 것은 1998년 4월 수운교에 입교하면서부터이다. 필자는 해방 후 三均主義의 단절에 대해 늘 애석하게 생각해 왔고 그 대안을 찾고자 했다. 그래서 필자의 박사학위논문(2005.2)에서 동학의 '陰陽相均'에 특히 주목한 바 있고, 이제 그런 문제의식의 연장선상에서 이 글을 집필한 것이다. 이 글은 남북 정상의 6·15 공동선언을 보고, 2005년 말에 통일문제를 생각하며 집필한 것을 추후에 약간 보완하였다.

2 여기서 김구의 사상에 관한 논의는 논외로 한다.

3 독립운동사편찬위원회, 『독립운동사4(임시정부사)』, 1972, 764쪽; 강만길, 『조소앙』, 한길사, 1982, 320쪽; 이는 1935.9 재건된 한독당의 당헌 제1조이다.

4 박일근, 「손중산사상이 한국민에 끼친 영향-손중산과 조소앙 정치사상비교」, 『삼균주의 연구논문』, 삼균학회, 제26집, 2005.2, 63-79쪽; 손문의 三民主義는 어원상 民族, 民權, 民生을 의미한다.

5 사람은 평등하다, 사람이 하늘이다, 사람 섬김을 하날님 공경하듯이 하라 등.

6 장영민, 「동학농민운동의 민족주의 성격」, 『한국민족운동사연구』(신용하교수정년기념논총 3), 나남, 2003, 61쪽.

7 이이화, 『민중의 함성 동학농민전쟁』(한국사이야기18), 한길사, 2003, 310쪽.

8 융의 '집단무의식'은 인류에게 나타나는 보편적 원형을 의미하지만, 여기서는 한국적 집단무의식이라는 한정적 의미로 사용하고자 한다. 동학의 집단무의식이 우리의 전통으로 자리잡아야 할 때가 왔다.

9 김구, 『백범일지』, 서문당, 1989, 306쪽.

10 이찬구, 「東學相均論」, 『동학연구』제19집, 한국동학학회, 2005.9.

11 「한국독립당 당의해석」(앞의 강만길, 192쪽.)

12 앞의 글, 194쪽.

13 정학섭, 「일제하 해외민족운동의 좌우합작과 삼균주의」, 『한국의 근대국가 형성과 민족문제』, 문학과지성사, 1986, 179쪽.

14 한완상, 「민중과 불평등」, 『민중사회학』, 종로서적, 1984, 123쪽.

15 "四時行焉 百物生焉 天何言哉"(논어 양화)

16 "生生之謂易 是天之所以爲道也 天只是以生爲道"(『二程集』, 유서2, 29쪽.)

17 노사광, 『中國哲學史』3하, 三民, 654쪽.

18 김범부, 「동방사상강좌」, 『동방사상논총』, 보련각, 1975, 44쪽.

19 화이트헤드/오영환 옮김, 「해제」『과정과 실재Process and Reality』, 민음사, 1997, 672쪽.; 이하 원본표기는 P.R.로 한다.

20 로저 에임즈, 「현대적 종교성으로 본 유학과 禮」, 『민족종교와 종교간 대화』(겨레얼8집), 한국민족종교협의회, 2004, 69쪽.

21 P.R., 21쪽.(오영환, 78쪽)

22 P.R. 348쪽.

23 서복관, 유일환, 『중국인성론사』(선진편), 을유문화사, 1995, 46-47쪽.

24 "觀其所感而 天地萬物之情 可見矣"(咸 象傳)

25 하기락, 『조선철학의 체계적 전개』, 신명, 1993, 221쪽.

26 방입천, 『문제로 보는 중국철학』, 예문서원, 1997, 32-33쪽.

27 송항룡 외, 「조선조 老莊 주석서 연구 1」, 『동양철학연구』제26집, 2001.9, 170쪽 참조. 溫公(사마광)曰 萬物莫不以陰陽爲體 以沖和爲用.

28 배종호, 「노자의 도」, 『인문과학』10호, 연세대, 1963.12, 209쪽.

29 "…於古及今 其中未必也"(동경대전, 논학문3장)

30 『천도교경전』(해월신사법설), 1977, 420-421쪽.

31 『천도교경전』(해월신사법설), 1977, 293쪽.

32 김범부, 「최제우론」, 『세계』1960. 5월호, 국제문화연구소, 234쪽; 『현대와 종교』제7집, 현대종교문제연구소, 15쪽.

33 송인창, 「주역에서 감통의 문제」, 『주역의 근본원리』철학과 현실사, 2004, 107쪽.

34 "陰陽作一箇看亦得 做兩箇看亦得 若論流行底…若對峙底…分陰分陽 兩儀立焉 是也"(성리대전 권1 태극도)

35 로저 에임즈, 「현대적 종교성으로 본 유학과 禮」, 『민족종교와 종교간 대화』(겨레얼9집),

한국민족종교협의회, 2004, 76쪽.

36 "一陰一陽 兼對立與迭運二義"(주역절중)

37 최영진, 『유교사상의 본질과 현재성』(도:一陰一陽之謂道), 유교문화연구소, 2002, 98쪽.

38 一陰一陽之 운동을 大道라 한다면, 中陰中陽之 운동을 大德이라 할 수 있다.

39 김지하, 『님』, 솔, 1995, 181쪽.

40 김용옥, 「어울림 산조」, 『도올 논어』 3, 통나무, 2001, 320쪽.

41 "天下之動 貞夫一者也"(계사 하1장)

42 『한글 동경대전』, 자농, 1991, 49쪽.

43 앞의, 천도교경전(해월신사법설), 261쪽.

44 김지하, 『생명과 자치』, 솔, 1996, 74쪽.

45 『원자료로 본 북한 1945-1988』, 신동아 1989년 1월호 별책부록, 276쪽.

46 「우리당의 주체사상과 공화국정부의 대내외정책의 몇 가지문제에 대하여」, 『주체사상연구』 태백(서울), 1989, 83쪽.

47 「주체철학이해에서 제기되는 몇 가지 문제에 대하여」, 『주체사상의 형성과정1』, 백두, 1988(서울), 270쪽.

48 「주체사상에 대하여」, 『주체사상연구』, 태백, 1989, 177-178쪽.

49 윤노빈, 『新生哲學』, 학민사, 1989, 176쪽.

50 「주체사상교양에서 제기되는 몇 가지 문제에 대하여」, 『주체사상의 형성과정1』, 백두, 1988(서울), 330쪽.

51 박종천, 「상생의 신학이란 무엇인가」, 『상생의 신학』, 한국신학연구소,1991, 19쪽; 박종천이 기독교신학의 토착화를 위해 주장한 '상생의 신학'에서 神중심이 아닌 동체대비(同體大悲)의 靈중심을 말한 것은 의미있는 일이다.

52 세계의 안에서는 주체사상이 말하는 것처럼 수령의 영도가 중요한 의미를 지니지만, 세계의 밖에서는 그것이 그다지 중요한 기능을 하지 않는다. 이런 의미에서 주체사상은 인간의 위치를 세계 안으로 한정한 반쪽사상이라고 말할 수 있다. 예컨대, 1989년 방북한 문익환 목사는 김일성주석 면담시에 수령중심의 주체사상을 '인민중심의 주체사상'으로 바꾸어 달라고 제안한 바 있다.(김지형 외, 『통일은 됐어』, 지성사, 1994, 62-63쪽.)

53 박치성 외, 『신국제질서와 한반도』, 건국대출판부, 1998, 65쪽.

54 이상우, 「공존공영의 바른 길」, 『함께 사는 통일』, 나남, 1993, 384쪽.

55 수운교, 『만세선화』상, 직금가.

56 수운교, 『만세선화』상, 경탄가.

57 한완상, 「불균형시대의 성격」, 『민중사회학』, 종로서적, 1984, 185쪽.

58 2004.1.16 국가균형발전특별법이 제정되었고, 이어 3.29 시행령이 나왔다. 특별법 1조,2조
는 다음과 같다. 제1조 (목적) 이 법은 지역간 불균형을 해소하고 지역혁신 및 특성에 맞는
발전을 통하여 자립형 지방화를 촉진함으로써 전국이 개성있게 골고루 잘 사는 사회를 건
설하는 데 이바지함을 목적으로 한다. 제2조 (정의) 이 법에서 사용하는 용어의 정의는 다
음과 같다. 1. "국가균형발전"이라 함은 지역간 발전의 기회균등을 촉진하고 지역의 발전
역량을 증진함으로써 삶의 질을 향상하고 지속가능한 개발을 도모하여 국가경쟁력을 강화
하는 것을 말한다.

59 에드워드 켄다, 이상익, 「동서사상에 있어서의 균형과 발전의 철학」, 『동서사상의 대비적
조명』, 성균관대, 1994, 154쪽;그는 균형에 대해 5가지로 분류하고, 그 중에 '전체성과 초월
성으로서의 균형'에 대해 언급하였다.

60 이영희, 「한반도는 강대국의 핵볼모가 아니다」, 『민족이론』, 문학과 지성사, 1985, 188쪽.

61 황장엽, 『인간중심철학의 몇 가지 문제』, 시대정신, 2001, 머리말; "지난 50여 년간 우리나라
는 남과 북으로 갈라져 서로 다른 체제와 사상으로 대립하여 왔으나…일방을 절대적으로
긍정하고 타방을 절대적으로 부정하는 방법으로 통일을 이룩하려고 해서는 안될 것이다.
우리는 마땅히 평등과 상호협조의 원칙에서 인내성 있게 분단의 後果를 극복하고…"

62 이 말은 이상우교수가 국제질서를 표현한 말로 사용하였으나 여기서는 사회 구조를 설명
하는 말로 사용하고자한다. 이상우, 「21세기를 여는 한국의 과제」, 『함께 사는 통일』, 나남,
1993, 68-69쪽.; 행복균형(balance of happy)은 필자의 표현이다.

63 한스콘, 차기벽, 『민족주의(세계사상전집 26)』, 삼성출판사, 1988, 28쪽.

64 1989년 3월에 평양을 방문하였던 문익환목사는 북측에 남북공동국어사전 편집을 제안한
바 있다. 결국 이번 사업은 문목사의 유지를 받는 것이다.

65 뮈르달, 조순, 『아시아의 근대화』(삼성문고 23권), 1973, 166쪽.

66 권영건, 「조소앙의 삼균주의론」, 한양대 박사논문, 1985, 184쪽 및 186쪽.

67 임형진, 『동학의 정치사상』, 모시는 사람들, 2002, 277쪽.

68 허경일, 「동학사상과 한국정치학」, 『민족통일학보』창간호, 2003.12, 259쪽.

69 정세현, 「남북교류협력현황과 해외종교인 역할」, 『한민족 정체성회복과 미국생활』, 한국민
족종교협의회세미나, 2004.11.19(LA), 36쪽.

70 이상우, 『함께 사는 통일』, 나남, 1993, 5쪽.

71 강기철, 『토인비와 문명』, 샘터, 1982, 64쪽.

72 균형자(balancer), 조정자(broker), 안정자(stablizer)의 서로 다른 개념에 관하여는 임현진,정

영철, 『21세기 통일한국을 향한 모색』, 서울대출판부, 2005, 331쪽. 주 15) 참조; 본래 균형자란 말은 미국의 외교정책을 설명하기 위해 조셉 나이(Joseph Nye)가 사용한 말이다.(윤영관, 「21세기 한반도 국제정세와 남북협력의 좌표」, 『21세기 민족화해와 번영의 길』, 크리스챤서적, 2000, 15쪽.)

73 조용일, 『동학조화사상연구』, 동성사, 1988, 25쪽 및 38쪽.

74 김상일은 앞으로의 평화는 正陰正陽이 되는 남녀평등의 단계로 설명하고 있다.(김상일, 「겨레얼로 본 평화사상」, 『민족종교와 평화사상』(겨레얼제4집), 민족종교협의회, 2003, 92쪽.)

75 에드워드 켄다, 이상익, 앞의 책, 156쪽.

76 화이트헤드, 오영환, 『관념의 모험』, 한길사, 1996, 420쪽.;화이트헤드는 '우주의 에로스' 라는 말을 사용했다.(57쪽.)

77 김용옥 외, 『삼국통일과 한국 통일』상권, 통나무, 1994, 92쪽.

78 "同心爲政 一統三韓 其爲功業"(삼국사기 신라본기8, 신문왕12년)

79 정세현, 앞의 논문, 28쪽.

80 이상만, 「동북아 경제권과 남북한 경제교류협력의 과제」, 『동북아시대의 한민족』, 비봉출판사, 1994, 75쪽.

81 두만강 개발계획은 두만강 일대를 대삼각 권역과 소삼각 권역으로 나누어 개발하는 것이다. 중국의 옌지, 훈춘 북한의 나진·선봉 러시아의 블라디보스토크 등이 해당되는 삼각권인데, 두만강 개발을 통해 동북아시아의 교류를 촉진하고자 유엔개발계획이 시작하였다. 지리상 중국, 북한, 러시아 3국이 맞닿는 곳이므로 잠재적 가치는 높다.

82 노무현 대통령이 2005.3.22. 육군3사관학교 졸업식 치사에서 처음으로 공식 선언하였다. 해당 연설문의 내용이다. "이미 우리 국군은 누구도 넘볼 수 없는 강력한 군대로 성장했습니다. 경제력도 세계 열 손가락에 꼽힐 만큼 커졌고, 그리고 정치적으로 당당한 민주주의의 나라로 대접받고 있습니다. 또한 우리 대한민국은 동북아시아의 전통적인 평화 세력입니다. 역사 이래로 주변국을 침략하거나 남에게 해를 끼친 일이 없습니다. 우리야말로 떳떳하게 평화를 말할 자격이 있다고 생각합니다. 이제 우리는 한반도뿐만 아니라 동북아시아의 평화와 번영을 위한 균형자 역할을 해 나갈 것입니다. 따질 것은 따지고 협력할 것은 협력하면서 주권국가로서의 당연한 권한과 책임을 다해나가고자 합니다. 앞으로 우리가 어떤 선택을 하느냐에 따라 동북아의 세력판도는 달라질 것입니다."

83 장차 통일한국의 국명이 무엇일지는 아직 알 수 없다. 통일된 한국은 역시 '통일한국' 일 것이다.

84 "牌文曰 日本諸將 莫不傾心歸化…毋得近駐日本營寨(영채)…"내각판 전서 권4-18; .(이은
상 완역 이충무공전서 상 (권4 장계), 성문각, 1989, 121쪽 및 232쪽.)

85 "倭人屯據巨濟…皆是我土而 謂我近日本之營寨(영채)云者何也 謂我速回本處地方云 本處
地方亦未知在何所耶"(내각판전서 권1-16 答담도사금토패문;이은상 완역전서 상, 121쪽.)

86 이은상 완역전서 상 (권4 장계), 231-234쪽.

87 "…講和者 實涉詐僞…俾知逆順之道 千萬幸甚事(내각판전서 권4-8)

88 왕따주의도 그 한 예이다.

89 북한사회를 지원해야 한다는 주장과 북한사회의 병폐를 지적하는 것은 별개의 문제이다.

90 이형구, 「발해연안 고대문화와 고조선시기 단군」, 『단군학연구』11호, 단군학회, 254쪽.

91 이은봉, 「단군신앙의 역사와 의미」, 『단군-그 이해와 자료』, 서울대출판부, 1994, 328쪽.

92 최동희, 「천도교와 단군신화」, 『단군학연구』2집, 단군학회, 2000, 92쪽.

93 김범부, 「최제우론」, 『세계』1960. 5, 국제문화연구소, 231-232쪽; 『현대와 종교』(제7집, 1984
에 재발표) ; 『풍류정신』(정음사, 1986에 재발표)

94 한양원, 「우주철학으로 본 한국의 미래」, 『겨레얼살리기』, 겨레얼살리기국민운동본부,
2006, 321쪽.

95 최근 강연회에서도 류승국 교수는 "인간생명주의"를 절규하였다(2010. 7. 15)

동학의 관점에서 본 우주변화

1 "易變易也 隨時變易 以從道也"(易傳序)

2 문재곤, 「하도낙서의 형성과 개탁」, 『주역의 현대적 조명』, 한국주역학회 편, 1992, 278쪽.

3 "河圖洛書…虛其中者 所以爲爲也 實其中者 所以爲洪範也"(易本義圖)

4 이정호, 『제3의 역학』, 아세아문화사, 1992, 61쪽.

5 禮記 월령 맹춘조(13經 주소)

6 문재곤, 앞의 논문, 264쪽.

7 한동석, 『우주변화의 원리』, 행림출판, 1992, 156쪽.

8 "必皆虛其中也然後 陰陽之數 均於二十而無偏爾"(역본의도)

9 "木性本柔 反位於東木柔地 柔而又柔 水性本寒 反位於北水寒地 寒而又寒"(명도역경)

10 김수길, 윤상철, 『주역입문2』, 대유학당, 2004, 211쪽.

11 김병호/김진규, 『亞山의 주역강의』상, 소강, 1999, 512쪽.

12 김석진, 『大山주역강해』(상경), 대유학당, 2007, 321쪽.

13 "變於上 則生於下 無間可容息也"(剝卦 상구 정전)

14 "枯楊生華 何可久也"(大過 구오 소상)

15 이찬구, 「동학상균론」, 『동학연구』제19호, 한국동학학회, 2006.6, 171-189쪽; 「동학상균론과 균형이론」『동학학보』제10권1호(통권11호), 2006.6, 동학학회, 149쪽.; 『천부경과 동학』, 모시는사람들, 2007

16 김지하, 『생명과 자치』, 솔, 1996, 74쪽.

17 "氣之淸者爲氣 濁者爲質"(朱子語類 4권)

18 "消除濁氣 兒養淑氣"(東經大全, 탄도유심급)

19 "皇極爲中天而屬人元也"(明道易經)

20 손경식, 『천부경』, 홍익삼경개명원, 2006, 51쪽 참조

21 수운교, 『수운교경전』, 수운교출판부, 2001, 266쪽 이하.

22 천도교중앙총부, 「해월신사법설」, 『천도교경전』, 1993, 423쪽.

23 이종일, 「후천개벽의 설」, 『천도교회월보』제34호, 1913.5.

24 김천일, 「선천과 후천의 관계」, 『천도교회월보』제42호, 1914.1.

25 이돈화, 「인내천요의」, 『동학사상자료집』3, 207-208쪽.

26 박홍래, 『금역진리』, 동신출판사, 1993, 68쪽.

27 이에 관하여는 필자가 이미 자세하게 밝힌 바 있다. 이찬구 『천부경과 동학』모시는 사람들, 2007, 179쪽.

28 『正易明義』, 3쪽. 기존 하도낙서와 달리 ○는 음수이고, ●는 양수이다.

29 "闔戶 謂之坤 闢戶 謂之乾 一闔一闢 謂之變 往來不窮 謂之通"(주역, 계사 상11)

30 『동의보감』(내경편 제1권, 3쪽); 동의보감1, 여강출판사, 1994, 68쪽.

31 소강절, 윤상철 역, 『황극경세』, 대유학당, 2002, 221쪽; 陽降而消 陰息而長 日變舊而從新

32 이러한 후천의 木土교역을 시운에 비추어보면, 2007년 10월 2일 노무현 대통령이 비무장지대인 휴전선을 밟고 넘어가 북측 김정일위원장을 만남으로써 옛 38선이 허물어지는 것이라 할 수 있다. 중앙 38선은 오행상 토이다. 중앙이므로 토이고, 토는 한자로 土이니 11이고, 38의 합이 11이므로 오행 토에 일치하는 것이다. 중앙 土의 자리에 木이 들어가 그 목에서 새로운 나무 싹이 터 나오게 된다. 그 새 나무는 우주의 새 봄을 상징한다.

33 소길/김수길, 윤상철, 『오행대의』, 1998, 96쪽.

34 일본 기타규수대학의 김봉진 교수는 상생 상극 상화의 3원 구조를 말한바 있다.(일본에서의 한류와 겨레얼살리기).

35 이정호, 『정역연구』, 국제대, 1976, 148쪽.

36 이정호, 앞의 책, 1976, 105쪽.

37 이정호, 앞의 책, 국제대, 1976, 107쪽.

38 한장경, 『주역 · 정역』, 삶과 꿈, 2001, 375쪽.

39 김석진, 『大山주역강의』(1), 한길사, 1999, 408쪽.

40 김석진, 『大山주역강해』하경, 대유학당, 1993, 385쪽; 김석진, 『大山碩果』, 대유학당, 2007, 43쪽.

41 김석진, 『大山주역강해』하경, 대유학당, 1993, 230쪽.

42 이정호, 앞의 책, 35쪽.

43 이정호, 앞의 책, 35쪽.

44 이정호, 「二天七地에 대하여」『학연찬언』, 대한교과서, 1982, 137쪽; 박상화, 『정역석의』, 문해출판사, 1971, 60쪽.

45 류승국도 이정호본에 따라 정역팔괘를 설명하고 있다.(『동양철학연구』, 근역서재, 1988, 317쪽).

46 이정호, 『정역연구』, 87쪽.

47 소길/김수길, 윤상철, 앞의 책, 24쪽.

48 이정호, 앞의 책, 197쪽.

49 "澤潤養於木者也 乃至滅沒於木則過甚矣 故爲大過"(大過 程傳)

50 양재학, 「후천개벽의 필연성」『증산도 사상』4집, 증산도사상연구소, 2001, 288쪽.

최수운의 다시개벽 사상

1 勞思光, 『新編 中國哲學史』(三上), 三民(臺北), 2003, 165쪽.

2 陳來; 안재호 역, 『송명성리학』, 예문서원, 2000, 178쪽.

3 소강절, 윤상철 역, 『황극경세』, 대유학당, 2002; 노영균 역, 『황극경세서』 대원출판, 2002; 이창일, 『소강절의 철학』, 심산, 2007

4 이정호, 『정역연구』, 국제대, 1976, 7-25쪽.

5 김석진, 『미래를 여는 주역』, 대유학당, 159-161쪽.

6 이정호, 앞의 책, 19쪽.

7 류남상, 「정역사상의 근본문제」, 『인문과학 논문집』제7권제2호, 충남대, 1980.12, 249쪽.

8 「관물내편1장」, 『황극경세』.

9 "然則謂冬春爲陽 夏秋爲陰 亦是一說…"(『주역전의대전』「역본의도」/문왕팔괘방위도)

10 "(傳)元亨利貞 謂之四德 元者 萬物之始 亨者 萬物之長 利者萬物之遂 貞者 萬物之成…"
   (『주역전의대전』권1, 3면)

11 주회암은 이를 통괄하여, "元者 物之始生, 亨者 物之暢茂, 利則向於實, 貞則實之成也"라 했
   다.

12 『황극경세』, 「관물내편4장」.

13 『황극경세』, 「관물내편5장」 注.

14 " 一動一靜交而天地之道盡之矣…"(『황극경세』「관물내편1장」).

15 이창일, 앞의 책, 186쪽.

16 "朱子 以 天開於子, 地闢於丑, 人生於寅 爲邵子之說"(황극경세 11쪽 또는 192쪽.) 원문 찾아
   보기는 윤상철 譯『황극경세』(2002년 대유학당 발간, 상, 중, 하)의 쪽수를 적어 넣었음. 이
   판본은 靑나라 왕식이 1756년에 편찬한 것임. 왕식은 명나라 학자인 황기의 글을 저본으로
   하였다. 황기는 소강절의 경세서를 주석하고, 연대표 등을 나름대로 요약해 놓았다. 우리
   나라 사람으로 연대표를 정리한 사람은 조선 인조 때의 문신 신익성이다.

17 이 논문의 원논문은 이찬구, 「새로운 시간을 찾아」, 『신종교연구』제9집, 한국신종교학회,
   (2003.12)이다.

18 오회 10,800년 중에 그 전반인 5,400년이 우주의 하지이고, 그 후반인 5,400년이 소서인 것이
   다.

19 『황극경세』, 「이원경회」.

20 "嗚呼 金火正易 否旺泰來"(『정역』「化翁」) ; 이하『정역』에 대한 개괄적 설명은 양재학의
   「정역사상의 현대적 이해」를 참고할 만함.

21 "河圖者 伏犧氏王天下 龍馬出河 遂則其文 以畫八卦 洛書者 禹治水時 神龜負文而列於背
   有數至九 禹遂因而弟之 以成九類"(『易學啓蒙』「本圖書弟一」)

22 "易繫辭曰 天一地二天三地四天五地六天七地八天九地十 此卽是五行生成之數 天一生水
   地二生火 天三生木 地四生金 天五生土 此其生數也 如此則陽無匹 陰無偶 故地六成水 天七
   成火 地八成木 天九成金 地十成土 於是 陰陽各有匹偶而 物得成焉 故謂之成數也"(孔穎達,
   『尙書正義』「洪範」)

23 "蓋陽不可易而 陰可易".(『주역전의대전』「역본의도」)

24 이정호, 앞의 책, 19쪽.

25 "吾亦生於東 受於東 道雖天道 學則東學".(『동경대전』「논학문」)

26 수운교, 「동도전서」, 『수운교경전』, 수운교출판부, 2001, 266쪽.

27 수운교, 앞의 책, 282쪽.

28 수운교, 앞의 책, 290쪽.

29 수운교, 앞의 책, 267쪽.

30 "觀者 以中正 示人而爲人所仰也"(『주역전의대전』「관괘」본의)

31 소길, 김수길 · 윤상철 역, 『오행대의』, 대유학당, 1998. 24쪽.

32 후에 이를 '靑皇符' (Boo of Blue Emperor Ultimate;New Lo shu)라 명명하였고, 그 오방에 는 2, 4, 6, 8, 10의 짝수를 正方으로 修正하여 재배열하였다.

33 최수운의 '금강산 몽사' 에 관하여는 이미 필자가 별도의 논문에서 발표한 바 있다.(『동학 학보』 제15호)

34 "察其易卦大定之數 審誦三代敬天之理…論其惟我之道 大同而小異".(『동경대전』「수덕문」 6)

35 "至氣今至 四月來 侍天主令我長生 無窮無窮萬事知".(『동경대전』「축문」)

36 "天理流行而已"(『皇極經世』「찬도지요」).

37 이창일, 앞의 책, 179쪽. 윤석산은 "한울님 마음을 지닌 지상신선들의 공동체"라고 말했다 (윤석산, 『동학교조 수운 최제우』, 모시는사람들, 2004, 274쪽) 류승국 교수는 어느 강연에 서 봄이란 말은 우리의 '몸' 에서 나왔다고 했다.

38 "三皇尙賢以道 五帝尙賢以德".(『황극경세』「관물내편」6장)

39 성조영, 『후천 삼위일체 2』(전북) 68 쪽 참조.

40 김주성 편, 『정역집주보해』, 신역학회, 1999, 201쪽.

41 한동석, 『우주변화의 원리』, 행림출판, 1966, 302쪽.

42 "夫易은 開物成務하야 冒天下之道하나니 如斯而已者也라."(「계사전」상11장)

43 필자가 추측하기에는 新元癸亥의 시점을 처음에 1863년 계해년으로 본 것이 체포 사건으 로 말미암아 1923년 계해년으로 연기된 것으로 이해할 수 있을 것이다. 또 수운교의 경우, 1920년대부터 1930년대 사이에 있었던 수운교 역사에서 선후천 교역에 비유할 만한 사건 으로는 1923년 수운교 개교와 1929년(己巳) 도솔천궁 낙성을 들 수 있다. 도솔천궁은 하날 님을 모신 천궁인데, 천상의 도솔천궁을 지상에 건설함으로써 地天泰卦의 뜻이 구현되었 다는 의미에서 그 자체가 후천을 상징한다. 이 천궁 낙성식이 1929년 음 4월15일 오전10시 이다. 간지로 표기하면 '기사년 기사월 무진일 정사시' 이다. 그 이튿날은 당연히 己巳년 己巳월 己巳일 己巳시(1929년 음 4월 16일 오전10시)이다. 수운교 측에서 '이미 후천이 되 었다' 는 말은 도솔천궁 낙성의 결과에 대한 천도적 표현일 것이다.

44 "察其易卦 大定之數 誦三代敬天之理"(『동경대전』「수덕문」6장)

45 이돈화, 『인내천 요의』, 천도교중앙총부출판부, 1924, 21쪽.

46 천도교중앙총부, 「해월신사법설」, 『천도교경전』, 포덕132년, 323쪽.

47 "禽獸有天明而無己明"(왕선산, 「讀四書大全說」)

48 "不能全其質"(왕선산, 「사문록」 외편)

49 "人心虛靈 無所不明 禽獸便昏了 只有一兩路子明"(『맹자』의 주자 註)

50 "惟人也 得其秀而最靈"(주렴계, 태극도설)

51 "蔡氏曰 亶 誠實無妄之謂 言聰明 出於天性然也 大哉 乾元 萬物資始 至哉 坤元 萬物 資生
天地者 萬物之父母也 萬物之生 惟人 得其秀而靈 具四端 備萬善 知覺 獨而於物 而聖人 又
得基最秀而最靈者 天性聰明 無待勉强 其知先知 其覺先覺 首出庶物 故能爲大君於天下 而
天下之疲隆殘疾 得基生 鰥寡孤獨 得其養 擧萬民之衆 無一而不其所爲 則元后者 又所以爲
民之父母也 夫天地生物厚於人 天地生人而后於聖人 其所以厚於聖人者 亦惟欲其君長乎民
而推天地父母斯民之心而已 天地爲民 如此 則任元后之資者 可不知所以作民父母之義乎"
(『書傳』「周書」泰誓 上)

52 "長者便爲主 消者便爲客"(『주역전의대전』「역설강령」)

53 "非利貞 其能不息乎"(『주역전의대전』「건괘」 문언 程傳)

54 "收斂歸藏 乃見性情之實"(『주역전의대전』「건괘」 문언 본의)

55 오늘날 한국의 출산율이 세계 최하위에 들어간 것은 생육이 그쳐가고 있기 때문이다. 세계
보건기구(WHO)가 2008년6월에 발표한 '세계보건통계 2008'에서 한국 여성의 평균 출산
율이 1.2명(2006년 기준)을 보여 세계 최하위로 드러났다. 벨로루시, 체코, 폴란드, 우크라
이나 등과 함께 세계 193개국 가운데 가장 낮은 출산율이다. 한국 여성의 평균 출산율은 90
년 1.6명, 2000년 1.4명에 이어 계속 감소 추세를 보이고 있다. 이런 추세라면 우리나라 인
구는 2020년 4900만명으로 정점에 이른 뒤 감소세로 돌아설 전망이다. 한편, 우리나라뿐 아
니라 북한 여성의 평균 출산율도 1990년 2.4명, 2000년 2명에 이어 2006년 1.9명으로 줄어드
는 것으로 나타났다.

56 "四時迭代 不失其序 春而生物 夏而養之 秋而肅殺 冬而藏之 元亨利貞 行道之常 一油失序
豈可云常"(「훈법대전」『수운교경전』 226쪽).

57 초복, 중복, 말복이 닿는 庚日이 10일마다 세 번 있는 庚金에는 철학적 의미가 숨어 있
다.(『대산주역강의』1, 한길사, 115쪽); 2008년 초복은 7월19일 庚申일, 중복은 7월29일 庚
午일, 말복은 8월8일 庚辰일. 입추는 8월7일 己卯일. 초복(初伏) - 夏至가 지난 후 세 번째
경일/ 중복(中伏) - 초복이 지난 후 첫 번째 경일/말복(末伏) - 입추가 지난 후 첫 번째 경일

58 이창일, 앞의 책, 182쪽.

59 "元亨利貞 天道之常 惟一執中 人事之察"(『동경대전』「수덕문」1장)

60 "數者何也 道之運也 理之會也 陰陽之度也 萬物之紀也 "(『황극경세서』2, 성리대전8권 42면)

『정역』과 지축정립

1 한동석, 『우주변화의 원리』, 행림출판사, 1992, 301~304쪽.

2 이정호, 『제3의 역학』, 아세아문화사, 1992, 198~201쪽, 228~230쪽.

3 김탄허, 『주역선해』, (3권), 교림, 1985, 426~436쪽.

4 이기영, 『정말 이상하다』, (주)살림출판사, 2006, 103쪽. 나미키 신이치로/오경화, 『2012 지구멸망』, 코리아하우스, 2009. 박광영 『지구촌대재앙과 생존전략』, 해맞이, 2009.

   ○ Milankovitch, M. , 1941 : Kanon der Erdbestrahlung und seine Anwendung auf das Eiszeitproblem.

   Koeniglich Serbische Academie Publication 133, Beograd, 633pp.

   ○ 英語版, Israel Program for Scientific Translation 1969, Canon of Insolation and the Ice-Age Problem, 482pp. (available from U.S. NTIS).

   ○ 日本語版, 柏谷健二, 山本淳之, 大村誠, 福山薰, 安成哲三 譯(1991), 氣候變動の 天文學理論と氷河時代, 古今書院, 526pp.

5 안경전, 『이것이 개벽이다』(상), 대원출판, 2010, 110쪽.

6 김석진, 『대산의 천부경』, 동방의 빛, 2009, 218쪽.

7 지욱/김탄허, 『주역선해』3권, 교림, 1985, 89쪽.

『주역』의 선후천 변역과 제3역학

1 "伏羲粗畫 文王巧 天地傾危二千八百年"(金一夫『正易』「大易序」)

2 "河圖洛書…虛其中者 所以爲易也 實其中者 所以爲洪範也"(『周易傳義大全』「易本義圖」)

3 "河出圖 洛出書 是故 天生神物 聖人則之 天地變化 聖人效之 天垂象見吉凶 聖人象之 河出圖 洛出書 聖人則之"(『周易』「繫辭傳」上 11章)

4 寥名春 外, 沈景鎬 역, 『周易哲學史』, 藝文書院(Seoul=首爾), 1994, 368쪽.

5 劉氏歆 日 伏羲氏 繼天而王 受河圖而畫之 八卦 是也 禹治洪水 賜洛書 法而陳之 九疇 是也 河圖洛書 相爲經緯 八卦九章 相爲表裏(『周易傳義大全』「易本義圖」)

6 "圖則圓而十書則方而九者經緯表裏之義 圖則生成同方書則奇偶異處者體用之義 圖則生統 成數書則奇統偶數者陰陽 貴賤之義 圖五象五生數書五象五奇數者由中統外之義 圖書數位 三同二異者陰可易陽不可易之義 圖則偶贏奇乏書則奇贏偶乏者常變之義 圖則左旋書則右旋 者造化生剋之義 圖則位數交居者陰陽互藏其宅之義 書則縱橫十五者陰陽迭爲消長之義 則 圖畫卦則書敘疇者二聖各得之義 圖可叙疇書可畫卦者數同此理之義 或虛或積無不相通者二 數無先後彼此之義 圖書有渾全之象 有詳備之象 有統緒之象 有條理之象 有變化之象 有分限 之象 有序次之象 有交互之象 有同異之象 有分合之象 有內外之象 有尊卑之象 有大小之象 有首尾之象 有始終之象"(張顯光(1554~1637)『易學圖說』)

7 "然河圖主圓而洛書主方河圖主全而洛書主變河圖以生數爲主而洛書以奇數爲主河圖左旋相 生而洛書右旋相克"(正祖(1752~1800)「經史講義-易」『弘齋全書』)

8 李正浩, 『正易研究』, 國際大學人文社會科學研究所(首爾), 1976, 19쪽.

9 金碩鎭, 『大山周易講義』1, 한길사(首爾), 1999, 112쪽.

10 "(邵子曰)此伏羲八卦方位之位 乾南坤北離東坎西 兌居東南震居東北 巽居西南 艮居西北 於 是八卦相交而成六十四卦 所謂先天之學也"(『『周易傳義大全』24卷, 「說卦傳」3章)

11 "朱子云 其中間白處 便是太極"(『皇極經世』「觀物外篇」2章 注)

12 崔水雲, 『東經大全』「論學文」(10章)

13 崔水雲, 『龍潭遺詞』「夢中老少問答歌」(5章)

14 水雲教, 『水雲教經典』, 水雲教出版部(大田), 2001, 266쪽.

15 "大哉 東方學之爲木運 自北方一六水之來也 木之花開結實 豈爲無也哉"(『水雲教經典』「東 道全書」)

16 "先天 旣變爲後天 是無極之運也 春水來春水來 木運興木運興 天將明 日將曉 萬國動萬國 動"(『水雲教經典』「東道全書」)

17 崔水雲, 앞의 책, 「夢中老少問答歌」(5章)

18 崔水雲, 앞의 책, 「龍潭歌」(3章)

19 天道教中央總部, 「海月神師法說」, 『天道教經典』(首爾), 1993, 423쪽.

20 崔水雲, 앞의 책, 「勸學歌」(10章)

21 崔水雲, 앞의 책, 「勸學歌」(9章)

22 崔水雲, 『東經大全』「絶句」

23 증산계의 朴日門 『순천도 법문경전』 1978, 31쪽. 이 책은 훗날 순천도 계룡법방에서 1979
년에 재출간하였다. 이 도판은 2005년 판본이다(33쪽). 東學協議會, 『東經大全演義』東學協
議會(論山), 1975, 23쪽 : 慶州의 龍潭은 崔水雲이 上帝를 만나 無極大道를 받은 溪谷의 地
名이며 백두산 천지를 상징하기도 한다.

24 崔水雲, 앞의 책, 「布德文」(6章)

25 "天地傾危 二千八百年"(金一夫 『正易』 「大易序」)

26 李正浩, 『正易硏究』 國際大, 1976, 206 쪽.

27 柳南相 · 申東浩, 「主體的 民族史觀의 體系化를 위한 韓國易學的 硏究」, 『論文集』 第13卷第
1號, 忠南大 人文科學硏究所 (大田), 1974, 135쪽.

28 柳南相 · 申東浩, 앞의 논문, 130쪽.

29 "十紀二經五綱七緯"(金一夫, 『正易』 「十五一言」)

30 처음에 二天七地를 十乾(北), 五坤(南)에 각각 붙인 것은 南北에 불을 붙인 것과 같으나, 그
것은 自然을 보고 붙인 것이다. 필자는 여기에 板本上의 誤謬가 있다고 보아 二天을 八艮
(東), 七地를 三兌(西)에 붙인다. 이처럼 東西에 불을 붙인 것은 人事的인 面을 强調한 것이
다.

31 지구가 원형을 회복한다는 것은 세 가지 의미를 지닌다. 하나는 지금의 타원궤도가 원형궤
도를 회복한다는 것이고, 다른 하나는 눌려 있는 남북극이 제자리로 돌아온다는 뜻이다.
마지막 하나는 지축이 바로 서는 것이다.

32 "乾盡午中 坤盡子中 離盡卯中 坎盡酉中 陽生於子中 極於午中 陰生於午中 極於子中 其陽
在南 其陰在北"(『周易傳義大全』 「易本義圖」)

33 荒川紘, 『東と西の 宇宙觀』(東洋篇), 紀伊國屋書店(東京), 2005, 251쪽.

34 『皇極經世』 「觀物內篇」 1章

35 "陽生於子 故十一月日冬至 鵲始可巢 人氣鍾首 陰生於午 故五月爲小刑 薺麥 亭歷枯 冬生
草木必死"(『淮南子』 「天文訓」)

36 "吐氣者施 含氣者化 是故陽施陰化"(『淮南子』 「天文訓」)

37 "洛書之位者有二焉 以生克而論者 南火西金 金火相克 南方二七火 去克西方四九金 火逼金
行 故二七移於西南 四九遷於東南也"(『明道易經』)

38 "剛柔而論者 金火太剛 水木太柔 不得中和氣象 金性本剛反位於西金剛地 剛而又剛 火性本
燥 反位於南火燥地 燥而又燥"(『明道易經』)

39 "木性本柔 反位於東木柔地 柔而又柔 水性本寒 反位於北水寒地 寒而又寒"(『明道易經』)

40 金秀吉, 尹相喆, 『周易入門2』, 大有學堂(首爾), 2004, 211쪽.

41 韓東錫, 앞의 책, 89쪽.

42 "象曰 澤滅木이 大過니 君子以하야 獨立不懼하며 遯世无悶하나니라."(大過 大象)

43 金炳浩/金珍圭, 『亞山의 周易講義』上, 小康(首爾), 1999, 512쪽.

44 金碩鎭, 『大山周易講解』(上經), 大有學堂(首爾), 2007, 321쪽.

45 예컨대 地球 生態學的으로는 나무로 대표되는 生物體가 滅種당하고 있다는 뜻이기도 하다.

46 "變於上 則生於下 無間可容息也"(剝卦 上九 程傳)

47 程子의 말; 雷在地中 陽始復之時也(우뢰가 땅 속에 있는 것은 陽이 처음 回復하는 때이다;
復卦 大象 注)

48 韓東錫, 앞의 책, 100쪽.

49 孔穎達은 變易의 의미를 '剛柔相易' '變而相續' '相變相改'로 보았다(『周易正義』「易之三
名」)

50 "爲道也 屢遷 變動不居 周流六虛 上下無常 剛柔相易"(繫辭下8)

51 "子曰 鳳凰不至 河不出圖 吾已矣夫"(『論語』「子罕篇」); "河不出圖 洛不出書 吾已矣夫"
(『史記』「孔子世家」)

52 "洛出丹書 河出綠圖"(『淮南子』「俶眞訓」)

53 "天生神物 聖人則之 天地變化 聖人效之 天垂象見吉凶 聖人象之 河出圖 洛出書 聖人則之"
(「繫辭上傳」11章)

54 "乃圖書相爲體用者然也"(李滉『啓蒙傳疑』「本圖書第一」)

55 "河圖之一六水二七火三八木四九金五十土固洪範之五行而五十有五又九疇之子目是書固
可以爲易圖亦可以爲範又安知圖不爲書書不爲圖耶曰是其時雖有先後數雖有多寡然其理則
一而已"(黃孝恭「易範圖」『龜巖文集』)

56 "圖則圓而十書則方而九者經緯表裏之義 … 圖可叙疇書可畫卦者數同此理之義 或虛或積無
不相通者二數無先後彼此之義"(張顯光『易學圖說』)

57 "蓋河圖主生成所謂氣化數之體也 洛書主作用所謂形化數之用也"(柳元之,『拙齋集』「柳倦
翁易圖解」)

58 鄭齊斗는 『霞谷外集』「河洛易象」에서 先天則河圖之圖, 先天方位之合于洛書之宮, 後天八
卦出于河圖之位, 後天圖河圖 등의 그림을 그린 바 있다.

59 "太極先天之理始見於河圖之數 後天之理又見於洛書之數 而爲劃前理數之易也 大抵河圖則
五行各居生鄕 洛書則五行各居旺鄕 所以爲先後之分也"(作者未詳,『經義裒辨』「河洛先後
天八卦考定圖」)

60 金碩鎭, 앞의 『大山周易講義』 1, , 112쪽.

61 李正浩, 『第3의 易學』, 亞細亞文化史(首爾), 1992, 61쪽.

62 "有天地自然之易[未畫卦時也蓋指河圖耳]"(朴文鎬, 『壺山集』「周易圖說詳說」)

63 "陽氣勝 則散而爲雨露 陰氣勝 則凝而爲霜雪"(『淮南子』「天文訓」)

64 이에 관하여는 拙稿(李讚九), 「東學의 觀點에서 본 宇宙變化의 原理考察」, 『東學學報』 第14 號, 東學學會, 2007. 12, 250쪽.

65 "闔戶 謂之坤 闢戶 謂之乾 一闔一闢 謂之變 往來不窮 謂之通"(『周易』「繫辭 上」11章)

66 許浚(1546~1615), 『東醫寶鑑』, 「內景篇」(第1卷, 3氣)

67 韓東錫, 앞의 책, 129쪽.

68 처음에 필자가 발표한 '第2洛書'는 홀수를 正方에 놓았으나, 이를 修正하여 2, 4, 6, 8을 正 方에 두었다. 이는 음양의 균형을 유지하기 위해서다. 후천의 상균이란, 오행의 정상화란 금으로부터 목을 살리는 것이고, 음양의 균형이란 3:2를 3:3의 음양 관계로 회복하는 것을 말한다.

69 "火金相制以成器"(『窮通寶鑑評註』「三秋甲木總論」)

70 "陰陽相均 雖百千萬物 化出於其中 獨惟人 最靈者也"(崔水雲 『東經大全』「論學文」 1章)

71 百姓의 기뻐함이 끝이 없고, 그 道가 크게 빛난다.

72 韓長庚, 『周易正易』, 삶과 꿈(首爾), 2001, 288쪽 ; 程子는 觀卦에서 天道의 至極히 神妙한 것 (天道至神)을 神道라 했다.

73 '王用享于上帝吉' : 王이 上帝께 祭祀지내도 吉하다' 殷薦之上帝' : 盛大히 天神께 올리다 (今井宇三郎 『易經』에는 薦을 進으로 보았다') 神道設敎 : 神妙한 道로써 가르침을 베풀다 (今井宇三郎 『易經』에는 神道를 至神의 道로 보았다)

74 "澤潤養於木者也 乃至滅沒於木則過甚矣 故爲大過"(「大過」程傳)

75 "不能通氣 五行迭終"(『周易正義』「易之三名」)

76 韓東錫, 앞의 책, 64쪽.

77 "辰有伏水 未有匿(닉)木 水木能滋養萬物"(『五行精氣』)

78 崔水雲, 『東經大全』「和訣詩」

79 『天符經』은 이를 두고 '人中天地一' 이라 말했다.

80 東易學會창립(2009. 5. 28)시에 大山 김석진 선생은 다음과 같은 내용의 축사를 구술해 주었 다.(2009. 5. 24, 대전 자택) 축사 전문은 cafe.daum.net/east-ch 참조.

찾아보기

[용어편]

【ㄱ】

【ㅈ】

【기타】

李 讚 九 (Lee, Chan-goo)

도호 炳虎 (白山, 慧成)

o 충남 논산 출생

o 대산 김석진 선생 문하에서 주역 수학

o 대전대학교 박사학위 취득

o 현재 東易學會에서 주역강의 중

• 다음까페〈동역학회〉cafe.daum.net/east-ch 참조

주역과 동학의 만남

등 록 1994.7.1 제1-1071
1쇄 발행 2010년 11월 10일

지은이 이찬구
펴낸이 박길수
편집인 소경희
마케팅 김문선
디자인 이주향
펴낸곳 도서출판 모시는사람들
        110-775 서울시 종로구 경운동 88번지 수운회관 1207호
전 화 02-735-7173, 02-737-7173 / 팩스 02-730-7173

출 력 삼영그래픽스(02-2277-1694)
인 쇄 (주)상지P&B(031-955-3636)
배 본 문화유통북스(031-937-6100)
홈페이지 http://blog.naver.com/donghak21